Soziologische Texte / *Band 38*

Herausgegeben von
Heinz Maus
Friedrich Fürstenberg
Frank Benseler

Leo Kofler

Zur Geschichte der bürgerlichen Gesellschaft

Luchterhand

Herausgeber
Prof. Dr. Heinz Maus, Marburg/Lahn †
Prof. Dr. Friedrich Fürstenberg, Linz/Donau
Prof. Dr. Frank Benseler, Paderborn

Redaktion
Wieland Eschenhagen

CIP-Kurztitelaufnahme der Deutschen Bibliothek

Kofler, Leo:
Zur Geschichte der bürgerlichen Gesellschaft / Leo Kofler. — 7. Aufl., neu bearb. u. erg. gegenüber d. 6. Aufl. — Darmstadt, Neuwied: Luchterhand, 1979. (Soziologische Texte; Bd. 38)
ISBN 3-472-72538-9

7. Auflage,
neu bearbeitet und ergänzt gegenüber der 6. Auflage 1976.

1. und 2. Auflage Halle 1948.

Gesamtherstellung: Druck- u. Verlags-Gesellschaft mbH,
Darmstadt.

Inhaltsverzeichnis

In der vorliegenden Schrift wird versucht, die Methode, die in meinen beiden Büchern »Die Wissenschaft von der Gesellschaft« und »Geschichte und Dialektik« dargelegt worden ist, an Hand einer erheblichen Zahl von noch offenen oder nicht ausreichend gelösten Problemen der neuzeitlichen Geschichte zu verifizieren. Es kann hierbei dem Autor, der der bisherigen, zu ihrer Zeit allerdings sehr berechtigten, rein quellenforschenden Geschichtsschreibung mit starken Vorbehalten begegnet, nicht darauf ankommen, eine Quellenarbeit zu liefern. Ganz im Gegenteil geht die Absicht dahin, in »verstehender« Weise, aber unter Abstreichung aller metaphysischen Belastungen, die diesem treffenden Ausdruck traditionell anhaften, Geschichte zu erzählen. Daß auch die bürgerliche Geschichtswissenschaft einen solchen Vorgang kennt, zeigt uns Ernst Troeltsch, der schreibt:

»Für die vorliegende Arbeit kommt es wesentlich auf die zweite Gruppe an (nämlich auf die Erkenntnis der ‚inneren Einheitlichkeit des gesamten Lebens', L. K.) ... während die Untersuchung über das faktische Verhalten und Wirken der christlichen Ideenmächte gegenüber den politischen und ökonomischen Lebenskreisen nur als Voraussetzungen für die Beantwortung dieser prinzipiellen Fragen in Betracht kommt. Meine Arbeit verfügt bezüglich jener Probleme des faktischen Verhaltens nur in sehr beschränktem Maße über eigene Quellenforschung ..., am wenigsten bezüglich der alten und mittelalterlichen Kirche. Ihr etwaiges Verdienst liegt überhaupt nicht in selbständiger Quellenforschung, sondern in selbständigem Durchdenken der aus der jeweiligen Lage und Konstellation der Interessen erfolgenden Vereinheitlichung des Ganzen zu einer Theorie der Stellung des Religiösen zum Politisch-Sozialen. Doch hoffe ich für die Tatsachenfrage mich überall an die besten Darstellungen gehalten zu haben.«

Troeltsch unterscheidet also sehr scharf zwischen den gewöhnlichen Tatsachenfragen und der eigentlichen, herauszuarbeitenden Bedeutung der geistigen Phänomene im gesellschaftlichen Raum. Für den letzteren Zweck hält er es für ausreichend, nicht alle Ergebnisse der bisherigen Tatsachenerforschung von neuem durch einen Rückgang auf die Quellen zu überprüfen - denn damit käme man über die gewöhnliche Herausstellung des Tatsachenmaterials niemals hinaus -, sondern sich der »besten Darstellungen« zu bedienen.

Es »hat die Macht des Besitzes in jeder Entwicklung der Gesellschaft die Tendenz zu stetiger Machterweiterung auf Kosten der schwächeren Klassen.«

»Die Haltung der besitzenden Klassen läßt aber keinen Zweifel über den Entschluß, ihren Besitzstand mit allen Mitteln der Staatsgewalt aufrechtzuerhalten.«

R. Gneist
(Konservativ-liberaler Theoretiker des Selfgovernment. 1816–1895.)

»Sobald eine Reform notwendig geworden und der Augenblick ihrer Durchführung gekommen ist, so hält sie nichts auf, und alles ist ihr förderlich. Glücklich dann die Menschen, wenn sie sich verständigen könnten, wenn die einen abträten, was sie zu viel haben ... Aber bis jetzt bieten die Jahrbücher der Völker kein Beispiel einer solchen Klugheit dar, wenn es sich um Opfer handelt; wer sie bringen sollte, verweigert sie; wer sie wünscht, dringt sie ab, und das Gute geschieht wie das Böse durch Anwendung und mit der Roheit widerrechtlicher Angriffe. Noch hat es keine andere Macht im Staate gegeben als die Gewalt.«

»Recht erlangt man nur durch Gewalt.«

F. A. Mignet
(Konservativ-liberaler Historiker der Französischen Revolution. 1796–1884.)

Von Johannes Scotus Erigena bis Wilhelm Occam

Der metaphysische, im Dienst einer feudal-spekulativen Gotteserkenntnis stehende Autoritätsgedanke ist besonders charakteristisch für die sogenannte Vorscholastik des 8. Jahrhunderts, die ihren Höhepunkt unter der Regierung Karls des Großen (gest. 814) erreicht. Mit der methodischen Verwendung einer neuplatonischen Metaphysik verbindet sich eine blinde Verehrung Augustins. Plato selbst war damals so gut wie unbekannt. Eigentlich wurde nur – und lediglich stückweise – das spätplatonische Werk »Timäus« gelesen, das die platonische Kosmogonie behandelt. Die angeblichen Kommentatoren Platos stützten sich gar nicht auf Plato selbst, sondern wiederum auf andere: so entstand ein höchst willkürliches Gebilde, das gerade gut genug war, um die Bedürfnisse der scholastischen Spekulation zu befriedigen. Den Hauptgegenstand des Nachdenkens bildet in dieser Zeit die Sakramentenlehre, das zur Begründung und Ausgestaltung des theologischen Weltbildes verlockendste Thema.

Es gab im Bereiche der intellektuellen Auseinandersetzungen in dieser Zeit der geistigen Dumpfheit und kritiklosen Gläubigkeit auch seltene Regungen der Opposition. Das beweist das Auftreten des großen Denkers Johannes Scotus Erigena, der von 810 bis 877 lebte. Erigena ist einer der ersten, die sich von der strengen kirchlichen Gebundenheit emanzipieren. Zwar ist er noch als Mensch des Mittelalters stark spekulativ und mystisch, ja in gewissem Sinne sogar kirchlich orientiert, aber es bedeutet für damals geradezu eine Revolution des Denkens, wenn Erigena trotz seiner sonstigen Bereitschaft, die Autorität der Kirche anzuerkennen, dies nur soweit als erlaubt ansieht, als diese Autorität mit Vernunftgründen, also auf rationalem Wege sich in ihrer Unantastbarkeit beweisen lasse. Denn während die Vernunftwahrheit, sagt Erigena, zeitlos ist, ist uns die kirchliche Wahrheit nur überliefert. Nicht die Autorität soll zum Maßstabe der Vernunft, sondern umgekehrt die Vernunft zum Maßstabe der Autorität gemacht werden. Das intellegere ist stärker als das credere. In seinem Hauptwerk »De divisione naturae«, in dem Erigena mit gewaltiger Gelehrsamkeit platonisches und anderes Geistesgut verarbeitet, gelangt er zu einer pantheistischen, und das will für damals soviel heißen wie materialistischen Auffassung der Welt. »Die Lehre des Johannes Scotus ‚von der Einteilung der Natur', d. h. richtiger des Alls, könnte ebensogut heißen von der Einheit des Alls. Gott, die einzige wirkliche Essenz, ist alles, und alles ist Gott, Gott und Natur sind non duo, sed unum es idipsum«. »So sehr sich Johannes bemühte, die eigene Metaphysik und die kirchliche Tradition, Vernunft und Autorität in Einklang zu halten, für ihn selbst behielt die erstere doch das letzte Wort«.

Erigena behauptet also eine Identität von sichtbarer Welt und Gott. Dadurch wird aber auch das irdische menschliche Sein nicht nur keinesfalls entwertet, sondern im Gegenteil zu höchstem Wert erhoben. Dementsprechend spricht Erigena in seiner Anthropologie dem Menschen nicht eine untergeordnete, sondern eine sehr bevorzugte Stellung im kosmischen Gesamtbau zu. Der Mensch steht zwischen Tier und Gott als Ausdruck der Vermittlung von Schöpfer und Geschöpf. Er nimmt aber in dieser Funktion eine einzigartige Stellung ein. Ja, es gibt bei Erigena sogar offensichtliche Ansätze zu einer deistischen und damit aufgeklärten Weltauffassung, wonach die von Gott einmal geschaffene Welt nun ohne weitere göttliche Einflußnahme ihren selbständigen Gang nimmt. Das erinnert bereits an das 18. Jahrhundert. Indem gleichzeitig Gott und Natur eins werden, d. h. gleichsam Gott von seiner hohen, transzendenten Stellung in die Natur herabgezogen wird, erhält dieser Theismus eine endgültige pantheistische Gestalt.

Als dann zwei Jahrhunderte später Berengar von Tours (gest. 1088) in Anlehnung an Erigena die Vernunft über die Autorität zu stellen, sogar die Abendmahllehre anzugreifen wagt und im 12. Jahrhundert sich ähnlich gestimmte Geister zu Wort melden, werden zu Beginn des 13. Jahrhunderts die Schriften Erigenas als ketzerisch erklärt und verboten. Berengar behauptet nichts Geringeres, als daß beim Abendmahle nur in der Einbildung des Gläubigen, aber nicht in Wirklichkeit sich Brot und Wein in Fleisch und Blut Christi verwandeln. Als der heftigste Gegner Berengars tritt der autoritätsgläubige Lanfranc auf, wie überhaupt sich aus Furcht vor der Auflösung der kirchlichen Lehren eine starke Strömung gegen die Anwendung der vernunftsmäßigen Dialektik bemerkbar macht. Als Beispiel sei Petrus Damiani erwähnt. Die Folge des zwischen 1030 und 1050 von Berengar und Lanfranc ausgetragenen Abendmahlstreites ist die, daß die streng kirchlich eingestellten Scholastiker gegen die rationalistische Dialektik überhaupt Stellung nehmen, sie als gefährlich und verführerisch bezeichnen und sie als Methode der Wahrheitserkenntnis vernichten wollen.

Kurz nach diesem großen Streite tritt ein anderer Gegensatz auf, der für das Verständnis der ideologischen Entwicklung der Neuzeit besonders wichtig ist. Es ist der Gegensatz zwischen Realismus und Nominalismus. Rein theoretisch besehen, geht es hierbei um die Bedeutung und Geltung der sogenannten »Universalien«. Die Auseinandersetzung um die universalia oder Allgemeinbegriffe reicht schon in frühere Zeit zurück. (Es sei nur so viel bemerkt, daß um 1000 herum Avicenna oder Ibn Sinà – gest. 1037 – die Vereinbarkeit der umstrittenen drei möglichen Formeln nachzuweisen versucht.) Der Streit ging darum, daß die Realisten den auf dem Wege der Erfahrung nicht faßbaren abstrakten oder Allgemeinbegriffen alleinige Existenz zugestehen wollten, während die Nominalisten nur die Existenz der Einzeldinge zugaben: für sie waren die universalia nur Namen, nur flatus vocis, leerer Schall; ihnen galt die unmittelbare sinnliche Erfahrung als der sicherste Weg der Erkenntnis, und diese Erfahrung schien die ausschließliche Existenz von Einzeldingen zu bestätigen. So wird nach der Auffassung der Nominalisten der Allgemeinbegriff durch Abstraktion aus den Dingen gewonnen und ist nicht vor ihm. Sie stehen daher, wie man damals sagte, auf dem Standpunkt der »universalia post rem«, zum Unterschied von den realistischen Behauptungen der »unversalia ante rem«. Es gab noch eine dritte mittlere Richtung, die den Standpunkt der »universalia in rem« vertrat. Wie verworren der Universalienstreit gewesen ist, zeigt Prantls Nachweis, daß es nicht weniger als 13 Varianten gab. Die Heftigkeit, mit der der Streit geführt wurde, erklärt sich daraus, daß von der Richtigkeit der Auffassung der Realisten die gesamte Beweisbarkeit des metaphysisch-theologischen Weltbildes der Kirche abhing. War es richtig, daß den Allgemeinbegriffen alleinige Realität zukomme, dann waren die vom Einzelding unableitbaren Begriffe wie der unerkennbare Gott, die Engelshierarchie, und besonders die Trinität als existent nachgewiesen. Von einem solchen methodischen und philosophischen Standpunkt aus ließ sich an den traditionellen Einrichtungen der mächtigen, feudalen, auf transzendenten Einsichten begründeten Kirche und in weiterer Folge der feudalen Gesellschaft nicht rütteln. Es ist verständlich, daß durch die neue Atmosphäre, die die Entwicklung der Stadt allenthalben erzeugte, die bürgerliche Opposition sich der empiristischen Kritik zuwandte, als deren erster Ausdruck der Nominalismus auf den Plan trat. Schon zu Ende des 11. und Beginn des 12. Jahrhunderts vertreten in Frankreich der Kanonikus Roscellin von Compiègne und sein berühmter Schüler Abélard mit großer Konsequenz die alleinige Realität des Sinnlichen und Anschaulichen. Sie eilen hierin um mehr als ein halbes Jahrhundert dem Philosophen des Empirismus, dem Franziskanermönch Roger Baco (gest. 1294), und um mehr als ein Jahrhundert dem großen und von den Anhängern der alten Theologie meißtgehaßten Nominalisten Wilhelm Occam voraus. Über Roscellinus sind wir nur durch seine Gegner unterrichtet. Aber gerade aus ihrer Kritik geht seine Ansicht mit Deutlichkeit hervor. Nach Prantls Zusammenfassung drückt Roscellinus Ansicht, »wenn wir die gehässige Wendung der Berichterstatter abstreifen, den einfachen Grundsatz des Nominalismus aus, daß objektiv im konkreten Sinn überall nur Individuelles existiert, die Art- und Gattungsbegriffe aber nur subjektiv in den menschlichen Worten liegen, kurz, daß objektiv die Universalien keine vom Individuum getrennte Existenz haben«. Das war eine für damals recht revolutionäre Ansicht, besonders, wenn man bedenkt, daß die realistischen Gegner des Nominalismus die Universalia, wie sie sie verstanden, dazu benützten, um zur Stützung der feudalkirchlichen Auffassung allerlei methaphysische Systeme zu begründen. Man kann sich deshalb gut vorstellen, welcher Schrecken die alten scholastischen Theologen erfaßt haben muß, als Roscellin erklärte, daß das als Trinität zu definierende objektive Wesen Gottes entsprechend der empirischen Zerlegbarkeit aller Gattungsbegriffe aus drei selbständigen Individuen bestehen müsse. Man ersieht schon aus diesem Beispiel, daß es dem Nominalismus hauptsächlich darum ging, die feudalkirchliche Autorität zu erschüttern.

Der eifrigste Gegner Abélards war kein Geringerer als der Stolz der damaligen Kirche, der Mann, der als mächtiger galt als der Papst, Bernhard von Clairvaux selbst. Er wirft Abélard kecken Intellektualismus vor und beschuldigt ihn, daß er die von Gott dem menschlichen Verstande gesetzten Grenzen überschreite, indem er über die erhabensten Dinge, deren Geheimnis ihm fremd sei, diskutiere. Abélard seinerseits verstand es, mit großer Kunst die Widersprüche in den Ansichten der Autoritäten aufzudecken, ohne sich offen gegen sie zu wenden, und mit der Methode des Zweifels seine Gegner in die Enge zu treiben, ohne mit der Kirche zu brechen. Diese Geschicklichkeit bewahrte ihn nicht nur vor der Verdammung als Ketzer, sondern verschaffte seinen Vorträgen in Paris auch einen ungeheuren Zulauf. Hatte der 1109 hingeschiedene Anselm von Canterbury gelehrt, man müsse zuerst glauben, um zum Wissen vorwärtszuschreiten, so lehrt nun Abélard, man dürfe nichts glauben, was man nicht vorher erkannt habe. Abélard lebte bis 1142.

In welcher Weise die mittelalterlich-feudale Ideologie zu argumentieren pflegte, sei noch an dem berühmten ontologischen Gottesbeweis des Anselm von Canterbury exemplifiziert. Formal geht Anselm von Aristoteles und dessen Meinung aus, daß es ein doppeltes Sein gebe: ein Sein in der Realität und ein Sein im Verstande. Was aber, schließt Anselm ganz im Sinne des Realismus, im Verstande ist, ist auch in der Realität, und weiter, daß der Begriff notwendig vor der Realität existiert. Da wir nun auch den Begriff Gottes als eines vollkommenen Wesens in unserem Denken haben, müsse notwendig auch geschlossen werden, daß Gott existiere. Anselm hat einen nominalistischen Gegner gefunden, und zwar Gaunilo. Er bezeichnete Anselms Beweis Gottes als in bloßen Worten bestehend und als leeren Schall. (Später haben sich auch Leibniz und Kant mit dem ontologischen Gottesbeweis beschäftigt; Kant hat ihn mit dem Hinweis abgetan, daß der reine Begriff von 100 Talern unabhängig davon sei, ob sie auch wirklich existieren.)

Es wäre nichtsdestoweniger verfehlt, den gesamten Erkenntnisinhalt der nominalistischen Lehre allein aus dieser Opposition erklären zu wollen. Mögen die inhaltlichen Bestimmungen aus der Gegnerschaft zur Scholastik erflossen sein, so mußten doch zuvor die ersten neuzeitlichen Formen der städtischen Individualisierung und Rationalisierung strukturell verändernd auf das gesellschaftliche Leben und Bewußtsein eingewirkt haben, damit auch im Bereiche der philosophischen Abstraktion eine entsprechende Ratio zur logischen Kraft werden konnte.

Im Mittelalter stand einer solchen Rationalisierung des Denkens die geistige und seelische Struktur des Menschen entgegen, dessen Bewußtsein eine mächtige Hinneigung zur metaphysischen Auffasungsweise der ihn umgebenden Welt aufwies. Dies erklärt sich zwanglos aus dem Charakter der mittelalterlichen Gesellschaft. Einerseits konnte sich das mittelalterliche Individuum infolge der streng geordneten Beziehungen und Bindungen nur als Gattungswesen erleben, schien seine Individualität einer vom menschlichen Willen völlig unabhängigen und daher von höheren Mächten veranlaßten Ordnungsgewalt unterworfen zu sein. Andererseits mußte sich die Vorstellung von der Existenz solcher Mächte noch weiter verdichten durch das Moment der unmittelbaren und schicksalhaften Abhängigkeit der frühen mittelalterlichen, wesentlich agrarischen Gesellschaft von der äußeren, wiederum vom menschlichen Willen nicht lenkbaren, daher auf unbegreifliche Weise selbsttätigen und von metaphysischen Kräften durchwalteten Natur. War daher ohnehin das Seelenleben des unter primitiven Agrarverhältnissen lebenden

Menschen durch das Wissen um die Wirksamkeit »geheimer« natürlicher Kräfte und Gesetze auf das schwerste belastet, so kam noch hinzu, daß die aus der Unerkennbarkeit und Fremdheit der Natur resultierende, traditionalistische und nicht rationell umgestaltende Arbeitsweise das Gefühl der Unterworfenheit unter übermenschliche Mächte noch mehr verstärken half. Die in späteren Epochen zu beobachtende Tendenz zur Überwindung des wesentlich kontemplativen Verhältnisses zur Natur auf dem Wege ihrer steigenden Beherrschung durch die menschlich-tätige Ratio fehlt im Mittelalter noch vollkommen. Über die passive, der unmenschlichen Natur sich unterwerfende Arbeitsform äußert sich z. B. Hatschek folgendermaßen: »Die wirtschaftlichen Fragen werden zwar in einer sogenannten halimote erledigt, aber viel gibt es auch hier nicht zu beraten und zu tun, da die Hofbräuche seit unvordenklichen Zeiten die Bestellung der Dorfmark erledigt haben«. Unter all diesen Voraussetzungen empfand sich das Individuum nicht nur von allerlei Mächten abhängig, sondern auch von ihnen zur völligen Nichtigkeit herabgedrückt und entwertet.

Es wäre aber andererseits ungenügend, sich bei der Erklärung des Entstehens wie der langen Herrschaft der abstrakten, wirklichkeitsfremden und menschenfeindlichen Philosophie des Realismus mit dem Hinweis auf die Hinneigung des mittelalterlichen Menschen zur naturhaft-metaphysischen Vorstellungsweise zu bescheiden. Denn diese Neigung bildete nur die formelle Bedingung für die Entwicklung der scholastischen Weltauffassung. In ihrer unmittelbaren sozialen Bedeutung ist sie allein zu verstehen aus ihrem, der feudalen Eigentumsordnung angepaßten Bestreben, mit dem denkbar größten Aufwand von logischen Mitteln der Relativierung des »absoluten«, gleichheitlichen Naturrechts, das von den Kirchenvätern des 2. bis 4. Jahrhunderts konsequent verfochten wurde, durch die feudal-apologetische Sündenfallslehre und die allgemeine Entwertung des Diesseits Rechnung zu tragen. Schon vor der eigentlichen Epoche der Scholastik, die man mit dem 11. Jahrhundert zu datieren pflegt, gab es zahlreiche Streitigkeiten um die Auslegung der Kirchenlehren. So tief war gerade durch die oben aufgezeigte nahe Beziehung von Mensch und Natur auch die Vorstellung, daß die Erde in der Verteilung ihrer Gaben von sich aus keine Unterschiede mache und die natürliche Gleichheit der Menschen das Primäre sei, im Bewußtsein der Zeit eingewurzelt, daß selbst die Kirche nicht umhin konnte, formell noch durch das ganze Mittelalter und Spätmittelalter diese Idee beizubehalten, nicht ohne aber in einem ständigen ideologischen Erneuerungskampfe gleichzeitig ihre Geltung »für diese Welt« in Frage zu stellen. Schon im Denken der Kirchenväter bestand, wie Farner zeigt, eine Beziehung von Privateigentum und Sündenfall. Der Gegensatz zum bürgerlichen Eigentumsbegriff, über den wir später sprechen, ist eklatant. Einen »quellenmäßigen« Nachweis für diesen Zusammenhang zwischen den allgemeinen Bewußtseinsinhalten der agrarischen Gesellschaft und der gleichheitlichen Naturrechtsidee gibt es allerdings nicht und kann es nicht geben, denn der wichtigste Träger dieser Ideologie, die Bauernschaft, war so unterdrückt, daß sie kein Schrifttum hinterließ. Aber jede beliebige Analogie mit den Bauernbewegungen späterer Zeit und den Argumentationen der verschiedenen Kritiker an der ungerechten Verteilung des Bodenbesitzes (z. B. Winstanley bis hinauf zu Mably und Thomas Spence) beweist nicht nur das Bestehen, sondern geradezu die Unaufhebbarkeit eines solchen Zusammenhanges im Bewußtsein aller agrarwirtschaftlich orientierten und interessierten Menschen. Nicht anders kann das Fortwirken der kommunistischen Vorstellungen der Kirchenväter im agrarischen Europa durch Jahrhunderte erklärt werden. Man erinnere sich, daß Augustinus (gest. 430), der dem Naturrecht mit Mißtrauen begegnet (Troeltsch), die Gütergemeinschaft als bei den ersten Christen vorhanden annimmt und empfiehlt, daß mindestens die Kleriker sie anstreben sollen. Überdies wäre der ständige Kampf der Kirche gegen die alleinige Geltung der gleichheitlichen Naturrechtsvorstellung bei ihrer gleichzeitigen formellen Beibehaltung in eben dieser komplizierten Form völlig unverständlich, wenn nicht die Annahme des Zwangs bestünde, dem allgemeinen Empfinden des Volkes Rechnung zu tragen. Man nennt nicht eine gefährliche revolutionäre Ansicht ständig beim Namen und bekämpft sie nicht gleichzeitig durch Jahrhunderte, einem rein theoretischen Aspekt zuliebe. Erst Luther blieb es vorbehalten, gegen das Alte das Neue Testament hervorzukehren und die Behauptung aufstellen, daß auch Jesus Eigentum besessen hätte und dieses eine natürliche und gottgewollte Einrichtung sei. Aber Luthers Anschauung wurzelte bereits in der städtischen Gesellschaft, und deshalb war er nicht genötigt, auf die Bauernschaft viel Rücksicht zu nehmen. Immerhin steht fest, daß die frühmittelalterlichen Vorstellungen »Herrschaft und Eigentum als dem Urzustand widerstreitende, nur durch den Sündenfall verursachte Erscheinungen auffaßten« (H. v. Eicken). Derselbe Autor weist darauf hin, daß Duns Scotus und sogar noch Thomas von Aquin den Handel als ein schimpfliches Gewerbe betrachteten. Das agrarische Denken dominierte hier noch.

Dem Realismus gelingt die Entwertung des Diesseits und des Menschen überhaupt mit Hilfe eines gewaltigen Aufwandes höchst abstrakter und syllogistischer Beweise, mit dem Ergebnis, daß das Sichtbare, und das heißt für damals notwendig das Individuelle und Wahre gedanklich zugunsten der alleinigen Existenz des Gattungsmäßigen, Unsichtbaren, Jenseitigen als des allein »real« Existierenden vernichtet wird. Man begreift daher die Aufregung, mit der die Scholastiker den nominalistischen »Neuerern« begegneten. Zwar fiel Abélard in einzelnen Punkten hinter Roscellin zurück. Aber seine für die damalige Zeit unerhörte Behauptung, daß die Existenz Gottes alleiniges Objekt der verstandesmäßigen Erkenntnis sein müsse, war ebenso wie seine Leugnung der Offenbarung von geradezu revolutionärer Wirkung. Auch mit seiner Forderung, den kritischen Zweifel an den Anfang jeder wissenschaftlichen Untersuchung zu stellen, untergrub er die kirchliche Autorität, die sich ihrerseits auf keinen Geringeren als Anselm von Canterbury berufen konnte. Dieser hatte daran festgehalten, daß das Wissen durch den Glauben beschränkt sei, und damit der Naturwissenschaft in gleicher Weise den Weg versperrt, wie ihn Abélard ihr bereitete. Hinzu kommt, daß Abélard als einer der ersten die Toleranz forderte. Gegen alle diese Neuerungen fuhren die Realisten mit ihrem gesamten Rüstzeug auf. Es hat durchaus seine Richtigkeit, wenn der umfassendste und ernsteste Kenner der mittelalterlichen Philosophie die realistische Beweisführung als »stumpfsinnig« bezeichnet.

Es kann also kein Zweifel bestehen, daß der Nominalismus eine erste, wenngleich formal noch im Schulmäßigen der Scholastik befangene, intellektuelle Form bürgerlich-städtischen Denkens ist und damit ein direkter Vorläufer jenes gewaltigen Stromes bürgerlicher Ideologie, die wir unter dem Namen des Humanismus der Renaissancezeit kennen. Der unfeudale, unkirchliche und weltoffene, methodisch unmittelbar an das nunmehr immer stärker bekannt werdende Denken der Antike anknüpfende Humanismus des Renaissancebürgertums leitet sich aber nicht nur vom Nominalismus her, sondern ebenso von der diesem geistesverwandten Schule des Averroismus und der Schule von Chartres. Da Averroes 1198, zwei Jahre vor der Jahrhundertwende, stirbt, wollen wir ihn erst später im Zusammenhang mit der Darstellung des Humanismus besprechen. Hingegen hat die Schule von Chartres ihre Blütezeit schon um die Mitte des 12. Jahrhunderts. Neben Bernhard von Chartres ist ihr wichtigster Lehrer Gilbert de la Porrée, der bis 1154 lebt, auch bekannt unter dem berühmten Namen des Porretanus.

Gilbert Porretanus ist ein Schüler des Bernhard von Chartres, der zu den Nominalisten zu zählen ist und Abélard merklich beeinflußt hat.

Die Schule von Chartres stützte sich auf Aristoteles, der durch Übersetzungen aus dem Arabischen bekannt wird. Sie ist wie der Averroismus grundsätzlich empiristisch orientiert und stark an der Naturwissenschaft interessiert. Allerdings ist die Naturwissenschaft, wie überhaupt das gesamte naturwissenschaftliche Denken dieser bürgerlichen Frühzeit und der Renaissance, noch in ein naturphilosophisches und spekulatives Gewand gekleidet. Aber es bedeutet gegenüber dem völligen Versinken der traditionellen Anschauung in rein spekulative Metaphysik bereits einen sehr großen Fortschritt, daß sich nunmehr ernsthaft mathematische und astronomische Interessen zu regen beginnen. Psychologie und Medizin werden schon zu Gegenständen empirischen Nachdenkens gemacht, und die freiwissenschaftliche Naturbetrachtung führt bei einzelnen Denkern sogar bis zur Wiederbelebung der epikuräischen Atomtheorie: Ausdrücklich wird hierbei gesagt, daß die Atome zwar nicht gesehen werden können, aber allem Sichtbaren zugrunde liegen. Damit ist eine Annäherung an den Materialismus vollzogen. Einer solchen Anschauungsweise entspricht die nominalistische Erkenntnistheorie. Wenn Bernhard von Chartres auch noch eine schwankende Haltung einnimmt, so überwiegt doch bei ihm schon das empiristische und nominalistische Prinzip. Trotz aller Zwiespältigkeit in seiner Anschauung nimmt er schließlich an, daß die Universalia als in den Dingen selbst wurzelnd gedacht werden müssen. Thierry von Chartres führt eine Spekulation über die Beziehung von Gott und Welt bis zur radikalen pantheistischen, ja ausgesprochen atheistischen Konsequenz. Ein Bernhardus Sylvestris entwickelt unter Anknüpfung an die spätplatonische Lehre die Idee der Weltseele, die später in der Renaissance eine große Rolle spielt. Wie aus der Vorstellung des Averroismus, daß allein der allgemeine überindividuelle Intellekt wahrhaft existiere, zog man auch hier den höchst revolutionären Schluß von der Sterblichkeit der Einzelseele. Damit war der Kirche, die mit ihrer Lehre von der Unsterblichkeit der Seele eines der stärksten Machtmittel über den Menschen aufgerichtet hatte, in arger Weise widersprochen. Man erkennt überhaupt an der merkwürdigen Konstruktion der Idee von der Weltseele und dem Weltintellekt, auf wie verwickelten Wegen sich die ideologischen Auseinandersetzungen zwischen den verschiedenen geschichtlichen Klassen abzuspielen pflegen. Einen ausgesprochenen Pantheismus vertritt ein gewisser Amalrich, dessen Schüler sogar so weit gehen, jede kirchliche Satzung zu verwerfen und einen modernen Indifferentismus der Moral zu vertreten. Amalrich selbst hat gelehrt, das es im Grunde keinen Unterschied zwischen Gott und den Dingen gebe, daß also Gott nicht außerhalb, nicht imTranszendenten, sondern in der natürlichen Erscheinung der Welt selbst zu suchen sei. Seine Schüler fühlten sich dann berechtigt, das Gute wie das Böse, die nebeneinander in der Natur bestehen, als gleichermaßen göttlich auszugeben. Damit war die Sinnlichkeit, Triebhaftigkeit und Sündigung des Menschen gegen die kirchliche Verdammnis als natürlich erklärt und gerechtfertigt. Ähnlich lehrt David von Dinant die Identität von Gott, Geist und Materie, also eine Art pantheistischen Materialismus. Gegen alle diese Ketzerei schreitet die Kirche mit Verboten und Verfolgungen ein. Als einer der ersten Ketzer wird Johannes Scotus Erigena, den wir als den bedeutendsten Denker des 9. Jahrhunderts bereits kennengelernt haben, erkannt, seine Schriften werden verbrannt, die Anhänger Amalrichs verfolgt und Aristoteles auf lange Zeit verboten.

Wie sich in der Renaissance die handelsbürgerliche Klasse als die sozial stärkste erwiesen hat und sie in dieser Epoche der Entwicklung der modernen kapitalistischen Gesellschaft historisch berufen war zu führen, und vor allem aus dem Mittelalter herauszuführen, so ist dementsprechend auch die herrschende Ideologie von dieser Klasse bestimmt gewesen. Die Anfänge des frühbürgerlichen Denkens haben wir im frühen Nominalismus erkannt. Dieser setzt sich dann im späten Nominalismus eines Nikolaus von Oresme und Occams fort: Oresme lebt bis 1382 und Occam, der als der eigentliche große Nominalist gilt, bis 1349. Occam ist Franziskaner, ein scharfer Gegner des Thomismus. Ebenso bekämpft er den realistischen Scholastiker Johannes Duns Scotus, der bis 1308 wirkt. Daneben vertritt er die damals fortschrittliche Ansicht von der Berechtigung der Oberherrschaft des weltlichen Fürsten über den feudalkirchlichen und damit der Herrschaft des Kaisers über den Papst. 1324 wird er wegen seiner Ketzerei angeklagt und flieht einige Jahre darauf zu dem fortschrittlich gesinnten Ludwig von Bayern. Zu ihm war kurz vorher schon Marsilius von Padua, der gelehrte Verfasser der revolutionären Schrift »Defensor pacis«, geflohen.

Oresme ist Mathematiker, Physiker, Astronom, nominalistischer Philosoph und verfaßt sogar eine Schrift zur Geldtheorie. Er lehrt bereits die Bewegung der Erde vor Kopernikus und ahnt das Wesen des Fallgesetzes vor Galilei, ebenso hat er den

Grundgedanken der analytischen Geometrie vor Descartes ausgesprochen. Alles in allem ist er ein umfassender Ideologe einer Zeit, in der sich ein gewaltiger Umbruch von mittelalterlicher zu neuzeitlicher Gesellschaft vollzieht. Wir haben gesehen, daß ihm hinsichtlich der rationalistischen und naturwissenschaftlichen Weltauffassung Denker der Schule von Chartres und des Averroismus vorangegangen sind.

Wir wollen hier nur noch eine der bedeutendsten Gestalten des Überganges zur Neuzeit in Deutschland erwähnen, und zwar Nikolaus von Cues, der zwar als ein mit einem Fuße noch im Mittelalter stehender Denker etwas verspätet auftritt - Nikolaus hat bis 1464 gelebt -, aber unter den unentwickelteren deutschen Verhältnissen als durchaus zeitgemäß zu betrachten ist. Nikolaus' höchstes Streben ging nach Ausgleich der Gegensätze innerhalb der Kirche und zwischen den alten und modernen Bildungselementen. Tatsächlich ist es ihm niemals gelungen, das für ewig sich Widersprechende zur Einheit zu gestalten. Auf dem Boden der neuplatonischen Spekulation und der deutschen Mystik stehend, quält er sich noch immer mit den alten Fragen nach dem Wesen Gottes, der Trinität, der Weltschöpfung und der Religion ab. Gleichzeitig entwickelt er aber eine Art moderner Vernunftreligion, die er auf dem Begriff eines »unendlichen Gottes« aufbaut. Er vertritt, das Prinzip der Volkssouveränität akzeptierend, die Forderung nach kirchlichen Reformen. Einerseits verteidigt er deshalb noch in vielen Punkten die christlich-dogmatische Kirchenlehre, andererseits aber stellt er Forschungen an auf dem Gebiete der Geometrie und Mathematik, der Atom- und Körperlehre. Ja, er ahnt sogar Galilei voraus durch die öffentlich vorgetragene Auffassung von der Bewegung der Erde, zeichnet die erste Karte Deutschlands und schlägt eine Reform des Kalenders vor. So mischen sich bei Nikolaus in eigenartiger Weise der mittelalterliche und der Mensch der Renaissance.

B. Die vorwärtsweisenden Faktoren in der neuzeitlichen Geschichte

1. *Die Wiederbelebung des Städtewesens*

Die gewissenhafte Erforschung des Ursprungs der neuzeitlichen Stadt datiert eigentlich erst seit der Mitte des vorigen Jahrhunderts. Diese Frage ist selbst heute keinesfalls vollständig geklärt. Noch der große Vertreter der historischen Schule aus der ersten Hälfte des vorigen Jahrhunderts Savigny war der Meinung, daß die spätmittelalterlichen Städte direkte Fortbildungen der über ganz Europa verstreuten römischen Siedlungen seien, die sich oftmals zur Zeit der römischen Herrschaft zu wirklichen Städten erweitert hatten. So vor allem selbstverständlicherweise in Italien selbst, dem Zentrum der römischen Stadtkultur in der Antike. Er konnte dieser Täuschung unterliegen, weil tatsächlich zahlreiche der im Übergang zur Neuzeit zu frischem Leben erwachenden Stadtsiedlungen an den gleichen Stellen entstanden, an denen einst das römische Kastell aufgerichtet worden war. Das erklärt sich aus dem Fortbestehen des alten Mauerwerks, das selbst im tiefsten Mittelalter als Burg und Verwaltungszentrum gedient hatte; es erklärt sich nicht zuletzt auch aus dem Umstand, daß die Römer sehr günstige, an den Adern des Verkehrs, hauptsächlich an Flüssen, gelegene Punkte für ihre Siedlungen gewählt hatten, also Plätze, die auch der späteren Stadt günstig sein mußten.

Schon Savignys Schüler Bethmann-Hollweg ist seinem Lehrer energisch entgegengetreten: Er hat die städtische Neubildung in Oberitalien sei dem 11. Jahrhundert behauptet. Die Ansicht hat sich heute allgemein durchgesetzt. Äußerlich ist die Anknüpfung an die römischen Siedlungen nicht abzuleugnen. So z. B. sind alle großen römischen Siedlungsstädte am Rhein im späten Mittelalter Bischofsstädte geworden: Basel, Straßburg, Speyer, Mainz, Worms, Köln u. a. Wir werden noch sehen, wie sich aus den Bischofsstädten in weiterer Folge die neuzeitlichen Städte herausgebildet haben, wobei der Kampf der Bürgerschaft gegen den bischöflichen und, wo dieser nicht vorhanden ist, gegen den gräflichen Herrn um ihre Freiheit eine entscheidende Rolle spielte.

Die Historiker zerbrechen sich den Kopf darüber, was wohl nach der langen Periode der Herrschaft ausgesprochen agrarischen Charakters in der europäischen Gesellschaft zwischen dem 6. und 11. Jahrhundert die plötzliche Wiederbelebung der städtischen Lebensform verursacht haben mag. Hat eine ältere Richtung, die sich um Büchers Stufenlehre und um Dopsch gruppierte, noch ziemlich das Richtige getroffen, wenn sie eine allmähliche Verselbständigung des Handwerks gegenüber der geschlossenen Hauswirtschaft und einen durch vermehrten Austausch des Überschusses sich bildenden Marktverkehr annahm, so lehnt eine neuere Richtung diese Theorie der allmählichen Herausbildung einer gesellschaftlichen Arbeitsteilung zwischen Stadt und Land ab. Besonders seit Pirenne besteht die Neigung, rein politische oder ausgesprochen subjektive Momente als die letzten Ursachen der Neubelebung der Stadt anzusehen. Die soziologische Deutung wird somit zugunsten der idealistischen und subjektivistischen Betrachtung zurückgedrängt. Pirenne nimmt an, daß es eine besondere Klasse von wagemutigen, entwurzelten, heimatlosen, oft aus der Leibeigenschaft entlaufenen Elementen gewesen ist, die den neuen großen Handel über weite Strecken ausgebaut und damit die Voraussetzung für eine wirkliche Markt- und Stadtwirtschaft geschaffen hat. Die Ansicht, daß sich der neue Handel aus dem Handwerk entwickelt hat, lehnt Pirenne ab. Zudem wird noch die These vertreten, daß die Vertreibung der Sarazenen aus den südlichen und der Normannen aus den nördlichen Meeren die Handelswege wieder freigelegt und dem Welthandel neue Impulse verliehen hat. Oft werden beide Momente als zusammenwirkend angesehen.

Sowenig es sonst angezeigt ist, verschiedene Meinungen einfach miteinander zu kombinieren, so richtig scheint doch für diesen besonderen Fall die Annahme, daß die erwähnten soziologischen und politischen, wie schließlich auch - richtig verstanden - subjektiven Momente zusammengewirkt haben. Ist doch tatsächlich eine gewisse Belebung der Wirtschaft schon vor der Freilegung der großen Handelswege festzustellen. Es ist damit bewiesen, daß die Arbeitsteilung zwischen Handwerk und Landwirtschaft und damit die Tendenz zur städtischen Entwicklung bereits vorhanden war, als das Fortschreiten dieser Tendenz zur vollen Verwirklichung durch die Freilegung der Handelswege praktisch möglich wurde. Unter diesen beiden Voraussetzungen ist dann auch das dritte Element moderner Entwicklung entstanden: der weitausgreifende, wagemutige Händler, durch den erst die Märkte zu wahren Mittelpunkten städtischen Lebens werden konnten. Einmal in den richtigen Zusammenhang gestellt, mag man dann der sozialen Funktion des Händlers für die Entwicklung der Städte die gebührende Bedeutung zugestehen. Überall, wo es Menschenanhäufungen gibt, auf den Märkten, bei Wallfahrten oder Veranstaltungen der Fürsten, erscheint er mit seinen von weither geholten Waren. Seine Reisen unternimmt er in dieser Frühzeit noch in Gesellschaft mit anderen Händlern, mit denen ihn der Treueid verbindet, und zwar notgedrungen schwer bewaffnet; auf dem Meere wird gegen die zahlreichen Seeräuber eine mit bewaffneten Truppen versehene Flotte organisiert. Erst gegen 1100 erscheinen die ersten Venetianer auf den niederländischen Märkten.

Das spätantike Städtewesen ist infolge der inneren Dekadenz des römischen Reiches, des Einfalls der barbarischen Völker und schließlich durch die Ausbreitung des Islam untergegangen; Europas ökonomische Struktur erhielt damit einen vorwiegend agrarischen und hauswirtschaftlichen Charakter. Aber in den folgenden Jahrhunderten war die wirtschaftliche Entwicklung nicht vollkommen stehen geblieben. Eine allmähliche innere Ausweitung der Beziehungen und der Märkte als Folge einer reicheren handwerklichen Produktion fand statt; d. h. der Handwerker hatte sich bereits wieder bis zu einem gewissen Grade von der agrarischen Arbeit losgelöst, er hatte sich spezialisiert. Man kann daher von der Existenz einer schärferen Arbeitsteilung zwischen ländlicher und gewerblicher Arbeit als bisher sprechen. Damit ist aber die primäre Voraussetzung für das Entstehen der Stadt geschaffen. Die sekundäre Voraussetzung ist die Organisation eines weitausholenden Handels, durch den die handwerkliche Produktion den Impuls zu einer systematischen und nicht bloß für den engen, näheren Markt berechneten Warenproduktion erhält, und durch den überdies die größere Anhäufung von Menschen an einem Ort gefördert wird. Aber ohne die bereits entwickelte Fähigkeit des Handwerks, den vermehrten Bedürfnissen und den höheren Anforderungen des Handels zu entsprechen, kann sich kein Städtewesen entwickeln. Es gehört also zur richtigen soziologischen Bestimmung der Stadt die Einsicht von einer bereits entwickelten Arbeitsteilung zwischen ländlicher und handwerklicher Erzeugung. Man kann somit sagen, daß die Stadt das Produkt einer bestimmten Entwicklungshöhe in der Arbeitsteilung zwischen der agrarischen und der gewerblichen Produktion und der daraus entstandenen Austauschverhältnisse ist. Es war vornehmlich der marxistische Theoretiker Wittfogel, der erkannt hat, daß sich ohne die Berücksichtigung der aufgezeigten ökonomischen Beziehungen zum flachen Land der Begriff der Stadt soziologisch nicht richtig bestimmen läßt. Sehr richtig umschreibt auch Kowalewsky die Städte als »jene Mittelpunkte des Handels und des Gewerbes, die sich vom Zusammenhange mit dem flachen Lande gänzlich losgelöst haben, deren Bewohner bestimmte Gewerbe nicht nur zur Befriedigung ihres eigenen Bedarfes betreiben, sondern auch für die Nachfrage auswärtiger Märkte tätig sind«. Für die Niederlande vermittelt uns Pirenne eine gute Vorstellung, wie diese Scheidung vor sich gegangen ist. »Während der Karolingerzeit war die Anfertigung der Stoffe von den Bauern an der Küste oder von den leibeigenen Dienerinnen in den Gynäceen der großen Domänen betrieben worden. Als nun aber für die Produktion, infolge der Anforderung des Handels, eine Periode des Fortschrittes begann, entstand inmitten der ländlichen Bewohnerklasse allmählich eine Handwerkerklasse. Der Tuchmacher löste sich von der Gesamtheit der ackertreibenden Bevölkerung los, gleich wie sich vor ihm der Kaufmann losgelöst hatte. Er gab die Bestellung seines Bodens auf, um sich gänzlich dem Handwerk widmen zu können. Er wanderte vom platten Lande in die Ortschaften, wohin sich die Handelstätigkeit konzentrierte und wo er für seine eigenen Erzeugnisse auf einen gesicherten Absatz sowie für seine eigene Person auf Gefährten rechnen konnte, welche dieselbe Lebensweise wie er führten und dieselben Interessen wie er besaßen.«

An dieser plastischen Schilderung ist nur falsch, daß das selbständige Handwerk einseitig als bloße Folge eines sich vorher entwickelnden Handels erklärt wird, während sich doch gewiß wichtige Ansätze zur Trennung der handwerklichen von der ländlichen Produktion zuerst entwickelt haben müssen. Die Beengtheit des Handels, verschuldet durch die Beherrschung der Meere durch die Sarazenen, ließ anfänglich trotz dieser Ansätze ein eigenes, städtisches, d. h. vom Lande völlig losgelöstes Handwerk nicht zur vollen Entfaltung kommen. Denn nur wenn fremdartige Produkte gegen eigene ausgetauscht werden konnten, bestand die Möglichkeit einer umfassenderen und reichhaltigeren, von vielen Handwerkern zugleich und an einem Orte getätigten Produktion. In Europa selbst erzeugten die Länder ungefähr alle dasselbe, so daß kein Bedürfnis nach einem weitläufigeren Austausch bestand, von geringen Ausnahmen abgesehen. So wurde also die Freilegung der Handelsverbindung mit dem Orient zu einer wichtigen Bedingung der äußeren, der Tendenz nach bereits angelegten Trennung zwischen Stadt und Land. Nur muß dabei verstanden werden, daß gerade das wachsende Bedürfnis aller Klassen der Bevölkerung nach besserer und reichhaltigerer Versorgung mit gewerblichen Produkten eine schärfere Arbeitsteilung zwischen Bauer und Handwerker veranlaßt hat, noch bevor der Händler diesen Umstand sich zunutze machen konnte.

Die äußere Voraussetzung zur Ausnutzung dieser Möglichkeit

durch den Händler bestand in der Freilegung der Handelswege zum Orient. Wenn auch darüber nicht sehr Genaues ausgesagt werden kann, so scheint es doch kein reiner Zufall gewesen zu sein, daß ziemlich gleichzeitig die Befreiung der Inseln sowohl im Süden, wie in den nördlichen Meeren, dort von den Sarazenen, hier von den ebenso räuberischen Normannen einsetzte: wie dort der Handelsweg mit dem Orient, so wurde hier der Weg nach Rußland und zu den Nordstaaten geöffnet, wobei der Umstand entscheidend mithalf, daß sich die Normannen selbst in Händler verwandelten. Es ist von Nutzen, wenn wir einen Blick auf die Befreiung des Tyrrhenischen, des Jonischen und des ganzen Mittelmeeres werfen und uns die Bedeutung der Mitwirkung der Kreuzzüge für die Entwicklung des Handels mit dem Orient vor Augen führen.

Der im 11. und 12. Jahrhundert stattfindenden Neubelebung der italienischen Städte geht seit dem Ende des 10. und beginnenden 11. Jahrhunderts die Vertreibung der Sarazenen besonders von den Inseln voraus. Allerdings hat sich gerade in Italien ein gewisses Stadtleben insofern erhalten, als Venedig trotz aller Fährnisse durch das ganze Mittelalter hindurch einen gewissen Handel mit Byzanz aufrechterhält: so werden vornehmlich Fleisch, Fisch und Holz gegen byzantinische Gewebe ausgetauscht. Über Venedig stehen auch Genua, Pisa und Florenz in Beziehung zu Byzanz, besonders im 9. Jahrhundert, als der Kampf zwischen Byzanz und den Sarazenen zur Ruhe kommt. Aus diesem Umstand erklärt es sich, daß die neue Belebung der städtischen Entwicklung hier am frühesten einsetzt. Anders steht es in Süditalien, das normannisch ist. Im 10. und 11. Jahrhundert öffnet sich durch kriegerische Erfolge fast das ganze Mittelmeer für den Handel Venedigs und damit des Kontinents. Im 11. Jahrhundert führen die Normannen und die Seestädte Venedig, Genua, Pisa, Neapel und Amalfi den Kampf gegen die Sarazenen. Zuerst wird ihre Herrschaft durch die Normannen in Unteritalien und Sizilien gebrochen; die Eroberung Palermos erfolgt 1072. Genua und Pisa nehmen den Sarazenen Sardinien und Korsika, vertreiben sie aus dem Tyrrhenischen Meer und erzwingen im mittleren Teil der nordafrikanischen Küste eine Vorzugsstellung für ihren Handel. Nun knüpft Genua auch nach der Levante Handelsverbindungen an. Venedig gerät in der Adria mit den Sarazenen in Kampf und drängt dort die kroatischen Seeräuber zurück. Zu Beginn des 11. Jahrhunderts faßt es Fuß in Dalmatien; der venezianische Doge führt von nun an den Titel eines Herzogs von Dalmatien. In Byzanz erringt Venedig eine ausgesprochene Monopolstellung für seinen Handel, wodurch die Handelsverbindungen mit dem Kontinent nun gesichert sind. Jetzt kommen noch die Kreuzzüge hinzu, die trotz ihrer Mißerfolge den Weg des Handels nach dem Orient bahnen helfen. Vorderasien wird in dieser Zeit von den seldschukischen Türken beherrscht, die es im 10. Jahrhundert in Besitz genommen hatten, nebst dem Emirat von Bagdad. Die Türken bilden eine ständige Gefahr für das byzantinische Reich. Während des ganzen 11. Jahrhunderts ringen die Kaiser von Byzanz mit ihnen um den Besitz von Armenien und Kleinasien, aber ohne Erfolg. Der größte Teil Kleinasiens bleibt in türkischen Händen. Die Herrschaft der Türken ist drückend, die Städte müssen ihnen Tribut zahlen und die Masse der Landbevölkerung wird von den Großgrundbesitzern und den Steuerbeamten ausgepreßt. Im 11. Jahrhundert wendet sich das Los, teils dadurch, daß in der byzantinischen Dynastie der Kommenen den Türken ein energischer Gegner entstand, teils durch die Kreuzzüge der europäischen Christen. Die alte Idee der Kreuzzüge wird jetzt unter Papst Urban II. (1088–1099) verwirklicht; der Beschluß, einen Kreuzzug zu veranstalten, wird auf dem Konzil von Clermont im Jahre 1095 gefaßt und zwischen 1096 und 1099 durchgeführt. An ihm nimmt vor allem der französische, flandrisch-lothringische und normannische Adel teil. Deutschland bleibt wegen des gerade stattfindenden Investiturstreites zwischen dem Kaiser und dem Papst zurück. Vorerst gelingt die Eroberung Palästinas; 1099 fällt Jerusalem. Es werden christliche Kolonien geschaffen, ein Königreich Jerusalem, ein Fürstentum Antiochia, eine Grafschaft Edessa und Tripolis. Die Flotten Venedigs, Genuas und Pisas übernehmen die Sicherung der Verbindung auf dem Seewege. Sie erhalten dafür wirtschaftliche Vorteile, so z. B. das Recht, in den eroberten Städten gewisse Stadtviertel zur Niederlassung ihrer Kaufleute einzurichten, und auch sonstige wichtige Handelsprivilegien, wie Befreiung von den Zöllen und anderen Abgaben, Marktrechte, Selbstverwaltung. Zum Schutz dieser neueroberten Gebiete strömen von allen Seiten Adelige herbei, besonders Franzosen. Sie bilden eine Art Oberherrschaft über die werktätigen Klassen der arabischen und syrischen Bevölkerung. Auf diese Weise entsteht ein Pachtverhältnis zwischen den Eingeborenen und den grundbesitzenden Fremden. »Das Feudalsystem Frankreichs wurde auf das Kolonialreich übertragen«. Für die europäische Handelsentwicklung ist diese ganze Bewegung wichtig geworden.

Mit dem zweiten Kreuzzug soll das Hinterland gewonnen werden (1146–1148). Doch zeigt er wenig Erfolg. Das vorher verlorengegangene Edessa bleibt in den Händen des Feindes, ebenso Damaskus. Für unseren Zusammenhang ist aber die Einsicht wichtig, daß deshalb der Handel mit dem Orient nicht gestört wird. Es sind vor allem auch die mächtigen Ritterorden der Templer und Johanniter, die einen Schutzdamm gegen unvorhergesehene Störungen und eine Art Ordnungspolizei bilden. Das kommt dem Handel sehr zugute. Zwar erfolgt 1187 die Wiedereroberung Jerusalems durch Saladin; aber die europäischen Handelsgesellschaften haben bereits überall festen Fuß gefaßt, sich mit den mohammedanischen Machthabern verständigt. Schon um 1100 hat ein lebhafter Handel zwischen Venedig und Asien bestanden: Venedig führte germanische und slawische Sklaven, Produkte aus Indien, Seide, persische Teppiche, Damaszenerstahl und -klingen ein und gab dagegen Fische, Eisen aus den Ostalpen, Holz aus der Poebene, Getreide und Wein aus Apulien, Metallketten und andere Metallprodukte. Jetzt, nach dem zweiten Kreuzzug, ist der Handel noch weitaus lebhafter geworden. Als Antwort auf den Verlust Jerusalems wird von 1189 bis 1192 der dritte Kreuzzug durchgeführt. Er endet mit einem vollkommenen Mißerfolg. Barbarossa stirbt auf dem Wege, und die Könige von England und Frankreich geraten in Streit miteinander. Entscheidend für die weitere Entwicklung des Handels bleibt aber der Umstand, daß Venedig schon im 11. Jahrhundert einen gewaltigen Aufstieg erlebt hatte; die venezianische Flotte beherrscht völlig die Adria, Dalmatien und Kroatien werden Venedig untertan, das zur beherrschenden Handelszentrale für den Osten wird; es schafft sich Handelsverbindungen nach allen Richtungen; der Verkehr zwischen Ägypten und Marseille geht über Venedig. Gerade deshalb, weil Venedigs Stellung vor Ausbruch der Kreuzzüge schon sehr stark ist, kann ihm die Teilnahme an den Kreuzzügen selbst nicht erwünscht sein. Jedenfalls helfen sie mit, die mohammedanische Herrschaft weiter zu schwächen. Aber Venedig nimmt an den Kreuzzügen aus der Überlegung heraus teil, daß ein Fernbleiben sich nachtteilig auswirken könnte. Es hilft mit bei der Belagerung und Eroberung der Küstenstädte unter der Bedingung, daß es entweder ein Drittel der eroberten Werte oder eine Kirche (offensichtlich als Mittelpunkt für die Niederlassung der Kaufleute) oder einen Marktplatz überlassen erhält; überdies bekommt es Zoll- und Abgabefreiheit. Mit dem Aufstieg Venedigs zur Weltmacht im 12. Jahrhundert, mit der Errichtung einer fast unendlichen Reihe von befestigten Handelsplätzen, mit der Besetzung der Insel Kreta, zahlreicher anderer Inseln und ganzer Küsten auch in Kleinasien und Afrika ist die Verbindung zwischen dem europäischen Kontinent und den außereuropäischen Ländern nun ein für allemal gesichert. Die Furcht, seine gewaltige Machtstellung könnte zerstört werden, ist so stark, daß Venedig nur mit dem größten Widerwillen am vierten Kreuzzug von 1202 bis 1204 teilnimmt. Es versteht, dem seinen macht- und handelspolitischen Interessen entgegenstehenden Plan der Eroberung Ägyptens eine andere Wendung zu geben, indem es die Aufmerksamkeit auf Konstantinopel lenkt, wo es sich gegenüber den Handelsprivilegien von Genua und Pisa im Nachteil befindet. 1204 wird tatsächlich Konstantinopel erobert und das byzantinische Reich aufgeteilt. Zum Anlaß wird das Blutbad von 1182 genommen, in dem sich der Haß der einheimischen Bevölkerung gegen die fremden »Latiner«, d. h. gegen die Kaufleute, Kreuzfahrer und Normannen in furchtbarer Weise entladen hatte. Die Eroberung Konstantinopels fand unter der Führung des Dogen Enrico Dandalo, dem Leiter des vierten Kreuzzuges, statt.

Bei dieser Gelegenheit schafft sich Venedig ein Handelsmonopol in Byzanz und weitet sein Kolonialreich bis zur Küste des Schwarzen Meeres aus. Wenn auch 1261 das Byzantinische Reich aufs neue ersteht, so bleibt doch der Handel zwischen Asien und Europa in der verstärkten Form unvermindert bestehen.

Dies ist in kurzen Zügen die Geschichte der Wiederherstellung der Handelsstraße zwischen Europa und dem Orient. Es entwickelt sich der Handel im Osten bis nach Indien und China und in der anderen Richtung über die Alpen nach allen Seiten. Schon seit Beginn des 12. Jahrhunderts waren lombardische und venetianische Kaufleute regelmäßig in Paris und Flandern erschienen. Die Zeit der Kreuzzüge, das 12. Jahrhundert, ist auch die Zeit des mächtigsten wirtschaftlichen Aufschwungs. Sogar mit den Mongolenkhans verstehen sich die Händler gut zu stellen, so daß sich auch die Länder Südrußlands und Irans dem Handel eröffnen. In diese Zeit fallen bezeichnenderweise die durch den Handel angeregten Entdeckungsreisen der Brüder Polo nach China und die Ozeanfahrten der Genuesen. Aus Asien werden eingeführt Spezereien, kostbare Hölzer, Seide, Edelsteine, Glaswaren, aus den Gebieten Rußlands Getreide, Sklaven, Holz, Salz. Die Kolonien Venedigs erzeugen Wein, Öl, Baumwolle, Zucker, Getreide, Seiden- und Baumwollwaren, die teilweise schon in Manufakturbetrieben produziert werden, dann Glas- und Töpfereiprodukte. In Florenz blüht vornehmlich die Tuchweberei, die französische und englische Wolle verarbeitet und ihre Produkte auf allen Märkten Europas verkauft. Eine auffallende Entwicklung zeigt bereits das kapitalistische Geldgeschäft: trotz des strengen Verbotes der noch feudal, d. h. vorkapitalistisch orientierten Kirche, galt ein Zins von 25 % als nicht übermäßig. Mit den bereits zu ansehnlichen Gebilden herangewachsenen Florentiner Bankhäusern stand die Kirche trotzdem selbst in Verbindung. Ein gutes Geschäft machten die Banken mit der Geldleihe an französische, englische und neapolitanische Könige. Neben Italien war Flandern, begünstigt durch seine Lage zwischen Frankreich, England, Deutschland und seine Verbindung mit dem Norden, zum größten Mittelpunkt des Gewerbes und des Handels geworden. Auf dem Wege zwischen den italienischen und den flandrischen Städten blühten die französischen Messen der Champagne auf, vier bis fünf an der Zahl: Troyes, Provins, Lagny sur Marne, Bar sur Aube als die wichtigsten. Durch ihre Nähe zur deutschen Grenze wurden sie auch für Deutschland wichtig. Aber nicht nur wegen der Lage, sondern auch wegen der Sicherheit, für die von Staats wegen gesorgt wurde, übten diese Messen eine große Anziehungskraft auf die Kaufleute aus. Jede der Messen dauerte ungefähr sechs Wochen und löste jeweils die andere ab, so daß fast das ganze Jahr hindurch zwischen Italien und Flandern ein reger Verkehr herrschte. Deutschland war in jener Zeit bis in das 13. Jahrhundert hinein noch wenig vom Handel berührt. Als die wichtigste Stadt erscheint im 13. Jahrhundert Köln, das allein mit dem Welthandel Verbindung hat. Im Norden bildet Lübeck das Handelszentrum, aus dem sich dann die stolze Hanse herausbilden sollte.

Mitentscheidend für die Belebung der europäischen Wirtschaft sind die Ereignisse im Norden Europas geworden. Es ist kaum möglich, eine bessere Schilderung dieser Ereignisse zu geben als die, welche uns Henri Pirenne in seiner »Sozial- und Wirtschaftsgeschichte Europas im Mittelalter« vermittelt. Pirenne legt dar: »Nord- und Ostsee bieten vom 9. bis 11. Jahrhundert ein Bild, das, so sehr es sich im einzelnen von dem gezeichneten des Südens unterscheidet, doch diesem in wesentlichen Zügen nahe kommt. Auch hier finden wir an der Küste, gewissermaßen am Rande des Kontinents, eine maritime und kommerzielle Aktivität, die in krassem Gegensatz zu dessen bäuerlicher Wirtschaftsform steht.« Durch die Einfälle der Normannen wurden schon vor dem 9. Jahrhundert Quentovic und Durstede zerstört. Die Schwäche der karolingischen Flotte bewirkte, daß nicht einmal jenes Maß von Abwehr erreicht wurde, das die byzantinische Flotte für die Adria und Süditalien bot. Die Normannen überfielen ständig durch die Flußmündungen der Nordsee und des Atlantik die Länder. »Es lag nicht in ihrer Absicht, auf Eroberungen auszugehen, höchstens daß sie sich auf dem Kontinent wie auf den britischen Inseln einige Siedlungsgebiete sicherten. Die oft ins Land getragenen Vorstöße trugen jedoch den Charakter großer Razzien. Diese erfolgten zweifellos mit Methode. Man sieht, wie sie von einem zur Festung ausgebauten Zentrum ausgehen, wo auch die Beute aus den benachbarten Gegenden aufgestapelt wird, bis der Abtransport nach Dänemark und Norwegen möglich ist. Die Wikinger sind daher im ganzen Piraten und man weiß, daß Piraterie die erste Stufe des Handels ist. Das trifft so sehr zu, daß sie sich seit dem Ende des 9. Jahrhunderts, mit dem Nachlassen der Plünderungszüge, in Kaufleute verwandeln.« Über die Ausbreitung des skandinavischen Handels sagt Pirenne: »Nach Westen wenden die Dänen und Norweger ihr Augenmerk; auf die Staaten der Karolinger, auf England, Schottland und Irland, die Schweden auf Rußland. Die Schweden errichten längs des Dnjepr und seiner Nebenflüsse bis an das Schwarze Meer befestigte Lager, ähnlich jenen der norwegischen Brüder, die gleichzeitig in den Tälern der Schelde, der Maas und der Seine entstanden. Da die befestigten Ringmauern (slawisch ‚gorod') sehr weit vom Mutterlande entfernt waren, bildeten sie bewaffnete Plätze, von denen aus die Eindringlinge ihre Herrschaft über die wenig kriegerischen Völkerschaften ihrer Umgebung ausübten. Sie trieben Tribute ein, hoben Sklaven aus und bemächtigten sich des Honigs und der Pelze, welche sie in den Urwäldern reichlich fanden.« Doch ihre beherrschende Stellung mußte bald zum Tauschhandel führen. »Südrußland, wo die Skandinavier sich festgesetzt hatten, lag damals zwischen zwei Kulturzentren. Jenseits des Kaspischen Meeres, im Osten, breitete sich das Kalifat von Bagdad aus; im Süden ... das Byzantinische Reich und Konstantinopel. Die Skandinavier des Dnjeprbeckens erlagen sofort dieser doppelten Anziehung. Arabische Händler, Juden und Byzantiner waren ihnen vorausgegangen, zeigten ihnen den Weg, und sie zögerten nicht, diesen einzuschlagen.« »Honig und Pelze und vor allem Sklaven für die Harems waren die Produkte, mit denen in den reichen Ländern mit raffinierter Kultur hoher Gewinn zu erzielen war.« In der 2. Hälfte des 10. Jahrhunderts empfangen die Normannen von Konstantinopel das Christentum, entlehnen nach Pirenne ihre Kunst und Schrift, erlernen den Gebrauch des Geldes und der Staatsverwaltung. Tatsächlich scheint der Hauptanstoß dieser Neubelebung des Handels, wie Pirenne meint, vom Norden zu kommen, um erst später sich mit dem südlichen zu verbinden. »Die normannische Schiffahrt hat sich (schon früher) in den Mündungsgebieten der Maas, der Schelde und des

Rheins Stützpunkte geschaffen, die, wie wir gesehen haben, entlang der Flußufer bald zu ausgreifender Wirkung gelangten. Tiel ist im 11. Jahrhundert ein von vielen Kaufleuten aufgesuchter Marktort, der durch den Rhein mit Köln und Mainz in Verbindung steht ... Zur selben Zeit herrscht auf der Maas zwischen Maastricht, Lüttich, Huy und Dinant bis hinauf nach Verdun ein lebhafter Verkehr. Die Schelde verbindet Cambrai, Valenciennes, Tournai, Gent und Antwerpen mit dem Meer und den Mündungsgebieten der großen Flüsse zwischen den Inseln und von Seeland.« »Flandern unterhielt seit dem Ende des 10. Jahrhunderts enge Beziehungen mit sämtlichen Küsten der Nord- und Ostsee, und zwar durch Vermittlung der skandinavischen Schiffahrt.« Lebhafter Handel besteht auch mit England, Dänemark, Preußen, auch Rußland wird einbezogen, andererseits Paris, Rouen usw.

Die äußere Form des Entstehens der Stadt – Neugründungen oder Herauswachsen aus den Überresten der römischen Siedlungen – ist für die soziologische Bestimmung des Stadtbegriffs unmaßgeblich. Deshalb werden wir uns um die gelehrte Kontroverse, deren literarische Fruchtbarkeit Preuss mit Recht als »erschreckend« bezeichnet und deren wirklicher Wert nicht erkennbar ist, wenig bekümmern. Immerhin ist es für das Verstehen des Charakters der frühbürgerlichen Gesellschaft einigermaßen bedeutsam, die hervorstechendste Art der Städtegründung wenigstens in Umrissen kennenzulernen.

Charakteristisch ist die Entstehungsart der Städte in Holland, wo sie besonders jener in Deutschland sehr ähnlich sieht. Die von den Römern her bestehenden Anlagen waren, solange das eigentliche feudale Mittelalter noch herrschte, keine Städte, sondern nur kleine Anhäufungen von Menschen, die hauptsächlich von der Landwirtschaft lebten und daher noch keine klare und eindeutige Scheidung vom Lande aufwiesen. Ein gewisser interlokaler Handel und eine schwache Berufsscheidung zwischen Handwerk und Landwirtschaft scheinen allerdings als Ansatz für die spätere Entwicklung bereits vorhanden gewesen zu sein. Die Zahl dieser Siedlungen war aber geringfügig. Überdies hatten sie auch vorwiegend militärische Bedeutung und noch keine »staatsrechtliche«, wie Wenzelburger sagt, was ins Soziologische übersetzt so viel heißt wie noch nicht strukturell bestimmte, gesellschaftliche Eigenexistenz. In noch größerem Maße lag ihre Bedeutung darin, daß sie geistliche Zentren der kirchlichen Verwaltung und Ausbildung des Nachwuchses gewesen sind, zumeist einem Bischof unterstellt, dessen Einkünfte aus der feudalen Untertänigkeit der ländlichen Umgebung flossen.

Die äußeren, d. h. in diesem Falle aus den politischen Verhältnissen des Feudalismus hereinwirkenden Umstände mögen den Prozeß der Städtebildung beschleunigt haben. Sie bestanden hauptsächlich im sich immer mehr vertiefenden Gegensatz zwischen dem Landesherrn und dem übrigen Adel und in der Tatsache, daß ersterer bereit war, die Ansammlung von Handwerkern, Händlern und flüchtigen Bauern unter seinen Schutz zu nehmen. Die Lockung für diese war groß, besonders da noch der Vorteil dazu kam, in der Nähe von Burgen, befestigten Plätzen und Klöstern eine Wohnstatt zu finden. Die Ausweitung der handwerklichen Produktivität, die gesteigerte Fähigkeit des Handwerks, neue Bedürfnisse zu erwecken und zu decken, hat die neue gesellschaftliche Lebensform ermöglicht; aber die feudalen Gegensätze haben ein Wesentliches dazu beigetragen, den Prozeß zu beschleunigen.

Nicht weniger verlockte zum Einzuge die Versicherung der vollständigen Freiheit. Die Folge war die Flucht von zahlreichen leibeigenen Handwerkern und Bauern in die Stadt, wo sie dem Landesherrn den Schwur der Treue ablegten. In Holland, dem typischen Beispiel europäischer Städtegründung, entsteht eine Stadt dadurch, daß der Fürst ihr eine schriftlich niedergelegte Anzahl von Rechten betreffend Eigentum, Verwaltung und Schutz zuerkennt, wohingegen die Stadtbewohner zur regelmäßigen Zahlung einer Abgabe und zur Stellung einer bestimmten Anzahl von Soldaten verpflichtet werden. Im allgemeinen und besonders in der ersten Zeit mischt sich der »Graf« nicht in die inneren Angelegenheiten. In Italien hat im Unterschied zu Holland der Stadtherr oftmals das Regalienrecht über Markt und Polizei an sich genommen. Doch kommt es bereits im 11. Jahrhundert zu Aufständen der Stadtbewohner, die das Recht auf autonome Stadtverwaltung beanspruchen.

Von Anbeginn der Stadtbildung gibt es innerhalb der Bürgerschaft große Unterschiede in Vermögen und sozialer Stellung. Die sogenannten »alten Geschlechter« waren entweder die Besitzer des Grundes, auf dem mit ihrer Einwilligung die Stadt gegründet wurde, oder sie waren deren Nachkommen. Wo es neben dem Fürsten diese Grundbesitzer nicht gab, übernahmen die ersten Siedlerfamilien dieselbe Rolle, aber bemerkenswerterweise konnten es nur solche sein, die niemals leibeigen gewesen waren, bevor sie in die Stadt kamen. Gerne ließen sich dann in dieses mit mancherlei Sonderrechten ausgestattete Bürgertum Adelige aufnehmen. Bald unterschied sich diese Klasse durch Reichtum und Ansehen auffällig vom Kleinbürgertum. Von nun ab standen sich »Patrizier« und »Zünftler« schroff gegenüber;

um so mehr, als das Pratriziat naturgemäß dazu drängte, die ganze Macht in seinen Händen zu konzentrieren. Allerdings dauerte es noch längere Zeit, bis die Patrizier die Herrschaft wirklich an sich gerissen hatten. Allmählich aber gelang es ihnen überall, die ursprünglich mehr oder weniger demokratischen Verfassungen durch oligarchische zu ersetzen.

Die einzige Kraft, die eine vorzeitige Machtergreifung seitens des Patriziats verhindern konnte, waren die Zünfte, die sich allmählich zu sozial einflußreichen Organisationen entwickelt hatten. In zahlreichen Kämpfen gelang es ihnen tatsächlich vorerst, die Patrizier zu schlagen. Jedoch war ihr Einfluß nicht dauerhaft. Obwohl, wie Wittfogel feststellt, die Zünfte als Träger des Fortschritts überall gesiegt haben, setzt eine Entwicklung ein, deren Resultat eine fast allgemeine Veränderung der Demokratie durch die Oligarchie gewesen ist. Bemerkenswert ist an diesem Prozeß, daß mit Ausnahme jener vereinzelten Fälle, in denen die Aufständischen nach kurzer Regierung für dauernd niedergeworfen wurden, meistens keineswegs die offene Gewalt entschied, sondern das Mittel der geschickt vollzogenen, allmählichen und fast nicht spürbaren Ablöse. Das Ergebnis der stillen Aushöhlung der demokratischen Verfassung durch das Patriziat war in den meisten Fällen die Scheindemokratie, jene Form städtischer Regierung, in der dem äußeren Anschein nach das Volk, in Wirklichkeit aber nur eine auserwählte und geschlossene Gruppe von Bevorrechteten selbstherrlich die öffentlichen Angelegenheiten leitete.

2. *Die Gründe für die Niederlage des Kleinbürgertums*

Die Entwicklung des frühbürgerlichen Geschichtsabschnittes endet mit der Errichtung einer fortschrittlich-absoluten Staatsform und mit dem Siege der handelsbourgeoisen Oligarchie in den Städten. Über die eigentlichen Gründe für die schließliche Niederlage des revolutionären Kleinbürgertums – von einem selbständig auftretenden Proletariat kann noch nicht gesprochen werden – ist in der historischen Literatur fast nichts zu finden.

Es haben mehrere Faktoren zusammengewirkt. Vor allem ist die überragende Bedeutung der großbürgerlichen Klassen für die Überwindung der alleinigen Herrschaft des Feudalismus und für die Entwicklung der modernen Gesellschaft in ökonomischer und kultureller Hinsicht zu erwähnen. Nicht nur wegen ihres Reichtums, sondern insbesondere wegen ihres ökonomisch-revolutionären Elans war in der bürgerlichen Klasse eine dem Adel ebenbürtige und sogar überlegene gesellschaftliche Macht erwachsen. Die kleinbürgerlichen handwerklichen Klassen, die wegen ihrer konsequenteren revolutionären Grundhaltung vielleicht eher berufen gewesen wären, die Führung im Kampfe um die Neugestaltung der Gesellschaft zu übernehmen, waren in ihrer Arbeitsmethode, Lebensweise und Kultur noch zu beengt und daher im allgemeinen zu sehr auf die Erreichung kleiner, über den Horizont ihres eigenen Daseins nicht hinausreichender Ziele bedacht, als daß sie eine solche Funktion als Klasse, und d. h. dauernd hätten erfüllen können. Die Großartigkeit der klarsten Form der handwerklichen Ideologie, des Sektendenkens, liegt mehr in der Kritik als im positiv Gewollten und Aufbauenden. Einer solchen Passivität ist selbst die widerspruchsvolle Ideologie des Humanismus in ihrer Wirkung auf die Gesellschaft überlegen, weil sie sich in ihrem praktischen Wollen auf reale Kräfte wie den absolutistischen Staat und die materielle Kraft des Bürgertums stützen kann. Der revolutionäre Elan des städtischen Kleinbürgertums wirkte zwar fort und bildete mehr oder weniger in allen Jahrhunderten, mit Ausnahme des unsrigen, das unerläßliche Ferment aller wirklich fortschrittlichen Bewegungen. Aber jene weltweite, in die Tiefe der Zeitprobleme dringende, mächtig das alte Denken entwurzelnde humanistisch-rationalistische Bildung, wie sie sich in den besten Köpfen von Dante bis Machiavelli manifestierte, konnte in jener Zeit der furchtbarsten Unbildung der Massen nur bei einer Klasse entstehen, die über die materiellen Mittel verfügte, um Bildung und Kultur zu einer gesellschaftlich umwälzenden Macht werden zu lassen.

Damit ist aber nur verständlich gemacht, weshalb die Exponenten der großen Handelsbourgeoisie eine so bevorzugte Stellung innehatten. Erkannt ist jedoch noch nicht der ganze Grund für die schließliche und völlige Verdrängung der eifersüchtig auf ihre Rechte der Mitbestimmung wachenden kleinbürgerlichen Klassen. Mußte doch tatsächlich die Bourgeoisie sowohl vor der Periode der Erschütterung wie nach der Wiederherstellung ihrer Herrschaft die längste Zeit auf diese Klassen Rücksicht nehmen, erstens, weil sie stark genug waren, durch das Votum der Straße ihr Recht zu verteidigen, zweitens, weil der Adel noch im Hintergrunde lauerte. Die vielen Bemühungen um die Erhaltung der Scheindemokratie sind nichts anderes als der unmittelbarste Ausdruck der doppelten Furcht vor dem arbeitenden Volke und dem Adel. Der Historiker kann aber beobachten, wie nichtsdestoweniger eine Zeit heranreift, in der trotz eines vorübergehend umgekehrten Verhältnisses die Kräfteverteilung zwischen dem

Klein- und dem Großbürgertum sich deutlich zugunsten des letzteren verschiebt. Dafür muß es besondere Gründe geben.

Die Schwäche der kleinbürgerlichen Klassen der frühkapitalistischen Stadt erklärt sich zuerst einmal daraus, daß sie nur formell revolutionär gewesen sind, nur in den von ihnen angewandten Mitteln dem Radikalismus zuneigten, aber kaum in der Sache. Zwar versteht es sich von selbst, daß unter den damaligen geschichtlichen Bedingungnen und im damaligen Stadium der Entwicklung der bürgerlichen Gesellschaft keine andere Haltung möglich gewesen ist. Aber ebenso muß verstanden werden, daß das Fehlen eines der Sache nach revolutionären Programms schließlich zur Lähmung der kleinbürgerlichen Bewegung führen mußte. Lassalle bemerkt einmal, das Versagen der deutschen Bauernrevolution von 1525 sei darauf zurückzuführen, daß die Bauern nicht eine radikale Eigentumsreform erstrebten, sondern sich mit der Befriedigung ihrer persönlichen Ansprüche begnügten. Diese vielumstrittene These hat zweifellos etwas für sich, wenngleich sie dahin ergänzt werden müßte, daß auch in der anderen für die damalige Zeit neben der Eigentumsfrage einzig revolutionären Frage der Volkssouveränität die Bauernschaft eine inkonsequente Haltung einnahm. Aus der ganz gleichen Haltung lassen sich die zahlreichen Halbheiten und Inkonsequenzen der kleinbürgerlichen Bewegungen erklären. Weder hinsichtlich der Reform des Privateigentums, noch hinsichtlich der kompromißlosen Vertretung der Idee der Volkssouveränität zeigt das Kleinbürgertum eine wirklich eindeutige Stellungnahme. Weder für das eine noch für das andere war das frühkapitalistische Kleinbürgertum reif. Nur für Augenblicke trieb es die revolutionäre Aufregung in die Arme der Demokratie, aber es war sich über deren Sinn niemals im klaren. Nur bei sehr wenigen Denkern war eine klare Vorstellung vorhanden. Die radikale Eigentumsreform wurde deshalb auch nur von vereinzelten Sekten, in denen die städtische Armut oder proletarische Elemente Einfluß gewonnen hatten, gefordert. All das bedeutet aber lediglich, daß es einen prinzipiellen Gegensatz zwischen Klein- und Großbürgertum trotz mancherlei bedeutsamer weltanschaulicher, wirtschaftlicher und politischer Unterschiede und Differenzen damals eigentlich noch nicht gegeben hat. Bei der Forderung nach demokratischer Mitverwaltung ging es meistens um die Möglichkeit der Wahrung relativ kleinlicher Interessen. Man dachte daher etwa an die Regelung der als sehr wichtig genommenen Steuer- und Abgabefragen, man stritt um die Markt- und Polizeiaufsicht, die Gerichtsbarkeit, die Verhinderung von Bestechung und Korruption, das Armenwesen usw.

»Die Handwerker«, sagt Below, »werfen den Patriziern hauptsächlich drei Dinge vor: Gewalttätigkeit gegen die ärmeren Bürger, ausschließliche Besetzung der Ratsstellen und ungerechte Finanzverwaltung, speziell die einseitige Benützung der städtischen Allmende.« Und Sander stellt fest: »Ein festes Programm fehlt bei den Zunftkämpfen durchaus ... Es sind spontane Äußerungen der Unzufriedenheit, zu denen der Anlaß meist rein zufällig ist ... ein klares Ziel findet sich nirgends.« Es gab zwar genug Grund zu Gegensätzen, aber das Prinzipielle tritt kaum hervor. Oft wird von den besiegten Patriziern in naiver Weise nur gefordert, sich als Mitglieder einer Zunft eintragen zu lassen, wenn sie einem Rat angehören wollen. Solange aber die Patrizier herrschen, wird die Opposition in sinnloser Weise gereizt. So wird z. B. in Florenz das Koalitionsverbot für Gesellen und Arbeiter ausgedehnt auf die Bildung von Sterbelogen und selbst für hohe Feiertage wird die erlaubte Zahl der an privaten Veranstaltungen teilnehmenden Personen auf zwölf begrenzt. In den Städten Flanderns wird die Arbeit der Weber mit aufreizender Strenge von Inspektoren der Kaufleute beaufsichtigt, werden für technische Verfehlungen die Verbannung und für Streik die Todesstrafe angedroht.

Der einzige konsequent zu Ende gedachte Programmpunkt des Kleinbürgertums ist die Überwindung des Feudalismus. Dabei wird ganz nach der Auffassungsweise der Renaissance nur an eine Vernichtung des adeligen Einflusses innerhalb der Stadt und bestenfalls, vor allem wegen der Bedrohung des Handels, in der Nähe der Stadtgrenzen gedacht, jedoch noch keineswegs an eine Ausschaltung des Adels als Klasse überhaupt. Aber gerade in diesem einzigen historisch weitergreifenden Ziele, das ein verhältnismäßig klares Prinzip enthält, unterscheidet sich die demokratisch-kleinbürgerliche Bewegung in keiner Weise von der bourgeoisen, wenn auch die pratrizische Bourgeoisie zeitweilig die Neigung zeigt, dieses Ziel zu verraten und sich mit dem Adel zu verbünden, sobald sie sich von der demokratischen Revolution bedroht fühlt. Konnte also in der Frage des Kampfes gegen den Adel kein prinzipieller Gegensatz zwischen den städtischen Massen und der Großbourgeoisie entstehen, so verlor die bloß an Tagesfragen orientierte Demokratie ihrem in finanziellen Mitteln, in Bildung und diplomatischer Geschicklichkeit überlegenen Widerpart gegenüber die Kraft, sich auf die Dauer als selbständige Macht zu behaupten. Tatsächlich wurden die Kämpfe, sobald die Patrizier das feine Mittel der Scheindemokratie anzuwenden gelernt hatten, immer seltener und hörten im 16. und 17. Jahrhundert fast ganz auf.

Zu diesem wichtigen Moment in der Erklärung der Niederlage des Kleinbürgertums kommen noch drei weitere, die seine Wirkung verstärken: das Sinken der Bedeutung der Zünfte, die furchtbaren Verfolgungen und Ausrottungen der Sekten und das die Wiederherstellung der Oligarchien unterstützende absolute Königtum.

Die Zünfte sind eine spätmittelalterliche oder, wenn man will, eine frühbürgerliche Erscheinung. Sie sind eine Übergangserscheinung aus der Zeit des Umbruchs vom Mittelalter zur Neuzeit, eine noch ständische Organisation des bereits städtisch gewordenen Handwerkertums. Daher ist auch ihre historische Rolle zwiespältig. Bilden sie zuerst eine politische Macht, die sich der städtisch-aristokratischen Herrschaft mit Erfolg entgegenstellt, so werden sie mit dem Anwachsen der städtischen Bevölkerung und mit dem wachsenden Drang nach freier, von Zunftvorschrift und Zunftzwang unabhängiger wirtschaftlicher Betätigung zu einem Hemmnis der Entwicklung und daher reaktionär. Einerseits wird die Zunft vom freien Handwerker gesprengt, andererseits führt sie ein in traditionelle Formen gebanntes Leben fort und wird zur konservativ gestimmten Organisation der wohlhabenden Meisterschaft.

Auffällig bleibt, daß die Sektenbewegung, die von Anfang an weite Kreise des Handwerkertums erfaßt, nicht politisch wird, als die revolutionären Handwerker einer neuen politischen Organisation bedürfen, wenngleich es auch einige Beispiele direkter Unterstützung der zünftlerischen kleinbürgerlichen Bewegung durch katharische, waldensische und franziskanische Elemente gibt – abgesehen von jenen Fällen brutal provozierter Kampfstellung, wie wir sie etwa im Albingenser- und Hussitenkriege oder im Gottesreich von Münster antreffen. In der Epoche des mailändischen Kampfes zwischen dem Konsul, dem Funktionär des Adels, und dem vom Volke eingesetzte Podesta (1185 bis 1215) wird die revolutionäre Organisation des Kleinbürgertums, die »Credentia di Sante Ambrosio«, von Albingensern und Waldensern energisch unterstützt; es geht hier gegen die bürgerliche Oberschicht und gegen den Adel. Im Genter Aufstand von 1274 erweisen sich sektiererische Bußmönche und Wanderprediger als die kräftigsten Förderer der Bewegung. Auch aus dem Orden der Franziskaner helfen revolutionäre Elemente mit. 1275 soll sogar ein Franziskaner der politische Führer der Bewegung gewesen sein. Aber im allgemeinen liegt den Sektenanhängern trotz aller unverkennbaren Sympathien und trotz ihrer Verbundenheit mit den revolutionären Bewegungen das duldende Leiden und das eschatologische Hoffen näher als das politische Handeln. Dies läßt sich daraus erklären, daß das Sektendenken gerade deshalb, weil es, wie wir noch darlegen werden, in seiner gesellschaftlichen Kritik und der Erkenntnis des Wesens der bestehenden Welt am tiefsten gedrungen war, auch instinktiv fühlen mußte, daß die Zeit für den endgültigen Sieg der Unterklassen noch nicht gekommen war. In diesem Gefühl liegt eine der Wurzeln der eschatologisch hoffenden und trotz aller Rationalisierung religiösen Jenseitigkeit des Sektentums. Fast kommt den Historiker ein Bedauern an, wenn er sich vorstellt, welche gewaltige politisch-revolutionäre Rolle die ungeheure, von Spanien bis nach Böhmen, von Calabrien bis hinauf nach England reichende, unablässig mit geheimer und offener Propaganda und Vereinsbildung arbeitende und über großartige Energien verfügende Sektenbewegung hätte spielen können, wenn sie den Weg zur politischen Aktion gefunden hätte. Ihr Heroismus, den sie auf ungezählten Scheiterhaufen büßte, wäre dann nicht umsonst gewesen. Die Herrschenden wußten, was sie taten, als sie das Sektenwesen an der Wurzel zu packen und auszurotten versuchten. Daß aber Sekten- und Handwerkerbewegung letzten Endes zusammengehören, beweist nicht nur die Art der Verbreitung der ersteren, sondern auch die Tatsache, daß die Sympathie beider füreinander offenkundig war. Als z. B. in den Straßburger Kämpfen von 1332 die Handwerker siegreich blieben, kamen die bis dahin mißachteten Schüler des sektiererischen Mystikers Eckhart (1260–1327) zu hohem Ansehen. Besonders sein Schüler Tauler (1300–1361) wurde berühmt.

Als letzter Faktor der Schwächung des Kleinbürgertums ist das unmittelbare Interesse des Absolutismus an der Erhaltung und Festigung der patrizisch-oligarchischen Stadtregierungen zu erwähnen. Ist doch dieser Absolutismus in seiner entwickelteren Gestalt bis zum Ende der Renaissance sozial und ideologisch an das Großbürgertum gebunden. Mit diesem teilt er daher die Feindschaft gegen den Adel, weshalb er bis zu einem gewissen Grade die Bereitschaft zeigt, die Bauern gegen ihn zu schützen; aber er teilt auch mit dem Großbürgertum das Mißtrauen gegen die revolutionäre Bewegung des Volkes, die ihm der naturgemäßen Ordnung zuwiderzulaufen scheint. Schon der große, zweifellos bürgerlich-fortschrittliche König Ludwig XI. von Frankreich hat die Oligarchie jeder anderen städtischen Regierungsform vorgezogen, und nicht minder später Franz I. Das gleiche gilt von den Tudors in England. Die 1408 siegreiche Lübecker Revolution wurde mit Hilfe des Kaisers, einiger Landesfürsten und des Dänenkönigs niedergeschlagen; allerdings erst 1418, nachdem inzwischen die emigrierten Patrizier alles unternommen hatten, um diese Aktion zuwege zu bringen. Von da ab hatten auch die übrigen demokratischen Bewegungen in den Hansestädten ausgespielt.

3. *Der fortschrittliche Absolutismus*

Die Fortschrittlichkeit des absoluten Fürstentums der Renaissance wird oft als durch ein Gleichgewicht der Kräfte bedingt erklärt. Diese »Erklärung« besagt jedoch in Wirklichkeit nichts. Abgesehen von der Unwahrscheinlichkeit, daß der Renaissance-Absolutismus während seiner ungefähr hundert- bis hundertfünfzigjährigen Dauer immer ein Gleichgewicht der Klassenkräfte vorgefunden haben soll, ist es unzulässig, eine Gleichgewichtstheorie zu konstruieren, die am Zufälligen hängenbleibt. Historisch gesehen kann Gleichgewicht niemals mechanische Balance heißen, über die der Absolutismus in einer von aller Klassenbeziehung losgelösten Souveränität sich erhebt. Zu allen Zeiten, in denen es eine absolute Herrschaft des Staates gab, stand sie im Dienste ganz bestimmter geschichtlicher Kräfte. Sie bevorzugte die eine und bekämpfte die andere. Im Konkreten mag dann ihr Verhalten komplizierter gewesen sein, aber niemals hat es einen schlechthin »übergesellschaftlichen« Absolutismus gegeben.

Es ist interessant zu beobachten, wie überall da, wo die Wesenheit des Renaissance-Absolutismus unverstanden bleibt, auch andere durch seine Existenz bedingte Erscheinungen nicht verstanden werden können. So ist es z. B. völlig aussichtslos, etwa die politischen Anschauungen des Humanismus sinnvoll zu deuten ohne Berücksichtigung der Rolle, die der Absolutismus in der Zeit der Renaissance spielt. Das läßt sich am Beispiel François Villons verständlich machen. Man hat sich oft darüber gewundert, wie dieser dichtende Interpret des Volkswillens und Freund der Armen, dieser revolutionäre Haudegen und Feind des Adels nichtsdestoweniger vertrauens- und erwartungsvoll zum Königtum emporsah, das er nicht minder verehrte als seinen geliebten Bettelsack. Aber Villon ist nicht das einzige »Rätsel« dieser Art, das uns die Geschichte der Renaissance aufgibt. Bis zum heutigen Tage streiten die Historiker über das scheinbar in einen absolutistischen und einen demokratischen Teil auseinanderfallende Schrifttum Machiavellis, und lange vor ihm bietet uns Marsilius von Padua das Bild eines Mannes, der gleichzeitig sowohl eine streng demokratische wie eine monarchistische Auffassung von der Regierung vertritt. Man kann hier auch noch Claude de Seyssel, Morus und Jean Bodin nennen.

Die Lösung, die wir hier kurz vorwegnehmen möchten, liegt darin, daß es zu Villons Zeit eben keinen Widerspruch ausmachte, im Dienste des Fortschritts und gleichzeitig des Königtums zu stehen, denn dieses war trotz seines streng absolutistischen Charakters selbst fortschrittlich. Allerdings muß hinzugefügt werden, daß Villon keineswegs vollständig frei vom Irrtum war. Er hat nicht verstanden, daß das französische Königtum zwar unnachsichtig den Adel bekämpfte und dem bürgerlichen Fortschritt, aber durchaus nicht der unterstädtischen revolutionären Armut dienstbar gemacht werden konnte. Der Absolutismus war fortschrittlich, aber er war nicht revolutionär. Vielleicht hat die freundliche Haltung, die das Königtum gegenüber den Freiheitsbestrebungen der Bauern zeigte, Villon zu einem übertriebenen Optimismus verleitet. Zweifellos hat aber die dem Volke zugewandte Persönlichkeit Ludwigs XI. (1461 – 1483), für die auch Machiavelli die größte Verehrung hegte, bei Villon einen starken Eindruck hinterlassen.

Schon zu Beginn der Städtebildung zeigen sich die weltlichen Fürsten, in auffallendem Gegensatz zu den geistlichen, geneigt, den Handel, das Gewerbe und überhaupt die Ansprüche der Städte, besonders des in diesen maßgeblichen Bürgertums zu unterstützen.

Von den niederländischen Bischofsstädten erzählt Pirenne, daß sie häufig gegen die geistliche Bevormundung rebellieren mußten, sich langsamer entwickelten und ähnlich wie in Deutschland den Streit zwischen König und Papst über das Recht der Besetzung der geistlichen Ämter dazu benützten, um sich freizumachen. Hingegen standen Stadt- und Weltfürstentum meist im Verhältnis eines Bündnisses zueinander. Der fortschrittliche Absolutismus, dessen Träger durch die nahe Berührung mit dem städtischen Geist zunehmend bürgerliche Vorstellungen in ihr Denken aufnahmen, ist schließlich das entwicklungsmäßige Ergebnis dieses Bündnisses.

Vor allem durch den bürgerlichen Geist erfährt das Renaissancefürstentum eine Formung, die uns erlaubt, von einer nichtfeudalen und fortschrittlichen Erscheinung zu sprechen. Die Grundlage dieses Geistes bildet die relative Rationalisierung der Gesellschaft durch das Handwerk und den Handel. Selbstverständlich hat dieser Rationalismus noch nicht die Stufe der verdinglichten Eigengesetzlichkeit erreicht. Es ist hauptsächlich individuelle Rationalität, nur subjektiver und daher kein zwingender Wille zur rationellen Gestaltung des ökonomischen Handelns, bestenfalls Pflege einer strengeren Arbeitsmethodik in der Werkstatt und einer strenger durchgeführten Kalkulation im

Handel. Deshalb ist dieser Tätigkeit noch keine objektive, das Individuum zur Anpassung an eine von ihm nicht veränderbare, verdinglichte Rationalität des gesellschaftlichen Ganzen zwingende Norm entgegengestellt. Trotz aller bereits mächtig wirkenden Tendenzen zur verstandesmäßigen Beherrschung und Berechnung des Handelns vollzieht es sich noch in den vielfältigsten, freiesten, subjektiv bestimmten Formen. Der Grund für dieses uns modernen Menschen fremd anmutende Zusammentreffen von Rationalisierung des Handelns mit subjektiver, und das will heißen irrationeller Freiheit, liegt in der relativen Unentwickeltheit der frühbürgerlichen Gesellschaft. Die Herkunft der einen Seite in dieser Verbindung, der rationellen, ist klar ersichtlich: Den gewaltig gesteigerten Bedürfnissen der städtischen Gesellschaft entspricht eine durch Rationalisierung vergrößerte Fähigkeit ihrer Befriedigung unter Einschaltung der die Beziehungen wenigstens für das Bewußtsein des einzelnen rechenhaft gestaltenden Waren- und Geldwirtschaft anstelle der völlig irrationalen Naturalwirtschaft. Die andere Seite, die der Ungebundenheit des Individuums, erklärt sich hinlänglich aus dem Fehlen einer starren »Dinghaftigkeit«. Die ökonomischen Beziehungen sind noch als reines Verhältnis von Mensch zu Mensch einsehbar, aber nicht nur einsehbar, sondern auch gestaltbar. Der Mensch tritt in seiner ganzen Individualität in Erscheinung und präsentiert sich deshalb noch als ganze, von den anderen Individuen deutlich unterschiedene Persönlichkeit. Die daher unvermeidliche Berücksichtigung des ganzen Menschen und seiner individuellen Eigenschaften bedingt auch die Bewertung der qualitativen Vielfältigkeit der Gegenstände nach ihrer subjektiven Dienstbarkeit. Gleichzeitig drückt auch der Erzeuger den Gegenständen ungeachtet der gesteigerten Rationalisierung des Arbeitsprozesses noch immer seinen persönlichen Stempel auf, denn noch vernichtet die Arbeitsteilung nicht die Verwertung seiner persönlichen Eigenschaften und Fähigkeiten. Der starke, bis heute bewunderte künstlerische Einschlag im Handwerk der damaligen Zeit ist ein Beweis dafür.

Erst mit der totalen warenwirtschaftlichen Durchdringung der ganzen Gesellschaft und mit der für sie unentbehrlich gewordenen Arbeitsteilung verkehrt sich das gesellschaftliche Bild ins Gegenteil. Die arbeitsteilige Massenproduktion von Waren erfordert ein genaues System der rationalen Zerlegung einerseits des Gegenstandes, andererseits der Tätigkeit des Arbeiters in einzelne, voneinander getrennte Elemente. Die qualitative Seite der Produkte wie der Produzenten wird nach Möglichkeit vernichtet. Je mehr sich die kapitalistische Warenerzeugung kompliziert, je rationalisierter und unabhängiger von den einzelnen Eigenschaften des Produzenten sie wird, je selbständiger, je unabhängiger voneinander in weiterer Folge die Teilfunktionen der Wirtschaft funktionieren und je »gesetzlicher« schließlich als Resultat gerade dieser Zerrissenheit der gesellschaftliche Gesamtprozeß sich gestaltet, desto stärker fühlt sich der Mensch von einem verdinglichten Prozeß abhängig, desto mehr strebt er, mit Hilfe einer weiteren Rationalisierung seiner Tätigkeit sich ihm anzupassen, und desto unfreier wird er.

Damit sind wir bereits weit über die Renaissancegesellschaft hinaus vorgestoßen. Das Renaissance-Individuum selbst unterliegt zwar bereits in hohem Maße der Tendenz zur Rationalisierung seines Denkens und seiner Tätigkeit, fühlt sich aber aus den oben erwähnten Gründen noch durchaus frei; das Moment der objektiven Verdinglichung liegt noch außerhalb seines Bewußtseins. An diese Grundlinie im sozialen Charakter des Renaissancemenschen ist immer zu denken.

Die große, das bürgerliche Leben der Renaissance neugestaltende und trotz anfänglich stärkerer, später geringerer religiöser Hemmungen durchrationalisierte Erscheinung ist der Kaufherr. Als beherrschende gesellschaftliche Macht ist er allerdings erst möglich geworden auf dem Boden des Handwerks. Aber nun ist er es, der den handwerklichen Überschuß des eigenen Landes und fremder Nationen zum Austausch bringt, der die örtliche Gebundenheit überwindet und dem ökonomischen Leben der Stadt einen stärkeren Impuls verleiht. Dieser Kaufherr wird durch die, wenn auch noch nicht sehr konsequent und bewußt durchgeführte, so doch bereits merkliche Trennung der Gewinnakkumulation vom persönlichen Genuß zum Träger eines geschlossenen ökonomischen Kreislaufs. Das Funktionieren dieses Kreislaufs wiederum hat die rationelle Kalkulation zur Voraussetzung. Mit dem Anwachsen der Zahl der händlerisch tätigen Individuen und der großen Vermögen ist notwendig eine weitere Intensivierung und Rationalisierung des Handwerks und des gesellschaftlichen Lebens überhaupt verbunden. Das individuelle Leben verliert allmählich an Beschaulichkeit, das Denken wird unruhiger und gespannter. Alles, was bis dahin im Bereiche der traditionellen Vorstellungen als unantastbar galt, beginnt zu wanken. Man denke nur an das Recht, dessen Vorschriften, Regeln und Gebräuche eine ständige Umgestaltung und Anpassung an die neuen Verhältnisse erfahren.

Die alten staatlichen Verhältnisse mit ihrer Selbständigkeit der Landesteile und der diese beherrschenden Willkür des Adels werden als mit den neuen gesellschaftlichen Verhältnissen unverträglich empfunden. Mächtig erhebt sich das Bedürfnis nach Schutz und Sicherheit des Verkehrs, nach zusammenfassender Gestaltung und Ordnung, nach Durchsetzung einheitlicher, der Kalkulation zugänglicher organisatorischer Prinzipien, kurz, das Bedürfnis nach einer staatsleitenden Gewalt, die die neuen Ansprüche begreift und die nicht feudal beschränkt ist. Die immer stärker werdende Berührung zwischen diesem Fürstentum und dem sich frisch entfaltenden Stadtleben, wie auch die daraus resultierende Entfernung des Fürstentums vom rein feudalen Tätigkeitsgebiet bewirken, daß der ehemals die fürstliche Macht allein begründende Grundbesitz in seiner Bedeutung zurücktritt und sie sich immer mehr entfeudalisiert.

Aber Entfeudalisierung kann nur Verbürgerlichung heißen. Das wird hinsichtlich des Fürstentums nicht gerne zugegeben. Man hält lieber an der Theorie eines aus rein politischen Zweckmäßigkeitsgründen zustande gekommenen Bündnisses zwischen einer bürgerlichen und einer rein feudalen Kraft fest. Dazu trägt das äußere Bild, das uns die Geschichte von den absoluten Fürsten jener Zeit übermittelt hat, zweifellos vieles bei. Feudale Roheit, ja Grausamkeit, feudales Hofleben und feudale Kleidung, Stolz und Menschenverachtung wirken fort und verleihen dem Geschlecht der absolutistischen Renaissancefürsten das Aussehen der Zwiespältigkeit, das dem Anschein nach berechtigt, den Absolutismus als eine zwischen und über den Klassen stehende Erscheinung zu beurteilen. Man übersieht dabei das Entscheidende, daß nämlich aus der besonderen sozialen Funktion des Handelsbürgertums selbst jene Zwiespältigkeit entsteht, die wir am Absolutismus entdecken.

Man muß sich nur ganz vergegenwärtigen, welche gesellschaftliche Rolle das Handelsbürgertum, damals die ökonomisch mächtigste und sozial maßgebliche Klasse der Stadt, tatsächlich innegehabt hat. Eine im eigentlichen Sinne produktive Klasse war sie nicht. Ihre Funktion bestand nicht in der Herstellung der Güter, sondern nur in deren Vermittlung. Dabei spielten die ausländischen Erzeugnisse und von diesen wiederum die teuren und einträglichen Luxusartikel, die wertvollen Stoffe und Genußmittel, die Hauptrolle. War auch der Handel ins Ungemessene angestiegen, so war der Großhandel gleichzeitig wegen der geringen Rentabilität nur nebenbei mit Gebrauchsgegenständen gewöhnlicher Art beschäftigt. Sein Interesse war den hochqualifizierten Waren zugewendet. Für sie mußte die entsprechende Abnehmerschaft gefunden werden. Sie fand sich in der großen Masse des verschwendungs- und genußsüchtigen, vom Leben und der Kultur der Stadt angelockten Adels. Der Adel war es, der seine aus der bäuerlichen Bevölkerung herausgepreßten Reichtümer in traditionell feudaler Weise verbrauchen wollte und mußte. Er dachte nicht daran, sie zu akkumulieren. Denn aus der Arbeit der Bauern floß ihm immer neuer Wohlstand zu. Dieser Wohlstand war nach der Auffassung der feudalen Kreise dazu da, um verschwendet zu werden. Die Genußsucht des Adels nutzte die Handelsbourgeoisie in glänzender Weise für sich aus. Aber dadurch geriet sie in unmittelbare ökonomische und, wie sich aus der Lebensart der reich gewordenen Kaufmannsfamilien mühelos nachweisen läßt, auch in moralische Abhängigkeit vom Feudalismus. Man schaut gerne nach »oben«, spielt womöglich den Adeligen, und wenn es nicht gerade der Kaufherr selber tut, so um so gründlicher seine Familie.

Schon für die Frühzeit der italienischen Städte stellt Dahn fest, daß »der Zugang zum Adel nach unten geöffnet bleibt«, ritterliches Zeremoniell und adelige Lebensform noch für lange Zeit das allgemeine, »nicht auf den Geburtsadel beschränkte Gesetz« gewesen sind und daß es ein ritterlich lebendes, sogar mit der Ritterwürde bekleidetes Patriziat gegeben hat. Für das Lüttich des 14. Jahrhunderts macht Pirenne die Feststellung, daß die Mitglieder des Patriziats »mit Vorliebe die Sitten und das Benehmen des Ritterstandes nachzuäffen suchen, herrschaftliche Güter erwerben« usw. Diese Haltung ist nicht zuletzt auch die Folge der Tatsache, daß trotz der Furcht vor und der Feindschaft gegen den Adel das Interesse an der Erhaltung der Kaufkraft der feudalen Abnehmerschaft ebenso stark ist wie das entgegengesetzte Interesse an der Vernichtung des Adels. Daher schwankt auch die Haltung der großen Renaissance-Bourgeoisie zur Bauernbefreiung. Neben dem Kleinbürgertum, das jeden Bauernaufstand mit offener Sympathie verfolgt und, wo es geht, tätig unterstützt, eilt den Bauern viel eher als die Bourgeoisie der von den feudalen Klassen unabhängige Absolutismus zu Hilfe.

Die Hemmnisse für eine konsequente Ausformung der sozialen, kulturellen und menschlichen Eigenschaften des adelsfeindlichen Fürstentums im bürgerlichen Sinne resultieren also weitgehend aus dem unfertigen Charakter der gesellschaftlich maßgebenden Klassen selbst. Bedeutsam verstärkt wurde der ins Konservative spielende Stil der bürgerlichen Klasse durch den verbreiteten Hang der Großkaufleute, Grundbesitz zu erwerben, also an der feudalen Ausbeutung und Lebensart sich unmittelbar einen Anteil zu sichern. Dem Kaufmann war noch keine Möglichkeit geboten, innerhalb der durchweg handwerklichen Produktion seinen Gewinn in der Gütererzeugung zu investieren, d. h. zum gewerblichen Unternehmer zu werden. Da der Kaufmannsberuf sehr einträglich war, bestand auch gar keine Neigung dazu. Das beweist der Umstand, daß die spätere Manufaktur sich unter lebhafter Anteilnahme der handwerklichen Meisterschaft und nur unter indirekter Mithilfe des Handelskapitals entwickelt hat. Die Handelsbourgeoisie war ihrem ökonomischen Charakter entsprechend weit davon entfernt, die spätere Spar- und Enthaltsamkeitsmoral des manufakturellen Bürgertums zu entwickeln. Daher war das Moment des Genusses immer noch das treibende Moment in der Jagd nach Profit, und damit war auch eine entscheidende Voraussetzung gegeben für die Nachahmung der adeligen Lebensweise.

Es ist kein Widerspruch, wenn man ungeachtet aller schwerwiegenden Hemmungen die bürgerliche Gesellschaft der Renaissance insgesamt als fortschrittlich bezeichnet. Erstens war die Großbourgeoisie auf dem lebendigen städtischen Boden der kapitalistischen Frühzeit nicht allein maßgeblich, denn auch die untergeordneten bürgerlichen Schichten, z. B. jene, die sich mit dem kleineren Versorgungshandel abgaben, hatten etwas zu sagen, und vor allem wirkte sich der unruhige Geist des handwerklichen Kleinbürgertums aus. Aber auch in der Bestimmung der objektiven historischen Funktion des Großbürgertums selbst kann die Fortschrittlichkeit behauptet werden, denn ökonomisch war die Vermittlung von Produktion und Bedürfnis, die in großzügiger Weise die lokalen Grenzen und damit die mittelalterliche Organisationsform sprengte, von einer die ganze Gesellschaft umwälzenden Kraft.

Die Geisteshaltung des Humanismus widerspiegelt die Eigenart der bürgerlichen Klasse der Renaissance am besten. Der Humanismus drückt das zweifellos geistvolle, aber mehr negativ gegen das Alte gerichtete als positiv bürgerlich-revolutionäre Selbstbewußtsein aus. Kritischer Sinn, religiöse Skepsis, individualistische Gesinnung sind bereits wichtige Elemente des bürgerlichen Denkens; aber das alles ist noch mit keinem geschichtsbildenden Programm verbunden. Es ist die Anschauung einer politisch verhältnismäßig genügsamen, sich rasch durchsetzenden, sich deshalb bereits frei dünkenden und nicht erst nach Freiheit ringenden Klasse. Zufrieden damit, innerhalb der Stadtmauern zu herrschen, erstrebt das Renaissancebürgertum nicht die Herrschaft über die ganze Gesellschaft, die allein auf dem Wege der ökonomischen Entmachtung des Adels errungen werden kann. Ahnungslos gegenüber künftigen Entwicklungen und Gefahren, sieht es die beste Lösung im Kompromiß mit dem Feudalismus, in der Teilung der Herrschaft in eine ländlich-feudale und eine städtisch-bürgerliche Sphäre. Nur innerhalb dieser Ordnung ringt es um Anerkennung und Gleichberechtigung; sie zu überwinden, kommt ihm nicht in den Sinn.

Die eigentlich revolutionäre Kraft in der Frühzeit der Städte liegt beim Kleinbürgertum. Seine inneren geschichtlichen Schranken haben wir kennengelernt. Da es außer den noch völlig unselbständigen proletarischen Elementen die einzige Klasse war, die nur zu gewinnen, aber kaum etwas zu verlieren hatte, und da ihm ständig drohte, von den bürgerlichen Oberklassen politisch völlig entmachtet zu werden, trat es schon frühzeitig revolutionär auf. Zeitweilig verbindet sich das zur absoluten Herrschaft strebende Fürstentum mit der kleinbürgerlichen Macht gegen den Adel, steht aber im übrigen ihren Bestrebungen fremd, ihrer revolutionären Gesinnung sogar feindlich gegenüber. Der »Ketzerhaß« des Absolutismus z. B. ist nichts anderes als der Haß gegen die revolutionäre Propaganda der ideologischen Vortruppbewegung des Kleinbürgertums und der städtischen Armut, der Sekten.

Man wollte daraus einen Beweis für die reaktionäre Funktion des Absolutismus dieser Epoche ableiten. Aber ein solcher Schluß ist unhistorisch. Gerade aus der Zuordnung des Absolutismus zur bürgerlichen Klasse ergibt sich nicht nur seine Fortschrittlichkeit im Rahmen dessen, was um diese Zeit geschichtlicher Fortschritt sein konnte, sondern ebenso auch die Abneigung des Absolutismus gegen alles, was in revolutionärer Weise die Zustände umzustürzen drohte. Fortschritt und Revolution sind eben nicht dasselbe und können sogar unter Umständen Gegensätze bilden. Die wirklich revolutionäre Zeit des Bürgertums war damals noch lange nicht gekommen. Eigentlich beginnt sie mit der Manufaktur und dem Calvinismus.

Als die maßgeblichen Kräfte behaupten sich trotz aller Zwischenspiele schließlich die Handelsbourgeoisie und ihr staatspolitischer Exponent, der Absolutismus, ungeachtet der national verschiedenen Formen. Dieser empfand jeden Angriff auf die bürgerliche Ordnung als gefährlich. Der Haß gegen die Ketzer entsprang nicht religiöser und noch weniger feudal-kirchlicher Gesinnung, denn im allgemeinen war die Religion dem absoluten Königtum längst ebensowenig Herzenssache wie dem rationalistisch aufgeklärten, deistischen Bürgertum. Selbst die bürgerlich-fortschrittliche Gesinnung eines Franz I. von Frankreich bildete kein Hindernis für die furchtbare Verfolgung der Waldenser im Jahre 1545. Man wird unmöglich das Zeitalter Elisabeths von England voll würdigen können, wenn man es nach dem Gesetz vom Jahre 1560 beurteilen wollte, mit dem die Wiedertäufer in brutaler Weise des Landes verwiesen wurden, oder gar nach den Blutgesetzen gegen die entwurzelten Elemente. Wie die ganze Geschichte der »ursprünglichen Akkumulation« des bürgerlichen Reichtums notwendig einhergeht mit der Sprengung der Zünfte, die einen gewissen Schutz gegen die Herauspressung von Mehrwert gewährten, und mit der teilweisen Umwandlung des Handwerks in »Hausindustrie«, überhaupt mit der steigenden Verarmung der arbeitenden Klassen, so beweist auch die Verfolgung der Sekten nur, daß der Aufstieg der bürgerlichen Gesellschaft sich allein auf dem Rücken der Armut vollziehen konnte.

Das Maß zur Beurteilung dessen, ob bestimmte Klassen und ihre Exponenten fortschrittlich sind oder nicht, gewinnt man in der Zeit des Übergangs von der feudalen zur bürgerlichen Gesellschaft allein dadurch, daß man ständig das Verhältnis zum Feudalismus in Betracht zieht. Und gerade in dieser Hinsicht zeigt der Absolutismus eine bemerkenswerte Konsequenz, die nur selten von ihm durchbrochen wird. So hat er überall da, wo er bereits entwickelt vorlag, die Bauernaufstände zum Anlaß genommen, um die Bauernbefreiung durchzuführen. Allerdings haben wir nicht viele Beispiele eines solchen Verhaltens, aber sie wiegen schwer, wenn man damit vergleicht, daß die Bauern überall niedergeschlagen wurden, wo das Königtum zur Zeit ihrer Erhebung noch rein feudal gewesen ist, zumeist sogar mit dessen direkter Beihilfe. Umgekehrt haben die englischen Könige Heinrich VII. und Heinrich VIII., die beide dem fortschrittlichen Absolutismus angehören, mit bemerkenswerter Energie das vom nunmehr geldwirtschaftlich orientierten Großgrundbesitz in die Wege geleitete Bauernlegen zu unterbinden versucht.

Ein fortschrittliches Fürstentum gab es auch in Spanien, als die Bauern in Unruhe geraten waren. Der Befreiung der katallanischen Bauern durch Ferdinand den Katholischen von jeder Unfreiheit, jeglicher hörigen Steuerpflicht und anderen feudalen Bedrückungen, wie z. B. der zwangsweisen Benutzung der Bäuerin als Amme für die Herrenkinder, war der große Bauernaufstand unter der Führung des adeligen Vernet-Talat vorausgegangen. Dieser Aufstand beginnt im Jahre 1462. In den siebziger Jahren kommt es zu neuen Unruhen. Deren Ursache ist die Weigerung, die sogenannte »Tascha« und die Renten zu zahlen. Auch diesmal werden die Bauern von der Regierung unterstützt, was »bei den Grundherrn eine begreifliche Unzufriedenheit erregte«. Kovalewsky schreibt, daß ebenso »das mittlere und nördliche Italien, wo Handel und Gewerbe sich früher und kräftiger als irgendwo anders entfalteten, zugleich der erste Herd der Bauernbefreiung war«. Auch hier hat sich die Regierung für die Aufhebung der Gutsherrlichkeit kräftig eingesetzt. Dagegen war in Frankreich das Königtum noch feudal, als die Jacquerie von 1358 das Land in Flammen setzte. Das naive Vertrauen der Bauern in den »guten König« mußte daher enttäuscht werden. Etienne Marcel, der bürgerlich-revolutionäre Führer von Paris, hatte für seine unerbittliche Feindschaft gegen das noch feudale Königtum seine berechtigten Gründe; Guilleaume Calle, der Führer der Bauern, mißtraute dem König ebenfalls. Die ganze Bewegung der Jacquerie, die hundert Jahre früher stattfand als in Spanien und offensichtlich zu früh kam, wurde von König und Adel gemeinsam niedergeschlagen. Erst später errangen die französischen Bauern allmählich gewisse Verbesserungen. Der Erfolg der bäuerlichen Reklamationen gegen die dokumentarisch nicht genügend belegten Adelsansprüche in den Coutumes, den Beschwerdeheften der Bauern im 16. Jahrhundert, ist unbedeutender, als Erich Marcks glauben machen möchte, andererseits war er nur möglich unter der Voraussetzung der Existenz eines antifeudal gestimmten Renaissancekönigtums; unter Franz I. wurden die Bauern gegen die übertriebenen Forderungen des Adels tatsächlich einigermaßen in Schutz genommen. Im Grunde blieb aber, ähnlich wie in England, wo der Adel die gegen das Bauernlegen erlassenen Gesetze zu umgehen verstand, alles beim alten. Nur änderte die vordringende Geldwirtschaft die Form der Ausbeutung, lockerte damit die persönliche Abhängigkeit der Bauern und verbesserte die wirtschaftliche Lage der Bauern vorübergehend, wie übrigens schon im 14. Jahrhundert. Aber dieses Moment darf nicht überschätzt werden, denn die Abgaben- und Dienstpflicht blieb unter den verschiedensten Gestalten weiter bestehen.

Wie in Frankreich erging es auch den beiden Bauernbewegungen in Belgien vom Jahre 1324 und in England vom Jahre 1381. Die Tatsache, daß auch hier ein fortschrittliches Fürstentum noch nicht ausgebildet war, spielte eine entscheidende Rolle. Die Bauern kämpften isoliert, und die schwache Unterstützung, die sie beim Kleinbürgertum und zeitweilig bei der Bourgeoisie fanden, war nicht ausreichend, um sie gegen die Übermacht des Feudalismus siegreich sein zu lassen. Wie in Frankreich gelang in Belgien und England die Anpassung der Lage der Bauern an die entwickelteren gesellschaftlichen Verhältnisse erst später und auf überwiegend ökonomischem Wege. Der verhältnismäßig späte deutsche Bauernaufstand ist ebenfalls gescheitert wegen des allgemeinen Steckenbleibens in feudalen Zuständen.

Um die Bedeutung des Renaissanceabsolutismus für die Entwicklung der bürgerlichen Gesellschaft voll ermessen zu können, ist es ratsam, sich mit seinen wichtigsten nationalen Erscheinungen vertraut zu machen.

Gerade wegen der auffälligen Kürze seiner Wirksamkeit zieht zuerst der fortschrittliche Absolutismus Spaniens unsere Aufmerksamkeit auf sich.

Das Leben der spanischen Städte ist im Mittelalter erfüllt von sozialen Auseinandersetzungen, besonders in Kastilien und in Aragon. In den ständischen Versammlungen der Cortes, die im 11. Jahrhundert noch völlig vom Adel beherrscht werden, hat seit dem 12. Jahrhundert das Bürgertum Sitz und Stimme. Seit dieser Zeit erkämpfen sich die Städte, besonders die größeren wie Saragossa und Barcelona – inzwischen zu einem mächtigen Handelsplatz herangewachsen –, Unabhängigkeit und Selbstverwaltung. Das Königtum gewährt sie ihnen um so lieber, als es der Städte zur Unterstützung seiner Politik gegen den Adel dringend bedarf. Umgekehrt ziehen die Städte gern den König unter ihren Einfluß, um ihrerseits in ihm eine Stütze gegen den Feudalismus zu finden.

Der Höhepunkt dieser Entwicklung wird erreicht, als Isabella I. von Kastilien (bis 1504) und Ferdinand II. von Aragon (bis 1516) zur Regierung kommen. Durch ihre Heirat und die Vereinigung der beiden Königreiche entsteht ein starkes Staatswesen unter der Leitung eines selbstbewußten und fortschrittlich gesinnten Absolutismus. Wie weit das gegenseitige Vertrauen zwischen Bürgertum und Königsgewalt geht, beweist die Neugründung der Hermandad, eines Städtebundes, durch den die Macht des Adels und der feudalen Geistlichkeit gebrochen wird. Diese wirksame Einrichtung von 1476 ist 1498 zum Schaden der ferneren Entwicklung zerstört worden durch die Vernichtung der Städtefreiheit unter dem auf eine ausländische Soldateska gestützten habsburgischen Reaktionär Karl V. Von der stolzen Hermandad bleibt nur ihre Funktion als Gendarmerie übrig. Dem Sinn Ferdinands und Isabellas für bürgerlich-städtische Bedürfnisse ist die Einführung eines modernen einheitlichen Rechts und einer neuen Rechtspraxis zu verdanken, die die alten feudalen Gerichte, die Fueros, ablöst. Von der in diese Zeit fallenden Unterstützung der Freiheitsbewegung der Bauernschaft haben wir bereits gesprochen.

Der dunkle Punkt im Wesen Isabellas und Ferdinands ist ihre fanatisch katholische Gesinnung, auf deren Rechnung die Verfolgung der Juden und Mauren und der daraus für die spanische Wirtschaft entstandene Schaden teilweise geht. Gewiß hat umgekehrt auch die Absicht, die maurischen Königreiche zurückzuerobern, den religiösen Gegensatz zu den »Heiden« verschärft und eine Festigung und Vertiefung des religiösen Arguments bewirkt. Läßt sich daraus die Einführung der rücksichts- und gewissenlosen spanischen Inquisition erklären? Der unzweifelhaft starke Einfluß Torquemadas ist als alleinige Erklärung unzureichend. Die ideologische Zurückgebliebenheit des spanischen Absolutismus hinter den Tendenzen der Zeit, die zu religiöser Skepsis und Deismus hindrängen, ist aus den besonderen Verhältnissen Spaniens zu verstehen.

Formell waren fast alle absoluten Fürsten vor und nach der Reformation überzeugt katholisch. Vor der Reformation, weil die religiöse Skepsis immer nur als individuell gebundene Privatanschauung des modernen Menschen erlebt wurde. Der bürgerliche und fürstliche Humanist behielt die traditionelle Zugehörigkeit zur katholischen Gemeinschaft nach außen hin bei und betonte sie sogar, wenn nötig, dem Volke gegenüber. Das war ganz im Sinne des Humanismus, der die Religion den unteren Klassen erhalten sehen wollte (bis einschließlich Machiavelli). Das gleiche war nach dem Beginn der Reformation der Fall, weil der Humanismus und vor allem der humanistische Absolutismus eine Spaltung der Untertanen in religiöse Parteien und damit eine Schwächung der staatlichen Einheit befürchteten. Die Verurteilung der Reformation durch Franz I. von Frankreich oder die heftige Polemik Heinrichs VIII. von England gegen Luther, die bei der gleichfalls antipäpstlichen Einstellung Heinrichs merkwürdig genug anmutet, hat in der erwähnten Befürchtung ihren Grund. Ausgesprochen katholische Bigotterie, wie bei Ludwig XI., ist als historische Zufälligkeit zu werten, vielleicht auch aus der zu seiner Regierungszeit eigentlich erst beginnenden bürgerlichen Entwicklung und humanistischen Geistigkeit zu erklären. Auf jeden Fall bildete sie unter den bedeutenden absoluten Fürsten der Renaissance eine Ausnahme. Man könnte auch die entsprechende Haltung Ferdinands und Isabellas einerseits aus der auch in Spanien verspätet einsetzenden bürgerlichen Entwicklung und andererseits als bloß persönliche und in Widerspruch zur allgemeinen Tendenz der Zeit stehende Note erklären. Aber gerade in Spanien scheint diese Tendenz nicht gradlinig gewesen, sondern durchbrochen worden zu sein durch Einflüsse, die näher zu beschreiben sind.

In Italien und Frankreich, in Holland und England ist die städtische Kultur entweder bereits vollendet bürgerlich, als die große Stunde des Absolutismus schlägt, oder zumindest sind die feudalen Gegenkräfte, die die bürgerlich-städtische Entwicklung behindern könnten, rechtzeitig geschwächt worden, wie z. B. durch die Rosenkriege in England. In Spanien sind noch immer die Stellung und das Ansehen des Adels, das er sich im Kampfe gegen die Mauren errungen hatte, unerschüttert. Es gelingt zwar vorübergehend, den Adel politisch zu entmachten, aber sein indirekter Einfluß besonders auf das private und kulturelle Leben der spanischen Gesellschaft bleibt sehr erheblich. Selbst die bürgerliche Klasse wird in viel höherem Maße als in anderen Ländern von feudalen Einflüssen durchtränkt. Ein Beispiel für eine ähnliche gesellschaftliche Zwitterstellung haben wir in Deutschland. Hier reichen aber die Kräfte der bürgerlichen Klasse nicht einmal aus, um einen fortschrittlichen Absolutismus auf den Plan zu rufen. Wir werden später sehen, daß aus dieser Unvollendetheit der deutschen Gesellschaft die lutherische Reformation entspringt. Für Spanien galt die Alternative, entweder die bedeutenden modernen Ansätze fortzuentwickeln bis zu Zuständen, wie sie etwa unter Elisabeth in England bestanden, oder wie Deutschland den Weg der Halbheiten zu gehen. Der erste Weg lag näher, doch wurde Spaniens Entwicklung heftig unterbrochen durch Ereignisse, die beide Wege unmöglich machten. Es ließ sich in die Gegenreformation hineinzwingen. Damit erfuhr es ein ähnliches Schicksal wie Italien, das ebenfalls auf seinem Wege zur Gegenreformation weder ein lutherisches noch ein calvinistisches Zwischenstadium erlebte.

Einerseits zwar erschüttern die heftigen Bauernaufstände und das Gelingen des Städtebündnisses die politische Macht des Adels, andererseits aber ist die spanische Stadt geistig und kulturell noch nicht in der Lage, eine kräftige und alles übertönende bürgerliche Ideologie zu präsentieren. Der Humanismus, der von Italien eingeführt wird, bleibt, ganz ähnlich wie zur gleichen Zeit in Deutschland, ein im Grunde schwächliches und mit der katholischen Theologie sich vermischendes Gewächs. Hat der Humanismus in den entwickelteren Ländern selbst zahlreiche Adelige der neuen Denkweise zu gewinnen vermocht, so wird er in den spanischen Adelskreisen entweder ganz abgelehnt oder zu einem Mittel leerer Bildungständelei ohne irgendwelche tiefere Bedeutung und ohne die Kraft, die alte Denkweise von Grund auf umzuwälzen. Der Humanismus ordnet sich vielmehr umgekehrt dem Katholizismus unter. Kommen dann noch Faktoren religiöser Natur, wie der Gegensatz zu den Mauren, und eine sich daraus ergebende besonders strenge christliche Erziehung hinzu, dann wird jene Art religiös gestimmter Persönlichkeiten hervorgebracht, wie wir sie in Ferdinand und Isabella vor uns haben.

Zu diesem Punkte, besonders aber zur Frage der spanischen Inquisition liefert Eduard Fueter in seiner »Geschichte des europäischen Staatensystems von 1492–1559« einen wichtigen Beitrag. In Spanien waren, schreibt Fueter, »die nichtchristlichen Elemente im Verhältnis zu den christlichen numerisch viel stärker als anderswo, und außer der jüdischen war auch noch eine starke islamische Bevölkerung vorhanden. Dieser nichtchristliche Bevölkerungsteil hatte auf gewisse Erwerbsarten, vor allem auf das Gewerbe in den Städten und die landwirtschaftliche Arbeit auf den Latifundien sozusagen ein Monopol. Damit konnte er, sei es durch größere Bedürfnislosigkeit, sei es durch größere Arbeitsamkeit und Geschicklichkeit, die Konkurrenz der Christen unmöglich machen. Daher lief das Bestreben des Mittelstandes, der als einzige Klasse unter diesen Zuständen zu leiden hatte, darauf hinaus, entweder die Fremden auch in ihrer Lebensart und Arbeitspraxis völlig zu christianisieren oder dann aus dem Lande zu vertreiben. Da der Mittelstand dabei in stärkerem Maße unter der Konkurrenz der Juden litt, die in den Städten das Handwerk zu einem guten Teil monopolisiert hatten, als unter der Betätigung der Mauren, die in großer Zahl Landwirtschaft trieben, so richteten sich die Bestrebungen des Mittelstandes mehr gegen die Israeliten als gegen die Moriscos. In beiden Fällen machten die wirtschaftlich Bedrängten dabei aber keinen Unterschied, ob die Fremden noch Juden oder Mohammedaner geblieben oder ob sie getauft worden waren.« »Behält man diese Tatsache im Auge, so ist es nicht schwer, die wirtschaftlich-religiöse Politik des spanischen Mittelstandes und der von diesem abhängigen Regierung richtig aufzufassen. Der Forscher versteht dann auch, warum in den letzten Jahrzehnten des 15. Jahrhunderts die Haltung der spanischen Regierung gegenüber den ansässigen Ungläubigen plötzlich vollständig wechselte ... Ganz anders als beim Adel, der bisher die maßgebendste Klasse gewesen war und sich gleichgültig gegen die Glaubensfrage verhalten hatte, stand es beim Mittelstand ... Während der grundbesitzende Adel aus der Arbeit der Mauren reichen Ertrag schöpfte und durch die jüdischen Handwerker wenigstens nicht geschädigt wurde, erblickte der städtische Bürger zumal in den Juden den Zerstörer seines geschäftlichen Gedeihens. Und als sich die Regierung von den Adelsfaktionen freigemacht hatte, war es das erste, daß er die Beseitigung dieser Konkurrenz verlangte.« Daraus erklärt sich die Einführung der spanischen Inquisition. »Sie war so organisiert, daß an die Stelle der vom

Adel abhängigen oder gegen den Adel machtlosen bischöflichen Gerichte königliche Tribunale traten, die gegen die Neugläubigen und ihre Beschützer ohne Rücksicht auf die Interessen der Edelleute vorzugehen vermochten. Daher war auch die Inquisition beim ›Volk‹, d. h. bei den Angehörigen des Mittelstandes, ebenso populär wie sie vom Adel bekämpft wurde.« Fueter bemerkt auch, daß Handel und Gewerbe in den Augen der Bevölkerung deshalb geächtet blieben, weil sie Beschäftigungen der Andersgläubigen waren. Daraus erklärt sich teilweise der starke Hang zum Soldatenberuf in der spanischen Bevölkerung.

Mit dem Ende der Regierung Ferdinands ist für Spanien die Epoche des fortschrittlichen Absolutismus vorzeitig zum Abschluß gebracht. Zwei große Ereignisse vor allem sind es gewesen, die sich höchst unglücklich für den Fortgang der spanischen Geschichte auswirkten: die Niederschlagung der städtischen Aufstände von 1519 durch den habsburgischen Ausländer Karl v. und die Entdeckung Amerikas. Beide Ereignisse hatten zur Folge, daß die feudalen Klassen wieder zur stärksten Gewalt im Lande wurden: durch die Niederlage des Bürgertums auf direktem, mit Hilfe der amerikanischen Kolonien auf indirektem Wege.

Über die Ursache der Aufstände zu Beginn der Regierung Karls v. gehen die Meinungen weit auseinander. Jedenfalls scheint die Furcht, daß mit Karl die alte feudale Reaktion zurückkehren und die städtischen Freiheiten zerstören könnte, der Hauptanlaß gewesen zu sein. Die Forderung nach Zubilligung neuer Rechte und Sicherheiten sollte der drohenden Gefahr vorbeugen. Aus der Furcht des Bürgertums schlug das Kleinbürgertum Kapital, indem es die günstige Gelegenheit benützte, um als Gegenleistung für das angebotene Bündnis gegen den gemeinsamen äußeren Feind vergrößerte Einflußnahme auf die städtische Verwaltung zu erwirken. Aber wie überall bei solchen gemeinsamen Aktionen der städtischen Klassen, trieb bald das Kleinbürgertum die Bewegung bis zur offenen Rebellion. In den »capitulos del reine« von 1520, den Beschwerdebriefen der kastilischen Junta, wurde eine Verfassungsänderung gefordert, die den Volksmassen ein größeres Mitverwaltungsrecht im Staate einräumen sollte. Allerdings wurden die radikalen Mittel nur einem sehr gemäßigten Programm dienstbar gemacht. Besonders zurückhaltend sind die Forderungen der kastilischen Communidades. In Valencia und auf den Balearen sind sie etwas revolutionärer. Auch hier tritt als das treibende Element die mißtrauische und die Handlungen des Bürgertums kontrollierende Vereinigung der Handwerker, die Germania, auf. Trotz vereinzelter sozialer Gesichtspunkte bleibt aber auch für die Germania der Einfluß auf die Regierung die wichtigste Forderung. Die ganze Bewegung endet mit einer vollkommenen Niederlage der Aufständischen und der Errichtung einer reaktionären Diktatur.

Vielleicht hätte trotz der schweren Niederlage das Bürgertum die Lähmung allmählich überwunden und die Geschichte Spaniens eine Wendung zum Besseren genommen. Es ist sogar sehr wahrscheinlich, daß die ökonomische Kraft des Bürgertums die feudale Herrschaft langsam auszuhöhlen und den Weg für eine normale Entwicklung freizulegen vermocht hätte, obwohl der spanische Kapitalismus durch die frühere Vertreibung der maurischen Handwerker und jüdischen Kaufleute bereits erheblich geschwächt war. Aber der weiteren Häufung unglücklicher Umstände war die spanische Wirtschaft nicht gewachsen. Auf den ersten Blick ist kaum erkennbar, ein wie unglückseliger Umstand die Errichtung der Kolonialherrschaft in Amerika gewesen ist.

Die fast unbegrenzte Edelmetallzufuhr aus Amerika trieb die spanische Manufaktur des 16. Jahrhunderts zum Schaden der normalen Entfaltung der spanischen Wirtschaft wie in einem Treibhaus hervor. Die reiche manufakturelle Produktion Spaniens war also nicht wie jene anderer Länder aus der natürlichen Anpassung an die gegebenen Absatzmöglichkeiten entstanden, sondern durch die hemmungslose Ausnützung der Möglichkeit, jede Neuanlage beliebig mit dem amerikanischen Golde zu finanzieren. Solange die besitzenden Klassen, in erster Linie der Adel, angereizt durch die neuen Produkte, ihre Nachfrage steigerten, und solange der Absatz durch die Mehrbeschäftigung von Arbeitskräften, die wiederum Amerika bezahlte, auf dem inneren Markte stieg, schien alles gut zu gehen. Aber da die Bevölkerung so arm blieb wie vorher und da der Adel einen erheblichen Teil der feineren Waren aus dem Ausland bezog, sah man sich bald vor die unabweisliche Notwendigkeit gestellt, mehr als bisher in das Ausland zu exportieren. Dafür fehlten jedoch alle Voraussetzungen. Denn weder war für einen massenhaften Absatz von Gütern, die eine künstlich ins Ungeheure forcierte Fabrikation herstellte, irgendwelche Vorsorge getroffen worden, noch waren die spanischen Produkte überhaupt konkurrenzfähig wegen der hohen Löhne, die sich nach der Höhe der Edelmetallzufuhr richteten und durch die die Preise in die Höhe getrieben wurden. Nach einigen Jahrzehnten der Scheinblüte geriet die spanische Wirtschaft in eine tiefe Sackgasse.

Gerade so verheerend wie in ökonomischer, wirkte sich die

Herrschaft über die Kolonien auch in geistiger und moralischer Beziehung für die spanische Nation aus. Der Adel, der bereits durch die Niederwerfung des Bürgertums frischen Auftrieb gewonnen und seine Stellung neu gefestigt hatte, sah nun plötzlich sein Land, von dessen Vorzugsstellung er seit Jahren zutiefst überzeugt gewesen war, zur Weltmacht emporsteigen. Auch die mühelose Bereicherung an der amerikanischen Konjunktur half mit, sein Selbstbewußtsein zu steigern. Seit der tiefen Entmutigung, die die bürgerliche Opposition infolge ihrer Niederlage erfahren hat, fehlte jedes ernste Gegengewicht gegen den feudalen Romantizismus. Dieser begann, mit seiner Vorstellung von der Berufung der spanischen Nation zur Weltherrschaft alle Klassen anzustecken und das spanische Volk geradezu zu feudalisieren. Viele Spanier trugen nun das stolze Bewußtsein mit sich, zu dem besten aller Völker zu gehören. Und je mehr das Selbstgefühl des Bürgertums und des Kleinbürgertums unter der steigenden Verachtung sank, die ihnen der täglich stolzer werdende Adel zollte, und je schwächer die bürgerliche Ideologie infolge der ganzen Entwicklung wurde, desto tiefer drang die feudale Ideologie in alle Klassen ein und um so zersetzender wirkte die feudale Fäulnis auf ihren Lebensnerv. Wie früh dieser Prozeß bereits begonnen hatte und wie verheerend die Niederlage des Bürgertums für dessen geistige Haltung gewesen sein muß, beweist die Tatsache, daß schon im Jahre 1523 die Cortes an Karl die Bitte richteten, jeder Spanier möge die Erlaubnis erhalten, den Degen, das Zeichen spanischer Würde, zu tragen. In weiterer Folge hat die künstliche Konjunktur, die immerhin bis ungefähr in die Mitte des Jahrhunderts andauerte, den Anschein erweckt und verstärkt, als ob auch ohne bürgerliche Initiative und städtische Selbstverwaltung alles glänzend ginge. Es wurde immer einfacher, als Ersatz für die verlorengegangene Freiheit die Phrase von der Mission der spanischen Nation zu akzeptieren und an dem Hochgefühl des Besserseins teilzunehmen. Daraus erklärt sich die auffällige »Übereinstimmung« von Volk und Herrscher unter der Regierung Philipps II. Aber sie resultiert in Wahrheit aus der Passivität des Volkes, das tatsächlich nur den devoten Zuschauer bei den Prunkaufzügen abgab und nicht merkte, daß Spanien bereits einer Katastrophe entgegensteuerte. Das sich ausbreitende adelige Lebensideal, das in der Verachtung der Arbeit das Kennzeichen der Höherwertigkeit erblickte, lähmte die persönliche Initiative noch mehr. Sogar das Regierungsgeschäft wurde dem Edelmann schließlich lästig, und seit 1538 nahm der Adel an den Beratungen der Cortes nicht mehr teil. Dies war auch überflüssig, denn die willenlosen

Cortes hatten sich schon längst widerstandslos ins konservative Fahrwasser begeben und waren zum Werkzeug einer reaktionären Staatsführung und Politik geworden. Zwar behält das Bürgertum auf diese Weise die Verwaltung der Städte in Händen, aber sie aristokratisiert sich dabei unter der Kontrolle des Königs immer mehr. Mit dem Eintritt des offensichtlichen wirtschaftlichen Niedergangs wird die Herrschaft der finstersten Reaktion immer drückender, bis unter Lerma, dem vollkommen ungebildeten und räuberischen Günstling Philipps III., der Tiefpunkt erreicht ist. Lermas Vertreibung der Morisken, der wirtschaftlich wertvollsten Bewohner der Halbinsel, trifft Spanien vollends ins Mark. Während der Adel sich mittelalterlich-schwärmerischer Ritterromantik und rassischem Dünkel hingibt, sieht das verzweifelte und hilflose arme Volk mit Bewunderung zu den zahlreichen Räubern auf, die eine begreifliche Genugtuung darin finden, die Reichen zu überfallen und die Armen zu schützen. In Olivarez, dem Minister Philipps IV., ersteht Spanien zwar wieder ein fähiger Kopf, aber die ökonomischen und sozialen Verhältnisse erweisen sich als stärker denn alle gutgemeinten Anstrengungen um die Hebung des Landes.

Länger als der spanische dauert der fortschrittliche Absolutismus Frankreichs. Die französische Renaissance endet eigentlich mit der Regierung Franz I. (1515–1547), war aber auch zu diesem Zeitpunkt noch nicht völlig ausgereift; immerhin hat sie ähnlich wie in England bis zum Ausgang des 16. Jahrhunderts fortgewirkt. Nach der Unterbrechung, die sie im Bereiche des Politischen seit dem kirchenfreundlichen Heinrich II. und seit Franz II., dem Werkzeug der katholisch-reaktionären Guisen, erfuhr, gab es auch auf dem Throne ein kurzes Wiederaufflakkern unter Heinrich IV., der bis 1610 regiert. Das Ende der italienischen Renaissance wird durch Machiavellis Tod 1527 bezeichnet, das der französischen Renaissance durch Bodin, der 1596 stirbt. In Wahrheit sind natürlich alle diese Daten nur äußere Merkmale in der Begrenzung der Epochen, denn die Wirklichkeit ist immer komplizierter als das notwendig schematisierte Bild, das man sich von ihr macht, und die Übergänge sind zahlreich.

Seit Franz I. begann eine manufakturelle Klasse sich in Frankreich zu entwickeln. Sie war zwar noch nicht kräftig genug, um den Charakter der französischen Renaissancegesellschaft grundlegend zu verändern, aber sie war immerhin stark genug, um von nun ab in steigendem Maße mit Begier die ihr angemessene calvinistische Ideologie aufzunehmen und durch ihr eigenartiges und selbstbewußtes Auftreten die konservativen

Kreise zu beunruhigen. So laufen noch durch fast ein halbes Jahrhundert renaissancemäßige und calvinistisch-manufakturelle Kultur nebeneinander her. Zu ihnen gesellt sich die von der neuen Bewegung erschreckte feudalkirchliche Gegenreformation, die ihren sichtbarsten Ausdruck in dem Regierungssystem seit Heinrich II. findet.

In England, wo sich die Manufaktur als gesellschaftlich wesentliche und strukturverändernde Erscheinung später entwickelt als in Frankreich, bleibt die Renaissancekultur alleinherrschend bis tief in die Regierungszeit Elisabeths hinein. Sie erhält erst im 17. Jahrhundert jene Wirkungsmöglichkeit, die Frankreich, Holland und die Westschweiz bereits im 16. Jahrhundert kannten. Deshalb gibt es zwar schon unter Elisabeth eine calvinistische Bewegung, aber jene von den drei Richtungen, die die calvinistische Ideologie in reiner Form vertritt, ist eigentlich noch recht schwach. Deshalb setzt auch in England die neufeudale, gegenreformatorische Bewegung erst im 17. Jahrhundert ein. Die Versuche unter der Regierung Marias, sind nur als Zwischenspiel ohne wirkliche Bedeutung zu werten.

Wir mußten schon an dieser Stelle die Gesamtentwicklung skizzieren, um verständlich zu machen, weshalb es möglich ist, die französische Renaissance, je nach der Problemstellung, sowohl mit Franz I. wie mit Heinrich IV. enden zu lassen. Wie richtig es ist, das Auftreten der calvinistischen Reformbewegung mit der Entwicklung einer manufakturellen Klasse in Zusammenhang zu bringen, beweisen Spanien und Italien. Beide Länder haben ohne ein calvinistisch-revolutionäres Zwischenstadium sich direkt der Gegenreformation in die Arme geworfen: Spanien deshalb, weil seine Manufaktur nur eine Scheinexistenz führte und bald zusammenbrach; Italien deshalb, weil die vorwiegend händlerische Orientierung seiner Wirtschaft keine rechtzeitige Entwicklung einer kräftigen Manufaktur zuließ. Diese konnte sich, nachdem die Verlegung der Handelswege dem italienischen Handel den Todesstoß versetzt hatte, auch nicht mehr derart entwickeln, daß sie die Konkurrenz mit dem Auslande hätte aufnehmen oder gar bestehen können.

Die Anfänge des fortschrittlichen Absolutismus in Frankreich lassen sich bis Ludwig XI. und teilweise sogar bis in die Regierungszeit seines Vaters Karl VII. zurückverfolgen. Ludwig XI. (1461–1483) fällt schon durch äußere Merkmale auf, die sonst bei den Fürsten dieser Zeit zu fehlen pflegen. Er kleidet sich sehr einfach und umgibt sich vorwiegend mit Leuten aus den unteren Ständen. Villon erlebt einen König, der sich persönlich vom feudalen Hochmut und objektiv vom feudalen Zeitbewußtsein weitgehend emanzipiert hat. Es ist z. B. für die unfeudale Rechtsauffassung Ludwigs bezeichnend, daß er strenge Maßnahmen zum Schutze des in- und ausländischen bürgerlichen Eigentums ergreift. Er scheut sich auch nicht, gegen die Plünderungen seiner Soldaten mit ungewöhnlich strengen Strafen vorzugehen. Mit Verständnis und Energie förderte Ludwig die bürgerliche Wirtschaft. Was hingegen das Bild Ludwigs einigermaßen verwischt, das ist, wie übrigens ganz ähnlich bei der Beurteilung des kriegssüchtigen Franz I. (1515–1547), die erhebliche Erhöhung der Steuern. Ludwigs Vermehrung der Kopfsteuer (taille) führte sogar zu Unruhen im Lande. Jedoch lag der gegen den Adel geführte Kampf, für den Ludwig die Steuereinnahmen hauptsächlich verwendete, ebenso im Interesse der Städte wie des Königs selbst. Wie groß die feudal-reaktionäre Gefahr wirklich gewesen ist, beweist die Verschwörung des Adels vom Jahre 1465 zum Zwecke der Wiederherstellung des alten Lehenswesens. Zweifellos fällt auch auf, daß Ludwig die Steuerfreiheit des Adels unangetastet ließ. Neben einer gewiß nicht überflüssigen Vorsicht mögen dabei die traditionelle Vorstellung von der Verpflichtung des Adels zum Staatsdienst und die tatsächlichen, dauernden und unbezahlten Kriegsdienstleistungen des Adels maßgebend gewesen sein. Aber Ludwig hat in den späteren Jahren seiner Regierung, wenn es nur irgend ging, auch den Städten zum Teil dauernde Freiheit von den Abgaben an die königliche Kasse zugestanden. Allzu demokratische Stadtregierungen liebte Ludwig allerdings nicht. Er fürchtete ihre Opposition und bevorzugte die Oligarchien. Im allgemeinen war aber die bürgerliche Opposition wegen des Verständnisses, das Ludwig für die Förderung von Handel und Gewerbe aufbrachte, nicht groß. Trotz des Mißtrauens, mit dem Ludwig alle Regungen der Selbständigkeit zu betrachten pflegte, erhielten manche Städte das Recht, ohne vorherige Befragung der königlichen Beamten Bürgerversammlungen einzuberufen.

Vom Tode Ludwigs bis zum Tode Franz II. im Jahre 1560 werden die Reichsstände, die Stätten der bürgerlichen Kritik, aber nicht minder auch der feudal-anarchischen Opposition, nicht einberufen. Hierin manifestiert sich der Charakter der absoluten Herrschaft dieser Epoche am deutlichsten. Dadurch erweist die Bestimmung der Fortschrittlichkeit, die wir dieser Epoche gegeben haben, sich keineswegs als unhaltbar. Wir brauchen nur einen Blick auf das Land des traditionellen »Parlamentarismus«, auf England zu werfen, um einzusehen, wie wenig der Fortschrittscharakter der von uns behandelten Epoche in der Gewährung »demokratischer« Rechte zu suchen ist. Unter den

Tudors spielt das Parlament praktisch keine Rolle, und doch gehört ihre Regierung zweifellos zu den fortschrittlichsten Regierungen der älteren Geschichte Englands. Tatsächlich stellt sich bei näherer Prüfung auch die entsprechende Zeit in Frankreich als eine fast ununterbrochene Abfolge bürgerlichen Fortschritts dar, allerdings mit allen jenen Widersprüchen belastet, die wir kennengelernt haben. Wie wenig das äußere Bild des Geschehens aus der Totalität gerissen und isoliert, etwas besagt, beweist der Umstand, daß mit dem Aufhören der Ständeversammlungen ein halbes Jahrhundert später (1614) tatsächlich eine Epoche des Absolutismus eingeleitet wird, die nicht mehr fortschrittlich ist, sondern die aus Gründen, die wir eingehend behandeln werden, als neufeudal und reaktionär zu klassifizieren ist.

Die Bedeutung dieser Epoche tritt klar hervor, wenn man sie der folgenden gegenüberstellt. 1560 setzt mit voller Wucht eine Reaktion ein, die das Ende des fortschrittlichen Absolutismus in Frankreich bezeichnet. Soziologisch erklärt sich dieser Umschwung durch die Ablösung des reinen Handels durch den Manufakturkapitalismus und das Aufkommen einer neuen bürgerlichen Schicht, deren revolutionäre Ansprüche auf den Umsturz der Gesellschaft hinzielen, und die daher in den vollsten Gegensatz zum Staate und damit zu jeder staatlichen Gewalt tritt. Ist das neue Manufakturbürgertum dieser Zeit in Frankreich selbst wahrscheinlich noch schwach, so wirkt um so stärker die manufakturelle Ideologie des Puritanismus nach Frankreich (übrigens auch nach England) und erregt die Geister mächtig. Die Abwendung des Fürstentums vom Bürgertum ist die Folge. Dazu kommt das Wiedererstarken der Feudalität, die nun ihrerseits im mißtrauisch gewordenen Königtum eine Stütze findet. Das erzwungene Sichabfinden des Adels mit der Zentralisierung des Staates unter absoluter Leitung erleichtert die Wiedervereinigung von Adel und Königtum. Die Antwort des Bürgertums ist in Frankreich der Kampf der Hugenotten, in Holland der bilderstürmende Aufstand und im späteren England die Revolution. Italien fällt infolge der Verlagerung der Handelswege wirtschaftlich in eine schwere Stagnation, Deutschland bleibt aus dem gleichen Grunde ökonomisch zurück. Spaniens Niedergang nach der anfänglich günstigen Entwicklung als Folge der Entdeckung Amerikas und der habsburgischen Reaktion haben wir bereits besprochen. Deshalb nehmen für diese Länder die gesellschaftlichen und politischen Probleme eine wesentlich andere Form an. Die Festigung der reaktionären Herrschaft gelingt in Frankreich nicht mit einem Male. Trotz der Niederwerfung der Hugenotten sind diese noch stark genug, sich unter Heinrich IV. den dauernden Genuß gewisser Rechte zu sichern. Als Heinrich stirbt, bemüht sich die ihm folgende Reaktion zwar, die Hugenotten vorsichtig zu behandeln, aber es wird alles getan, um ihre Ausbreitung zu verhindern. Hugenottische Schulen werden nur an den Orten gestattet, an denen das Recht zur Ausübung der reformierten Religion bereits besteht; überdies wird die Schülerzahl sehr beschränkt. Neuerliche Unruhen der Hugenotten in den dreißiger Jahren des 17. Jahrhunderts bleiben erfolglos. Mit dem Endzweck, die Herrschaft der feudalen Reaktion nach innen zu sichern, schließt die Königin, die die Regentschaft für den minderjährigen Ludwig XIII. führt, ein Defensivbündnis mit Philipp III. von Spanien, dem reaktionärsten Monarchen dieser Zeit. Zwar bricht Richelieu, der die Gefahr Habsburgs für Frankreich erkennt, wieder mit Spanien, aber er ist es auch, der den neufeudalen Absolutismus auf eine feste Grundlage stellt.

Wenden wir uns nun dem Entstehen und Vergehen des fortschrittlichen Absolutismus in England zu.

Englands Neuzeit beginnt mit dem Ausklang der Rosenkriege. Am Ende des großen und für beide Seiten äußerst verlustreichen Kampfes zwischen den Adelshäusern Lancaster und York gelangt letzteres in der Person Eduards IV., der im Jahre 1471 endgültig bei Tewkesbury gesiegt hat, auf den Thron. Das Haus York bildet einen Übergang zum fortschrittlichen Absolutismus der Tudors, die mit Heinrich VII. zu regieren beginnen. Während unter den Lancaster der feudale Großgrundbesitz den entscheidenden Einfluß ausübt, wird seine Macht von Eduard IV. mit rücksichtsloser Energie gebrochen. Neben dem Kleinadel, der geschont wird, wird das Bürgertum gefördert.

Unter dem ersten Tudor Heinrich VII. (1485–1509) wird der große Adel vollends unterworfen, und der Feudalismus wird unter Heinrich VIII. (1509–1547) noch weiter geschwächt durch die Unterwerfung der Geistlichkeit. Die dunklen Züge im Charakter Heinrichs VIII. stehen in merkwürdigem Widerspruch zu der Fortschrittlichkeit, die seine Regierungszeit kennzeichnet. Wenn es je eines Beweises bedarf, daß Geschichte sich nicht aus dem Charakter der sie tragenden Person erklären läßt, sondern allein aus den in ihr wirkenden sozialen und historischen Tendenzen, so haben wir in der Erscheinung Heinrichs den besten Beweis. Kautsky, der sich in seinem Urteil nicht von objektiven historischen Kriterien, sondern von subjektiven Momenten wie Grausamkeit, Bauwut, Besteuerungssucht und Verschwendung leiten läßt, verkennt, daß diese Züge dem widerspruchsvollen Charakter der Renaissance durchaus entsprechen. Bei Heinrich treten sie infolge seiner persönlichen Anlagen allerdings besonders auffällig hervor. Aber wie bei anderen Fürsten der Renaissance mischt sich bei Heinrich feudale Genußsucht mit freireligiöser und echt humanistischer Bildung, Maßlosigkeit mit einem erstaunlich gesunden Sinn für die Bedürfnisse des öffentlichen Lebens, Selbstherrlichkeit mit bürgerlicher Fortschrittlichkeit. Nichts ist für die erste Epoche des Absolutismus überhaupt und für die Regierung Heinrichs bezeichnender, als daß der ehemalige Wollhändler und Geldverleiher Thomas Cromwell, der nach dem Sturze Wolseys zum wichtigsten Minister Heinrichs aufgestiegen ist, die Errichtung einer absoluten Königsherrschaft zum Ideal nimmt. Cromwell ist ein leidenschaftlicher Hasser alles Feudalen, und ihm ist es zu verdanken, daß durch Auflösung der Klöster und die Einziehung der Kirchengüter die Unterordnung der feudalen Kräfte unter den zentralistischen Staat vollendet wird. Geschichtlich bedeutsam ist, daß Heinrich, obwohl er Cromwell später hinrichten läßt, seine Politik fortsetzt. Die hohen Steuern, die das Bürgertum entrichten mußte, wurden wettgemacht durch eine außerordentlich sorgfältige Förderung seiner wirtschaftlichen und gewerblichen Interessen. Dementsprechend ist Heinrich trotz seiner Grausamkeit populär, wie übrigens alle Tudors mit Ausnahme der ausgesprochen reaktionären Maria. Die dem römischen Recht zugeneigten königlichen Gerichte (Sternkammer, Privy Council, High Commission), die neben der Erfüllung verschiedner anderer Funktionen mit den überkommenen Common-Law-Gerichten konkurrierend Recht sprachen, hießen auch »Gerichte der Armen«, weil man hier gerechter behandelt wurde als bei den nach Common Law urteilenden Gerichten.

Neben Cromwell hat auch Thomas Morus Heinrich in bürgerlich-fortschrittlichem Sinne beeinflußt. Über Morus selbst und seinen angeblichen Katholizismus wird im nächsten Abschnitt einiges zu sagen sein. Die Neigung Heinrichs, sich humanistische Bildung anzueignen, ermöglicht es Morus, einen so großen Einfluß auf ihn zu gewinnen, daß Heinrich sogar die »Utopia«, die teilweise durch die zweifellos in jener Zeit sehr starken ideologischen Strömungen in den Unterschichten des Volkes beeinflußt worden ist, vor andern Büchern bevorzugt. Knapp vor dem Erscheinen dieses Werkes hat Heinrich, wahrscheinlich von Morus in persönlichen Gesprächen auf die Lage der Bauern aufmerksam gemacht, die Umwandlung des den Bauern geraubten Ackerlandes in Schafweide verboten.

Unter die lange, bis 1603 währende Regierung Elisabeths fällt die Glanzzeit des fortschrittlichen Absolutismus in England.

Diese Zeit ist zu oft geschildert worden, als daß wir uns bei ihr lange aufhalten müßten. Wir wollen aber nicht vergessen, auf die für das Verstehen der ganzen Epoche unentbehrliche »andere Seite« aufmerksam zu machen. Der Prozeß der gewaltigen Anhäufung bürgerlichen Reichtums vollzog sich auf dem Wege schrankenloser Ausbeutung der aus zwangsweise vertriebenen Bauern, in Armut verfallenen Individuen, Vagabunden und Bettlern rekrutierten Arbeiterschaft und des zur »Hausindustrie« herabgesunkenen Handwerks. Die stille und die offene Räuberei, deren markantester Vertreter der Seeheld und Liebling Elisabeths, Francis Drake, gewesen ist, gelten den oberen Klassen als eine moralisch unanfechtbare Selbstverständlichkeit. Die ganze Epoche zeigt trotz ihrer Fortschrittlichkeit nirgends besser als darin ihr Doppelgesicht, daß mit dem Kampfe gegen den reaktionären Feudalismus und mit der Förderung der Entwicklung der bürgerlichen Gesellschaft eine Verständnislosigkeit gegenüber den Bedürfnissen und Leiden des Volkes einhergeht, die in der angeblich volksfreundlichen, in Wahrheit rücksichts- und gefühllosen Armengesetzgebung ihren Ausdruck findet.

Formell bleibt unter der Herrschaft des tudorschen Absolutismus das Parlament bestehen. Es hat aber im Grunde keine andere Aufgabe mehr zu erfüllen, als den Willen des Monarchen zu bestätigen. Oberflächlich sieht das nach reaktionärer Diktatur aus. Wenn man jedoch bedenkt, daß die Ausschaltung des Parlaments eine notwendige Schutzmaßnahme gegen die hochentwickelte Fähigkeit des Adels war, unabhängige Institutionen für seine Zwecke zu mißbrauchen, dann stellt sich die Sache anders dar. Ein abstrakter, übergeschichtlicher Freiheitsbegriff ist eben auf die Geschichte nicht anwendbar; die Geschichte behält immer Recht gegen Konstruktionen der abstrakten Wissenschaft. Parlamentarische Einrichtungen und Freiheit fallen nur dort, wenigstens der Tendenz nach, zusammen, wo das Parlament im Dienste des Fortschritts steht. Die anglophilen Historiker haben noch immer nicht begriffen, was die englische Geschichte auszeichnet: daß in der Frühzeit der bürgerlichen Entwicklung das Parlament infolge der praktischen Okkupation durch den Adel dem Fortschritt in weitaus geringerem Maße dienstbar gemacht werden konnte als das absolutistische Regime. Heinrich VIII., hat, um das Parlament zu umgehen, neben der Beeinflussung seiner Zusammensetzung und der offenen Drohung, vornehmlich mit Hilfe von Gesetzeskraft besitzenden Verordnungen regiert. Elisabeth hat diese Praxis ausgebaut und zur höchsten Vollendung gebracht. Trotzdem – und das ist das Entscheidende – kann man der Elisabethanischen Sternkammer, die politische und gerichtliche Funktionen auszuüben hatte, nicht nachsagen, daß sie sich nicht den Bedürfnissen der aufsteigenden bürgerlichen Gesellschaft anzupassen verstanden habe, oder gar zu einem ähnlichen Hemmnis der Entwicklung geworden sei wie das vorabsolutistische Parlament. Erst unter der Reaktion der Stuarts wurde die Sternkammer zu jener reaktionären und allgemein gefürchteten Institution, die mithalf, die Revolution zu provozieren. In der Reihe der Männer, die hintereinander im Ministerrat der Tudor-Könige gedient haben, in Wolsey, Thomas Cromwell, den beiden Cecil, Francis Bacon und Walshingham, erkennt man ohne Schwierigkeit Förderer der bürgerlichen Interessen.

In Italien und den Niederlanden ähnelt sich der Übergang zur modernen Welt. In beiden Ländern beginnt die Städteentwicklung sehr früh. Die bürgerliche Gesellschaft entfaltet sich, in Holland trotz äußerer monarchistischer Regierungsform, wesentlich innerhalb selbständiger städtischer Republiken. Der genaue Grund für diese Entwicklung ist nicht zu erkennen. Man kann aber mit einiger Berechtigung annehmen, daß es das gleich zu Beginn der neuen Epoche einsetzende und mächtige Aufblühen des Handels gewesen ist, durch das die Städte zu starken Gebilden heranwuchsen und ohne den Schutz einer eigentlichen Zentralgewalt auskamen. Auch scheint, insbesondere in Flandern, der verhältnismäßig schwache Adel einen geringeren Widerstand geleistet und eine kleinere Gefahr für die bürgerlichen Neubildungen dargestellt zu haben. Die Lage am Meere und die Möglichkeit, unter Umgehung des Binnenverkehrs direkt mit dem Auslande in geschäftliche Beziehungen zu treten, haben zur rascheren Stärkung der ökonomischen Kraft der Städte beigetragen und damit auch zur Entwicklung ihrer Autonomie gegenüber den das Innere des Landes beherrschenden feudalen Kräften. Trotzdem ist in Italien wie in Holland eine Art Absolutismus entstanden, wenn er auch nur Landesteile und Städte beherrschte. Letzten Endes rächt sich aber das Fehlen einer zentralistischen Gewalt: In Italien erschüttern ständige Kämpfe das Land, und in jenem Teile der Niederlande, in welchem die demokratische Revolution nicht durchgedrungen ist, in Holland, beginnt der unzulänglich zurückgedrängte Feudalismus unter dem Namen der Hoekschen Partei einen Kampf gegen die bürgerliche Gesellschaft, der nicht weniger als 150 Jahre dauert und in dem die Bürgerlichen, die Kabeljauschen, es schwer haben, sich gegen das romantisch-heldische Draufgängertum des Adels zu behaupten.

Aus der Geschichte Hollands sei hervorgehoben die große Gestalt Floris v., der 1276 vom Adel ermordet wurde. Ihm hat das niederländische Städtewesen viel zu verdanken. Zu seinen bedeutendsten Leistungen gehört die Verbesserung der Rechtspflege, die Förderung des Handels und des Gewerbes, der Ausbau des staatlichen Schutzes und die Gewährung von Privilegien an die ausländischen Kaufleute. Ebenso hat sich Floris um die Verbesserung der Wege und um den Bau von Deichen Verdienste erworben. Ganz zur Charakteristik des Renaissancefürstentums paßt auch die persönliche Zügellosigkeit von Floris.

Fast sieben Jahrzehnte nach dem Tode von Floris wird ein Mann ermordet, der gleichfalls seine Regierungsgewalt den Interessen des Bürgertums dienstbar gemacht hat. Er heißt Jakob von Artevelde und ist von nichtadeliger Herkunft. Wir erwähnen ihn hauptsächlich deshalb, weil seine Gestalt typisch für jene Länder ist, in denen das Bürgertum in gewaltigem Aufschwunge über die Bedeutung des Adels hinauswächst und daher zeitweilig der Hilfe fürstlicher Absolutisten entraten kann. An ihre Stelle treten kraftvolle, mit mehr oder weniger diktatorischer Gewalt ausgerüstete bürgerliche Patrizier. Bezeichnend für Artevelde ist sein Plan zur Gründung eines holländisch-flandrischen Städtebundes. Seine wahre Gesinnung erkennt man an der trotz anfänglicher Neutralität immer deutlicher hervortretenden Absicht, auf der Seite Englands gegen Frankreich und den mit diesem verbündeten flandrischen Adel in den Krieg zu ziehen. Die Epoche, die man als die eigentlich fortschrittlich-absolutistische in den Niederlanden bezeichnen kann, datiert seit dem Regierungsantritt des Hauses Burgund im Jahre 1384.

In Italien übernehmen die neugebildeten Dynastien die Funktion des absoluten Fürstentums. In Oberitalien sind es einige mächtige Signorien, die die anderen verdrängen und ihre Herrschaft aufrichten. Dieses Ereignis fällt zum Teil schon in das 14. Jahrhundert. In Verona bekommen die Scala die Macht in die Hände, in Mailand die Visconti, die später von den Sforza abgelöst werden, in Mantua die Gonzaga, in Padua die Carrara und in Ferrara die Este, deren Herrschaft sich auch auf Reggio und Modena erstreckt. Den geistigen und politischen Mittelpunkt bildet in dieser Epoche Florenz unter den Albizzi und Medici. Die bedeutendsten Medicäer sind der bis 1464 regierende, durch Klugheit und Bildung ausgezeichnete Cosimo und sein Enkel Lorenzo Magnifico, dessen Regierung 1493 zu Ende geht. Gerade an Florenz erkennt man die Besonderheit der geschichtlichen Gestaltung der italienischen Renaissance. Sie besteht in der Unterdrückung des Adels durch die Stadt ohne fürstliche

Hilfe und im späten Entstehen einer Art absolutistischen Fürstentums.

Den Höhepunkt erreicht die florentinische Renaissance unter Lorenzo Medici, der mit 21 Jahren an die Regierung kommt und sie 21 Jahre behält. Er steigert noch weiter die Macht seines Hauses, obwohl Florenz die republikanische Verfassungsform beibehält. Aber dieser Republikanismus ist nur Schein. In Wirklichkeit hat Lorenzo alle Machtbefugnisse eines völlig unabhängigen Fürsten. Die herkömmlichen Magistrate kommen neben ihm praktisch kaum mehr in Betracht. Lorenzos Stellung ist so gefestigt, daß er sich erlauben darf, die Staatskasse wie sein Privateigentum zu behandeln. Er nimmt 1480 sogar eine Verfassungsänderung vor, die die Aufrichtung der schrankenlosen Diktatur bedeutet. Noch allerdings bewegt sich die Ausübung der Regierung grundsätzlich in der Richtung der bürgerlichen Interessen. Aber schon machen sich Anzeichen einer ideologischen Veränderung bemerkbar als Ausdruck einer zur höchsten Blüte gelangten und gesättigten bürgerlichen Gesellschaft. In seiner Schrift »Der Bourgeois« erklärt Sombart: »Wir können ganz deutlich verfolgen, wie in Süditalien schon seit dem Ende des 15. Jahrhunderts, in den übrigen Teilen des Landes seit dem 16. Jahrhundert die Freude am Erwerb und die geschäftliche Betriebsamkeit einer behaglichen, bald seigneuralen, bald rentenhaften Lebensführung Platz machen ... In Florenz setzt eine ähnliche Entwicklung zur Feudalisierung, oder wie man es genannt hat: zur Hispanisierung des Lebens, deren Hauptelemente die Verachtung der Arbeit und die Sucht nach Adelstiteln war, unter Cosimo, dem ersten Großherzog ein.« Sombart schildert hier schon recht fortgeschrittene Zustände; in Wirklichkeit setzte der Verfall der Renaissance schon früher ein, denn tatsächlich hatte das italienische Handelsbürgertum ökonomisch schon früher den Höhepunkt überschritten. Ein Anzeichen dafür ist jener starre gesellschaftliche Konservatismus, aus dem die Gedankenwelt des italienischen Späthumanismus mit seinem platonischen Mystizismus und seiner religiösen Stimmung entstanden ist. In der Medicäischen Akademie (gegründet 1459) findet diese neue Richtung, die bereits über die Renaissance, wenigstens Italiens, hinausweist, ihre Heimstätte. Deutlich mischen sich bei ihren Hauptvertretern Ficino, Pico von Mirandola und Kardinal Bessarion echt humanistische mit bereits nichthumanistischen Elementen der Dekadenz. Wir haben in jeder Hinsicht eine typische Übergangserscheinung vor uns. Ein Teil der bedeutendsten Geister dieses späten Humanismus zeigt nicht nur ausgesprochen theologische Neigungen, die, wie wir im nächsten Abschnitt zeigen werden, unhumanistisch sind, sondern er unterwirft sich sogar dem religiösen Fanatismus Savonarolas, darunter auch Pico. Picos Herkunft vom Humanismus erkennt man noch an seiner Verteidigung der Willensfreiheit gegen die Astrologie. Wie weit in dieser Haltung bereits ein Mißtrauen gegen die naturwissenschaftlichen Tendenzen der mittelalterlichen Astrologie zum Ausdruck kommt, ist nicht entscheidbar. Jedenfalls gibt es genügend Anzeichen sozialer, politischer und ideologischer Natur dafür, daß sich in den letzten Jahrzehnten des 15. Jahrhunderts die Ablösung der Renaissance durch eine andere Gesellschaftsform vorbereitet.

Im Zusammenhang mit der Beziehung zwischen der Dekadenz der Renaissancegesellschaft und der Zuwendung des Humanismus zum religiös-platonischen Mystizismus ist auf die ganz andere Situation aufmerksam zu machen, in der sich der christlich-platonisierende Humanismus ungefähr gleichzeitig in England befindet. Hier verhält es sich gerade umgekehrt als in Italien: die in allem langsamere gesellschaftliche Entwicklung hat ein späteres Aufblühen des Renaissancegeistes zur Folge. Damit hängt es auch zusammen, daß der in der zweiten Hälfte des 15. Jahrhunderts von Italien herüberwirkende Humanismus noch kein sehr entwickeltes Handelsbürgertum und daher auch keine Möglichkeit der Entwicklung in reiner Form vorfindet. Deshalb mischt sich anfänglich, ähnlich wie in Spanien und Deutschland, der humanistische Geist mit dem vorgefundenen christlich-theologischen. Aber mit den Veränderungen, der englischen Gesellschaft seit dem Beginn des 16. Jahrhunderts, deren greifbarster Ausdruck die Entwicklung eines kräftigen Renaissanceabsolutismus besonders unter Heinrich VIII. ist, verändert sich auch der Charakter des Humanismus völlig. Hierüber klärt uns Schirmer mit folgenden Worten auf: »War bei den älteren humanistischen Platonikern (deren Platonismus unter dem direkten Einfluß der Florentinischen Akademie entstanden ist, L. K.), die fast alle Theologen waren, die rein religiöse Auswirkung des Platonismus erklärlich, so zeigt gerade die noch gesteigerte Meidung des metaphysischen Gebietes seitens der jüngeren, nicht theologischen Humanisten, wie sehr der Platonismus als ›praktische Philosophie‹ aufgefaßt wurde.« Ganz ähnlich äußert sich Cassirer in seinem Buche über die platonische Renaissance in England. Die Gründe für diese Wandlung des auf den Wegen des Platonismus einherschreitenden englischen Humanismus allerdings erkennt Schirmer nicht. Zum besseren Verständnis und dem nächsten Kapitel vorausgreifend muß darauf hingewiesen werden, daß der eigentliche und reine humanistische Geist überhaupt eine starke Neigung zur Rationalisierung und Moralisierung des Religiösen, d. h. zur Deutung der Religion als einer »praktischen Philosophie« entwickelt hat. Die unerläßliche Voraussetzung für das Entstehen und die Ausbreitung dieses reinen Humanismus aber ist ein entwickeltes städtisches Handelsbürgertum. Deshalb hat auch erst der jüngere Humanismus Englands, auf dem Boden einer kräftig sich regenden und, im Gegensatz zur gleichzeitig in Italien bereits dekadenten, im Aufstieg befindlichen Renaissancegesellschaft, sich diese reine Form zu eigen machen können. Es lassen sich also in der ungefähr gleichen Zeit, und d. h. noch im 15. Jahrhundert sowohl in Italien wie in England Tendenzen beobachten, die auf eine platonische Verchristlichung des Humanismus hindeuten. Diese beiden Bewegungen sind sich aber nur in der Form ähnlich: im ersten Falle haben wir es mit einer End-, im anderen Falle hingegen mit einer Anfangsentwicklung innerhalb der Renaissance zu tun. Die Gleichheit der platonischen Form erklärt sich ohne Zwang aus der unmittelbaren Berührung des »jungen« englischen mit dem »alten« italienischen Humanismus.

Kehren wir nach diesem Exkurs zu Italien zurück. Nach dem Rückschlag unter der Regierung von Lorenzos Sohn Piero, der in einen Krieg mit Frankreich verwickelt und von Karl VIII. besiegt wird, kommt es zur Vertreibung der Medici im Jahre 1494. Sie kehren erst 1502 wieder. Die kurze Herrschaft Savonarolas ist gegen alles Renaissancemäßige und daher auch gegen das humanistische Papsttum gerichtet, dessen Verderbtheit ihm nur den äußeren Vorwand abgibt. Dieser mittelalterliche Fanatiker ist bereits ein deutliches Symptom der bald über Italien hereinbrechenden Reaktion. Die Regierung Cosimos – nicht zu verwechseln mit dem gleichnamigen Mediçäer des 15. Jahrhunderts – weist bereits starke »gegenreformatorische« Züge auf. Reumont charakterisiert die geschichtliche Wandlung: »Die bürgerliche Haltung, welche bis zu Lorenzo il Magnifico gewährt hatte, war bei Cosimo de Medici verschwunden. Er war Fürst, die anderen waren Untertanen.« In anderen kapitalistischen Ländern ist der Übergang vom fortschrittlichen zum reaktionären Absolutismus von einer heftigen Bewegung des calvinistischen Manufakturbürgertums begleitet. In Italien vollzieht er sich relativ ungestört. Der entscheidende Grund für diese Entwicklung ist nicht nur in dem Umstand zu suchen, daß Italiens gesättigter Handelskapitalismus infolge der Verlagerung der Handelswege stagnierte, sondern auch darin, daß der seit jeher auf die händlerische Betätigung konzentrierte italienische Kapitalismus nur eine verhältnismäßig schwache Fortentwicklung zur manufakturellen Produktionsweise vollzog; er hatte dadurch den Anschluß an das folgende Entwicklungsstadium versäumt. Die Schwäche der Manufakturbourgeoisie hat daher die Verbreitung der calvinistischen Ideologie in Italien behindert. In England befindet sich der Handelskapitalismus zur gleichen Zeit noch im Stadium der Aufwärtsbewegung; er erhält durch die Verlagerung der Handelswege und die Entdeckungen neue Antriebe und beginnt, wenn auch nur sehr langsam, sich organisch in der Manufaktur fortzusetzen. Der Handelskapitalismus Italiens erreicht schon vorher seinen Höhepunkt, ohne in ausreichendem Maße den Anschluß an die Manufaktur gefunden zu haben, und wird von der Verlagerung der Handelswege überrascht. Das Versinken Italiens in feudale Lethargie ist die Folge. So konnte Italien eine »Gegenreformation« ohne Reformation erleben.

In Deutschland kommt es über gewisse Ansätze hinaus zu keiner Herausbildung eines fortschrittlichen Absolutismus. Der Grund ist in der Ungleichmäßigkeit der ökonomischen Entwicklung zu suchen, die trotz einzelner blühender Städte dem Feudalismus einen allzu großen Sektor beläßt und schließlich ebenfalls durch die Verlagerung der Handelswege unterbrochen wird.

5. Renaissance und Humanismus

Fortschrittlicher Absolutismus, Renaissance und Humanismus sind historisch voneinander nicht trennbare Begriffe. Unter Renaissance ist im weiteren Sinne zu verstehen die Gesamtheit der gesellschaftlichen Erscheinungen in der Epoche des Handelskapitalismus. Deshalb finden wir im Denken des Humanismus alle jene Merkmale wieder, die wir als Wesenheiten der sozialen Koordination von Handelskapitalismus und Absolutismus erkennen: die Rationalität, die Zwiespältigkeit, den Individualismus, die absolutistische Staatsvorstellung usw.
Entwicklungsmäßig bedeutet das, daß der mittelalterliche Gegensatz von kollektiver Gebundenheit des Individuums und weitgehender Zersplitterung der ganzen Gesellschaft in autonome Teilgebiete in der beginnenden Neuzeit abgelöst wurde durch eine Form der Befreiung des Individuums, die gleichzeitig eine übergeordnete und alles zusammenfassende Staatspersönlichkeit als Garantie der neuen Beziehung von Individuum und Gesellschaft zur Bedingung hat. Die der Renaissance zugehörige Ideologie des Humanismus ist daher individualistisch und absolutistisch zugleich.

Nach allem, was wir von der Renaissance wissen – und das ist trotz des sich anhäufenden Materials nicht allzu viel –, kann angenommen werden, daß der erwähnte Gegensatz vom Renaissancemenschen selbst nicht als Widerspruch empfunden wurde, sondern als praktisch mögliche Koordination verschiedener Bedürfnisse. Zahlreichen Historikern entgeht die Tatsache, daß im Bewußtsein der Renaissance Individualismus und Staatlichkeit einander alles eher denn ausschließen. So bemerkt Borkenau irrtümlicherweise ein Auseinanderfallen der humanistischen Theorie in eine »Sphäre des Staates« und eine zweite »dem Individuum zugehörige« Sphäre.

Gehen wir vom unleugbar stark entwickelten Grundzug der Renaissance, dem Individualismus aus! Er bewirkt, daß der Humanismus der Renaissance nur ganz schwache Ansätze einer sozialen Gesetzeswissenschaft erkennen läßt und aus dem gleichen Grunde grundsätzlich indeterministisch orientiert ist. Wo versucht wird, die Freiheit des Willens zu leugnen (oder gar ausnahmsweise eine gesetzliche Bestimmtheit der Geschichte anzunehmen), handelt es sich, wenn man näher zusieht, regelmäßig um einen direkten oder indirekten Ausfluß des Bemühens, den von vielen humanistischen Denkern als quälend empfundenen Gegensatz zwischen der naturhaft-gesetzlichen und der gesellschaftlich-individualistischen Sphäre des Geschehens zu überwinden. Es ist klar, daß bei den vorwiegend naturwissenschaftlich interessierten Geistern das Gesetzesdenken das Übergewicht erhält. Dabei stellt sich aber das Merkwürdige ein, daß zwar die Leugnung der Willensfreiheit meist die Folge davon ist, daß jedoch diese Denker insofern auch im Individualismus befangen bleiben, als es ihnen in keiner Weise gelingt, zu einem wirklich objektiven Gesetzesbegriff für die Welt des Sozialen vorzudringen. Man muß nur an ihre astrologischen Versuche denken, um zu verstehen, daß ihre Vorstellung von der Bestimmtheit des Willens durch überindividuelle Mächte die Grenzen des rein Individuellen nicht überschreitet. Die ganze Renaissance hindurch schwankt das Denken zwischen dem an den äußeren Vorgängen orientierten naturgesetzlichen und dem am menschlichen Geschehen orientierten individualistisch-freiheitlichen Begriff des Geschehens hin und her. Darüber sagt Baron: »Ein Ausgleich zwischen astrologischem Naturgesetz und menschlicher Willensfreiheit – dies war überwiegend das Ziel der naturwissenschaftlich interessierten Humanisten Italiens.« Bei all dem bleibt die Tendenz, für die Menschenwelt die Wirksamkeit von Gesetzen abzulehnen, meist siegreich: »Aber gegen diese Reduktion, die vom Standpunkt des Erkenntnisbegriffes der Renaissance unausweichlich scheint, lehnt sich das Lebensgefühl der Renaissance immer von neuem auf.« Und dieses Lebensgefühl, von dem Cassirer hier spricht, ist offensichtlich das individualistische. Sofern aber doch die Konsequenz aufgebracht wird, das soziale und das Naturgeschehen unter einen einheitlichen wissenschaftlichen Nenner zu bringen, ist bestenfalls eine (oft mit den Sternen in Zusammenhang gebrachte) psychologisierende Temperamentenlehre das Ergebnis, das heißt, es wird auch hier die Sphäre des Individuellen nicht überschritten. Es ist keine Übertreibung zu sagen, daß dem Humanismus eine wirklich gesellschaftswissenschaftliche, d. h. das Individuum in Abhängigkeit von einem objektiven Gesetz bringende Vorstellungsweise völlig fremd ist. Selbst Machiavelli, bei dem es stellenweise so scheinen mag, als ob ein Gesetz des geschichtlichen Ablaufs zum Vorschein komme, spricht der überragenden Persönlichkeit eine autonome und die Geschichte nach eigenem Willen gestaltende Rolle zu. Der unter dem Einfluß der Astrologie entwickelten entgegengesetzten Meinung eines Pomponatius treten so bedeutende Vertreter der Willensfreiheit wie Valla, Pico, Bruni und schließlich Erasmus siegreich entgegen.

Die tatsächliche und gedankliche Individualisierung ist nicht allein die Folge der Überwindung des Mittelalters, nicht das bloß negative Resultat eines sozialen Lösungsprozesses, wie noch vielfach angenommen wird, sondern ebensosehr das Resultat einer neuartig gestalteten, praktischen Beziehungsform in der Gesellschaft. Das Sichzurückziehen des Individuums auf seine Tätigkeit, die es nunmehr völlig unabhängig von irgendwelchen kollektiven Schranken frei zu gestalten gewillt ist, ist gleichzeitig Voraussetzung für das Funktionieren der gesellschaftlichen Dynamik. Sie beruht darauf, daß der einzelne sich nicht mehr selber versorgen kann, was er prinzipiell innerhalb der mittelalterlichen Naturalwirtschaft durchaus konnte. Dieser Widerspruch zwischen der Gelöstheit und der Abhängigkeit des Individuums enthält das Geheimnis des inneren Bewegungsgesetzes der bürgerlichen Gesellschaft überhaupt. Er ist es, der dem Individuum schließlich als Widerspruch von Tätigkeit und Bestimmtheit, von Freiheit und Notwendigkeit, von Aktivität und Kontemplativität zum Bewußtsein kommt. Aber dieses entfaltete Bewußtsein besitzt der Renaissancemensch selbst noch nicht. In der jungen, sich stürmisch aufwärts entwickelnden und täglich umgestaltenden Gesellschaft der Renaissance empfindet das Individuum die ökonomische Abhängigkeit noch nicht als objektiv gesetzliche und unübersteigbare Schranke seiner Tätigkeit. Im Gegenteil wachsen die Aufgaben und Ansprüche rascher, als die hergebrachte und nicht im gleichen Tempo sich umwälzende Tätigkeit ihnen zu entsprechen imstande ist.

Noch ist zu der gesellschaftlichen Teilung der Arbeit nicht die Zerteilung der individuellen Arbeitsleistung in Einzelfunktionen getreten, denn noch dominiert das urwüchsige Handwerk. Das bedeutet aber nicht nur die Erhaltung und Stärkung des Persönlichkeitsgefühls des handwerklichen Arbeiters, sondern daß als Folge des noch überwiegend persönlichen Kontaktes zwischen dem Konsumenten und dem Erzeuger, d. h. als Folge der relativ geringfügigen Warenproduktion für einen anonymen Markt, die Durchsichtigkeit der ökonomischen Verhältnisse und damit die Erkennbarkeit des ökonomischen Prozesses als Resultat menschlichen Tuns vorherrschend bleibt. Die Tätigkeit des Individuums ist noch nicht wie in späteren Stadien der kapitalistischen Entwicklung durch Arbeitsteilung entseelt und mechanisiert. Sie erscheint daher auch nicht als passive Funktion eines übergeordneten und unbeherrschbaren »Naturgesetzes«. Noch wird die persönliche Aktivität als der letzte Grund allen gesellschaftlichen Geschehens verstanden. Daher drängt sich dem Bewußtsein kein anderes Moment so stark auf wie das individualistische. Alles fügt sich harmonisch in die klar erkennbare Beziehung von Leistung und Gegenleistung, von Bedürfnis und Befriedigung. Neuerweckte Bedürfnisse, die das bodenständige Handwerk nicht befriedigen kann, werden ohne Störung in zusätzlicher Form vom Großhandel gedeckt. Mit der reibungslosen Befriedigung aller Bedürfnisse und mit dem wachsenden Reichtum, der die freie Betätigung des bürgerlichen Individuums belohnt, wächst auch der Optimismus, von dem die Zeit der Renaissance durchtränkt ist. Der genießerische, noch nicht wie beim späteren Manufakturbürgertum durch Sparsamkeit, sondern vielmehr durch Neigung zur Verschwendung ausgezeichnete Charakter des Handelsbürgertums kommt seinerseits der optimistischen Stimmung entgegen. Diese Stimmung setzt sich so hemmungslos durch, daß sie teilweise sogar die übrigen Klassen anzustecken vermag. Daher ist auch dem Lebensgefühl der ärmeren Handwerkerschichten jener Zeit der daseinsfreudige und genießerische Zug nicht fremd.

Bei allem Fehlen des Gefühls für gesetzliche Zusammenhänge im gesellschaftlichen Geschehen entwickelt der Humanismus naturgemäß eine Staatslehre, die sich als ein individualistisch-normatives und daher moralisierendes System darbietet. Nicht etwa die Gesellschaft zu erklären, macht sie sich zur Aufgabe, sondern vielmehr über die Nützlichkeit des Staates aufzuklären und diesen über seine Pflichten zu belehren. Unter Staat wird dabei meist einfach der Träger der Regierungsgewalt verstanden, und das ist in der Renaissance der absolute Fürst. Er steht im Mittelpunkte der staatstheoretischen Überlegungen. Sie sind wesentlich geleitet von den Interessen des Bürgertums, aus dessen Reihen nicht zufällig der überwiegende Teil der Humanisten stammt.

Da sich dieser Individualismus der Renaissance nicht nur als die alles gestaltende Kraft erlebt, sondern auch einen mächtigen Drang nach Erkenntnis und Beherrschung der Naturkräfte entwickelt, breitet sich jene diesseitsgerichtete und naturinteressierte Atmosphäre aus, in der früher oder später eine zutiefst rationale und religiös-skeptische, von Selbstbewußtsein und Übermut getragene Weltauffassung entstehen muß. Es entwickelt sich jene, unserem pessimistischen Zeitalter besonders reizvoll erscheinende Geisteshaltung, die wir heute noch an der Renaissance bewundern. So wird der verstandesfeindliche Irrationalismus im Denken des auf sich und seinen Verstand vertrauenden Individuums möglichst beiseitegeschoben und die Geltung des religiösen Moments auf ein Mindestmaß herabgesetzt. Dies geschieht allerdings unter Vermeidung jeder offenen Auseinandersetzung, an der der Humanismus aus Rücksicht auf das Volk, dem die Religion erhalten bleiben soll, kein Interesse hat. Es entsteht daher keine kämpferische antichristliche Kritik, sondern nur eine vorsichtig gehaltene, wissenschaftlich verbrämte Skepsis und Ironie. Sofern in Italien überhaupt noch Hemmungen bestehen, das faktisch bereits weitverbreitete Freidenkertum vorbehaltlos zu akzeptieren, tritt an seine Stelle ein rationalisierter und moralisierender Deismus, durch den nur notdürftig die freidenkerischen Tendenzen verdeckt werden. Allem Humanismus liegt jedenfalls immer ein tiefgehender Skeptizismus zugrunde. Er richtet sich aber nur gegen das Religiöse und ist daher mit einem diesseits gerichteteten Optimismus zu einer merkwürdigen Einheit verschmolzen.

Aber in dieser Freiheit liegt eine Gefahr, denn sie ist die Freiheit gesättigter Bürger und daher konservativ. Es ist die Freiheit einer Klasse, die nichts anderes vertritt als ihre augenblicklichen Interessen, die keine wahrhaft revolutionäre Aufgabe zu erfüllen hat, weil sie den Feudalismus nicht vernichtet, sondern nur zurückgedrängt wissen will. Diese Freiheit ist nicht zukunftssicher, hat kein Programm, sie bedarf nur in Augenblicken der unmittelbaren Gefahr des Bündnisses mit den Kräften des Volkes, begegnet ihnen sonst mit tiefstem Mißtrauen. Es ist die Freiheit einer Klasse, die »bloß eine vermittelnde Bewegung zwischen Extremen, die (sie) nicht beherrscht und Voraussetzungen, die (sie) nicht schafft«, darstellt. Städtische Produktion und feudaler Konsum sind die Extreme, die das Handelsbürgertum tatsächlich nicht beherrscht, zwischen denen es nur eine vermittelnde Rolle innehat, und sie sind auch die Voraussetzungen seiner Existenz, die von ihm nicht geschaffen werden. Es ist die Freiheit innerhalb der Abhängigkeit vom unüberwundenen Gegensatz zwischen der modernen Stadt und dem feudalen Lande. Es ist im Grunde eine auf die Erhaltung der Zustände und nur einseitig auf die Ungebundenheit des Individuums bedachte Freiheit. Als Individuum, für das die rationelle Tätigkeit alles bedeutet, ist der Bourgeois der Renaissance kompromißlos. Als Angehöriger einer Klasse, die des Feudalismus bedarf und sich daher mit seiner Existenz abgefunden hat, ist er dagegen jederzeit zu Kompromissen bereit. Mit anderen Worten: In seinem individuellen Lebensbereich ist er revolutionär, zerreißt er alle Bande zur mittelalterlichen Lebens- und Weltanschauung, gesellschaftlich ist er darauf bedacht, die bestehende Ordnung unangetastet zu lassen.

Die Anschauung des Humanismus dreht sich letztlich immer nur um das isolierte Individuum und deshalb vermag sie nur eine dieses Individuum betreffende Psychologie und Morallehre zu entwickeln; deshalb auch die Vorliebe für die Biographie und für eine Geschichtsschreibung, in der die einzelnen Personen an die Stelle der Schilderung von großen Zusammenhängen und Zuständen treten. Von Petrarca über Leonardo Bruni, Manetti und Valla bis zu den Späthumanisten wiegt die individualistische und moralisierende Geschichtsdarstellung bei weitem vor. Auch die Staatslehre der Humanisten ist kaum mehr als eine Anleitung für die Fürsten, wie sie richtig, d. h. im Interesse der Freiheit des bürgerlichen Individuums regieren sollen.

Die eigentlich revolutionäre Seite des humanistischen Individualismus findet ihren klarsten Ausdruck in der Prägung eines neuen Adelsbegriffes. In Anknüpfung an die Gleichheitslehre des Stoizismus werden dem alten feudalen Adel die Geburtsrechte und seine Vorrechte mit der Begründung streitig gemacht, daß er sie nicht seiner besseren Eigenschaften wegen erworben hat. An die Stelle des Adels von Geburt soll der Adel der Persönlichkeit treten. Unter Gleichheit wird dabei nicht etwa die völlige Gleichberechtigung aller in der Gesellschaft und nicht die konsequente formale Gleichheit des späteren bürgerlichen Denkens verstanden, sondern nur die aus der gleichartigen Zugehörigkeit zum Gattungswesen Mensch abgeleitete gleiche Möglichkeit des Aufstiegs, des Eigentumserwerbs, der Bildungsaneignung, dies alles aber zum Zwecke der Errichtung eines sozialen, politischen und auch rechtlichen Vorzugs. Im Grunde ist es noch nicht die Idee der Ersetzung des ständischen Rechtsbewußtseins durch das bürgerlich-gleichheitliche, sondern erst die Forderung der Teilnahme des durch Anlage und persönliche Vorzüge ausgezeichneten Individuums an den Vorteilen des Adels und seiner gesellschaftlichen Stellung. Nicht die Veränderung der ganzen Gesellschaft, sondern nur die Brechung eines Monopols bewegt die Gemüter der handelskapitalistischen Gesellschaft. Schon Brunetto Latini (gest. 1294) spricht das Wort aus, das Erasmus am Ende der Renaissance wiederholt, Adel sei eine Sache der persönlichen Verdienste und nicht der Abstammung. In der langen Zeit zwischen diesen beiden Humanisten haben es auch viele andere ausgesprochen. Die praktische Folge war die Unterdrückung des Adels, wo sich die Notwendigkeit und die Möglichkeit dazu einstellte. Florenz erläßt sogar scharfe antiadelige Ausnahmegesetze. Fast hundert Jahre nach Latini bekennt sich Petrarca als glühender Verehrer des römischen Volkstribunen Cola di Rienzo, weil dieser seine Revolution hauptsächlich gegen den Adel gerichtet hatte. Ganz besonders liegt Petrarca die Zulassung nichtadeliger Vertreter in den Senat am Herzen. Und indem er, vorsichtig wie er war, den Orsini und Colonna schmeichelt, unterläßt er es nicht, auf die »fremden Tyrannen«, die Nobili, seinen ganzen Haß auszuschütten. Der Ruf des Erasmus: »Sind vielleicht die Söhne der Bürger weniger Menschen als die Fürsten!« war zu jeder Zeit der Renaissance der Ruf der Humanisten gewesen. Es ist aber nur eine Art aristokratischer Demokratie, die Demokratie der durch Fähigkeit, Bildung und Reichtum vom übrigen Volke Unterschiedenen, die aristokratische Demokratie nach antikem Vorbild und unter Leitung eines Fürsten gedacht, die hier verteidigt wird. Zu erwähnen ist in diesem Zusammenhang auch Poggio Bracciolinis »Über das unglückliche Leben der Fürsten« von 1440.

Trotz bedeutender und für die Entwicklung der damaligen Gesellschaft unentbehrlicher Einsichten auf dem Gebiete des naturwissenschaftlichen und staatstheoretischen Denkens, bleibt die beste Leistung des Humanismus die Verdiesseitigung und Rationalisierung der Weltanschauung. Das Ergebnis des Prozesses der Überwindung des an sich unüberwindlichen Gegensatzes zwischen rationalistischer Diesseitigkeit und religiösem Irrationalismus ist die faktische Zersetzung des religiösen Denkens. Formell bleibt der Katholizismus weiter bestehen. Dem im Grunde konservativen politischen Standpunkt des Humanismus war die Kirche nicht im Wege, so daß keine ernstliche Notwendigkeit bestand, die katholische Kirche anzugreifen.

Das Freidenkertum des Humanismus kleidete sich, ganz dem Verhältnis der herrschenden bürgerlichen Klasse zum Volke entsprechend, vorsichtig in das Gewand des Deismus. Die Notwendigkeit dazu ergab sich theoretisch auch aus der individualistischen Morallehre, die die Beibehaltung der Religion aus erzieherischen Gründen als unvermeidlich anerkannte. Daß aber tatsächlich ein radikales Freidenkertum bestand, beweist der Umstand, daß es bereits viele gab, die nicht mehr an die Unsterblichkeit der Seele glaubten. Der religiöse Einfluß hatte über die Oberklasse der Gesellschaft seine Macht verloren, indem er als nennenswertes ideologisches Problem einfach ausschied. Der eigentliche weltanschauliche Bildungsprozeß vollzog sich unabhängig und abseits von aller Religion, weshalb »die römische Kirche ignoriert und nicht angegriffen wurde«. Andererseits konnte die Reserve gegenüber Kirche und Religion nicht verhindern, daß der übermächtig sich ausbreitende Rationalismus auch diese in seinen Bann zog und sie deistisch umgestaltete. Aus dem Jenseits- und Wunderglauben wurde ein moralisches und rationalisiertes System von vollkommen diesseitiger Geltung, wobei der Gottesbegriff zwar formell beibehalten, tatsächlich aber mit dem »lumen naturale« identifiziert wurde. So wurde die religiöse Vorstellungswelt, ohne daß man sich um die herkömmliche theologische Problematik allzuviel gekümmert hätte, dem individualistischen Rationalismus angepaßt. Gleichzeitig wurde dem Bedürfnis der Erhaltung des »Glaubens für das Volk« Genüge getan.

Der Humanist wechselt nicht die Konfession, weil sie ihm im Grunde vollkommen gleichgültig ist. Allem religiösen Gezänk gerade wegen seiner unreligiösen Neigungen zutiefst abgeneigt (Valla ist eine Ausnahme), ist dem Humanisten das äußere Bekenntnis nur eine moralische Pflicht gegenüber der Öffentlichkeit, sei es aus Pietät, aus Friedfertigkeit oder um die geistige Herrschaft der Kirche über die unruhigen Volksmassen nicht zu gefährden. Deshalb ist die Grundhaltung des Humanismus zu den bestehenden Religionen sehr tolerant. Schon im 14. Jahrhundert spricht Marsilius von Padua offen aus, daß die Kirche kein Recht hat, irgendeinen Gewissenszwang auszuüben. Dieser Augustinermönch ist von Petrarca beeinflußt. Wie Petrarca ist auch Boccaccio ein »Heide«, trotz seiner wenig aufrichtigen Zuwendung zur Religion in den späteren Lebensjahren aus Gründen der Vorsicht. Am Ende der Renaissance vertreten Machiavelli und Bodin den Toleranzgedanken. In der Boccaccio folgenden Zeit treten die Humanisten immer seltener offen gegen die Religion auf. Nichts ist bezeichnender als das Verhalten

Boccaccios, der anfänglich die unverständlichen, scheinphilosophischen Haarspaltereien der Theologie offen verhöhnt, später aber bemüht ist, sich als guter Christ zu gebärden. Die einmal begonnene skeptische Linie setzt sich aber fort. Ein bedeutender Jünger des Marsilius ist der florentinische Humanist und Staatskanzler Salutati. Salutati übertrifft seinen Lehrer noch an freigeistiger Gesinnung, indem er dessen Neigung, das Wunder als Fabel zum Zwecke der moralischen Erziehung zu deuten, nicht nur übernimmt, sondern sogar verstärkt. In der Heiligen Schrift vermeint er ein von Menschen verschuldetes Gemisch von Vorzügen und Schwächen zu erkennen, und in der allegorischen Form nichts als ein bloßes Mittel der Darstellung. Trotz seiner kritischen und bewußt stoizistischen Gesinnung zwingt seine öffentliche Stellung Salutati zeitweilig zu Bekenntnissen zum Christentum. Saluatis Schützling Leonhard Bruni, der der bedeutendste humanistische Platoniker seiner Zeit ist, unterscheidet sich durch eben diese Skepsis vom christlich orientierten Platonismus der späteren humanistischen Dekadenz.

Aus Florenz wird von weitverbreiteter religiöser Skepsis schon in der ersten Hälfte des 13. Jahrhunderts berichtet. Den Averroismus als ausgesprochen diesseitig gerichtete, epikureische Geistesrichtung, kennt man schon zu Zeiten Dantes. Das Hauptmerkmal des Averroismus ist sein Interesse an der Natur und ihren Geheimnissen. Aus dem Venedig des 14. Jahrhunderts wird berichtet, daß zahlreiche Ärzte, Physiker und Astronomen der averroistischen Welt- und Naturauffassung zuneigen. Sie bilden geschlossene Gesellschaften. Es ist gewiß kein Zufall, daß das städtische Denken des 14. Jahrhunderts günstige Anknüpfungspunkte bei Averroes entdeckt und daß eine humanistisch aufgeklärte Denkrichtung entsteht, von der man heute nur deshalb nicht viel weiß, weil sie wenige Schriften hinterlassen hat. Die Averroisten bilden in Venedig wegen der drohenden Verfolgung Geheimbünde, und aus dem gleichen Grunde entwickelten sie zum Zwecke der Anpassung und Tarnung die Lehre von der »doppelten Wahrheit« (wie schon früher die Nominalisten), wonach die religiöse und die aus der Erfahrung hergeleitete Wahrheit verschiedenes bedeuten und nebeneinander bestehen können. Der Averroismus verbreitet sich auch im übrigen Italien, in Frankreich und England, wo er sich als Seitenstück des Humanismus lange erhält. In den oberen Klassen der französischen Gesellschaft macht sich überhaupt eine starke freidenkerische Tendenz bemerkbar. Der florentinische Freidenker Petro Strozzi konnte am französischen Hofe »eine Art Schule« gründen (Ranke). Daß die Averroisten tatsächlich als Zweigerscheinung des Humanismus zu verstehen sind, beweisen ihr ausgeprägter Individualismus, ihre naturalistische Skepsis und ihre genießerisch-ästhetische Lebensauffassung.

Auch von einer anderen Richtung her wurde versucht, eine religiös-skeptische Weltauffassung zu begründen. Im 14. Jahrhundert wird der Kirche in Anknüpfung an Plato ein skeptizistischer Mystizismus entgegengestellt. Wie der Averroismus war auch der Platonismus der Renaissance eine bürgerlich-aristokratische Lehre mit zugleich naturalistischem und spekulativem Gehalt. Empirische Naturbetrachtungen und spekulative Naturphilosophie schließen sich in dieser Zeit noch nicht aus. Auch der spätere Nominalismus in der Form der Schule Occams gehört also eigentlich zur Renaissance. Der Occamismus hatte geradezu revolutionär gewirkt und der Naturwissenschaft den Weg bereitet. Trotz mancher nützlicher Hinweise wird vielfach die ganze Bedeutung dieses Zusammenwirkens von naturwissenschaftlichem und spekulativem Denken in der Renaissance nicht begriffen. Man hat daher unzählige Male und bis zum heutigen Tage dem großen Staatstheoretiker der Renaissance Jean Bodin (gest. 1596) den Vorwurf gemacht, daß er sich in einen tiefen Widerspruch verwickelt, wenn er einerseits in seinen »Siebengesprächen« – seiner sonstigen rationalistischen Denkweise getreu – konsequent den Standpunkt der religiösen Toleranz vertritt, andererseits aber in seiner »Démonomanie« eine Untersuchung der Geisterwelt liefert und die Verfolgung jener, die sich willentlich mit den bösen Geistern verbinden, empfiehlt. Wir übertragen aber doch, wenn wir diesen Vorwurf erheben, unsere eigene Begriffswelt auf Zeiten, die zwar bereits eine rationelle Betrachtung der Dinge kannten, aber noch keine ausreichenden naturwissenschaftlichen Mittel zu ihrer Erklärung. Für den Menschen der Renaissance bedeutet Rationalisierung eine zwar verstandesmäßige, aber mit einem bloß spekulativ-intuitiven Verstande arbeitende Auflösung der zahllosen Rätsel, die die »Geheimnisse« der Natur immer von neuem aufgeben. Die intuitive Spekulation, die der Verstand anstellt, ist für die Renaissance noch weitgehend das unentbehrliche Werkzeug in der Erforschung der Natur und ihrer Gesetze. Daß dieses Werkzeug unzulänglich ist, wissen wir heute. Das entscheidende geistesgeschichtliche Merkmal dieser Spekulation bleibt aber, daß sie sich rein rationeller und empirischer Mittel zu bedienen vermeint, also davon überzeugt ist, in keinerlei Berührung mit der Welt der Metaphysik zu treten. Aber das verhindert nicht, daß der Mensch der Renaissance der Unzulänglichkeit seiner wissenschaftlichen Methodik entsprechend ständig ungewollt die Grenzen der Erfahrung übersteigt, so, wenn er die Existenz von Geistern und anderen geheimen Kräften zugibt. Es kann deshalb geschehen, daß dieselben Ideologen, die das Wunder als der metaphysischen Welt zugehörig verwerfen, sich der Astrologie hingeben, oder daß sie, wie Bodin, kritisch genug sind, der Astrologie jede Existenzberechtigung abzusprechen, hingegen vom Vorhandensein geisterhafter Naturkräfte, die Krankheit, Irrsinn und sonstiges Unheil hervorrufen, überzeugt bleiben. Aber die Abstufungen sind zahlreich. Neigen etwa die platonisch orientierten Denker meistens mehr der naturphilosophischen Spekulation zu, so ist die Neigung zum strengeren Empirismus bei den Averroisten, die weit mehr als die Platoniker »sinnliche Wahrnehmung und Logik« pflegen, in höherem Maße entscheidend. Andererseits haben so streng logisch denkende Aristoteliker wie der Averroist Siger von Brabant (gest. 1282) einen Zusammenhang zwischen der Stellung der Gestirne und dem Menschenschicksal behauptet. Nur vereinzelt fordern kritischere Stimmen, wie jene Roger Bacos (gest. 1294), eine unnachsichtig »experimentelle« Untersuchungsweise. Sie stellt aber erst den Anfang jener allmählichen Wandlung dar, durch die später in Padua die Astrologie von der Astronomie verdrängt wurde.

Jede Schwächung des päpstlichen Einflusses wird von den Humanisten begrüßt. Nichtsdestoweniger lehnt der Humanismus, sogar der deutsche, der sich ihr vorerst begeistert angeschlossen hatte, die Reformation ab, weil sie das Volk in religiöse Parteien spaltet und weil überhaupt durch sie die Frage der Religion wieder in den Vordergrund geschoben wird. Auch Morus ist nicht jener »Katholik«, zu dem ihn für die Nachwelt sein Märtyrertod im angeblichen Dienste des Papstes gestempelt hat. Tatsächlich spielt in seinem staats- und sozialtheoretischen Denken der religiöse Gesichtspunkt eine ganz untergeordnete Rolle. Es gehörte nicht viel dazu, mit Heinrich VIII., der bekanntlich mit Todesurteilen rasch bei der Hand war, in einen »religiösen« Konflikt zu geraten, hinter dem sich in Wahrheit eine Ehescheidungsaffäre verbarg. Der Katholizismus des Morus ist vielmehr aus seinem toleranten Deismus zu verstehen, wie jener der anderen Humanisten auch. Verwirft doch Morus die mönchische Askese, den Wunderglauben und das Zölibat.

Mit der Dekadenz der italienischen Renaissance ändert sich in dieser Hinsicht manches. Die Mediceische Akademie wird zur Kultstätte der Abwendung von »Materialismus und Pantheismus«. In der Form der Platonisierung des Christentums durch Ficinus und Pico von Mirandola wird das humanistische Denken mit christlichen Elementen verschmolzen. Eine ähnliche Tendenz weist fast der gesamte florentinische Humanismus derselben Zeit auf. Allerdings wirken ebenso überall noch echte humanistische Gedanken fort, denn es handelt sich um eine typische Übergangszeit. Machiavelli und Guicciardini sind noch Humanisten reinsten Wassers, obwohl bei Machiavelli ein unverkennbar pessimistischer Zug auf eine neuartige Entwicklung hindeutet. Sogar Ficinus und Pico bleiben in wesentlichen Punkten noch reine Humanisten. Ficinus verficht unentwegt das politische Programm der aristokratischen Demokratie mit ihrer Abgrenzung gegen Tyrannis einerseits und »Pöbelherrschaft« andererseits, Pico verteidigt die Willensfreiheit gegen die Astrologie. Die dabei überstark betonte Ablehnung der Astrologie hinterläßt allerdings den Eindruck, als ob es Pico nicht zuletzt auf die Hervorkehrung eines antinaturwissenschaftlichen Standpunktes ankäme, was auch ganz zu seinem platonischen und kabbalistischen Mystizismus passen würde. Den späteren Anschluß dieser Humanisten an den rückwärtsgewandten Fanatiker Savonarola haben wir bereits erwähnt. Das alles sind aber nur erste Anzeichen eines Übergangs. Noch 1506 finden wir den humanistischen Papst Julius II. bei der Arbeit, an der Stelle der Basilika St. Peter ein Pantheon zu errichten; nicht weniger humanistisch ist Papst Leo X. orientiert. Zu einer Zeit, als in Deutschland die Theologie beginnt, den Humanismus zu ersetzen, der eben erst Fuß gefaßt hat, bringt der bereits Anzeichen der Dekadenz aufweisende italienische Humanismus noch die Kraft auf, der Theologie Widerstand zu leisten. In Deutschland ist die Theologisierung des Humanismus ein Symptom seiner Jugend und Schwäche, in Italien ein Symptom seiner dekadenten Überreife. In Deutschland bleibt vom theologiefreien Humanismus bald nicht viel übrig, in Italien bleibt er noch lange von nennenswertem Einfluß.

6. Zur Machiavelli-Deutung

Im Jahre 1859 schrieb Robert von Mohl: »Ratlos stehen wir vor dem Florentiner Geheimschreiber und seinen Werken als vor einem ungelösten Rätsel.« »Aus einzelnen gewöhnlich wörtlich aus den Schriften Machiavellis genommenen ... Sätzen besteht der Versuch Ebelings in seiner Schrift ›Machiavellis politisches System‹. Diese Methode gewährt den Vorteil, daß der Gedanke ohne Bearbeitung und Entstellung gegeben ist; aber ein wissenschaftliches Ganzes und eine sichere Einleitung zum Verständnis entsteht dadurch wohl nicht.« Und an anderer Stelle sagt Mohl: »Nach den vielen, welche sich dieses Ziel -

das Rätsel Machiavelli zu lösen - gesetzt haben, ... ist es kaum denkbar, daß noch etwas Neues gefunden werden kann.« Seitdem ist ein Jahrhundert verflossen, und noch heute herrscht die Meinung vor, daß sich im Grunde nichts Neues über Machiavelli sagen läßt.

Schon der alte Gervinus hat sich der Fälschung schuldig gemacht, wenn er ungeniert einfach den Geist des absolutistischen »Principe« auch in den »Discorsi« nachzuweisen unternahm und so den demokratischen Machiavelli ganz und gar zugunsten des Absolutisten verleugnete. Aber das geschah im Jahre 1883, und damals gab es noch keine ausgebildete dialektisch-soziologische Methode. Noch früher hat Spinoza, ebenfalls verwirrt durch den scheinbaren Widerspruch zwischen dem Principe und den Discorsi, das Problem in geistvoller Weise dadurch zu lösen versucht, daß er den Principe als eine nicht ernstgemeinte »Satire« erklärte.

Mit unserer Analyse der Renaissancegesellschaft, des fortschrittlichen Absolutismus und des Humanismus läßt sich das Denken Machiavellis ohne Vernachlässigung der einen oder der anderen Seite völlig widerspruchslos verstehen. Wir haben gesehen, wie wenig sich in der Renaissance bürgerlich-freiheitliche Interessen und absolute Herrschaft ausschlossen. In noch höherem, weil einem reiferen Standpunkt entsprechenden Maße bilden die freiheitlichen Ideen, die Machiavelli in den Discorsi niedergelegt hat, mit den absolutistischen des Principe eine unauflösliche Einheit, mag auch Machiavelli selbst diese Einheit des Gegensätzlichen für unser modernes Verständnis nicht klar genug formuliert haben. Schon äußerlich muß auffallen, daß Machiavelli beide Werke zur gleichen Zeit (!) niedergeschrieben hat.

Niemand, der sich ernsthaft mit dem der Renaissance innewohnenden Geist vertraut gemacht hat, kann bezweifeln, daß es weder für Machiavelli noch für andere Denker seiner Zeit jenen Widerspruch gab, den ihm spätere Zeiten unterschoben. Man denke dabei an Marsilius oder Bodin, den ersten und den letzten unter jenen großen Staatsdenkern, die den Geist der Renaissance in Reinheit vertraten. Marsilius ist der ideologisch kompliziertere von beiden. Wie Wyclif, Villon und Morus ist er von den Unterklassen der städtischen Gesellschaft, speziell vom Sektengeist, beeinflußt. Aber Marsilius hat auch den absolutistischen Standpunkt in seine Staatstheorie aufgenommen. Im 14. Kapitel des ersten Teiles seines »Defensor pacis« erklärt er sich ausdrücklich für die Notwendigkeit, dem Fürsten eine große Macht zu belassen, ja, er geht in seiner absolutistischen Gesinnung sogar so weit, den Vorzug der Regierung durch einen einzelnen Fürsten gegenüber jener mehrerer Personen zu unterstreichen. Wie läßt sich die radikaldemokratische Lehre der Volkssouveränität Marsilius' mit seiner Verteidigung der absolutistischen Fürstengewalt vereinbaren? Auch Morus, der seine demokratischen Anschauungen bis zu sozialistischen Konsequenzen weitertreibt, steht unter dem Eindruck seiner Zeit, wenn er die Monarchie bejaht. Ähnlich denkt Erasmus ganz humanistisch, wenn er eine starke, aber durch Weisheit gemilderte Fürstenherrschaft fordert.

Eine besonders interessante Bestätigung unserer Auffassung findet sich bei Claude de Seyssel, der in seiner 1519 verfaßten Schrift »Die große Monarchie in Frankreich« eine gleichzeitig streng absolutistische und demokratische Auffassung entwickelt. Claude de Seyssel war bis zum Alter von 50 Jahren Rechtsprofessor in Turin. Als Ludwig XII. das Gebiet Mailand erobert, tritt er in französische Dienste. 1504 kommt er nach Frankreich und wird königlicher Rat. Die Abfassung seiner Schrift fällt in die Regierungszeit Franz I. Man könnte ihn als einen politischen Leibniz bezeichnen, denn er spricht den Gedanken aus, daß die Einrichtungen des französischen Staates die besten sind, die es geben kann. Charakteristisch ist hierbei aber, was er zu loben findet und was er den Regierungen empfiehlt. Die Königsherrschaft soll absolut, aber nichtsdestoweniger durch drei Kräfte in ihrer Handlungsweise bestimmt sein: durch die Religion, der der König wenigstens dem Scheine nach anhängen soll, durch die Gerechtigkeit und durch die Gesetze, die der König selbst erläßt, die aber durch die Parlamente und die Stände bestätigt werden. Es gehört auch zu den Pflichten des Königs, das Volk vor der Bedrückung und Beleidigung durch die höheren Stände zu beschützen. (In diesem Punkte erinnert Claude de Seyssel an Mariana, den demokratisch gesinnten spanischen Jesuiten.) Zu erinnern ist in diesem Zusammenhang auch daran, daß schon der florentinische Kanzler Salutati (1375–1404) sein »De tyranno« verfaßt, ohne aber die Fürstenherrschaft abzulehnen.

Einen ähnlichen »Widerspruch« finden wir auch bei Bodin, obwohl es sich bei diesem wie bei Machiavelli um die Vereinigung eines freiheitlich-bürgerlichen mit einem absolutistischen Standpunkt handelt, nicht um radikal-demokratische Auffassungen. Wir müssen dabei bedenken, daß die französische Renaissance sich später entwickelt; wenn sie auch in ihrer aufsteigenden Linie nicht länger als die italienische Renaissance andauert, so wirkt sie doch länger nach. Bodin wird 1530, zu einer Zeit ungefähr, als Machiavelli und Morus ihr Leben beschließen, in Angres geboren. In Paris, wo er 1561 einzieht, verspürt er noch kräftig die Luft der Renaissance. Hier verfaßt er 1566 seine erste Schrift. Er ist 1596 an der Pest gestorben. Als Günstling Heinrichs III. wagt er es, in heftiger Weise die Toleranz zu verteidigen und in seiner Rolle als Deputierter eine nicht minder heftige Opposition zu üben. Wie sein Geister- und Hexenglaube einzuschätzen ist, haben wir besprochen. Man könnte wie bei Machiavelli fragen, wie diese oppositionelle Haltung mit der Gesinnung des berühmten Theoretikers des Absolutismus vereinbar sei. Und wie wir bereits wissen, kann die Antwort nur lauten, daß bürgerlich-freiheitliche Zustände und eine bestimmte Form des Absolutismus durchaus vereinbar sind. Diese Form wird von den Humanisten ausdrücklich genannt: es ist die nichttyrannische, d. h. die im Interesse der Allgemeinheit wirkende und womöglich durch bürgerliche Beamte und Gelehrte beratene Fürstenherrschaft.

Gerade mit seiner vieldiskutierten Theorie der Staatssouveränität gibt sich Bodin am klarsten als Renaissancedenker zu erkennen. Denn ihr legt er zugrunde die strenge Unterscheidung zwischen dem Souverän, der alle Macht in Händen hat, und dem Tyrannen, der zum Unterschied vom regierungsberechtigten Fürsten seine Macht nicht vom Interesse des Ganzen ableitet, sondern sie im Dienste seiner persönlichen Zwecke mißbraucht.

In dieser Spätzeit der französischen Renaissance, die sich mit dem Aufstieg des manufakturell-calvinistischen Bürgertums kreuzt, wirkte die Staatslehre Bodins um so aufwühlender, da bereits das Gestirn des revolutionären monarchomachischen Naturrechts aufgegangen war, gegen das sich für viele Zeitgenossen das Denken Bodins wie das eines Reaktionärs abhob. Deshalb wurde Bodin schon in seiner Zeit wenig verstanden. Entsprechend seiner verspäteten Wirkung als humanistischer Staatstheoretiker blieb ihm das Schicksal nicht erspart, von den neuen bürgerlichen Kräften als reaktionär verschrieen zu werden. Er wurde im englischen Parlament ausdrücklich als Verteidiger des königlichen Absolutismus genannt und verworfen. Aber für die im Grunde fortschrittliche Gesinnung Bodins sprechen die von uns angeführten Hinweise auf seine wahre politische und theoretische Haltung, ebenso, daß die deutschen Juristen ihn bekämpften, weil seine Ansicht, wie Hancke richtig sagt, »mit den Verhältnissen ihres Vaterlandes kontrastierte«, d. h. natürlich mit den zurückgebliebenen Verhältnissen Deutschlands. Den Ideologen des deutschen Absolutismus paßte nicht, daß Bodin niemals zugegeben hätte, »daß der Wille des Souveräns irgendeinen beliebigen Satz zum Gesetz erheben kann« (C. Schmitt). Das wäre nach Bodin Tyrannei. Bodin erkennt, wie Schmitt ausführt, den Unterschied zwischen dem Tyrannen und dem rechtmäßigen Souverän darin, daß letzterer die bestehende Ämterorganisation grundsätzlich respektiert und nur in Ausnahmefällen diktatorische Schritte unternimmt.

Bodin ist also der geniale Systematiker und theoretische Vollender der Renaissanceidee von der Unentbehrlichkeit des bürgerlich gemäßigten Absolutismus. Alle charakteristischen Momente, die wir in Bodins Denken vorfinden, sind aber auch in Machiavellis Lehrgebäude vorhanden. Beide Denker unterscheidet neben dem Individuellen in der Darstellungs- und Auffassungsweise ihre Abhängigkeit von den praktisch-politischen Problemen ihrer Länder. Der politischen Situation Italiens entsprechend wünscht Machiavelli eine kraftvolle Persönlichkeit an der Spitze des Staates, die in der Lage ist, gegen den Papst und gegen den Kaiser Italien zu einigen und ein bürgerlich freies, wenngleich fürstlich beaufsichtigstes Nationalleben herzustellen. »Trügt uns nicht alles«, schreibt Burckhardt, »so ist die von ihm erhoffte Säkularisation des Kirchenstaates der wesentliche Grund der geheimen Sympathie, mit welcher Machiavelli den großen Verbrecher (Cesare Borgia) behandelt; von Cesare oder von niemand durfte er hoffen, daß er ›das Eisen aus der Wunde ziehen‹, d. h. das Papsttum, die Quelle aller Interventionen und aller Zersplitterung Italiens, vernichte«. Cesare ist für Machiavelli jener Mann der Tat, der nach Stellung und Energie fähig ist, Italien den Dienst der Einigung zu leisten. Gleichgültig, ob Machiavelli Cesare völlig durchschaut und ihn an seinem Ideal vom Fürsten mißt oder nicht, dieses Ideal hat uns Machiavelli übermittelt, und es steht in klarer Weise vor uns: Mit der Verehrung, die Machiavelli für Ludwig XI. und Franz I. von Frankreich, wie für Ferdinand den Katholischen von Spanien, also für die ausgesprochen fortschrittlichen Renaissancefürsten hegt, schließt er sich der Reihe jener Humanisten an, die dem bürgerlich-fortschrittlichen Absolutismus huldigen.

Einzelne Forscher haben die Frage gestellt, ob Machiavelli die Absicht hatte, den Staat zu schildern, wie er wirklich zu seiner Zeit bestand oder einen Staat, wie er sein sollte, d. h. ihm als wünschenswert erschien. Es ist die Frage nach dem Vorwiegen der realen (kausalen) oder normativen Betrachtungsweise in Machiavellis Schriften. An sich ist diese Frage sehr berechtigt, aber sie ist gerade auf Machiavelli nicht anwendbar, dies etwa zum Unterschied von Morus. Machiavelli war sich weder des Gegensatzes zwischen der kausalen und der normativen Wissenschaft bewußt, noch hatte er ihn nötig. Denn für Machiavelli fällt die normative Idealvorstellung, die er sich von der Wirklichkeit macht, mit bestimmten, in seiner Zeit bereits verwirklichten und von ihm genauestens beobachteten Zuständen vollkommen zusammen. Er analysiert und beschreibt diese, sei es unter direkter Bezugnahme, so etwa auf Frankreich, sei es theoretisch verallgemeinernd; damit gewinnt er das Ideal, das er sich in Italien verwirklicht wünscht. Dieses Ideal ist der Staat des fortschrittlichen Absolutismus mit seinen beiden ihm innewohnenden entgegengesetzten Tendenzen zur Wahrung der Interessen der, wie Machiavelli sagt, »Republik« einerseits und zur Errichtung einer zusammenfassenden absoluten Herrschaft anderseits.

Für Muralt, der methodisch ebenso vorgeht wie die meisten anderen Machiavelli-Forscher, ist der scheinbare Widerspruch dieser beiden Tendenzen unauflösbar. So bleibt auch er, trotz aller seiner Bemühungen um eine neue Deutung, beim Gegensatz zwischen Monarchie und Republik stehen, den er in Machiavellis Schriften zu entdecken glaubt. Doch geht aus den entsprechenden, nur teilweise von Muralt zitierten Stellen die wahre Meinung Machiavellis deutlich genug hervor. So wenn dieser z. B. schreibt: »Es ist eine allgemeine Regel, daß niemals oder nur selten eine Republik oder ein Reich von Anbeginn gut konstituiert wird oder neue ganz von den bestehenden abweichende Formen erhält, wenn es nicht von einem einzelnen geschieht, der allein die Macht hat und aus dessen Geist alle Gesetze und Einrichtungen hervorgehen.« Machiavelli steht also nicht an, die Begründung einer Republik, welches Wort von ihm ganz im Sinne der »res publica« gebraucht wird, mit der alleinigen Macht eines einzigen Mannes in Verbindung zu bringen. Noch deutlicher läßt sich die Tatsache, daß sich bei Machiavelli Republik und Selbstherrschaft nicht ausschließen, aus folgendem erkennen: »Ein weiser Gesetzgeber einer Republik, der die Absicht hat, nicht sich, sondern dem Allgemeinwohl, nicht seiner eigenen Nachkommenschaft, sondern dem gemeinschaftlichen Vaterlande zu dienen, muß sich daher bestreben, die Gewalt allein zu haben, und niemals wird der klare Verstand einen Mann wegen einer außerordentlichen Handlung tadeln, die zur Gründung eines Reiches oder zur Konstituierung einer Republik geführt hat.« Die Unterscheidung zwischen dem Tyrannen und dem absoluten »weisen Herrscher«, dem zwar im Interesse der Allgemeinheit alles erlaubt ist, was dazu dient, bestimmte Ziele zu erreichen, ist in den »Discorsi« deutlicher ausgesprochen als im »Principe«, aber sie liegt auch diesem zugrunde. Immer denkt

Machiavelli, seine Analysen mit Beschreibungen beobachteter Vorkommnisse durchwirkend, an den mit allen Machtmitteln ausgestatteten Fürsten, der aber trotzdem kein Tyrann ist. So entschuldigt z. B. Machiavelli die Ermordung von Remus durch Romulus folgendermaßen: »Daß Romulus wegen des Todes seines Bruders und seines Regierungsgefährten Entschuldigung verdient und daß die Beweggründe seines Handelns das allgemein Beste, nicht Herrschsucht war, beweist die unverzügliche Errichtung eines Senats, mit dem er sich beriet und nach dessen Ansichten er seine Beschlüsse faßte ... Dies ist ein sicheres Zeichen, daß alle ersten Einrichtungen der Stadt mehr der Freiheit und Gleichheit (!) als dem Absolutismus und der Tyrannei angemessen waren.« Das ist deutlich genug. Aber Machiavelli erzählt weiter: Moses, Lykurgus, Solon und Agis sind nichts als Selbstherrscher (!) gewesen im Interesse der staatlichen Freiheit (!) und sie konnten es sein, »weil sie sich Gewalt beigelegt hatten.« Kleomenes sah, daß er die von ihm geplante »Wohltat seinem Vaterlande nicht erweisen könne, wenn er sich nicht allein die Gewalt verschaffen würde, da er, wegen des den Menschen angeborenen Ehrgeizes, nicht Vielen gegen den Willen Weniger nützen könnte.« »Nachdem er die Gewalt an sich gerissen hatte, erneuerte er die Gesetze des Lykurgus vollkommen.« Auf die Frage, »auf welche Art in verderbten Städten eine freie Verfassung (!) eingeführt werden könne«, gibt Machiavelli die offensichtlich »machiavellistische«, d. h. die immer gleichzeitig die Freiheit wie die absolute Herrschaft im Auge behaltende Antwort: »Es reichen hierzu gewöhnliche Mittel nicht aus ... sondern man muß zu außergewöhnlichen schreiten, das heißt zur Gewalt und zu den Waffen, und muß vor allem Fürst (!) der Stadt werden, um nach Gutdünken (!) über sie verfügen zu können.« Es kann nicht genug betont werden, daß es Machiavelli immer um die Sicherung freiheitlicher Zustände geht, wenn er Macht in die Hand eines starken Fürsten zu legen wünscht, und wo diesem oder der Durchführung seiner im allgemeinen Interesse liegenden Absichten Hindernisse in den Weg gelegt werden, hat er das Recht, sich aller Mittel zu bedienen, selbst des Brudermordes.

In seinem »Principe« verändert Machiavelli diesen Standpunkt keineswegs, sondern untersucht ausführlich die Mittel und Wege, die dem Fürsten in seiner Machtergreifung und -behauptung zur Verfügung stehen. Das große Ziel der Einigung des unglücklichen Italien am Schlusse des Principe beweist, daß Machiavelli auch in dieser Schrift nur das allgemeine Wohl vorschwebt. Machiavelli hatte in seinem eigenen Lande Gelegenheit, als Historiker zu beobachten, wie sich persönlich rücksichtslose Selbstherrschaft und bürgerliche Fürsorge vereinen. In Mailand herrschte bis 1402 Gian Galeazzo Visconti, ein sogar vor dem Verwandtenmord nicht zurückschreckender Fürst, von dem aber selbst Muralt feststellt: »Dabei schien er großartige schöpferische Kräfte des Aufbaus und der wirtschaftlichen Belebung zu entfalten. Er rühmte sich, einen Staat geschaffen zu haben, der von Meer zu Meer reichte und damit den Verkehr vom Tyrrhenischen Meer an die Adria ungemein förderte. Die Brücke über den Tessin bei Pavia ist heute noch ein prachtvolles Denkmal dieser Zeit. Die Kaufleute schätzten die starke Hand des erfolgreichen Herrschers, der ihnen Schutz und Sicherheit gewährte. Nach dem Vorbild des von Friedrich II. vollendeten normannischen Staates in Sizilien schuf auch der mailändische eine durchgreifende Verwaltung für das Rechtswesen und die straff zentralistisch organisierten Finanzen, die im Laufe der Zeit immer wieder den Wechsel des politischen Regimes überdauerten.«

Machiavelli erkennt auch genau die ausgesprochen absolutistischen Züge in der Regierung Franz I., die er auf seinen Reisen nach Frankreich studiert. Das hindert ihn nicht, sie zu bewundern. Daran sei nichts Merkwürdiges, könnte man einwenden, denn dies eben sei »Machiavellismus«. Aber dieser »Machiavellismus« bekommt ein ganz anderes Gesicht, sobald man erfährt, Machiavelli glaube »nur dann« von der Alleinherrschaft »in anerkennendem und bejahendem Sinne sprechen zu können, wenn sie durch die Schranken des Rechts verhindert ist, willkürlich und damit nicht anders als tyrannisch zu werden«. Gerade diese Beschränkung im Interesse der res publica und nicht etwa die Aufhebung der Selbstregierung heißt bei Machiavelli Republikanismus. Sowohl in den »Discorsi« wie im »Principe« ist es derselbe absolute, aber »republikanischen« Zielen dienende Fürst, der gemeint ist. Der einzige Unterschied liegt allein darin, daß im »Principe« vornehmlich die Methoden der Machtergreifung beschrieben, ihre Brutalitäten sogar als Notwendigkeit anerkannt und die leitenden freiheitlichen Ziele nur angedeutet werden, während in den »Discorsi« umgekehrt die Schilderung der wünschbaren bürgerlichen Zustände, in deren Dienst der absolute Herrscher seine Gewalt stellen soll, das herrschende Motiv der Untersuchung darstellt.

Die wirtschaftliche Dezentralisation im Mittelalter und die darauf beruhende Schwäche der weltlichen Zentralgewalten werden nur geringfügig ausgeglichen durch die universelle Geltung des Christentums. Wie wenig die Kirche eine alles zentral zusammenfassende Einheit darstellt, beweisen die Vereinheitlichungsbestrebungen der gregorianischen Kirchenreform im 11. Jahrhundert. Die Autonomie der Wirtschaftskreise geht andererseits aber Hand in Hand mit einer starken Bindung des Individuums an die Gemeinschaft; ein Kollektivismus, der den einzelnen unverrückbar an seinen Platz stellt und seine Bewegungen kontrolliert. Das Christentum ist das hervorragendste ideologische Mittel zur Aufrechterhaltung dieser Ordnung.

Gerade umgekehrt verhält es sich in der Renaissance, mindestens der Tendenz nach. Selbst die anfänglichen Bindungen der Zünfte werden immer schwächer, um schließlich zu relativer Bedeutungslosigkeit herabzusinken. Die Ausdehnung von Handel und Verkehr über die Grenzen der einzelnen Wirtschaftsgebiete hinaus lockert zwar die mittelalterliche Gebundenheit des Individuums, festigt aber gleichzeitig den inneren Zusammenhalt der Nationen und läßt so den zentralistisch geleiteten Staat entstehen. An die Stelle der Kirche tritt der Staat als das organisierende und zusammenfassende Prinzip. Nicht zuletzt auch deshalb tritt die Bedeutung der Religion im Bewußtsein der Menschen zurück. Sie sinkt zum sekundären Werkzeug der Erziehung im Diesseits, zum bloß moralischen System herab. Ein mächtiger Strom religiös skeptischen, stellenweise sogar offen freidenkerischen Empfindens reißt eine tiefe Bresche in die mittelalterliche Weltauffassung und wirkt selbst in solche Kreise hinein, die berufen wären, die scholastischen Traditionen im Interesse der Kirche zu pflegen und zu bewahren. »Unter den Päpsten Eugen IV., Nikolaus V. und Pius II. stieg der Humanismus auf den Stuhl Petri« . Für Alexander VI., Julius II. und Leo X. gilt dasselbe. Heidnischer Deismus verbreitet teils offen, teils aus dem Hinterhalt, Licht in den Köpfen der Gebildeten oder bildungsinteressierten Schichten, also damals nur in den Köpfen der oberen Klassen der städtischen Bevölkerung.

Das eigentliche Volk wurde nur oberflächlich von diesem frischen Hauch berührt. Es ging seine eigenen Wege, kehrte zwar ebenfalls der alten Scholastik den Rücken; von allem freigeistigen und humanistischen Wissen entfernt, blieb es aber im streng Religiösen befangen.Es bedurfte des Wandlungsprozesses vieler Jahrhunderte, bis diese Kluft, die zwischen Volk und Bildung bestand, sich ein wenig einebnete. In der Zeit der Renaissance liefen noch mehr als heute das Denken der Arbeitenden und jenes der Gebildeten unvermittelt nebeneinander her. Bezeichnend für die Isolierung der unteren Volksschichten von der Bildung der Zeit ist, daß die Juristen und Mediziner fast immer für die Großkaufleute, die gegen den Adel und das Volk letztlich siegreiche Klasse, Partei ergriffen. Die durch das Aufblühen der Städte aufgerüttelten ärmeren und armen Klassen entwikkelten eine eigene, nicht nur dem Inhalt, sondern auch der Form nach unterschiedliche Ideologie.

Erschwerend kamen äußere Momente hinzu. Im 13. und 14. Jahrhundert hatte die Sektenbewegung volles Verständnis für die Notwendigkeit der geistigen Ausbildung einer Führerschicht. Überhaupt herrschte ein gesunder Sinn für reale Verhältnisse in ihren Reihen. Durch die furchtbaren Verfolgungen änderte sich aber in dieser Hinsicht manches. Schon 1369 erließ Kaiser Karl IV. einen allgemeinen Befehl, alle Schriften der Begharden zu vernichten. Teils durch ihr isoliertes und geheimes Leben, teils durch ihren Rückzug in Gebirgstäler und vor allem durch die Notwendigkeit, der Gefahr der Verfolgung dadurch zu entgehen, daß sie ihre Ansichten nicht mehr schriftlich, sondern mündlich zu überliefern begannen, hat dann in den Sekten die Atmosphäre völliger intellektueller Naivität um sich gegriffen. Bald machten sie aus der Not eine Tugend, indem sie nicht mehr allein die kirchlichen, sondern überhaupt die Schriftgelehrten und »Pharisäer« mit Mißtrauen betrachteten und die Überzeugung entwickelten, daß alle höhere Bildung verachtet werden müsse. Zur Rechtfertigung dieser Haltung beriefen sie sich auf die Ansicht von der Gleichheit aller Brüder im Verstehen des Bibelwortes. Aber selbst in ihrer besten Zeit darf die von den Sekten erreichte Bildungshöhe nicht überschätzt werden. Zwar gab es hochgebildete Männer, die tief vom Sektengeist berührt worden waren. Sie wären berufen gewesen, die Führung der Bewegung zu übernehmen, aber sie standen bezeichnenderweise meist außerhalb. Wir denken dabei an Eckhart, Tauler, Suso, Ruysbroeck, Franziskus, Marsilius und andere.

Aber so richtig es ist, einerseits in der tiefen Kluft, die zwischen der humanistischen Bildung der oberen und den Bildungsmöglichkeiten für die unteren Klassen bestand, andererseits in dem unglücklichen Schicksal der Sekten wichtige Gründe für das Entstehen der genannten Besonderheiten der Sektenideologie zu erkennen, so sind sie doch nicht ausreichend. Es muß tiefer gegriffen werden. Was Mehring einmal vom Proletariat sagt, gilt auch für jede andere unterdrückte Klasse und ganz besonders für die Handwerker der früh-bürgerlichen Geschichte, die als produktive Klasse in den Städten ungefähr die gleiche gesellschaftliche Rolle spielte wie heute das Proletariat: »Jedoch so lange ihm ein selbständiges Leben versagt war, bewegte es sich nur wie im Traum, kämpfte es nur mit phantastischen Waffen, um in grausame Enttäuschungen zu fallen.« Und tatsächlich: Trotz ihres revolutionären, auf die Veränderung der Wirklichkeit hinzielenden Inhalts, war die traumhafte Transzendierung derselben Wirklichkeit mit Hilfe einer religiös-phantastischen Anschauungsweise gleichzeitig und widerspruchsvoll nur eine den objektiven Bedingungen angemessene Form des enttäuschten Sichabfindens mit den Zuständen, wie sie eben waren. Der innere Widerspruch im Sektendenken ist offenbar: Einerseits übte die Sekte auf dem Wege neuartiger religiöser Perspektiven die denkbar schärfste Kritik an der Gesellschaft, andererseits bedeutete gerade diese Einkleidung des Sozialkritischen in die Form des Religiösen die Befriedigung des nun halbbewußten Bedürfnisses, die Welt ohne ernste Versuche ihrer Änderung hinzunehmen, wie sie faktisch existierte. Der letzte Grund für diesen tiefgehenden Widerspruch ist die geschichtlich bedingte Aussichtslosigkeit für die unteren Volksschichten der Renaissancegesellschaft, die bestehenden Klassenverhältnisse wirklich umzustürzen, bei gleichzeitiger, ungeminderter Fortexistenz einer tiefen Unzufriedenheit mit diesen Verhältnissen.

Die Geschichte der Sektenbewegung beweist das Wort von Marx, daß die Gesellschaft sich im Grunde nur solche Aufgaben stellt, die sie zu lösen vermag. Von wenigen Ausnahmefällen abgesehen, in denen, durch besondere Umstände begünstigt, diese oder jene Richtung ihre abstrakten Ideen wenigstens bis zu einem gewissen Grade praktisch anwenden konnte – z. B. der radikale taboritische Flügel in der hussitischen Bewegung –, hat das Sektentum, wenn man die seinem Denken zugrunde liegende Beziehung von ideellem Ziel und praktischem Wollen richtig versteht, niemals eine konkrete Zielsetzung gezeigt, die auf eine grundsätzliche Aufhebung der Klassengesellschaft hinausgelaufen wäre. Sogar da, wo bäuerliche und proletarische Tendenzen, also die weitaus radikalsten, sich geltend machten, entstanden bestenfalls entweder agrarkommunistische Anschauungen, d. h. auf das ländliche, »von Gott allen Menschen zu gleichem Nutz und Frommen« gegebene Bodeneigentum bezogene, oder privatkommunistische, die einseitig auf den gleichheitlich geregelten Konsum und nicht auf die allgemeine Aufhebung des Privateigentums abzielten. Galt doch selbst für das revolutionäre Bewußtsein jener Jahrhunderte nur der Boden als unrechtmäßig angeeignet, das durch Handel oder gewerbliche Tätigkeit erzeugte Eigentum jedoch noch durchweg als rechtmäßig »erworben«. Deshalb denkt sich z. B. Thomas Morus seine kommunistisch organisierte Utopia vornehmlich agrarkommunistisch, ebenso läßt Winstanley, der große Sozialkritiker der englischen Revolution, seine Zukunftsgesellschaft nur auf dem gemeinsamen Besitz des Bodens beruhen. Zu jener Klasse, die durch ihre eigene Arbeit ihren Lebensunterhalt verdient, zu den »Industriellen«, zählte Saint-Simon noch zu Beginn des 19. Jahrhunderts nicht nur die Arbeiter, sondern auch die Fabrikanten. Aber Saint-Simon ist trotz gewisser unüberwundener Schranken seines Denkens doch bis zur Idee der Errichtung eines sozialistischen Gemeinwesens auf der Grundlage industriellen Gemeineigentums vorgedrungen. Den Jahrhunderten der frühbürgerlichen Gesellschaft war eine solche Konsequenz noch fremd. Dies ist auch Oncken aufgefallen. So bemerkte er in seinem Vortrag über Thomas Morus, »daß Morus sich (in der Utopia) wie auch andere kommunistische Theoretiker und Praktiker, mit einer wesentlich agrarischen Wirtschaftsform ... begnügt.«

Die Schwierigkeit der gedanklichen Durchführung sozialistischer Entwürfe künftiger Gesellschaften ersieht man schon daraus, daß man sich begreiflicherweise den Gemeinbesitz an den Werkstätten und Manufakturen einfach noch nicht recht vorstellen konnte. Aber die Hauptschranke für die Aufstellung eines praktischen, revolutionären Programms durch die Sekten lag in der prinzipiellen historischen Unmöglichkeit, unter den damaligen gesellschaftlichen Bedingungen eine Gesellschaft ohne Klassen zu praktizieren. An dieser Schranke zerschellte das revolutionäre Wollen der Sekten, die deshalb auch fast niemals den Weg zum politischen Handeln fanden.

Zwar gibt es andererseits, und in diesem inneren Zwiespalt liegt ja das Eigenartige und Dialektische des Sektendenkens, eine prinzipielle Kritik an der Gesellschaft des Privateigentums. Sie setzt meist beim Eigentum der Kirche an, meint aber letzten Endes doch auch die übrigen Eigentumsverhältnisse. So z. B. wenn die Taboriten in ihrem großen Manifest von 1431 »die nachkonstantinische Kirche für den Sitz simonistischer (d. h. auf Erschacherung von Kirchenämtern und Kirchengütern beruhender) Ketzerei, das kirchliche Bibelwort für elende Furcht vor dem gemeinen Volk, den Zehent für längst antiquierte alttestamentarische Einrichtungen erklären. Das Manifest ruft den Obrigkeiten des Reiches zu, sie sollten den Pfaffen, diesen stummen Hunden, den Knochen ihres weltlichen Besitzes aus dem Maule reißen, damit sie wieder bellen können«. Aber immer da, wo diese Kritik einigermaßen konsequent das gesellschaftliche Übel an der Wurzel zu packen unternimmt, verflüchtigt sie sich regelmäßig ins Religiöse. Zwanghaft nimmt sie die Form der Gegenüberstellung von gegenwärtigem Sozialzustand und künftigem, traumhaft-mystisch erlebtem »Reich Gottes« an. Der zu erreichende, ideale Gesellschaftszustand wird nicht als Ergebnis eines praktischen und von den Sektenanhängern willentlich durchgeführten Umwandlungsprozesses aufgefaßt, vielmehr als eine vom Transzendenten herüberwirkende »Erlösung«. Manchmal steigert sich die Erlösungshoffnung so sehr, daß sich einzelne freiwillig ins Gefängnis begeben, um den bald herannahenden Tag des Anbruchs des Gottesreichs abzuwarten. Nur sehr selten findet die Sekte den Weg von dieser revolutionären Passivität zu aktivem Handeln. Zwischen der Gegenwart und dem »Tausendjährigen Reich« klafft, da das Zwischenglied der praktischen Tat fehlt, ein tiefer Abgrund. Darin drückt sich die ins Konkret-Ideologische transformierte Ahnung aus, daß es vorläufig noch nicht möglich ist, die Gesellschaft umzugestalten nach den Grundsätzen der naturrechtlich begriffenen, handwerklich-kleinbürgerlichen und bäuerlichen Gleichheitsidee, die schon an sich und ebenfalls wegen der erwähnten geschichtlichen Schranken unbestimmt genug aufgefaßt wird. Das von dieser Ahnung durchdrungene revolutionäre Sektendenken, die ideologisch zweifellos reifste Manifestation der Unterklassen in der Renaissancegesellschaft, verliert notwendig die Affinität zur politischen Praxis. Deshalb beschreitet es nur selten, d. h. unter ganz zufälligen, besonders günstigen und dazu drängenden Verhältnissen den Weg der politischen Aktion. Unmittelbare politische Bedeutung hat das Sektentum erst seit der ersten Hälfte des 16. Jahrhunderts erlangt, als die bürgerlich-reformatorischen Strömungen die Sekten mitreißen und geradezu, allerdings ungewollt, zum selbständigen Handeln vorantreiben. Noch einmal seien die Hussiten als ein Beispiel der Andersartigkeit des früheren Sektenverhaltens erwähnt. Wir sagten, die Hussiten seien im Sektentum als politische Bewegung eine Ausnahme. Aber auch sie waren keineswegs von Anfang an politisch, hatten sich vielmehr erst in Verbindung mit dem allgemeinen nationalen Aufstand politisiert. Zwar entschlossen sie sich bereits vorher und in einem bestimmten Stadium der Entwicklung von selbst zu einer politischen Aktion. Aber diese stellte zunächst eine Abwehraktion in der Art dar, wie man sie schon früher mehrfach bei den Sekten beobachten konnte, die sich gegen die Verfolgungen wehrten, z. B. bei den Waldensern oder später im Gottesreich von Münster. Auch die scheinbar sehr politische wyclifitisch-lollardische Propaganda, in deren Folge die revolutionäre Stimmung im englischen Kleinbürgertum, besonders in London, und die großen Bauernaufstände von 1381 und 1450 entflammten, war an sich durchaus nicht politisch gemeint. Daß sie dennoch eine politische Rolle spielte, deshalb unter Heinrich v. (1413–1422) unterdrückt wurde, die latente Opposition des Kleinbürgertums gegen den Adel des flachen Landes und gegen die patrizischen Oligarchien der Städte schürte und das bürgerfreundliche Haus York unterstützte, lag nicht von Anfang an in ihrer Absicht. Sie erstrebte nur die Vorbereitung der Massen auf das kommende Tausendjährige Reich Gottes. Der praktische gesellschaftliche Umsturz lag ihrem Denken fern. Da ihr aber die prinzipielle soziale Kritik trotzdem oder gerade deshalb durchaus nicht fern lag, sie diese im Gegenteil täglich mehr oder weniger offen ausübte, konnte die Revolutionierung der Massen nicht ausbleiben. Selbst »der erste Versuch einer bewaffneten kommunistischen Erhebung«, wie Kautsky den bewaffneten Einbruch Fra Dolcinos, des Führers der »Apostelbrüder« in Piemont vom Jahre 1304, nennt, ist, wenn nicht gerade durch das Temperament Dolcinos, wahrscheinlich doch durch die gleichzeitige Bauernbewegung veranlaßt. »Auf die kommunistischen Schwärmer allein konnte man damals noch nicht den Versuch einer gewaltsamen Revolution begründen«. Nur in der Bewertung des kommunistischen Charakters der Apostelbrüder geht Kautsky entschieden zu weit, wie überall sonst in der Schilderung der Sektenbewegung auch; hierin denkt Kautsky unhistorisch. Weder die Kritik am Reichtum, noch das Armutsideal, noch die Neigung, zwischen den Beteiligten der Sekte eine gewisse asketische Gleichheit herzustellen, haben etwas mit der prinzipiellen Absicht zu tun, für die ganze Gesellschaft das Privateigentum aufzuheben. Nicht jede radikale Sozialkritik ist schon »kommunistisch«. Sie kann auch in radikalem Gewande kleinbürgerlich-reformatorisch bleiben.

Im Gegensatz zu den älteren sind die Sektenrevolutionen des 16. Jahrhunderts, durch die allgemeine bürgerlich-reformatorische Bewegung entfacht, bereits Bewegungen von ernsthaft politischer Natur, vor allem die Aktionen Münzers und Karlstadts, die Bewegung in Lippstadt, das Gottesreich in Münster, die Revolution des wiedertäuferischen Wullenwever in Lübeck und der holländische Bildersturm von 1566, der allerdings nicht rein von den Sekten getragen ist.

Von dieser Ausnahmezeit des 16. Jahrhunderts abgesehen, ist es nicht die Sekte, die die praktisch entscheidende Führung in den Kämpfen des Kleinbürgertums übernimmt, sondern die

Zunft, jene Art der Organisation, die sich von vornherein prinzipienloser und »undogmatisch« verhält, das Mitspracherecht und gewisse soziale Reformen erkämpfen, aber nicht die Gesellschaft in ihren Grundlagen erschüttern will. Und eine neben der Zunft sich allmählich herausbildende politisch-revolutionäre Kraft ist der Flugsand der nichtorganisierten handwerklichen Armut und des Proletariats, die je länger desto mehr in den städtischen Kämpfen an Bedeutung gewinnen.

Mit diesen Feststellungen ist aber bereits die letzte Wesenheit der Neigung der Sekten zur Mystik, im weitesten und nicht im dogmengeschichtlichen Sinne, enthüllt. Diese Mystik ist keine dem Sektendenken logisch zugehörige, bloß notwendig aus seinen inneren theoretischen Voraussetzungen resultierende Erscheinung gewesen. Jedenfalls beweist schon ihre Existenz, wie die revolutionär zur Rationalisierung des Weltbildes hindrängende Sekte zu keinem widerspruchslosen und klaren Resultat gelangen konnte, weil von der Praxis ihres gesellschaftlichen Seins her ein Moment wirkte, das eine Ablenkung der Rationalisierungstendenz ins Mystische erzwang. Und dieses Moment bestand in der unausweichlichen praktischen Notwendigkeit, im Widerspruch von gegenwärtiger Welt, mit der man sich mehr oder weniger abfinden mußte, und künftiger Erlösung, von der aus man andererseits die Gegenwart kritisieren und verdammen mußte, zu verharren. Eine solche zuinnerst uneinheitliche Auffassungsweise war nur auf dem Boden mystischer Ableitungen und Verklausulierungen möglich. So gehen im Sektendenken mystische und rationalistische Neigungen nebeneinander her, sich durchdringend und modifizierend, aber in dieser Widersprüchlichkeit nicht zufällig entstanden, sondern ganz der Widersprüchlichkeit des realen Seins der Unterklassen entsprechend.

Also nicht nur deshalb, weil den unteren Klassen der Renaissancegesellschaft der Weg zur humanistischen Bildung verschlossen blieb, reifte ihre Idee gleichsam nach rückwärts, bohrte sie sich immer tiefer ins Religiöse hinein und ging sie auf die Reinheit des biblischen Wortes zurück, sondern auch, weil das widerstrebende Hinnehmen der »Faktizität« des gesellschaftlichen Seins eine mystische Einkleidung der prinzipiell revolutionären Haltung erforderte. Schon die erste bewußt kritische Reaktion der unteren städtischen Klassen war schwärmerische, von aller kirchlichen Theologie befreite Religiosität, aus der sich dann immer mächtiger eine gesellschaftskritische, wenn auch unentwegt mystifizierte Ideologie entwickelte. Bei den Sekten handelt es sich aber trotz aller mystischen Abwendung von der Wirklichkeit um eine grundsätzlich revolutionäre Bewegung.

Das erkennt man schon an der Form ihres Auftretens und an der Art und Weise, wie sie für ihre Verbreitung sorgten. Wir wollen sie am Beispiel der Katharer kennenlernen, wobei wir aus Henry Leas »Geschichte der Inquisition im Mittelalter« zitieren.

Die Tadellosigkeit der Sitten der Katharer wurde auch von den Inquisitoren anerkannt. Meistens handelte es sich um einfache Leute, fleißige Bauern und Handwerker. Die Theologen, welche sie bekämpften, machten sich lustig über die unwissenden Tölpel. In Frankreich waren sie allgemein bekannt unter dem Namen der »Weber«, weil unter den Webern die Ketzerei am meisten verbreitet war. Ungebildet und unwissend, wie sie selbst waren, hatten sie aber geschickte Theologen als Lehrer. Sie besaßen eine ausgedehnte Volksliteratur, die fast ganz untergegangen ist. Die Vertrautheit mit der Bibel war groß. Sie schickten gern junge Leute in die Universitäten und sorgten dafür, daß Kaufleute und Missionare ihre Ideen überall hintrugen. »Ihr Eifer, Proselyten zu machen, war besonders gefürchtet. Keine Arbeit war ihnen zu schwer, keine Gefahr groß genug, um sie abzuschrecken, den Glauben, den sie zum Seelenheile für nötig hielten, weiter auszubreiten. Ihre Missionare durchzogen Europa, um den in Finsternis versunkenen Völkern die frohe Botschaft zu bringen, achtlos gegen Beschwerden und nicht abgeschreckt durch das Schicksal ihrer Mitbrüder, die sie für ihren Glaubenseifer auf dem Scheiterhaufen büßen sahen. Äußerlich bekannten sie sich als Katholiken und waren mustergültig in der Erfüllung ihrer religiösen Pflichten, bis sie das Vertrauen ihrer neuen Nachbarn gewonnen hatten und bei passender Gelegenheit einen Bekehrungsversuch wagen konnten. Am Wege entlang verbreiteten sie Schriften, in denen der Kern ihrer Lehre geschickt niedergelegt war, ohne aufdringlich zu sein. Bisweilen trugen sie auch kein Bedenken, die abergläubischen Vorstellungen der Orthodoxie zu Hilfe zu rufen, so z. B. indem sie lehrten, solche Schriften würden denen Sündenvergebung bringen, die sie aufmerksam läsen und unter ihren Nachbarn verbreiteten, oder indem sie vorgaben, von Jesus Christus zu kommen und von Engeln geleitet zu werden. Es spricht nicht gerade für die Klugheit der Geistlichen, wenn wir hören, daß viele Priester durch solche Papiere, welche Hirten aufgehoben und ihnen zur Entzifferung gebracht hatten, verführt wurden. Tadelnswerter war die List der Katharer von Moncoul, die ein Bildnis der heiligen Jungfrau machten, mißgestaltet, häßlich und einäugig, und dann sagten, daß Christus, um seine Demut zu zeigen, eine solche Frau zu seiner Mutter erwählt habe. Dann gingen sie hin und wirkten Wunder mit ihm, indem sie vorgaben, krank gewesen und von ihm geheilt worden zu sein. Allmählich erlangte das Bild ein solches Ansehen, daß es vielfach nachgemacht und in Kirchen oder Bethäusern aufgestellt wurde, bis schließlich die Ketzer zur großen Bestürzung der Gläubigen das Geheimnis verrieten. Denselben Kunstgriff führte man mit einem Kruzifix aus, das nur drei Nägel, einen Oberarm und die Füßte Christi gekreuzt hatte. Die ungewöhnliche Form wurde nachgeahmt und verursachte großes Ärgernis, als der Betrug herauskam.«

Die Sekten wurden schon zu Beginn ihres Auftretens von den herrschenden Mächten als für die bestehende Gesellschaftsordnung gefährlich erkannt. Bereits 1209 ruft der Papst die Christenheit zum Kampf gegen die französischen Albigenser auf. Die Geschichte der Sektenverfolgungen zieht sich durch mehrere Jahrhunderte und ist sehr reichhaltig. 1353 setzt eine furchtbare Verfolgungswelle in Deutschland ein. Mehr als ein halbes Jahrhundert später werden die Hussiten als Ketzer verfolgt, das Vorbild zahlreicher Ketzerausrottungen in diesem Jahrhundert. 1531 werden in Görz und Tirol mehr als tausend Ketzer hingerichtet. Der Herzog von Bayern befiehlt: Wer nicht widerruft, wird enthauptet. Nicht lange danach empfiehlt Calvin Heinrich VIII. von England die Ausrottung der Wiedertäufer. 1550 ist das Jahr des »Blutedikts« in Holland. Noch in der englischen Revolution, hundert Jahre später, werden die Leveller, unter denen der Sektengeist kräftig Wurzel geschlagen hat, nach anfänglicher Duldung als Staatsfeind unterdrückt. Aber nicht immer standen die Sekten in ausschließlicher Opposition gegen alle besitzenden Klassen. Sie wurden oft von Kräften zu Verbündeten gemacht, die in Gegnerschaft zum Feudalismus standen. Wie es dem Kleinbürgertum gewöhnlich in seiner späteren Geschichte erging, so erging es ihm schon in der Frühzeit; waren die Sekten als kräftiger Vorspann für die Verwirklichung bestimmter Ziele gebraucht, wurden sie verraten und beiseite geschoben.

Von da ab zieht sich die mehr oder weniger religiös-mystisch gestimmte und revolutionäre Bewegung der städtischen Unterschichten durch ein halbes Jahrtausend. Der Kraft der Sekte bedienten sich dann alle bürgerlichen Bewegungen vom frühen Luthertum über den Calvinismus bis zur englischen Revolution, allerdings nicht ohne sie wieder abzustoßen, sobald sie ihre konservative Seite hervorkehrten. Es liegt im Wesen des revolutionären Kleinbürgertums, gleichsam den Dünger für alle großen antifeudalen Bewegungen abzugeben. Erst seit dem ausgehenden 17. Jahrhundert beginnen die Sekten ihren Masseneinfluß zu verlieren, und werden zu dem, was man heutzutage unter der Sekte versteht, zu isolierten eigenbrötlerischen Vereinen.

Werfen wir noch einen Blick auf die Geschichte der Ketzerbewegung, die wir hier nur in den wichtigsten Zügen schildern wollen. Schon im 11. Jahrhundert läßt sich eine starke, kirchenreformatorische und revolutionär-religiöse Bewegung in den Städten, die selbst kurz vorher entstehen, beobachten. Die Sektenbewegung der vorstädtischen Zeit (Circumcellionen, Bogomilen u. a.) lassen wir außer Betracht. Die Rückführung der Kirche zu den besseren älteren Zuständen ist das gemeinsame Ziel aller Sekten.

Besonderes Ärgernis erregte, daß viele Priester nicht nach den Vorschriften des Evangeliums lebten und daß die Kirche die deutliche Entfernung der Priesterschaft von der erforderlichen Makellosigkeit wissentlich übersah und duldete. Stand es doch seit Papst Gregor VII. (1073-1085) fest, daß die Gültigkeit der Sakramentenspendung, d. h. der Taufe, der Beichte und der Messe, nicht davon abhängig gemacht werden kann, ob der Priester ein reines Leben führt oder nicht. Damit hatte die Kirche, die weder stark genug war, die einer untergehenden Gesellschaftsordnung dienende und daher notwendig verkommene Priesterschaft unter die Askese zu zwingen, noch auf dieses Werkzeug der Herrschaft über die Geister verzichten wollte, kompromißlerisch dem gegebenen Zustand Rechnung getragen. Aber weder die untersten Schichten des mit dem Volke enger verbundenen und arm lebenden Klerus, noch das Volk selbst, konnten sich damit abfinden. Bis in das 12. Jahrhundert hinein hört man überall von Aufläufen gegen simonistische, auf das Zusammenraffen von Reichtümern bedachte Priester und ihre Konkubinen; so in Italien, Flandern und Deutschland. Die Kirche sieht mit Besorgnis, wie zahlreiche Laien über die Sakramente diskutieren, wie sie mit eigenem und nicht geheiligtem Wasser die Taufe an Erwachsenen vornehmen, wie das heilige Öl ausgegossen und mit Füßen getreten wird und wie es zur Verweigerung des kirchlichen Zehent kommt. Die offenbar erste Form des neuzeitlichen Ketzertums stellen die Patarener besonders Mailands dar: Sie sind noch nicht dem Papsttum feindlich gesinnt, sie wollen nur das kirchliche Leben reformieren. Ob die Patarener, wie man aus dem Namen schließen wollte, mit den Katharern etwas zu tun haben, ist unsicher. (Merkwürdigerweise werden die Katharer erstmals schon auf dem Konzil von Nicäa im Jahre 325 erwähnt.) Sie gehören meist den untersten Volksklassen an, führen ein streng religiöses Leben und vertreten mit der denkbar radikalsten Konsequenz die Bergpredigt. Von der Gnadenlehre Augustins, wonach Gott eine kleine Schicht zur Erkenntnis seiner Weisheit prädestiniert habe, wollen sie ebensowenig wissen, wie vom Römerbrief, in welchem Paulus zum Gehorsam gegen die gottgesetzte Obrigkeit auffordert. Vielfach neigen sie der Askese zu, der sexuellen wie der ökonomischen, und da sie die Tötung von Lebewesen für eine Sünde halten, weigern sie sich, Militärdienst zu leisten und Fleisch zu essen. In ihrem Kult befleißigen sie sich der größten Einfachheit, vermeiden die Bilder, die Zeremonien und selbst das Kreuz. Es scheint auch, daß sie die Neigung zeigten, in kommunistischer Gemeinschaft zu leben, doch ist anzunehmen, daß dieser Kommunismus mehr eine praktische Folge ihres Armutsideals gewesen ist, als die Verwirklichung einer bewußten und klaren ökonomischen Anschauung. Um 1200 haben die Katharer die größte Ausbreitung in der Lombardei und in Südfrankreich.

Während Gilbert de la Porrée als Bischof von Poitiers (1142 bis 1154) unter dem Einfluß des Nominalisten Abélard und Wilhelms von Champeaux die kirchliche Lehre dadurch zu retten versucht, daß er gegen Bernhard von Clairvauxs mystisch-reaktionären Reformeifer eine Synthese zwischen Realismus und Nominalismus vertritt, hat sich die Kirche bereits des starken Ansturms der Sekten zu erwehren. Schon 1106 predigt in Südfrankreich ein Peter de Bruys offen die Ketzerei. Vom König verfolgt, flieht er in die Gascogne, wo er zwanzig Jahre lang ungeniert propagandistisch tätig ist. Ganz im Sinne der Sekten-Anschauung nimmt er Stellung gegen die Kindertaufe, aber auch gegen die Messen und Gebete für die Toten, die seiner Meinung dieser Fürsorge nicht mehr bedürfen; er lehnt das Werkzeug der Marter Christi, das Kruzifix, ab und bekämpft vor allem mit besonderer Schärfe die Transsubstantiation, dies noch konsequenter als Berengar von Tours. Nach dem Tode Peters tritt die an seinen Namen sich knüpfende Sekte der Petrobrusianer auf. Einen Vorgänger hatte Peter von Bruys bereits in Claudius von Tours. Mit seinen Anhängern, den Henricianern, ist Heinrich von Lausanne Vorläufer der Waldenser. Auch er wirkt hauptsächlich in Südfrankreich, wo er gegen die Eucharistie, den Zehent und das Meßopfer, sogar gegen den Kirchenbesuch predigt. Wie Peter 1126 auf dem Scheiterhaufen, so starb Heinrich wahrscheinlich im Kerker.

Nicht immer tritt die Sektenideologie in so reiner Form auf. Obzwar der Nominalismus als eine bürgerliche, wenngleich oft noch in scholastischer Form sich äußernde Ideologie anzusehen ist, die Sektenideologie dagegen den unteren Volksklassen zugehört, kommt es zu mancherlei gegenseitigen Berührungen und

Einflüssen. Das große Beispiel einer solchen ideologischen Synthese ist Arnold von Brescia, der bis 1155 lebte. Arnold ist einerseits ein Schüler des Pariser Nominalisten Abélard; andererseits ist er erfüllt von dem religiös-aufrührerischen Geiste der Pataria, also des Katharertums. Auch die bürgerlich-demokratische Bewegung der lombardischen Städte seiner Zeit hat ihn stark beeindruckt. Während des Papstschismas hat Arnold unter gewaltigem Zulauf des Volkes und mit größter Heftigkeit die Machtentfaltung und den Reichtum der Kirche angegriffen und die Rückkehr zum einfachen Leben Jesu und der Apostel gefordert. Gleichzeitig bekämpft er die Bischöfe, die unter Mißachtung ihrer geistlichen Bestimmung sich mit Politik befassen und die Städte zu regieren beanspruchen, wodurch sie deren Recht auf Freiheit beeinträchtigen. In zündender Predigt ruft Arnold das Volk zu Hilfe gegen die entartete Kirche. Als dann Innozenz II., der Sieger im Schisma, Arnold seiner Würde als Augustinerpropst entkleidet und aus Italien verbannt, wird er auf der Synode von Sous in ähnlicher Weise verurteilt wie sein Lehrer Abélard. Zwar unterwirft sich Arnold im Jahre 1145 auf Zureden seines Gönners, des Kardinaldiakons Guido, äußerlich und wird vom Papst Eugen III. wieder in die Kirche aufgenommen. Aber bald sollte es sich zeigen, daß er nicht der Mann der Kirche sein konnte. Im Jahre 1142 war der unruhige Geist der lombardischen Städte bis nach Rom gedrungen. In einem offenen Aufruhr wird das Adelsregiment gestürzt und ein sogenannter Volkssenat eingesetzt, in dem aber in Wahrheit nur das großbürgerliche Element vertreten ist. Der Führer dieser Bewegung ist Jordan Pierkoni. Dem Papste werden die Verwaltungseinnahmen entzogen. Doch kommt es zu weiteren Kämpfen und schließlich 1145 zu einem Kompromiß. Der Einfluß des bürgerlichen Patriziats ist nur noch sehr gering. Von der demokratischen Einrichtung bleibt nur der Senat bestehen. In dieser Zeit tritt nun Arnold wieder mit seiner heftigen Propaganda auf den Plan. Das revolutionäre Auftreten Arnolds hat historische Bedeutung. 1146 ist das Jahr des Beginns einer neuen Kreuzzugbewegung. Im gleichen Jahre vollendet der berühmte Chronist Bischof Otto von Freising seine Chronik unter dem Titel »Von den zwei Staaten«, worin er in noch mittelalterlicher Weise den Kampf zwischen Papst und Kaiser, d. h. damals zwischen der geistlichen und weltlichen Macht, mit dem Kampfe zwischen Gott und Teufel vergleicht; Freising vertritt also die Unterordnung der weltlichen unter die kirchliche Regierung noch als eine Selbstverständlichkeit. Der bis 1153 wirkende, autoritätsgläubige und gegen die »Geschwätzigkeit der

Philosophen« die unmittelbare Gottesbeziehung hervorkehrende Bernhard von Clairvaux versucht zu dieser Zeit durch Gründung asketischer Klostergemeinschaften die Kirche vor der Unzufriedenheit des Volkes zu sichern. Bernhard vertritt eine äußerlich kompromißlerische und sachlich reaktionäre Linie, Arnold von Brescia umgekehrt eine äußerlich kompromißlerische, aber sachlich revolutionäre Linie. Später wird die Linie Bernhards durch Albertus Magnus und Thomas von Aquino fortgesetzt. (Thomas ist, wie wir noch sehen werden, nicht jener fortschrittliche Geist, als den man ihn neuerdings ausgeben wollte.) Die Linie Arnolds aber wird von Franz von Assisi und dem radikalen Flügel der Franziskaner, den Spiritualen, fortgesetzt. Es handelt sich um zwei sozial und ideologisch völlig verschiedene Strömungen, die man auseinanderhalten muß, wenn man den gesellschaftlichen Prozeß jener Zeit verstehen will. Daneben läuft auf der einen Seite die rein feudal-scholastische und auf der anderen Seite die rein sektenhafte Ideologie einher. Als letzte große Linie ist der bürgerliche Rationalismus zu betrachten, der, vom Nominalismus herkommend, im Averroismus des 13. Jahrhunderts seinen frühbürgerlichen Höhepunkt erreicht und sich im Humanismus fortsetzt. Dieser Rationalismus wirkt äußerlich auch auf die kirchliche Ideologie, die sich ihm im Dienste der Erhaltung des Alten anpaßt. Thomas, der unentwegt Sklaverei und Leibeigenschaft verteidigt, ist ein Beispiel dafür.

Kehren wir zu Arnold von Brescia zurück. Nachdem er auf Befehl des Papstes einige Zeit in den Katakomben von Rom Buße getan hat, schließt er sich der von neuem entflammten demokratischen Bewegung in Rom an und stellt seine Forderungen nach Reform noch einmal. In mächtigen Scharen folgt ihm das Volk, ebenso die niedere Geistlichkeit. Arnold wird in den Kirchenbann getan, doch weigert sich der Senat, ihn auszuliefern. Der Papst verhängt über Rom das Interdikt. In der Schrift »Über die Betrachtung« übt Arnold eine scharfe Kritik am Papsttum. In einem schmutzigen Geschäft, in dem der Papst Friedrich I. die Kaiserkrönung verspricht, willigt dieser in die Auslieferung Arnolds ein, der dann hingerichtet wird.

Arnold von Brescia ist katharisch, Franz von Assisi waldensich beeinflußt. Den Waldensern verwandt sind auch die Humiliaten, die aber anscheinend mehr dazu neigen, in der kirchlichen Gemeinschaft zu verbleiben. 1178 finden sich die ersten Spuren der Humiliaten in der Lombardei. Sie finden meist unter den Webern Verbreitung; das ausgezeichnete Humilatentuch ist berühmt geworden. Das Leben, das sie führen, ist streng, fast mönchisch; sie verachten den Reichtum und sind der Auffassung, daß es jedem Erleuchteten erlaubt sein müsse zu predigen und daß es daher keines Priesterstandes bedürfe. 1184 werden sie auf dem Konzil von Verona exkommuniziert. Ein Teil der Humiliaten kehrt in die Kirche zurück, ein anderer Teil vermischt sich mit den Katharern. In geschickter Weise versteht es die Kirche, sich die gemäßigten Humiliaten dienstbar zu machen, wie später die gemäßigten Franziskaner. 1201 erlaubt ihnen der Papst, sich in drei Formen innerhalb der Kirche zu organisieren, als laienmäßige Tertianer, als Klosterbruderschaft und als Frauengemeinschaft.

Die Waldenser leiten sich von Petrus Waldus ab, einem reichen Kaufmann in Lyon, der unter dem Eindruck katharischer Schriften im Jahre 1173 plötzlich seinen Besitz zur Linderung der Teuerung und des Elends hingibt und kurze Zeit darauf eine Sekte gründet. Er läßt einige Bücher des Neuen Testaments in die Sprache des Volkes übersetzen, predigt selbst öffentlich in Lyon und wird aus der Stadt gewiesen. Von nun an führt Petrus Waldus das Leben eines bettelnden Bußpredigers. Seine Anhänger sind meist Leute, die von ihrer Hände Arbeit leben, Weber, Gerber, Schuhmacher, Kürschner, Obsthändler. Zuerst werden die Waldenser nicht ernst genommen, doch als sie sich mächtig ausbreiten, trifft sie 1184 in Verona die Verdammung. Wie schon früher bekommen in den letzten Jahrzehnten des 12. Jahrhunderts die Katharer einen neuen Zuzug aus Bulgarien durch die sogenannten Bogomilen. Überall gewinnen sie Anhänger. Sie verwerfen die kirchlichen Gesetze und Sakramente, ihr Vortrupp lebt in vollkommener Armut und Keuschheit. Er zieht predigend und seelsorgend durch die Länder und bildet so der Kirche eine gefährliche Konkurrenz. Die gewöhnlichen Anhänger der Katharer bleiben meist in ihrem Wohnort, gehen ihrer gewohnten Beschäftigung nach, aber nicht ohne Verstellung und äußere Anpassung, um sich vor der Verfolgung zu schützen. Gerade diese Geschicklichkeit und Klugheit reizt die kirchlichen Funktionäre. In Südfrankreich scheint das Ketzertum die Kirche überhaupt verdrängen zu wollen. Nach dem Städtchen Albi nennt man die südfranzösischen Ketzer auch Albigenser. Durch ihre große Zahl erschreckt, läßt sich die Kirche zu den furchtbaren Albigenserkriegen von 1181 hinreißen. Schon 1177 hatte der Papst von Venedig aus zum rücksichtslosen Kampf gegen die Ketzer aufgerufen. Im gleichen Jahre ruft Graf Raimond v. von Toulouse, der vorher die Ketzer aus politischen Gründen geduldet hat, ebenfalls zum Kampfe auf. 1181 findet unter Führung des Kardinallegaten Alexander ein Feldzug gegen die Ketzer statt, in dessen Folge es zu furchtbaren Verfolgungen und Verheerungen kommt. Aber der Erfolg ist gering. Es gehört zu den interessantesten und von der Geschichtsschreibung viel beachteten Erscheinungen, daß hier in Südfrankreich das Ketzertum selbst beim Adel und den Fürsten weit verbreitet ist und erst recht bei den städtischen Behörden. Man erklärt sich dies nicht bloß aus der raschen Entwicklung der städtischen Kultur in Südfrankreich, sondern aus der geistigen Beziehung des Adels zum spanisch-maurischen und arabischen Bildungsgut, das rationalisierend und aufklärend auf die südfranzösische Gesellschaft gewirkt hat. Der südfranzösische Adel zeichnete sich durch seine genießerische und unkirchlich-skeptische Lebensauffassung aus, woraus auch die Sekten Gewinn zogen. Die Neigung zur Toleranz gegenüber Andersgläubigen war hier soweit gediehen, daß man selbst der Verspottung kirchlicher Institutionen ruhig zusah. Ein Fürst von dieser aufgeklärten Art war Graf Raimond VI. von Toulouse (1194-1222). Um diese Zeit glaubte der Papst noch, die Ketzer mit Hilfe der Predigt bekehren zu können. Damals gab es noch keine Inquisition. Aber der Anfang zur späteren Inquisition wurde damit gemacht, daß der Papst an Stelle der Bischöfe den Legaten die Gerichtshoheit über die Ketzer zuwies.

Wir haben gesehen, wie gleichzeitig der Papst den lombardischen Humiliaten den ketzerischen Stachel zu nehmen und sie in den Dienst der Kirche zu ziehen versuchte, indem er ihnen das Recht der Ordensgründung und der Laienpredigt gab. 1208 wird aus den gleichen kirchenpolitischen Gründen dem hinsichtlich der Kritik an der kirchlichen Entartung den Ketzern nahestehenden Durand de Huesca ebenfalls das Recht zur Ordensgründung verliehen. 1210 ist es die Bewegung der Franziskaner, die nach einigem Zögern unter dem Namen des Minoritenordens die Bestägigung der Ordensregel erhält. Dominikus, der Begründer des Dominikanerordens, geht geradezu von der Idee aus, die erfolgreiche Lebens- und Lehrform der Ketzer in den Dienst der zutiefst erschütterten Kirche zu stellen. (Wir kommen darauf noch zurück.) Jedenfalls erkennt man in der Praxis der Kirche eine ähnliche Tendenz zum rettenden Kompromiß wie in der ideologischen Bewegung, die sich vom bürgerlichen Geist bedroht fühlt. Thomas von Aquino ist deshalb nicht etwa als ein Denker des Übergangs zur bürgerlichen Welt zu verstehen, sondern vielmehr als ein geschickter, kompromißlerischer Retter der alten Autoritäten und ihrer theologisch-transzendenten Anschauungen. Tatsächlich ist es der Kirche auf diese Weise gelungen, die große Krise des 13. Jahrhunderts zu überstehen. Aber sie konnte trotzdem auf das Werkzeug der Verfolgung, wie sich bald zeigen sollte, nicht verzichten. Mit der Entfachung der Albigenserkriege greift die Kirche zu den schärfsten Methoden der Selbsthilfe. Den erwünschten Anlaß gibt die Ermordung eines Legaten, der vom Grafen Raimond heftig die Vertreibung der Ketzer forderte. Es kommt zu furchtbaren Bluttaten. So werden einmal in einer Kirche in Béziers 7000 Frauen, Greise und Kinder niedergemetzelt. Der Führer des Krieges gegen die Ketzer ist Simon von Montfort, ein selbstsüchtiger und grausamer Kleinadliger aus Nordfrankreich, wie überhaupt der nordfranzösische Adel gerne den Anlaß benützt, um sich in die südfranzösischen Angelegenheiten einzumischen; denn schon seit langem besteht eine erhebliche Spannung zwischen dem mehr städtischen, aufgeklärten und religiös-skeptischen Süden und dem feudalen Norden, vor allem zwischen den herrschenden Klassen beider Landesteile. So schließt sich auch an die Albigenserkriege nach deren Beendigung ein ekelhafter Kampf zwischen dem nord- und dem südfranzösischen Adel um Besitz und Herrschaft an. Dabei erhält die durch ihre Genußfreudigkeit, ihr orientalisches Gepräge und Lebhaftigkeit der Phantasie ausgezeichnete provenzalische Kultur einen schweren Stoß und beginnt, sich aufzulösen.

Ganz typisch für die weitverbreitete Welterlösungssehnsucht der unterdrückten Klassen im Zeitalter der frühesten Entwicklung der bürgerlichen Gesellschaft ist der große Einfluß, den die sogenannten Joachimitischen Prophezeiungen gehabt haben. Nach allerlei Irrfahrten gründet Abt Joachim von Fiore im Jahre 1195 ein streng asketisch geführtes Kloster im italienischen Gebirge. Nach seiner Berechnung soll im Jahre 1260 ein neues Zeitalter des Heiligen Geistes anheben. Die Wirkung dieser Prophezeiung ist ein Gradmesser für die Stimmung der Massen, besonders der städtischen, für ihre Sehnsucht nach einer neuen, besseren Welt. Joachims Schrift hat eine langwährende Wirkung ausgeübt, so daß sich im Jahre des angeblichen Weltendes (1260) in Italien bis nach Österreich hinein anhaltende Erregungszustände breiter Massen wie auch religiös-fanatische Zusammenrottungen und Geißlerfahrten einstellen. Viele erwarten eine phantastische Wiederherstellung des Kaisertums; mit dieser Idee verbinden sie die Vorstellung vom Untergang der alten und vom Beginn einer besseren und gerechteren Welt, einer Welt, in der es zur Befreiung der unteren gedrückten Stände und zur Vernichtung der simonistischen Kirche kommen werde. Auch noch nach 1260 wirken die Joachimitischen Prophezeiungen weiter, so daß sich die Kirche 1265 genötigt sieht, sie zu verbieten.

Zu gleicher Zeit machen zwei andere, neu entstandene Bewegungen viel von sich reden, die Franziskaner (1209) und Dominikaner (1215), die bei äußerer Ähnlichkeit im Grunde ganz verschieden sind, weil sie verschiedenen Absichten dienen. Der Begründer des Franziskaner- oder Minoritenordens ist der große, dem Volke verbundene und religiös-revolutionäre Franz von Assisi. Noch in seinem Testament hat er vom Priesterstand unnachgiebig die Verachtung des Reichtums gefordert und jede Verwässerung des asketischen Armutsprinzips bekämpft. Nach der Meinung von Troeltsch ist Franz waldensisch beeinflußt gewesen. Diese Annahme hat ihren guten Grund, ist doch die Bewegung der franziskanischen Wanderprediger, wie jene der neuzeitlichen Sekten überhaupt, ausgesprochen städtisch und aus der Berührung mit dem Leben der armen städtischen Klassen entstanden. Franz ist zwar auch in seiner Opposition gegen die Kirche äußert zurückhaltend, ja er wendet sich von Anfang an an den Papst Innozenz III., um die Anerkennung seiner Ordensregel zu erreichen, aber sein evangelischer Radikalismus, seine Neigung zu ungezwungener Predigt nach reiner Kenntnis der Bibel und die unverkennbare Spannung mit der kirchlichen Autorität tragen doch ausgesprochen sektenhafte Züge. Allein die Forderung der völligen Armut, das Verbot jeglichen Geldbesitzes für die Ordensbrüder, das Gebot, nur Speisen und Naturalien, die ihnen geschenkt werden, anzunehmen, erinnern fast schon an die Katharer. Mit dem gewaltigen Anwachsen der franziskanischen Organisation noch zu Lebzeiten von Franz machen sich Tendenzen der Abschwächung des Ideals bemerkbar, denen Franz mit Mißtrauen begegnet. Aber auch die Gegentendenz des Festhaltens am sektenhaften Radikalismus ist vorhanden. Deshalb kommt es nach dem Tode von Franz zum Bruch und zu heftigen Streitigkeiten zwischen den gemäßigten Konventualen und den Rigoristen oder Spiritualen. Der Führer der Konventualen ist Elias von Cordova, gegen den sich in den vierziger Jahren die heftige Opposition der Spiritualen erhebt. Mit ihr verbunden ist nun die Tendenz, offen auch gegen Rom aufzutreten und aus dieser Opposition heraus der kaiserlichen Politik zuzuneigen. Dem in Anpassung an die der Kirche drohenden Gefahren mystisch-asketisch orientierten, mächtigen Kirchenmann Bonaventura gelingt es, einen Kompromiß zu erreichen. Damit konnte der Franziskanerorden der Kirche ein- und untergeordnet werden. Das heißt, daß er zu einem kirchlichen Werkzeug geworden ist, ähnlich dem ungefähr gleichzeitig entstandenen Dominikanerorden (1215), der dies jedoch von Anfang an ganz bewußt sein wollte. Aber die Spiritualen setzen sich fort in einer radikalen Gruppe, die sich die »armen Eremiten« nennt.

Diesen erlaubt Papst Cölestin v., sich abzuspalten, aber bereits der folgende Papst Bonifaz VIII. (1294–1303) verfolgt sie als Ketzer.

Mit dem Sektentum hat die ursprüngliche franziskanische Bewegung auffallenderweise auch einen ignorantistischen Zug gemeinsam. Den lateinisch sprechenden Brüdern wird oft vorgeworfen, daß sie ihre Einfalt der Bücherweisheit opfern. In noch stärkerem Maße ist vielfach die Bildungsfeindlichkeit im eigentlichen Sektentum beobachtbar. War damit gewiß im Interesse der Reinheit der evangelischen Auffassung eine Abwehr gegen die zersetzende Wirkung der noch vielfach von der scholastischen Theologie beherrschten Bildungselemente verbunden, so war andererseits gerade von den Sekten mit dieser Haltung nur aus der Not eine Tugend gemacht worden. Denn damals war noch weitaus mehr als heute der Zugang zur Bildung das Monopol eines kleinen Kreises gewesen. Das starre Festhalten an dem Buchstabensinn des Neuen Testaments veranlaßte die Kirche, den Ketzern »toten Buchstabenglauben« vorzuwerfen - und das war dieselbe Kirche, die unzählige Male durch den Mund ihrer besten Vertreter die unwandelbare Notwendigkeit des Autoritätsglaubens hatte verkünden lassen. Es war eben nicht der Buchstabe, der die Kirche störte, sondern der Sinn, den er ausdrückte. Die Sekten ihrerseits lehnten die ins Lateinische übersetzte Bibel, die Vulgata, ab und zogen die Übersetzung in die Landessprache vor. Die Kirche antwortete mit dem Verbot der Übersetzungen, so in den Jahren 1215 und 1234. Mit diesen Maßnahmen und den Verfolgungen wird aber nur eine weitere Radikalisierung der Sekten erreicht, deren verschiedene Richtungen sich unter dem Drucke der Kirche immer mehr einander annähern und verschmelzen. Alle Sekten bekämpfen mit steigendem Fanatismus die Messe, den Reliquien- und den Bilderdienst, den Eid und die Todesstrafe. Die Schöffen halten sie für sündig, weil sie in ihrer richterlichen Funktion Menschen getötet haben. Besonders in den italienischen Städten konnte sich das Ketzertum ziemlich ungehindert ausbreiten. Vorzüglich war dies dann der Fall, wenn eine Stadt mit dem Bischof oder gar mit dem Papst im Kampfe lag. Im allgemeinen besteht bei den Stadtregierungen die Abneigung, zur Ketzerbekämpfung direkt die Hand zu reichen. Aber die Haltung ist nicht einheitlich. Wo das Patriziat einen größeren Einfluß hat, herrscht mehr eine gewisse Gleichgültigkeit gegen die Verfolgung der im Grunde auch ihm nicht genehmen Ketzer, die den Unterklassen zugehören. Öfters kommt es vor, daß sich die Stadtregierung weigert, im Kampf der Inquisitoren gegen die Ketzer Schützenhilfe zu leisten. Andererseits ist es auch selten, daß die Stadt der seit der zweiten Hälfte des 13. Jahrhunderts immer energischeren dominikanischen Inquisition in den Arm fällt. Von dem sektiererischen Ketzertum der Unterklassen, dem eigentlichen Objekt der kirchlichen Verfolgung, unterscheidet sich jene ketzerische Gesinnung, die mehr oder weniger die Oberklassen der städtischen Gesellschaft erfaßt und die der Inquisition unerreichbar bleibt.

Jener Kirchenorden, der gleichzeitig mit den Franziskanern als Bettelorden aufgetreten ist, aber zum Unterschied von diesem von Anfang an in strengstem Gegensatz zum Sektenwesen steht, ist der Orden der Dominikaner, auch Predigerorden genannt. Während Franz die Kirche reformieren will und ernsthaft mit der religiösen Volksbewegung symphatisiert, kommt Dominikus, der die Hilflosigkeit der Kirche gegenüber der sich vehement ausbreitenden Sektenbewegung auf seinen Reisen beobachtet, auf den Gedanken, die Ketzerpredigt als Methode der Massenbeeinflussung zu übernehmen und sie gegen das Ketzertum zu gebrauchen. Der neue Orden soll deshalb auch städtisch sein, arm und mit den unteren Volksschichten in den Vorstädten leben, aber im übrigen rein kirchliche Zwecke verfolgen. Die Predigt soll nicht in der Kirche, sondern auf freien Plätzen stattfinden, und der Ordensmann soll sich befleißigen, die Volkssprache zu gebrauchen. Von der Verpflichtung der Mönche, an einem festen Orte zu wohnen, werden die dominikanischen Ordensbrüder entbunden. Sie sollen predigend und seelsorgend von Ort zu Ort ziehen und ihren Lebensunterhalt durch Bettel beschaffen. Im Interesse der Kirche wird auf höchst raffinierte Weise die Sekte kopiert. Anfänglich ist der Papst vom Bettelsack, den Dominikus seinem Orden umhängt, enttäuscht und von Mißtrauen erfüllt. Dominikus hat Mühe, seine Gründung in Rom zur Anerkennung zu bringen. Erst als Dominikus sich bereit findet, die alte Regel der Augustiner als Rahmen zu benutzen, erhält er die Bestätigung, und erst als der Orden sich praktisch bewährt, kann er zu seiner ursprünglichen Idee zurückkehren. Aber es ist für ihn bezeichnend, daß der Dominikanerorden schon zehn Jahre nach dem Tode des Gründers, d. h. im Jahre 1233, von Gregor IX. das regelmäßige Amt der Inquisition, vorerst für ganz bestimmte Bezirke, übertragen erhält. Ebenso bezeichnend ist es, daß der Dominikanerorden, wiederum zum Unterschied vom Franziskanerorden, der mit den Sekten die Neigung zur Kontemplation teilt und sich mit der Einfachheit des Bibelwortes begnügt, durchaus theologisch-wissenschaftlich orientiert bleibt. Das besagt nicht, daß die Franziskaner sich überhaupt nicht wissenschaftlich betätigen. Die Haltung ist nicht einheitlich. So erheben sie z. B. auf der Pariser Universität den Anspruch zu lehren; das führte zum Streit. Thomas von Aquino mußte schlichtend eingreifen. Aber die eigentlichen Spiritualen bleiben wissenschaftsfeindlich, wie es umgekehrt Dominikaner gab, die sich von den Grundsätzen ihres Ordens entfernten. So etwa der berühmte Mystiker Meister Eckhart, der den Ausspruch tut, »daß ein Lebemeister mehr tauge als tausend Lesemeister«. Auch die Mystiker Tauler und Suso kamen vom Dominikanerorden her. Wie 300 Jahre später der reaktionäre Jesuitenorden der bedrohten Kirche dadurch rettend beisprang, daß er gleichzeitig mit praktischer Tätigkeit im Volke und mit dem besten wissenschaftlichen Rüstzeug zu wirken versuchte, so auch der Orden der Dominikaner. Die Unerbittlichkeit, mit der sie jeden Ketzer verfolgten, war beiden Orden gemeinsam. Deshalb erhielten die Dominikaner bald den Beinamen der »domini canes«, der Hunde des Herrn, und sie nannten sich selbst so. Mit furchtbaren Methoden arbeitete die Inquisition, und Hampe sagt, daß ihr »die Ketzerei bis auf geringe Reste tatsächlich im Laufe eines Jahrhunderts erlegen ist«. Wenn dies vielleicht auch übertrieben ist, so bleibt doch wahr, daß es zu einer starken Schwächung der revolutionären Vortruppbewegung der städtischen Unterklassen im 14. Jahrhundert gekommen ist. Aber es darf nicht übersehen werden, daß es, wie beim späteren Jesuitenorden, die Klugheit, die asketische und moralische Heuchelei und die Bildungsbeflissenheit gewesen sind, die das ihre beigetragen haben zur Wiedergewinnung zahlreicher Abgefallener. Gerade gegenüber dem letzteren Moment hat die Sekte mit ihrer Innerlichkeit, Bildungsfremdheit, ja teilweise sogar Bildungsfeindlichkeit sich als die schwächere Kraft erwiesen. Man kann — von der weltgeschichtlichen Perspektive aus gesehen — vielleicht sagen, daß erst die moderne sozialistische Bewegung wahrhaft die Bildung und das Wissen in den Dienst des Volkes zu stellen verstanden hat. Aber nicht nur die Inquisiton und die prunkende Gelehrsamkeit der Dominikaner haben die Sekten erschüttert, sondern auch die geradezu zur Kunst ausgebildete Seelsorge und Handhabung der Beichte.

Um das Ende des 12. Jahrhunderts beginnt die Kirche schon planmäßig Gewalt gegen die Ketzer anzuwenden. 1184 vereinbaren in Verona Friedrich I. und der Papst strenge Ketzergesetze. 1222 werden diese Gesetze von Friedrich II. erneuert und ausgebaut. Dem grundsätzlich städtefeindlichen Friedrich waren diese Gesetze durchaus ernst, obgleich ihm, dem religiös aufgeklärten Fürsten, der religiöse Streit ziemlich gleichgültig blieb. Er verstand es, die Verfolgung der Ketzer als Mittel gegen seine Feinde aller Richtungen zu gebrauchen, was ihm die Kirche auch zum Vorwurf machte. 1224 hat Friedrich für die Lombardei und 1232 für Sizilien die Verbrennung der Ketzer verfügt. Ursprünglich fiel die Aufgabe der Ketzerbekämpfung den Bischöfen in ihren Diözesen zu. Da aber diese Kirchenfürsten mehr weltlichen als geistlichen Charakter hatten und deshalb wegen ihrer Beschäftigung mit den politischen Interessen die Bekämpfung der Ketzer nur nachlässig betrieben, bestellte die Kirche eigene Männer und Ämter der Inquisition. Seit ungefähr der Mitte des 13. Jahrhunderts wurden für die Ketzerbekämpfung besonders geeignete Personen aus der Reihe der Bischöfe, der Dominikaner oder Franziskaner ausgewählt und für bestimmte Gebiete und für eine begrenzte Zeit mit der Inquisition betraut. Seit 1232 waren es aber fast durchweg Dominikaner, die zu Inquisitoren ernannt wurden. Mit der Bulle Innozenz IV. von 1252 erhielt die Inquisition den Charakter einer dauernden und festen Einrichtung. Sie wurde als von jeder übrigen kirchlichen und weltlichen Gewalt unabhängig erklärt und war daher nur dem Papst direkt verantwortlich. Umgekehrt waren die weltlichen Behörden zur Hilfeleistung bei der Verfolgung und Bestrafung der Ketzer verpflichtet. Die Bischöfe sahen die Eingriffe in ihren Bereich seitens einer fremden Amtsgewalt nicht gern. Aber gegen eine Beteiligung an den Einnahmen überließen sie schließlich die Inquisition den von ihnen unabhängigen Instanzen. Die Inquisition ist die erste planmäßig arbeitende Polizei der Neuzeit. Sie verstand es, selbst in fremde Länder geflohene Ketzer aufzuspüren und durch endlose Haft wie durch Folterungen zum Geständnis zu zwingen. Wer eingeliefert wurde, galt bereits so gut wie der Schuld überführt. Eine gewisse Milde wurde nur gegen jene geübt, die sich zum Widerruf bereit zeigten. Für konsequente Bekenner oder halsstarrige Leugner galt die Strafe des Feuertodes, deren Vollstrekkung dem Staate überlassen wurde, um sich selbst vor den Augen des Volkes nicht zu beflecken. Den Menschen von damals erschien die Inquisition als eine unbegreifliche und übernatürliche Macht. Aber oft gab es Aufstände gegen die Inquisition, deren Archive und Bücher das gequälte Volk, wo es ihrer habhaft werden konnte, verbrannte. Gefoltert wurde seit 1300 regelmäßig, was aber in den Protokollen sorgfältig verschwiegen oder verschleiert wird. Um sich gegen die Volkswut zu schützen, ließen sich die Inquisitoren von ihnen ergebenen Knechten begleiten, den sogenannten »Familiares«, die auch die Rolle der Folterknechte beim Prozeß übernahmen. Die Möglichkeit, reuige Ketzer gegen Bezahlung einer hohen Geldbuße laufenzulassen, verleitete viele Inquisitoren zu Erpressungen, wie überhaupt das System der Bestechungen und der Korruption zu einer dauernden Erscheinung der Inquisition wurde. Oft wurde der Prozeß gegen verstorbene Ketzer bis in die dritte Generation fortgeführt und das Vermögen des Enkels beschlagnahmt. Wenn auch bei der gewaltigen Masse der Verfolgten die Inquisition nur in der Minderzahl der Fälle die Todesstrafe verhängen konnte, so wirkten doch das furchtbare Prozeßverfahren, die zahllosen Anklagen gegen Unschuldige, die sonstigen schweren Strafen und die Heimlichkeit der Untersuchung lähmend auf das Leben der Völker.

Zwischen 1250 und 1500 ist die Inquisition eine wirkliche Macht gewesen. Seit der Mitte des 16. Jahrhunderts sinkt ihr Einfluß zusehends. Dies erklärt sich daraus, daß von da ab der Absolutismus wieder ausgesprochen reaktionär wird, zu einer Stütze und einem Verbündeten der Gegenreformation. Der Druck, der jetzt vom Staate auf die Untertanen ausgeübt wird, macht die Selbsthilfe der reaktionären Kirche überflüssig. Denken wir etwa an die Hugenottenverfolgung in Frankreich, die sich bis tief in das 17. Jahrhundert hineinzieht und erst unter Richelieu mit der endgültigen Vernichtung der hugenottischen Bewegung ihr Ende findet. Aber die strengste staatliche Kontrolle des Volkes besteht unvermindert weiter. Die Frage, die sich im Zusammenhang mit unserem Thema stellt, ist die, weshalb der fortschrittliche Absolutismus der Renaissance so gut wie nichts gegen die Inquisition unternommen hat, obwohl sie eine Gewalt neben der seinigen darstellte. Die Antwort kann nur lauten, daß es dem hochbürgerlich gebundenen Staate nicht ungelegen kam, wenn die Bewegung der unteren Volksklassen, deren eine Form die Ketzerei gewesen ist, durch die Inquisition in die Schranken gewiesen wurde. Manche Fürsten dieser Zeit haben sich direkt in den Dienst der Ketzerverfolgung gestellt, so z. B. Franz I. von Frankreich, den wir in einem anderen Zusammenhange als einen sonst fortschrittlichen König kennengelernt haben.

Eine Gruppe von Denkern, die der Sektenbewegung nahesteht, sind die deutschen Mystiker der ersten Hälfte des 14. Jahrhunderts: Meister Eckhardt (1260–1327), Johann Tauler (1300–1361) und Heinrich Suso oder Seuse (1300-1366). Um uns den allgemeinen geschichtlichen Zusammenhang nochmals zu vergegenwärtigen: Die Lebenszeit dieser Männer fällt ungefähr zusammen mit der revolutionären Schrift des Marsilius von Padua »Defensor pacis«, mit der Regierung des städtefreundlichen Ludwig von Bayern, mit dem Auftreten Colas di Rienzo in Rom und Etienne Marcels in Paris; in dieser Zeit wirkt der große Nominalist Wilhelm Occam (1290–1349), studiert (1344) der sektiererisch beeinflußte Kirchenreformer und Lehrer von Hus, John Wyclif, in Oxford Mathematik, Naturwissenschaft, Theologie und kanonisches Recht; bis 1374 und 1375 leben Petrarca und Boccaccio.

Bereits zwei Jahre nach Eckharts Tod werden vom Papste Johann XXII. 28 Sätze seiner Schriften als ketzerisch erklärt. Eckhart ist von den neuplatonisch-mystischen Gedanken des Mittelalters beeinflußt, auch vom großen Pantheisten des 9. Jahrhunderts Johannes Scotus Erigena, kennt Albertus Magnus und Thomas von Aquin gründlich und beherrscht die Bildung seiner Zeit. Die Anschauung Eckharts läuft darauf hinaus, Gott als das Sein aller Dinge nachzuweisen; das ist aber bereits Pantheismus, und mit Recht haben ihm seine kirchlichen Gegner vorgeworfen, er verwische in seiner Lehre die Grenzen zwischen Schöpfer und Geschöpf. Das Revolutionäre dieser Anschauung liegt darin, daß die Natur und damit auch der Mensch nicht, wie das Mittelalter es gewollt und getan hat, entwertet werden, sondern im Gegenteil gleichsam vergöttlicht, was zum Anlaß für ketzerische und soziale Forderungen genommen werden kann. Die Schüler Eckharts haben seine Ansicht reichlich in sektenhaft-pantheistischem Sinne verstanden und ausgelegt, weshalb sie von der Kirche verworfen wurde. Die nachträglichen Bemühungen Taulers, der gleichfalls ein Schüler Eckharts war, die verurteilten Sätze möglichst im kirchlichen Sinne auszulegen, um Eckhart vor dem Verdacht der Ketzerei zu bewahren, fruchteten nichts. Ja, Eckhart scheint sogar vom Averroismus beeinflußt gewesen zu sein. Darüber schreibt Martin Grabmann: »Ich habe der Auffassung G. Thérys, daß Eckhart sich dem Einfluß des einst von Thomas und Albertus Magnus so scharf bekämpften pariser lateinischen Averroismus nicht entzogen hat, gerade auf Grund der neuen Texte ... zugestimmt«.

Eine weniger abstrakte und daher deutlicher sichtbare Berührung mit dem Sektengeist erkennt man bei Wyclif. Wyclif bekämpft den weltlichen Besitz und die weltliche Herrschaft der Kirche. Er fordert die Rückkehr des Priesters zur apostolischen Armut, die genaueste Beachtung der Heiligen Schrift und läßt die Bibel ins Englische übersetzen. Seit 1380 beginnt er, die kirchliche Lehre von der Transsubstantiation beim Abendmahl zu bekämpfen als die Hauptstütze der geistlichen Gewalt über den Menschen. Gegen die Angriffe und Prozesse der Kirche wird Wyclif vom Volke in Schutz genommen. Die radikalste Anhängerschaft Wyclifs rekrutiert sich aus sektiererischen Elementen, den sogenannten lollardischen Brüdern, die predigend das Land durchziehen und das Volk erregen. Die Folge ist die Bauernrevolution von 1381 unter der Führung von Wat Tyler, von der sich aber Wyclif abwendet, wie später Luther vom Bauernaufstand des Jahres 1525. Nach der Niederlage der Bauern verweigert das Parlament die Bauernbefreiung und verbietet bezeichnenderweise den Bauernkindern den Besuch von Schulen, offenbar um ihnen die Möglichkeit zu nehmen, später selbst die Bibel zu lesen und das Evangelium in ähnlicher Weise nach eigenem Gutdünken auszulegen, wie dies die aufrührerischen Lollarden getan haben.

Wyclif hat auf Hus einen starken Einfluß gehabt und damit indirekt auf die hussitische Revolution in Böhmen. Karl IV., der »Pfaffenkaiser«, war ein Freund des Klerus und Erbauer vieler Kirchen. Er selbst war mehr Geistlicher als ein weltlicher Fürst. Er disputierte, wie noch sein Sohn Wenzel, mit großer Leidenschaft über theologische Fragen. Unter Karl wächst die Kirche gewaltig an Reichtum und Besitz an. Nach den Angaben von Hus hat ein Drittel oder ein Viertel des Bodens in Böhmen der toten Hand gehört. 1343 kommt das Werkzeug Karls, der Kirchenmann Arnest von Pardubitz, ins Amt. Sein Nachfolger ist der Bischof von Olmütz Joh. Otto von Wlaschim, dessen Hauptsorge bereits die Verfolgung von Ketzern ist. Die ketzerische Bewegung Böhmens ist aber nichts anderes als eine gesunde Reaktion des Volkes auf die völlig verkommene Kirche. Aus den Vorschriften, die der Bischof für die Geistlichkeit erläßt, kann man entnehmen, daß es mit der Moral des Klerus, wie übrigens in anderen Ländern auch, schlimm bestellt war. Der Bischof befiehlt – ich folge Loserth: Der Unzucht soll man sich enthalten; Geistliche, welche mit jungen Frauenzimmern wohnen oder Waffen tragen, Karten und Würfel spielen, Mordbrenner, Diebe und Diebeshehler sind, müssen von den Archidiaconen belangt werden. Aus dem Jahre 1379 gibt es ein Buch, in dem die Ergebnisse einer Visitationsreise zusammengefaßt werden. Danach leben viele Priester entfernt von ihren Berufsorten, ohne sich um die Ermahnungen der Dekane viel zu kümmern; ihre Einkünfte haben sie oft an andere Personen verpachtet. Auch die Mönchs- und Nonnenklöster bedürfen der Ermahnung zu ordentlichem Leben dringend. Klagen über das Konkubinat der Geistlichen sind zahlreich. Um sie von der Anzeige abzuhalten, werden die Archidiacone einfach bestochen. Die Schulen sind leer, denn die Geistlichen beschäftigen sich mit Würfelspiel und Rauferei in den Kneipen. Einzelne Geistliche sind tief verschuldet, andere treiben Wucher, auch kommen so schwere Verbrechen wie Raub und Diebstahl vor. Loserth erwähnt, daß in einem einzigen Jahre zwanzig Fälle von Handlungen Geistlicher bekanntgeworden sind, die auf Diebstahl gehen. Noch schlimmer steht es mit der höheren Geistlichkeit: Der Prager Propst hinterläßt seinen drei Söhnen testamentarisch ein bedeutendes Vermögen. Es gibt zwar allerhand Pläne zur Abschaffung der Mißstände, aber sie werden nicht durchgeführt. So findet jede Kritik an der Kirche einen starken Widerhall im Volke.

Wyclif hatte in Hus, dem Prager Universitätsprofessor, einen gelehrigen Schüler gefunden. Aber schon vor Hus haben Männer mystisch-eschatologische Ideen entwickelt und gegen die Kirche gepredigt, so etwa Militsch von Kremsier und Matthias von Janow. Die Schriften Wyclifs sind durch den regen Verkehr zwischen den Universitäten Prag und Oxford in Böhmen bekanntgeworden, besonders seit der Heirat der Schwester König Wenzels mit Richard III. von England, seit 1381. Hus folgt Wyclif merkwürdigerweise nicht in der Verurteilung der Transsubstantiation, aber in der Kritik der Sakramente, des Papsttums und des Ablasses. Noch radikaler als Wyclif verwirft er den kirchlichen Besitz. Bedeutsam bleibt für die weitere Entwicklung, daß die Anhänger von Hus, besonders nach seinem Tode, radikale Konsequenzen aus seiner Lehre ziehen, obwohl Hus in mancherlei Hinsicht ebenso kompromißlerisch gewesen ist wie Wyclif, und entsprechend der wahren Stimmung und den Bedürfnissen der unteren Volksklassen den Hussitismus zu einer gewaltigen revolutionären Bewegung ausgestalten. Eine ungeheure Erregung ergreift das Volk, als die Schriften des Hus verbrannt und dieser selbst vom Erzbischof exkommuniziert wird. 1412 trifft Hus der päpstliche Bann. Jetzt greift die hussitische Bewegung auch nach Polen und Ungarn über. Der weitere Verlauf ist bekannt. Im Jahre 1414 kommt es zum Konzil von Konstanz gegen die Ketzerei, wohin Hus vorgeladen wird. Auf diesem Konzil sollen drei Angelegenheiten verhandelt werden: Erstens die Beilegung des Schismas; diese Frage ist sehr heikel, denn es gibt damals nicht weniger als drei Päpste. Zweitens die Bekämpfung der Ketzerei und drittens die Reform der Kirche. Der Papst versteht es, geschickt die hussitische Ketzerei in den Vordergrund zu schieben, um eine weitere Erschütterung seiner ohnehin nicht sehr festen Stellung zu verhindern. Hus begibt sich mit einem Geleitschreiben des Thronfolgers Sigismund nach Konstanz, wird verhaftet, und, da er sich weigert zu widerrufen, im Juli 1415 der weltlichen Gewalt zur Verbrennung übergeben. Sein Freund Hieronymus wird 1416 dem Scheiterhaufen überliefert.

Die Scheiterhaufenpolitik der Kurie hat erst recht die Gemüter in Böhmen entflammt. 1419 werden anläßlich einer Demonstration in Prag zugunsten der Befreiung von Gefangenen der Bürgermeister und seine Räte aus dem Fenster des Rathauses gestürzt, worüber König Wenzel so entsetzt ist, daß er stirbt. War ursprünglich der Hussitismus eine einheitliche, auf den Ansichten von Wyclif ruhende Bewegung gewesen, so spaltete er sich nun in die zwei Richtungen der Utraquisten und der Taboriten. Die Utraquisten hießen auch nach ihrem Wahrzeichen, dem Kelch, Kalixtiner. Dies bedeutete, daß sie die Erteilung des Abendmahls in zweierlei Gestalt verlangten, d. h. daß nicht nur die Priester, sondern auch die Laien unmittelbar beteiligt sein sollten. Dieser Forderung liegt die bürgerlich-demokratische Idee von der Gleichberechtigung aller Individuen vor Gott zugrunde, mit einer deutlichen Spitze gegen die Kirche als die ideologische Vertreterin der hierarchischen und damit auch der feudal-ständischen Ordnung. Im Juli 1420 wurde das Programm der Utraquisten in lateinischer, tschechischer und deutscher Sprache veröffentlicht. Es bestand aus den folgenden vier Punkten: 1. Es soll das göttliche Wort in ganz Böhmen völlig frei und von jedermann gepredigt werden dürfen. 2. Das Abendmahl soll allen Christen unter beiderlei Gestalt gereicht werden. 3. Die weltliche Herrschaft und der irdische Reichtum, den die Kirche gegen das Gebot Christi und zum Schaden der Armen besitzt, sollen ihr genommen und die Priester zum Leben der Apostel zurückgeführt werden. 4. Alle Todsünden, besonders die öffentlichen, die dem göttlichen Gesetz zuwiderlaufenden Störungen der Ordnung, sollen von den zuständigen Obrigkeiten gerichtet werden. In diesem letzten Punkte verbirgt sich ein Doppeltes: Einmal soll der Kirche das Recht der Ketzerverfolgung, das sie mißbraucht, genommen werden; andererseits erhält die von Gott eingesetzte Obrigkeit das Recht, die gegebene Ordnung gegen revolutionäre Elemente zu schützen. Hier zeigt sich am deutlichsten der konservative Zug in der Ansicht der Utraquisten. Diese Richtung fand naturgemäß ihren Anhang nicht in den breiten Massen des Volkes, sondern vielmehr im mittleren und wohlhabenden Bürgertum und teilweise auch im Adel, der aus Opposition gegen die deutsche Einmischung in die böhmischen Verhältnisse nationalrevolutionär gestimmt war und überdies bei Durchführung des hussitischen Armutsideals auf den Erwerb der Kirchengüter spekulierte. Wir wissen, daß ein Jahrhundert später der deutsche Adel aus ähnlichen Motiven dem Luthertum zuneigte. Aber noch etwas anderes brachte den deutschen und ein Jahrhundert früher den böhmischen Adel der kirchenoppositionellen Bewegung nahe: nämlich die Anerkennung der Rechtmäßigkeit der bestehenden weltlichen Obrigkeit, als von Gott eingesetzt, und der Notwendigkeit, ihr zu gehorchen. Bemerkt sei schließlich noch, daß in der genauen Formulierung des zweiten der oben erwähnten Programmpunkte vom Abendmahl als dem Sakrament des Leibes und des Blutes Christi die Rede ist, daß also die Vorstellung der Transsubstantiation, die von der konsequenten Sektenideologie und selbst von Wyclif abgelehnt wird, unangetastet bleibt. Auch hierin äußert sich die Neigung zum Kompromiß in der ganz gleichen Weise wie später bei Luther, der gleichfalls (gegen Zwingli) die Verwandlung von Brot und Wein in Leib und Blut Christi behauptet, obgleich er andere Sakramente verwirft.

Gegen diese Kompromißlerei erhoben die radikalen Taboriten energisch Einspruch. Die Taboriten hatten ihr Zentrum im Städtchen Austic, südlich von Prag. Da ihnen diese Stadt nicht fest genug schien, bauten sie eine neue, stark befestigte auf dem benachbarten Berge Tabor. Daher auch ihr Name. Schon diese Tat zeugt von jener gewaltigen Energie, durch die sie später zahlreiche Siege über die feindlichen Heere erringen sollten. Sie bildeten das eigentliche und wirklich treibende Element des Hussitismus, denn ihnen folgten die unteren Volksklassen, die eine radikale Änderung der gesellschaftlichen Verhältnisse ersehnten. Waren sie schon von vornherein dem Armuts- und damit dem Gleichheitsideal zugeneigt, so näherten sie sich unter dem Druck der Notwendigkeit, den Krieg zu organisieren, zeitweilig stark dem praktischen Kommunismus an. Ein ähnliches Beispiel haben wir im späteren wiedertäuferischen Gottesstaat in Münster, wo die über einjährige Belagerung die Stadt zum Kommunismus drängt. Das Programm der Taboriten bestand in der Bekämpfung des Mönchswesens, des Besitzes der Kirche, der Heiligenverehrung; die Einrichtung der Kirche betrachteten sie als einfaches Menschenwerk, auf kein Wunder gegründet und durch kein Sakrament stützbar; daher galt ihnen das Abendmahl nicht als Ausdruck eines Wunders, sie lehnten die Transsubstantiation ab, vielmehr galt es ihnen, wie anderen Sekten, als eine einfache Erinnerung an das erste Beisammensein der christlichbrüderlichen Gemeinschaft, die sie fortzusetzen gedachten. Als die einzige Quelle anerkannten sie das unverfälschte Bibelwort, dessen Entstellung im Dienste entarteter und volksfeindlicher Mächte dadurch verhindert werden sollte, daß man das Vorrecht der Predigt dem Priester entzog und jedem das Recht, zu predigen und die Bibel auszulegen, gab. In ihren Gemeinschaften und Orten hielten sie auf strenge Ordnung, bekämpften energisch die Unsittlichkeit, so z. B. auch die eigenartigen Sitten der Sekte der Adamiten. Sie bestraften jedes Verbrechen schwer. Den Wucher betrachteten sie als schwere Sünde. Während ihrer siegreichen Feldzüge scheuten sie davor zurück, das Land zu verwüsten, die Bevölkerung zu mißhandeln oder zu plündern. Vielmehr war es das adelige Kreuzheer, das sich mit der Schande befleckte, bei seinen Einfällen in Böhmen solche Methoden der Kriegführung angewandt zu haben. Sie haben zwar unter dem Zwange des Krieges, sich auf das Urchristentum berufend, die kommunistische Lebensweise aufgerichtet, aber niemals haben sie die übrigen Volksteile zur Nachahmung gezwungen. Von einem klaren und konsequenten sozialistischen Ideal waren sie entsprechend den gesellschaftlichen und ökonomischen Verhältnissen der damaligen Zeit begreiflicherweise noch weit entfernt, trotz mancherlei Sympathien für die Durchsetzung der Gleichheit und Gerechtigkeit. Verführte sie ihre eschatologische Sehnsucht zu Vorstellungen eines Reiches allgemeiner Gleichheit, so hinderten sie die ökonomischen Bedingungen ihrer Zeit, diese Gleichheit praktisch durchzuführen, d. h. den von ihnen primitiv-phantastisch antizipierten Kommunismus durchzuführen. »Die Antizipation des Kommunismus durch die Phantasie«, schreibt Engels, »wurde in der Wirklichkeit eine Antizipation der modernen bürgerlichen Verhältnisse ... Der Angriff auf das Privateigentum, die Forderung der Gütergemeinschaft, mußte sich auflösen in eine rohe Organisation der Wohltätigkeit ...«. Der geniale Führer der Taboriten, Johann Ziska, verstand es, seinem aus Bauern und Handwerkern sich zusammensetzenden Heere, das nur als Fußvolk kämpfen konnte, eine neuartige Organisation zu geben und es unschlagbar zu machen. Berühmt ist seine Wagenburgtaktik. Die Bewaffnung bestand in nichts anderem als in Lanzen, Streitkolben, Armbrüsten, namentlich aber Dreschflegeln, die mit Eisen beschlagen wurden. Die äußerst geschickte Führung des Heeres durch Ziska verschafft ihm mehrere Siege über die Ritterheere König Sigmunds, der zwischen 1420 und 1422 andauernd geschlagen wird. Der Schrecken, der über die Feinde kommt, ist derart, daß 1422 ein auf dem Reichstag von Nürnberg aufgebrachtes Ritterheer angesichts der Hussiten kampflos auseinanderläuft. Dies wiederholt sich nochmals im Jahre 1431, als das große, auf Betreiben der Kurie zusammengebrachte Kreuzheer gegen die Ketzer angesichts der revolutionären Scharen kopflos flieht.

Aber schon 1424 stirbt Ziska plötzlich. Ihm folgt Prokop der Große oder Kahle, einer der Brüder Prokop. Prokop ist politisch hochbegabt, aber nicht so sehr organisatorisch. Bald gibt es Anzeichen für eine Auflockerung der strengen Zucht des hussitischen Heeres. Doch noch immer ist es, wie jedes gut geführte revolutionäre Volksheer der Geschichte, unbesiegbar. Ist es unterdessen gelungen, einen Zusammenschluß zwischen den Taboriten und den gemäßigten Pragern herbeizuführen, so wird damit die Kampfkraft noch verstärkt. 1426 erfechten die Revolutionäre einen großen Sieg bei Aussig, ähnlich 1427. Das revolutionäre Heer zieht jetzt nach Schlesien, Sachsen, Brandenburg, Bayern, Österreich, Mähren und Ungarn. Von der Flucht des Ritterheeres im Jahre 1431 haben wir schon gesprochen. (Ungefähr gleichzeitig werden in Frankreich die Engländer von Jeanne d'Arc besiegt.) Die fortwährenden Siege der Revolution zwingen der Kirche die ihr verhaßte Verhandlungsbereitschaft mit den Ketzern ab. Statt aber seine Siege voll und ganz auszunützen, begeht Prokop den Fehler, das Verhandlungsangebot des Baseler Konzils von 1433 anzunehmen. Unter seiner Führung geht eine Gesandtschaft nach Basel. Man einigt sich auf einen Kompromiß nach folgenden Punkten: Das Abendmahl wird in Böhmen und Mähren jedem, der danach verlangt, in beiderlei Gestalt gereicht, doch – hier der Pferdefuß – der Priester hat zu erklären, daß Christus unter jeder der beiden Gestalten gegenwärtig sei. Die Bestrafung von Sündern darf nur durch zuständige Richter erfolgen. Gottes Wort soll frei sein, aber – wiederum eine gefährliche Einschränkung – es darf nur durch den von den Vorgesetzten bestellten Prediger verkündet werden. Geistliche, die nicht Mönche sind, und die Kirche dürfen Güter besitzen. Gegen dieses faule Abkommen sträuben sich mit vollem Recht die radikalen Taboriten, und es kommt zum Kampfe der verschiedenen Richtungen gegeneinander. Was die große Kraft der vereinigten Reaktion nicht vermocht hat, das hat die Spaltung der eigenen Kräfte fertiggebracht: die Vernichtung der Revolution. In der Schlacht bei Tabor von 1434 wird das Heer Prokops von den mit dem königlichen Heer vereinigten Gemäßigten geschlagen. Prokop selbst fällt im Kampf. Die Reste der Taboriten leben dann kümmerlich als »Gemeinde der böhmisch und mährischen Brüder« fort, die einen friedlichen Charakter annimmt.

Der eigentliche Gewinner ist der böhmische Adel, dessen Stellung sich festigt. In den übrigen Ländern, besonders in Deutschland, steigert sich jedoch die Erregung der Massen, die in merkwürdigen religiös-mystischen Formen zum Ausbruch kommt. Die zweite Hälfte des 15. Jahrhunderts ist erfüllt von Wallfahrtsbewegungen und religiösen Ausschreitungen (Wallfahrten einem unbekannten Ziele entgegen, Geißelbrüder usw.)

verschiedener Art. Die religiösen Erregungszustände nehmen oft ungeheure Ausmaße an. Sofern diese Bewegung in manchen Teilen sektenhaft-ketzerische Tendenzen zeigt, wird sie von der Kirche mit höchstem Mißtrauen betrachtet. Papst Innozenz VIII. erläßt eine Bulle gegen Schwindler, Zauberer usw. zur Unterstützung der in Deutschland als Inquisitoren tätigen Dominikanermönche. Zwei von ihnen arbeiten im Jahre 1489 den berüchtigten »Hexenhammer« aus, ein fürchterliches Rechtsbuch gegen die Ketzerei und die Zauberei, dem viele Menschen unschuldig zum Opfer fallen. Aber die Sektenbewegung, die tief im Bedürfnis des Volkes wurzelt, läßt sich nicht ausrotten. Noch im 16. Jahrhundert tritt sie sehr kräftig auf. Ein markantes Beispiel ist das täuferische Reich von Münster (1535).

Die Revolution in Münster wird noch heute bis in die Schulbücher hinein vielfach verleumdet. Der wahre Verlauf war folgender: Zu Anfang bestand eine friedliche Vereinbarung zwischen den Wiedertäufern und den übrigen Bewohnern auf gegenseitige Duldung. Aber diese friedliche Verträglichkeit war dem Bischof von Münster ein Dorn im Auge, und er begann die Stadt zu belagern. Ihm also ist es zuzuschreiben, wenn nunmehr aus Gründen des Selbstschutzes Mattys, ein Bäcker aus Harlem und »ein Mann von gewaltiger Energie« (Bezold), die Regierung in die Hand nahm und sie nach wiedertäuferischen Ideen übte. »Man rühmte das Geschick und die Umsicht der Regierenden, den Heroismus der gesamten Bevölkerung, dann, daß die belagerte Stadt beinahe einundeinhalb Jahre lang, vom Februar 1534 bis Juni 1535 standhielt.« Erst nachdem Mattys bei einem tapferen Ausfall selbstlos kämpfend gefallen war, wurde der »schöne und redekundige« Jan von Leyden sein Nachfolger, also während die Stadt durch einen fortdauernden Terror in eine Zwangslage gebracht wurde. Wenn dieser vielgelästerte Mann sich gewiß auch schwerer Übertreibungen schuldig machte – hatte er diese doch nur seinem adeligen Gegner abgeschaut! –, so ist doch zu sagen, daß seine Gütereinziehung mindestens ebenso seiner ehrlichen Überzeugung entsprang wie die Verteidigung des ausbeuterischen Privateigentums jener seiner Feinde. Überdies waren für diese Maßnahme – übrigens ähnlich wie einst bei den Taboriten – nicht zuletzt kriegswirtschaftliche Gesichtspunkte im Interesse der hungernden Stadt maßgeblich gewesen. Was die Jan immer wieder vorgeworfene Vielweiberei betrifft, erklärt sie sich wenigstens zum Teil – Genaues läßt sich wegen des Wusts gegnerischer Verleumdungen nicht in Erfahrung bringen – ebenfalls auf das Einfachste aus der Notlage der Stadt. Der darauf bezügliche Befehl Jans lautete nämlich: Jede Frau muß entweder heiraten oder sich unter den Schutz eines Mannes begeben. Unbestreitbar bleibt aber, daß die längste Zeit unter der Revolution völlige Ordnung und Umsicht geherrscht hat.

9. Die Ideologie der Sekten

Der grundsätzlich revolutionäre Charakter der Sektenideologie läßt sich nicht nur aus ihrer historischen Wirksamkeit, sondern auch aus ihrem Inhalt beweisen. Bei dem tiefen Gegensatz zwischen den religiösen Volksmassen und den freidenkerischen Oberschichten, der die Renaissance durchzieht, gibt es ein Bindeglied, das die ganze Gesellschaft gegenüber dem Feudalismus vereinheitlicht: den individualistischen Rationalismus. Er ist eine Erscheinung, die trotz wechselnder Gestaltung die gesamte bürgerliche Geschichte, selbst unter der Herrschaft des religiösen Calvinismus, bis zum Hochkapitalismus nicht mehr verläßt.

Was speziell die handwerkliche Klasse der Renaissance betrifft, ist es zuerst die gesteigerte Rationalisierung in der Handwerksarbeit und die Tendenz zur rationellen Material- und Naturbeherrschung, wodurch eine fortschreitende Zuwendung des Geistes zum Rationalen hin veranlaßt wird. Dazu kommt eine Steigerung der Bedeutung des Verstandesmäßigen im Verhalten der Individuen zueinander, die durch keine oder nur geringe persönlichen und kollektiven Rücksichten behindert wird, d. h. eine Ersetzung des irrationellen moralisch-psychologischen Moments, wie es in der kollektivistischen Pflichtatmosphäre des Mittelalters als für das Handeln leitend erlebt wurde, durch eine subjektive Rationalität und ihre schärfste Form, das Rechnerische in der Beziehung von Leistung und Gegenleistung.

Die Individualisierung der ökonomischen und persönlichen Verhältnisse geht Hand in Hand mit der allgemeinen »Versachlichung der Verhältnisse«, wie v. Martin feststellt.

Dieser Rationalismus verbindet sich mit der unüberwundenen, weil für die Unterklassen noch durch nichts ersetzbaren und aus ihrer sozialen Lage heraus immer neu erzeugten religiösen Grundstimmung zu einem eigenartigen Gebilde, das gerade wegen seines Festhaltens an der religiösen Form das kirchlich-feudale Weltbild von innen her auszuhöhlen und zu entnerven in der Lage ist. Die inhaltliche Ausgestaltung dieser gleichzeitig kleinbürgerlich-revolutionären wie religiösen Anschauung ist diktiert von den praktischen Aufgaben, die die allgemeinen Klassenverhältnisse den unteren Klassen stellen. Daraus erklärt sich die trotz aller Widersprüchlichkeit und Verdecktheit überraschende Übereinstimmung zwischen den abstrakten Lehren des Sektentums und den praktisch gerichteten Tendenzen der Unterklassen jener Zeit.

In methodischer Hinsicht entsteht aus der Verbindung zwischen dem rationellen Vertrauen zum eigenen individuellen Verstand einerseits und der traditionellen intuitiven Religiosität andererseits das, was die Sektenanhänger als die »innere Gewißheit« ausgegeben haben. Sachlich resultiert daraus die Ablehnung jeder bevormundenden kirchlichen Dogmatik und Theologie als den Erfahrungen des religiösen Verstandes und der Freiheit des individuellen Erlebens zuwiderlaufend. Dem überpersönlichen, von der irrationalen Autorität des kirchlichen Priestertums geleiteten »Verstande« wird der formal intuitive, weil auf dem Wege des mystischen Sichversenkens in das Bibelwort sich der Wahrheit annähernde, aber inhaltlich auf rationale und jedem zugängliche Erkenntnis ausgerichtete Verstand entgegengehalten. Dem traditionellen und sich jeder verstandesmäßigen Prüfung entziehenden, anerzogenen Glauben tritt die innere Ratio, der äußeren Vorschrift die individuell gestaltete Überzeugung entgegen. Der Form nach muß eine solche Verstand und Intuition nicht trennende Verhaltungsweise als Mystik auftreten, ihrem Wesen nach ist sie rationale Deutung und Kritik, d. h. revolutionärer Rationalismus. Dies bestätigt sich bei näherer Prüfung dadurch, daß das Sektendenken trotz aller Zuneigung zur Mystik überall da, wo es um konkrete und sachliche Entscheidungen geht, kompromißlos nur Verstandeskategorien und Erfahrung als die einzigen Kriterien der Wahrheit anerkennt. Mit Ausnahme der Existenz Gottes und ähnlicher Grundvoraussetzungen religiösen Denkens überhaupt, wird radikal alles ausgeschieden, was vor dem klaren Verstande und dem Wirklichkeitssinn nicht besteht. Lange vor dem berühmten Streit zwischen dem kompromißlerischen Luther und dem rationalistisch denkenden Zwingli haben die Sekten die katholische Transsubstantiationslehre, wonach Brot und Wein in Leib und Blut Christi verwandelt werden, als mit dem Verstande nicht faßbar bekämpft. Wie für Zwingli waren auch für sie Brot und Wein nur Symbole, und mit diesem Vernunftstandpunkt hatten sie nichts weniger vollbracht als die Rationalisierung, d. h. die Verdiesseitigung des Wortes Gottes. Den konservativen Luther hat später bekanntlich diese Haltung in solche Verlegenheit versetzt, daß er Zwingli gegenüber einfach erklärte, er werde Verstandesargumente nicht akzeptieren, und er wolle von der »Hure Vernunft« nichts hören.

Man sieht, daß man sich von der religiös-mystischen Form des

Sektendenkens nicht über seinen rationalistischen Charakter hinwegtäuschen lassen darf. Schon wegen der Getrenntheit von aller umfassenden Bildung und Wissenschaft der Zeit fehlt das logisch-wissenschaftliche Argument; überdies ist der Verstand gezwungen, allen praktisch-revolutionären Folgerungen auszuweichen. Er zieht sich, vom traditionellen religiösen Selbstbewußtsein unterstützt, auf sein eigenes, nach innen gewendetes Erleben zurück und holt sich auf diesem Wege die Argumente, deren er sowohl für die Rebellion gegen das Überkommene wie gleichzeitig auch für die Verlegung dieser Rebellion in die Sphäre der »Erlösung« bedarf. Die Bestätigung der als wahr erkannten Einsichten finden sich in der Bibel, dem einzigen volkstümlichen und ohne größere Bildung verständlichen unter den erhabenen Werken des Geistes.

Es ist ja auch hier trotz aller scheinbaren Verbundenheit der Zeitalter durch die Religion alles gerade umgekehrt wie im Mittelalter. Im Mittelalter entspricht der die Empirie nach allen Seiten hin überschreitenden Weltidee eine formal und begrifflich durchrationalisierte Theologie, welcher der reine individuelle Verstand geradezu als Hindernis für die Erkenntnis der göttlichen Wahrheit erscheint. Deshalb sind nur wenige Auserwählte berufen, nach dem Warum zu fragen; der Laie hat sich glaubend zu unterwerfen. Letzten Endes sind selbst für den Priester und den berufenen Theologen der unerforschliche Wille Gottes und das Wunder unübersteigbare irrationale Gegebenheiten. In dem formell streng rationalisierten System des Thomas von Aquino (1225–1274) spielen noch die unerkennbaren und dem Verstande sich entziehenden Wesenheiten des göttlichen Willens eine große Rolle. Schon der Nominalismus hat diesem »Verstande« gegenüber die Erkenntniskraft der inneren Überzeugung betont und damit den Sekten vorgearbeitet. Diese Rückwendung auf die innere Erkenntnis war aber nur eine Form der Anerkennung des reinen Verstandes als ausreichender Erkenntnisquelle und in Wirklichkeit viel empiristischer als der »Realismus« der kirchlichen Scholastiker. Äußerlich knüpft der kirchliche Realismus an Aristoteles an, der die objektive Wahrheit und Existenz der allgemeinen Begriffe lehrt. Was aber bei Aristoteles eine Wendung zum Empirischen bedeutet, wird in der Scholastik dahin umgedeutet, daß die Begriffe Gott, Teufel, das Gute, das Böse usw., reale Existenz besäßen, selbstverständlich mit jenen Inhalten, mit denen sie die theologische Begriffskonstruktion versehen hat. Wenn aber, so schlossen die »realistischen« Theologen weiter, die allgemeinen Begriffe alleinige Wahrheitsgeltung haben, so sind die Schriften der Autoritäten die einzige Erkenntnisquelle. Diese Ansicht wurde von den Nominalisten heftig bekämpft, indem sie die Auffindbarkeit einer realen Dingwelt hinter den Begriffen, die von jener nur die Namen erhalten, behaupteten. Gegenüber den Verdrehungskunststücken der Scholastik verwiesen die Nominalisten auf die Verläßlichkeit der inneren Erfahrung. Wirklichkeit und Begriff, sagten sie, verhalten sich zueinander wie Ding und Spiegelbild, die Begriffe sind nichts als nur leere Abstraktion und Namen. Die Kirche erkannte frühzeitig die Gefahr, die ihr von der neuen Lehre drohte und verfolgte die Nominalisten. Aber als im 14. Jahrhundert die viel gefährlicheren Sekten sich mächtig auszubreiten begannen, wurde der Nominalismus geduldet. In diese Zeit fällt auch der Höhepunkt des Streites zwischen Realismus und Nominalismus. Zu gleicher Zeit hat sich aus dem Nominalismus eine von der sektenhaften in manchem unterschiedliche Mystik entwickelt. Aber der Sinn und das Prinzip waren die gleichen. Schon die Zeitgenossen sahen keinen allzu großen Unterschied, z. B. wurde der nominalistische Mystiker Geert Groote verdächtigt, in geheimer Verbindung mit den Begharden zu stehen.

Der tiefe Unterschied zwischen dem der Mystik sich bedienenden Rationalismus der Sekten und dem der rationalistischen Form sich bedienenden Mystizismus der Kirche kommt klar zum Vorschein in der Stellung, die beide Richtungen zu den einzelnen christlichen Anschauungen und Lehren einnehmen. All das, was für die Kirche irrationalistisch begriffene Voraussetzung ihrer Herrschaft ist, wird von den Sekten rücksichtslos der Prüfung durch die Ratio unterzogen und zerstört. Für die Kirche ist der auf dem Erlösungsgedanken ruhende Wunderglauben das Mittel ihrer Macht über das Individuum. Die Sekte lehnt jedes Wunder radikal ab; erlöst kann nur derjenige werden, der einen für jeden sichtbaren sittlichen Lebenswandel führt und sich durch gute Taten auszeichnet. Der irrationalistische Gedanke der Erlösung durch den Wunderglauben, wie ihn die Kirche vorschreibt, wird ersetzt durch eine radikale Verdiesseitigung und Rationalisierung der Erlöservorstellung, wobei deutlich die Absicht der sozialen Kritik mitspielt. Die individualistische Grundhaltung der Sekte trägt das Ihrige zur Rationalisierung der religiösen Erlebniswelt bei. Die jedem Individuum eigene, immer wieder von den Sektenanhängern hervorgehobene innere Freiheit des Menschen, wird als unverträglich mit kirchlichen Vorschriften und Dogmen erkannt. Daher ist die Sekte, wie jeder echte rationalistische Individualismus, äußerst tolerant und geneigt, selbst nichtchristliche Religionen als gleichberechtigt anzusehen. Alles Irrationale löst sich vor diesem konsequenten Rationalismus auf: Wundererscheinungen werden als Aberglaube verworfen, das Sakrament wird als nicht begreifbarer übernatürlicher Vorgang beiseite geschoben und die Göttlichkeit Christi geleugnet. Christus ist nicht Gott, sondern ein Mensch, dessen Geist, nicht dessen leiblicher Tod erlösend wirkt. Die ungeheure Wirkung der Lehre Wyclifs vor und während des englischen Bauernaufstandes, an dem sich nicht nur die hörigen Bauern und Pächter, sondern auch die unteren Klassen der Stadtbevölkerung beteiligten, ist daraus zu erklären, daß Wyclif die Transsubstantiationslehre verwarf, und diese Kritik am kirchlichen Irrationalismus fiel auf den fruchtbaren Boden der revolutionären Stimmung. In seinen Soziallehren war Wyclif allerdings ein Kompromißler, indem er das weltliche Grundeigentum anerkannte, was eher geeignet gewesen wäre, ihn bei den in erster Linie gegen den weltlichen Adel rebellierenden Bauern unbeliebt zu machen. Aber die »armen Brüder«, die das Land durchziehenden lollardischen Prediger Wyclifs, bekämpften mit dem Meßwunder nicht nur die hierarchische Stellung der Priester, sondern erschütterten überhaupt die Schranken, die ein freies und selbständiges, auf die revolutionäre Reform des Diesseits gerichtetes Denken beengten. Daß diese Kritik dann auch die zahllosen Weihen, Segnungen, Wallfahrten, Ablässe, Bruderschaften, den Heiligendienst, die Bilder und Reliquien, das Zölibat und die organische Gliederung der Kirche beseitigte, versteht sich von selbst.

Das wichtigste Ergebnis der gedanklichen Anstrengungen der Sektenbewegung ist die Sozialkritik. Trotz ihrer kleinbürgerlichen Herkunft bildet sie sich, wo sie durch die revolutionäre Haltung fortgetrieben wird oder wo Einflüsse des noch nicht scharf herausgebildeten Proletariats und der Stadtarmut sich geltend machen, bis zu anarchistischen und kommunistischen Konsequenzen fort. Dieser Kommunismus tritt aber hauptsächlich noch in den unklaren Formen des Mildtätigkeits- und Konsumkommunismus wie der eschatologischen Erlösung auf. Vorstellungen wie die, daß nach der Herstellung des Reiches Christi die Menschen von ihrer Sündhaftigkeit gereinigt werden, der kirchliche und staatliche Zwang überflüssig wird und die Güter zur Verteilung kommen, scheinen weite Verbreitung gefunden zu haben.

Wie immer sich die Kritik an der Gesellschaft im einzelnen gestalten mag, überall läßt sie sich auf die vorwaltende Grundidee von der ursprünglichen Gleichheit aller Menschen, das Naturrecht, zurückführen. Gegen das kirchliche, mit Hilfe der Sündenfallvorstellung relativierte und den Klassenverhältnissen angepaßte Naturrecht wird das absolute Naturrecht (vgl. den ersten

Abschnitt dieser Schrift) hervorgehoben und als allein geltend hingestellt. Daraus resultiert notwendig auch eine Kritik an den vom kirchlichen Naturrecht anerkannten Eigentumsverhältnissen, aber diese Kritik ist eigentlich nur negativ, d. h. sie richtet sich, von Ausnahmen abgesehen, ganz im Sinne des Kleinbürgertums nur gegen die gewaltigen Besitzunterschiede, gegen die wirtschaftlichen Ungerechtigkeiten und gegen den unrechtmäßig erworbenen Besitz; die gleiche Verteilung der Reichtümer spielt meist nur die ideelle Rolle einer chiliastischen Zukunftsvorstellung. Immerhin entwickelt die naturrechtliche Gleichheitsvorstellung eine große gesellschaftskritische Kraft. Ihre Bedeutung erkennt man am besten dann, wenn man das absolute Naturrecht der Sekten mit dem thomistischen vergleicht. Thomas verwandelt nicht nur das Gesetz der Natur in ein Gesetz der Kirche, sondern er behauptet auch die natürliche Verschiedenheit der Menschen. Die Sekten identifizieren göttliche und natürliche Gesetze vollkommen; sie entziehen es damit einer anderen als gleichheitlich-rationalistischen Auslegung.

Der vom Sektendenken erkannte tiefe Gegensatz zwischen dem natürlichen Gesetz und den herrschenden Zuständen erzeugt das Gefühl des »Weltgegensatzes« und die eschatologische Hoffnung auf Erlösung und Errichtung einer sozial gerechten Ordnung in der Zukunft. Dieser Ordnung wird vorgearbeitet durch Erhebung der Selbstgenügsamkeit und der Arbeit zu Tugenden, wobei der mit guten Taten verbundene und durch eigenen Fleiß erworbene Wohlstand nicht unbedingt abgelehnt wird. Vor allem dem genießerischen und aus der Arbeit anderer erfließenden Reichtum, wie ebenso der Einschränkung der Gewissens- und persönlichen Freiheit als Mittel der Herrschaft über die Menschen wird der Kampf angesagt. So entsteht innerhalb der radikalsten und ideologisch klarsten Teile der Sektenbewegung die diesseitsgerichtete, selbstdisziplinierende und jeden Reichtum verachtende Askese, die mit der jenseitsgerichteten, weltverachtenden und gerade deshalb für den kirchlichen Zweck der Erziehung der Massen zur Demütigung und Opferbereitschaft brauchbaren aristokratischen Askese der Orden nichts gemein hat. Aufschlußreich für die soziale Haltung der Sekten ist ihre Ablehnung der späteren zwinglischen und lutherischen Meinung, daß die Rechtfertigung durch den Glauben völlig genügend sei. Die Sekten stellen sich demgegenüber auf den Standpunkt der Rechtfertigung durch gute Werke, Arbeitsfleiß, sittlich einwandfreies Verhalten gegen die Mitmenschen u. a. Mehr als in der ersten, hat sich in der zweiten, nachreformatorischen Epoche des Sektenwesens das soziale Bewußtsein radikalisiert durch das Anwachsen des städtischen Proletariats und das Entstehen einer verarmten Handwerkerschicht von bisher unbekanntem Ausmaß. Gegen Augustins »Herrschaft der Guten« erhebt sich immer stärker der Ruf nach demokratischer Gleichheit, und gegen die greifbare ökonomische Ungerechtigkeit, wird, wo es zu revolutionären Ausbrüchen kommt, aufrührerisch die Gütergemeinschaft gepredigt.

Die revolutionäre Funktion der Sekten in der Geschichte hat ihnen das Schicksal eingetragen, bis zum heutigen Tage von der reaktionären Wissenschaft herabgesetzt und mit Verachtung behandelt zu werden. Selbst Max Weber, ein unverdächtig bürgerlicher Wissenschaftler, nennt einmal die Art der Behandlung des Täufertums durch den berühmten Professor Ritschl unumwunden einen »Bourgeoisstandpunkt«.

10. Die kirchliche Ideologie

Während die zumeist um das Kleinbürgertum sich gruppierenden Unterklassen der frühkapitalistischen Gesellschaft einen für die Entwicklung der bürgerlichen Ordnung äußerst fruchtbaren, für sie selbst aber noch aussichtslosen Kampf auskämpfen und in der Ideologie der Sekten ihren klarsten gedanklichen Ausdruck finden, kämpft die vornehmlichste Vertreterin der reaktionär-feudalen Ideologie, die Kirche, einen gerade entgegengesetzten Kampf um ihre Selbsterhaltung. Wir haben bereits gesehen, wie in den Ordensgründungen der Franziskaner, Dominikaner und Humiliaten Konzessionen an die Lebensform der Sekten gemacht werden, um ihnen den Wind aus den Segeln zu nehmen, bei gleichzeitiger Verschärfung der Verfolgung der Sekten und ihrer Ideologie. Mit den bürgerlichen Oberklassen der Städte konnte die Kirche nicht so umspringen wie mit den unteren Klassen. Hier mußten in geschickter Weise Kompromisse mit dem mächtig sich durchsetzenden Rationalismus der bürgerlichen Anschauung geschlossen werden, wobei der Endzweck, die Rettung und Festigung der alten Theologie, nicht aus den Augen gelassen wurde. Vorerst hat die Kurie selbst oftmals diesen neuen, von den klügsten Vertretern der kirchlichen Anschauung betretenen Weg nicht verstanden und verurteilt. Aber bald besann sie sich eines Besseren, als sie erkannte, daß unter Berufung auf die vor nicht langer Zeit neu entdeckten Schriften des Aristoteles sich ebensogut Theologie betreiben lasse wie früher und daß es nicht angezeigt sei, diesen Aristoteles den ketzerischen Averroisten zu überlassen. Um sich die ungeheuren Spannungen im Geistesleben des 13. Jahrhunderts in ihrer ganzen Bedeutung vorzustellen, muß man sich daran erinnern, daß Vertreter der verschiedensten Auffassungsweise gleichzeitig leben und wirken. Da ist zunächst der streng traditionsgebundene Theologe Johannes Bonaventura, der, wie er selbst sagt, nur das »Alte und Bewährte befestigen« möchte. Ihn verbindet Freundschaft mit Thomas von Aquin, den geschickten Erneuerer der alten Theologie auf scheinbar aristotelisch-rationalistischer Grundlage. Thomas ist der Schüler des Albertus Magnus, eines ähnlich gearteten Geistes. Thomas reduziert die ins Weltgeistig-Diesseitige weisenden und daher kritischen Züge des pantheistischen und panpsychistischen Verständnisses des Aristoteles bei Averroës auf den alten theistischen und subjektivistisch-psychologischen Standpunkt; Aristoteles wird von ihm in diesem Sinne verwandt. Gleichzeitig wirkt in Paris der große ketzerische Averroist Siger von Brabant, und in Oxford lehrt bereits der bis 1294 lebende Roger Baco die Notwendigkeit des naturwissenschaftlichen Experiments und vertritt trotz mancherlei Bindung an das Alte in verschiedenen Punkten schon ausgesprochen materialistische Anschauungen. Allein die Tatsache der Forderung des Experiments in der Erforschung der Natur mußte in jener Zeit des Überwucherns der reinen metaphysischen Spekulation wie eine materialistische Ansicht wirken.

Bonaventura ist also noch rein scholastisch orientiert, nur daß er zum Unterschied von der alten Scholastik, die sich gerne ein philosophisches Gewand umhängte, unter dem Eindruck der Gefahren, die der Theologie neuerdings von seiten der Philosophie drohten, eine starke Abneigung gegen jede Philosophie entwickelt. Seiner Meinung nach habe die Philosophie den Glauben als erste und letzte Stufe der Erkenntnis zu sehr mißachtet. Überhaupt warnt Bonaventura vor einer Überschätzung der menschlichen Erkenntnisfähigkeit; so kann Gott zwar in seiner Existenz, aber nicht in seiner Wesenheit erkannt werden, in der existentia, aber nicht in der essentia. Aber wie kommt man, fragt Bonaventura, vom Sein Gottes zum Sein der Welt? Wir haben hier eine typisch scholastisch-theologische Frage vor uns, die schon sehr alt ist, von Bonaventura nur neu aufgegriffen und mit einem gewaltigen Aufwand von logischen Schein- und Leerschlüssen beantwortet wird. Bonaventura bekämpft dabei die Meinung, daß Gott die Welt aus einem vorhandenen Material geschaffen hat. Im Begriff der Schöpfung nimmt Bonaventura somit eine strenge Scheidung zwischen der materiellen und der jenseitigen Welt vor, aus der Gott in die Existenz tritt, wodurch der Akt der Weltschöpfung eben gesetzt ist. Damit hat Bonaventura von neuem die mittelalterliche Auffassung befestigt, durch die sich dann die scharfe Entgegensetzung von Welt und Überwelt, von Natur und Übernatur beweisen läßt. Damit ist aber auch die Voraussetzung geschaffen für die Entwertung des Diesseits und des irdischen Lebens der Menschen und für die Verklärung des transzendenten Jenseitigen, in weiterer Folge für die Begründung des Wunders, des Sakraments und aller jener metaphysischen Ideen, auf denen die Kirche ihre Macht über die Seelen aufrichtete. Es ist interessant zu sehen, in welcher Weise Bonaventura seine Spekulationen fortführt. So entspricht der Dreiheit der Entfaltung der materiellen Welt in Form, Stoff und Zusammensetzung die Dreieinheit Gottes. Das diesseitige Sein des Menschen bedeutet nur eine Vorbildung und Vorbereitung auf die Erreichung des jenseitigen Seins, der jenseitigen Gnade. Daher ist alle Natur und alles menschliche Sein in die Gnadenschaft Gottes einbezogen. Entsprechend den sechs Schöpfungstagen gibt es sechs Epochen der Weltgeschichte, dann sieben Sakramente, neun Engelchöre, neun Stufen der kirchlichen Hierarchie, drei Stufen des Seins, und zwar die Stufen der Natur, des Menschen, der göttlichen Gnade usw.

Nun sind auch die Ansichten von Albertus Magnus und Thomas von Aquin voll von metaphysischen, spekulativ-theologischen Elementen. So z. B. lehrt Thomas nach ganz mittelalterlicher Weise die Existenz einer hierarchischen Abstufung der Körper, Pflanzen- und Tierwelt, der Menschen- und Engelwelt; an der Spitze steht Gott. Die Grundhaltung der thomistischen Anschauung ist viel weniger rationalistisch als vielfach angenommen wird, vielmehr ist sie mystisch und ausgerichtet auf die Beziehung der Seele zu Gott, das heißt auf die Gottesnähe und Gottesferne des einzelnen Menschen mit allen ihren Konsequenzen und Möglichkeiten. Allerdings gibt Thomas dem irrationalistischen transzendenten Inhalt eine streng rationalistische Form. An die Stelle des bisher herrschenden formlosen und traditionalistisch-autoritativen Augustinismus tritt eine Anschauung, die mit Hilfe des Aristotelismus das Denken noch mehr systematisiert und rationalisiert. In welcher Weise Thomas transzendente Theologie und Rationalismus verbindet, sei an einem Beispiel aufgezeigt. Unsere Verstandeserkenntnis, sagt Thomas, sich höchst modern ausdrückend, beginnt mit der Sinnesempfindung. Daher, setzt er aber gleich einschränkend fort, kann der Mensch nicht zur vollen Erfassung der göttlichen Substanz gelangen. Die Vernunft ist eine rein menschliche Einrichtung, deshalb bedarf sie der Ergänzung durch die Offenbarung. Natürliche Vernunft und Offenbarung widersprechen sich deshalb nicht, weil Gott selbst der Urheber unserer Natur ist. Einerseits ist Thomas scheinbarer Empirist, in dem er den Schluß Anselms von Canterbury vom Begriff Gottes auf dessen Existenz ablehnt. Wir wissen nicht, sagt er, was Gott ist, und vor allem darf nicht vom Begriff auf das Wesen Gottes geschlossen werden; nur die Wirkungen Gottes in der sinnlichen Welt sind uns zugänglich. Aber - und hier zeigt sich der theologische Hintergedanke — wir können von der Wirkung auf die Ursache schließen, das heißt auf die Existenz Gottes. Abgesehen davon, daß der Schluß von der Wirkung auf die Ursache logisch unzulässig ist, macht sich Thomas eines leeren Logizismus schuldig; nur so kann der Versuch bezeichnet werden, im Dienste der Festigung der erschütterten christlichen Theologie sich einer Spekulation über das Umschlagen von Möglichkeit in Wirklichkeit hinzugeben und vom Bewegten auf die notwendige Existenz von etwas Bewegendem zu schließen. Die Leerheit und der metaphysische Charakter seines theologischen Logizismus werden keinesfalls dadurch besser, daß man dem Thomismus die Bezeichnung einer »natürlichen Theologie« umhängt.

Eine eingehende Darstellung des inhaltlich sehr reichen thomistischen Systems kann in diesem Rahmen nicht gegeben werden. Eine glänzende zusammenfassende Deutung gibt Ernst Troeltsch in seinem Werk »Die Soziallehren der christlichen Kirchen und Gruppen«. Hier sei nur auf folgendes verwiesen. Thomas bemüht sich beständig, einen scharfen Gegensatz zwischen Gott und Welt zu konstruieren. So ist ihm die Materie der minderwertige Gegenpol zu Gott. Damit stellt sich Thomas in Opposion zu der schon mehrfach vor ihm vertretenen pantheistischen Auffassung, nach welcher materielle wie lebendige Natur und Gott sich durchdringen. Im Pantheismus erscheint die existierende Welt nicht mehr minderwertig, sondern im Gegenteil erhoben. Ebenso, und hier wiederum im Widerspruch zu dem ideologisch bereits erheblich über die Schranken des mittelalterlichen Denkens weiterentwickelten Averroismus, vertritt Thomas die Willensfreiheit in ganz mittelalterlicher Weise. Die mittelalterliche Theologie vor Thomas sprach dem Menschen die Freiheit des Willens deshalb zu, um seine Verantwortlichkeit zu betonen und ihn von Lohn und Strafe, von Fegefeuer und ewigem Leben abhängig und so der Kirche gefügig zu machen. Man muß, um die Sache nicht mißzuverstehen, genau unterscheiden: Wir haben anläßlich der Darstellung der reifen Ideologie der Renaissancegesellschaft gezeigt, daß der Humanismus aus seinem konsequenten Individualismus heraus ebenfalls zur Idee der Willensfreiheit gelangt. Aber diese Idee hat ganz andere Wurzeln, steht vor allem in keiner Beziehung zur transzendenten Frage von Lohn und Strafe; die Willensauffassung des Humanismus ist nicht ethisch ausgerichtet, sondern rein empiristisch und ethisch indifferent. Hingegen ist die Ethik des Thomas beherrscht vom Gedanken der mystischen Vereinigung mit Gott, und dementsprechend die Freiheit des Willens die Grundlage der freien Wahl zwischen Sünde und Gott. In der Universalienfrage ist Thomas ausgesprochener Realist, das heißt gleichfalls mittelalterlich orientiert. Deshalb wird er noch im 14. Jahrhundert zum Gegenstand heftiger Angriffe, so besonders seitens Occams.

Man hat neuerdings versucht, Thomas deshalb als einen Modernen aufzufassen, weil er angeblich in seiner Stellungnahme zum Eigentum dieses in seiner bürgerlichen Form zu rechtfertigen unternommen hat. Daß Thomas das bürgerliche, d. h. nicht auf feudaler Ererbung, sondern auf Erwerb durch ökonomische Betätigung beruhende Eigentum meint, läßt sich aus seinen Äußerungen über das Eigentum selbst nicht erkennen, denn diese sind zu allgemein gehalten. In ökonomischer Beziehung unterschied sich damals der bürgerliche vom feudalen Standpunkt durch die Auffassung des Zinses. Denn so entbehrlich das Zinsnehmen auf dem Boden der feudalen Ökonomie erscheinen mußte und sosehr es hier tatsächlich als Wucher erschien, so unentbehrlich war es für die kapitalistische Kreditwirtschaft geworden. In der Praxis hatte sich das Zinsnehmen trotz aller Verbote der Kirche längst durchgesetzt, was oftmals im städtischen Recht zum Ausdruck kam. Die Frage ist nun, wie stellte sich Thomas zur Zinsfrage? Ist es wahr, daß Thomas sich vom kanonischen Zinsverbot entfernt? Dies ist durchaus nicht der Fall, wenngleich auch hier wiederum, wie überall sonst bei Thomas, die Bereitschaft nicht ganz fehlt, einen Kompromiß zu schließen. Schon der Titel der 78. Untersuchung in der »Summe der Theologie« ist bezeichnend und lautet »Die Zinssünde«. Auch daß Thomas die ursprüngliche Gütergemeinschaft als dem Naturgesetz entsprechend ansieht, hat keine besondere, etwa gar dem bürgerlichen Naturrecht entgegenkommende Bedeutung. Denn Thomas folgt auch hierin nur dem Mittelalter, das immer vom absoluten, kommunistischen Naturrecht der Kirchenväter ausging, um sofort dieses Naturrecht in seiner praktischen Geltung aufzuheben mit Hilfe des Sündenfalls, durch den das irdische Dasein als unvollkommen und das Privateigentum in ihm zur angemessenen Eigentumsform des sündigen Diesseits erklärt wurde. Allerdings vollzieht Thomas die Relativierung des Naturrechts formell als Kompromiß mit dem Rationalismus und nicht mehr direkt durch die Sündenfallsidee. So erklärt er das Privateigentum als ein Ergebnis freiwilliger menschlicher Übereinkunft, also aus einem der menschlichen Vernunft entspringenden Vertrag. Damit werde, meint Thomas, das Naturgesetz, dem die Gütergemeinschaft entspreche, nicht aufgehoben, sondern nur durch die praktische Vernunft des Menschen ergänzt. Also auch in dieser Begründung des positiven, das Privateigentum anerkennenden Gesetzes ist ebenso eine Relativierung des absoluten Naturrechts gegeben wie in der Sündenfallslehre; diese kommt übrigens im System des Thomas ungeachtet seines »Rationalismus« nicht nur vor, sondern sie spielt da sogar eine wichtige Rolle, so daß schließlich auch die vernünftige Handlung und das positive Gesetz nichts anderes bedeuten können als eine Anpassung der Vernunft an die Notwendigkeiten der sündigen und daher unvollkommenen Welt. Auch die Arbeit ist in ganz mittelalterlicher und unbürgerlicher Weise für Thomas die durch den Sündenfall zum Schmerz gewordene Strafe. Treffend bemerkt Troeltsch: »Wie die Lebensansprüche nach Stand und Rang sich aufs stärkste unterscheiden und dem Höherstehenden auch in hohem Maße zustehen, wie die Berufe und Stände der Väter von einzelnen nicht verlassen werden dürfen, sondern geduldig fortgesetzt werden müssen, und keiner über seinen Stand hinausstreben soll, so ergießt sich von hier aus über das Ganze eine Stimmung der Geduld und des Leidens, die mit der (bürgerlichen – L. K.) Berufsfreudigkeit ... nichts zu tun hat, um so mehr aber Ergebung in die Folgen des Sündenfalls und in die gottesgesetzte Ungleichheit ist.« Ganz mittelalterlich ist schließlich der thomistische Patriarchalismus, der mit der »irrationalen Setzung« der menschlichen Ungleichheit durch Gott begründet wird und sogar die Sklaverei wie schon vorher Paulus, Aristoteles, Chrysostomus, Augustinus u. a. rechtfertigt nach dem Grundsatz »dem Herrn sein Sklave«. So endet überall die thomistische Theorie trotz aller scheinbaren Abwendung von der mittelalterlichen Anschauung, einen gedanklichen Kreis beschreibend, wiederum bei der Ideologie des Mittelalters.

Hält man sich noch vor Augen, daß Thomas in der Staatstheorie eine unbedingte Präpotenz der Kirche über den weltlichen Staat behauptet, und dies wiederum im vollen Gegensatz zu der Anschauung, die sich auf dem Boden des bürgerlichen Seins bereits herauszubilden beginnt, dann kann man sich beim besten Willen nicht mehr dem Eindruck entziehen, einen sich nur äußerlich und aus Gründen der Klugheit anpassenden Vertreter der feudal-kirchlichen Ideologie vor sich zu haben. Thomas' mittelalterliche Gebundenheit hebt sich am deutlichsten dann heraus, wenn man sich sein Zurückbleiben hinter der Höhe, die das bürgerliche Denken schon vor ihm in den ersten Nominalisten, dann in der Schule von Chartres und zu seiner Zeit im Averroismus erreicht hatte, vor Augen führt. Während die thomistische Anschauung sich formell anzupassen versteht, jedoch mittelalterlich in ihrem Gehalt bleibt, verhält es sich bei den frühbürgerlichen Ideologien vielfach gerade umgekehrt: Sie sind in der Form oft noch mit Eierschalen der mittelalterlichen Vorstellungswelt behaftet, streben aber inhaltlich bereits um so stärker über die Grenzen des Mittelalters hinaus zur modernen, bürgerlich-rationalistischen und kritisch-revolutionären Auffassung von Natur und Mensch. Es lohnt, sich in diesem Zusammenhang die höchste Form dieser frühbürgerlichen ideologischen Strömungen, den Averroismus, anzusehen.

Wie der Nominalismus ist auch der Averroismus ein Bahnbrecher des Humanismus gewesen. Der Nominalismus kam von der Scholastik her und hat mit scholastischen Mitteln gegen die überkommene Theologie anzukämpfen versucht. Der Averroismus kam von außen und hat die Scholastik und die Theologie als Ganzes angegriffen. Im Mittelalter waren außer einigen echten Schriften des Aristoteles auch eine Anzahl von pseudoaristotelischen Abhandlungen in Umlauf gekommen. Erst durch die Araber und Juden wird im 12. Jahrhundert der ganze Aristoteles bekannt, und zwar in der richtigen Reihenfolge, d. h. zuerst die Physik und dann die Metaphysik. Dazu bemerkt Grabmann: »Der neue Aristoteles hat zuerst Anklang und Aufnahme bei Ärzten und Vertretern der Naturwissenschaft gefunden, so bei Daniel von Morlay, bei Urso von Lodi und Maurus von Salerno, bei dem naturwissenschaftlich eingestellten Alexander Neckam, bei dem Enzyklopädisten Arnold von Sachsen u. a. ...« Da der neue Aristotelismus stark zur empirischen Betrachtungsweise hindrängende Züge zeigte, jedenfalls der rein begrifflichen Spekulation nicht ebenso den Weg bereitete wie der Platonismus und der auf diesem ruhende traditionelle Augustinismus, lehnten ihn die Theologen vorerst ab. Man wollte nur wie bisher die schon im Mittelalter bekannten logischen Ansichten des Aristoteles, die gleichfalls gute Anknüpfungspunkte für begriffliche Konstruktionen abgaben, anerkennen. Auch die Pariser Universität verwarf die neuentdeckten aristotelischen Schriften. 1210 und 1215 wurden durch Vertreter des Papstes in Paris Verbote erlassen, Aristoteles zu lehren. Ausdrücklich bezog sich das vom päpstlichen Legaten 1215 erlassene Verbot nicht nur auf die aristotelische Metaphysik und Naturphilosophie, sondern auch auf jene Teile der Logik, die neu entdeckt worden waren, während die bereits im Mittelalter bekannten Teile der Logik empfohlen wurden.

Nun war nicht so sehr Aristoteles der Kirche gefährlich geworden, als vielmehr der durch die Interpretation des Averroës (1126-1198) hindurchgegangene Aristotelismus. Zwischen der Lebenszeit des Averroës und des großen Averroisten an der Pariser Universität Siger von Brabant, der auf unaufgeklärte Weise in den Kerkern der Inquisition verschwindet, erstreckt sich allein schon eine Zeitspanne von fast einem Jahrhundert. Wenn man bedenkt, daß der Averroismus noch darüber hinaus lange nachwirkte, dann kann man sich seinen ungeheuren Einfluß vorstellen. Averroës war in Cordova geboren, bekleidete in Marokko hohe Stellen, wurde aber schließlich wegen der Unabhängigkeit seines Denkens von den mohammedanischen Behörden abgesetzt. Er ist ein unbedingter Anhänger des Aristoteles, den er in seinen »Kommentaren« darstellt. Was Averroës zu sagen hatte, stand im Widerspruch mit dem Offenbarungsglauben, und erst recht, was die Averroisten zu sagen hatten. So behauptet Averroës die Ewigkeit des Weltprozesses, der keinen Anfang und kein Ende hat. Es liegt eine gewisse Vorwegnahme des modernen Entwicklungsgedankens in dieser Anschauung. Für jene Zeit bedeutete eine solche Ansicht nicht weniger als die Leugnung des Schöpfungsaktes und in weiterer Folge des die beständige Entwicklung unterbrechenden Wunders, wie schließlich der Unsterblichkeit der Seele. »Averroës«, sagt Albert Lange in seiner ›Geschichte des Materialismus‹, »läßt alle Veränderung und Bewegung in der Welt und insbesondere das Werden und Vergehen der Organismen ›der Möglichkeit nach‹ schon in der Materie liegen, und Gott hat nichts zu tun, als die Möglichkeit in Wirklichkeit überzuführen. Sobald man sich auf den Standpunkt der Ewigkeit stellt, verschwindet der Unterschied zwischen Möglichkeit und Wirklichkeit, da in ewiger Folge alles Mögliche auch in Wirklichkeit übergeht. Damit verschwindet aber im Grunde für den höchsten Standpunkt der Betrachtung auch der Gegensatz von Gott und Welt.« Wir wissen bereits, daß die Aufhebung dieses Gegensatzes jenen Pantheismus ergibt, der in der Vorstellung des 13. Jahrhunderts und später noch ein revolutionäres Element darstellte. Die Averroisten haben sich nicht gescheut, die entsprechenden Konsequenzen zu ziehen, d. h. die Welt als einen eigenen Gesetzen folgenden und nicht von außen gelenkten kausalen Prozeß aufzufassen, selbst den Menschen dieser Kausalität unterzuordnen und damit die Freiheit des Willens zu leugnen. Diese Interpretation der Welt als eines strengen Zusammenhanges von Ursache und Wirkung war konsequenter und überzeugender, als jene von Thomas aufgestellte Behauptung der Existenz einer doppelten Kausalität, einer göttlichen causa prima und einer innerweltlichen causa secunda. Dabei verwickelt sich Thomas ständig in unauflösliche Widersprüche, um schließlich trotz seiner Konzession an das Kausalitätsprinzip in unverständiger Weise bei der Proklamierung der Willensfreiheit in kirchlich-ethischem Sinne zu landen. Die Averroisten formulieren ungeachtet ihres gedanklichen Radikalismus ihre Ansichten sehr vorsichtig, sie greifen nicht offen das Christentum an und machen mit der Theorie der zwei Wahrheiten, einer göttlich-theologischen und einer natürlich-wissenschaftlichen, Konzessionen. Als Ideologen der Bourgeoisie befürchten sie eine Lockerung der religiösen Disziplin der Massen, auch fürchteten sie, als Ketzer verfolgt zu werden. Mit der Lehre von der doppelten Wahrheit haben sie sich tatsächlich ein glänzendes Schutzmittel geschaffen, das ihnen ermöglichte, ihre pantheistisch-materialistischen Anschauungen zu vertreten, ohne unbedingt mit der Kirche in Konflikt zu geraten. Nicht immer gelang ihnen dies. In Venedig z. B. waren sie genötigt, sich zum Schutze gegen die kirchliche Verfolgung zu Geheimbünden zusammenzuschließen.

1231 hat der Papst Gregor IX. in einem Schreiben neuerdings eingeschärft, daß an der Pariser Universität die naturphilosophischen Schriften des Aristoteles nicht gelehrt werden dürfen, und zwar solange nicht, bis sie geprüft sind. Noch 1245 dehnt Papst Urban IV. dieses Verbot auf die Universität Toulouse aus. Doch hat man sich nicht viel um diese Verbote gekümmert, denn überall wird Aristoteles fleißig gelesen. Klüger als die Päpstse und ihre Legaten gingen die Theologen Albertus Magnus und sein Schüler Thomas von Aquin vor. Albertus hat damit angefangen, Aristoteles theologisch zu kommentieren und mit den Glaubensgrundsätzen der Kirche in Einklang zu bringen. Gegen diese Tendenz trat an der Pariser Fakultät unter der Führung von Boetius von Dacien und Siger von Brabant ein energischer Averroismus auf, der unbekümmert um die kirchlichen Lehren auch da Aristoteles im Sinne der arabischen Kommentatoren vortrug, wo er damit in offenen Widerspruch zur christlichen Weltanschauung geriet. Sogar der anfängliche Gegner des Aristotelismus, Johannes Duns Scotus, sieht sich nunmehr gedrängt, einen Aristoteles-Kommentar zu verfassen. Dies ist um so bemerkenswerter, als Duns Scotus (gest. 1308) ein streng kirchlich und autoritativ gebundener Denker ist, ein Anhänger des Realismus und Feind jeder Konzession an den Rationalismus. »War das Bemühen der Scholastik darauf gerichtet gewesen, die gesamte natürliche und übernatürliche Welt als ein großes rational begreifbares System zu fassen, so erklärte Duns Scotus rund heraus, daß sich die Notwendigkeit der Schöpfung, des Sündenfalls, des Heilsplanes Gottes in keiner Weise beweisen lassen ...«, was er tue, sei Gottes freier Wille (»Voluntarismus«). Duns Scotus' konsequente Autoritätsgläubigkeit erscheint in seiner energischen Apologie des Glaubens an die unbefleckte Empfängnis Mariae. Es beweist nur den gewaltigen Einfluß des Aristotelismus, wenn sogar ein solcher Denker genötigt ist, sich mit ihm zu beschäftigen. Da der Aristotelismus sich aber immer mehr durchsetzt, versucht man, ihm den Stachel dadurch zu nehmen, daß man ihn theologisiert. Schließlich fordert 1366 der Legat Urbans V. für das Lizentiat an der Pariser Universität sogar die Kenntnis sämtlicher Schriften des Aristoteles. Aber ungeachtet dessen verbreitet sich der kirchenfeindliche Averroismus mit Windeseile nach allen Richtungen. Nichts richten hier die Anstrengungen so angesehener Männer wie Albertus Magnus und Thomas aus, der in einer eigenen Schrift gegen den Averroismus zu Felde zieht. Ebensowenig fruchten die kirchlichen Verbote von 1270 und 1277. Um den Averroismus zu widerlegen, schlägt Albertus folgenden Weg ein. Durch Aristoteles belehrt, weiß er jetzt, daß man, um die Existenz Gottes zu beweisen, nicht wie einst Anselm von Canterbury vom reinen Begriff Gottes ausgehen könne. Albertus lehnt daher den ontologischen Gottesbeweis des Anselm ab und versucht die Begründung eines »kosmologischen«, von der Erfahrung ausgehenden Gottesbeweises. Aber mit dieser »Erfahrung« ist es bei Albertus schlecht bestellt. In Wirklichkeit geht er aus vom aristotelischen aktiven Intellekt, den er an Gott teilhaftig sein läßt, und verleiht ihm so Unsterblichkeit. Damit vermeint Albertus die Unsterblichkeit der Einzelseele erwiesen und dem bösartigen Averroismus für seine Leugnung der Einzelseele und ihrer Unsterblichkeit den Boden entzogen zu haben. Um zu verstehen, welche Bewandtnis es mit dieser averroistischen Leugnung der Einzelseele hat, müssen wir vorerst noch eine andere wichtige Lehre des Averroismus kennenlernen. Im Zusammenhang mit der Idee von der Ewigkeit der Welt entwickeln schon Averroës und erst recht der spätere Averroismus die Vorstellung einer Durchwirktheit des Kosmos mit einer Weltseele. Deren sichtbarer Ausdruck ist die Einzelseele bloß, kann aber niemals von der Weltseele ganz abgelöst werden. Deshalb löst sich beim Tode des Individuums die Einzelseele, die an den Körper gebunden ist, auf. Die Weltseele stellt sich der Averroismus nicht etwa mystisch vor, nicht so, daß er die christliche durch eine andere Theologie ersetzt, sondern durchaus als diesseitig wirkend (wenngleich dem damaligen Stand des Denkens entsprechend objektiv metaphysisch). Die Weltseele ist für den Averroismus nichts anderes als die Einheit des Intellekts, oder anders ausgedrückt, die Einheit des rational erkennbaren ewigen Gesetzes, das den Ablauf der Welt beherrscht, sie durchwaltet, ohne Rücksicht auf das einzelne, das zwar ständig untergeht und stirbt, aber sowohl im Sein wie im Vergehen am ewigen, unendlichen Geschehen teilhat. Unsterblich ist am Menschen der Intellekt nur insofern, als er an der allgemeinen Vernunft der Welt, am allgemeinen Intellekt teilhat. Das im Einzelindividuum Beschlossene hingegen ist vergänglich und sterblich. Die Hauptschrift des Siger von Brabant trägt den bezeichnenden Titel »De anima intellectiva«.

Der Averroismus setzt sich bis in das 14. Jahrhundert fort. Außer dem Portugiesen Thomas Skotus, der, wie es heißt, den krassesten Unglauben vertritt, lehrt in Paris Johannes de Jandun (Janduno), der Freund des großen italienischen Denkers Marsilius von Padua, die denkbar glaubenswidrigsten Ansichten. Bis nach Deutschland und England findet der radikale Averroismus Verbreitung. Am längsten hat er sich in Italien erhalten. 1307 gilt der Lehrer für Philosophie und Medizin an der Universität in Padua, Pietro d'Albano, als Averroist. Pietro ist Anhänger der Astrologie, wie übrigens viele andere Averroisten auch, für deren Vorstellungsweise ganz im Sinne der Renaissance (vgl. den 5. Abschnitt) der Zusammenhang von Menschenschicksal und Sternenlauf eine Form des kausalen Zusammenhangs bedeutet, der den ganzen Kosmos durchwirkt. Die Astrologie wird also damals noch naturwissenschaftlich verstanden und fügt sich leicht dem averroistischen Weltbild ein. Zu Beginn des 14. Jahrhunderts widerlegt Taddeo de Parma scharfsinnig die Angriffe des Albertus auf Averroës. Gegen Ende des 14. und im 15. Jahrhundert wird Padua die Hauptstadt des Averroismus.

11. Die lutherische Reformation

Die erste Frage, die notwendig mit dem Problem der deutschen Reformation auftaucht, ist die Frage, weshalb die reformatorische Bewegung nicht in Italien, dem Lande der humanistischen Auflösung der Religion und der Kritik am Alten überhaupt, sondern gerade in dem entwicklungsmäßig hinter Italien nachhinkenden Deutschland entstanden ist. Diese Frage ist im Grunde identisch mit der anderen nach dem Fehlen der Erscheinung eines fortschrittlichen Absolutismus in Deutschland, das um so auffälliger ist, als die fürstlich absolute Herrschaftsform an sich hier nicht nur vorhanden war, sondern zu höchster Vollendung kam.

Um es vorweg zu sagen: Der Grundunterschied zwischen Italien und Deutschland, sowohl hinsichtlich der Reformation als auch was den Absolutismus betrifft, ist gegeben in der verschiedenen Entwicklungshöhe, die der Handelskapitalismus in beiden Ländern erreicht hat. Wir haben dargestellt, wie sehr Handelskapitalismus, Renaissance und Absolutismus einander zugeordnete Erscheinungen sind. In den Jahrhunderten vor der Reformation erhebt sich in Spanien, Frankreich, Holland und England ungeachtet mancher Verschiedenheiten in Tempo und Intensität der Handelskapitalismus zum maßgebenden gesellschaftlichen Faktor. In Deutschland dagegen bleibt er trotz vereinzelter, glänzender Anfänge an gesellschaftlicher Bedeutung noch weit hinter den feudalen Kräften zurück. Dies bestätigt Sombart mit folgenden Worten: »Aber ich möchte doch vor Überschätzung warnen, möchte den Gedanken doch ganz und gar von der Hand weisen, als sei der kapitalistische Geist in Deutschland selbst im 16. Jahrhundert zu einer Höhe und Breite der Entwicklung gelangt, die sich auch nur im entferntesten mit der etwa in den italienischen Städten schon des 14. Jahrhunderts gleichstellen ließe.« Eine gewisse Ausnahme bildet vielleicht die Hansa, bei der eine dem patrizischen Absolutismus Italiens ähnliche Regierungsform zu beobachten ist. Aber die Hansa ist ein selbständiges Gebilde, das am politischen Leben des übrigen Deutschland willentlich kaum teilnimmt. Seit der Niederlage der Lübecker im Jahre 1535 beginnt übrigens bereits ihr Niedergang. In Süd- und Westdeutschland erheben sich einzelne Handelszentren wie Nürnberg, Augsburg und Köln zu nennenswerter Höhe. Sie bleiben aber verhältnismäßig isolierte bürgerliche Inseln in einem kräftig wogenden feudalen Meere. Die meisten deutschen Städte zeigen den Charakter von Handwerkerstädten mit einem nur geringen Binnenhandel.

Diese eigenartige Zwiespältigkeit ist nun gerade bedeutsam für die weitere, insbesondere ideologische Entwicklung Deutschlands. In diesem Zustand der Zwiespältigkeit und Unvollendetheit, da Deutschland einerseits dank seiner geographischen Lage ständig wirtschaftliche Impulse seitens der hochentwickelten Nachbarländer erhält, andererseits aber weit hinter diesen zurückbleibt, wird es von zwei Momenten gleichsam überrascht, die bestimmend werden für seine weitere Entwicklung. Das eine Moment ist der vorwärtsstrebende italienische Humanismus, der sowohl von Deutschen, die in Italien studiert haben, als auch von Italienern, die nach Deutschland kommen, mitgebracht wird und in den entwickelteren Städten einen günstigen Boden findet. Bei einer weiteren ungestörten Entwicklung der deutschen Städte wäre bald der Zustand erreicht worden, in dem die Kraft der bürgerlichen jener der feudalen Klassen sich überlegen erwiesen hätte. Damit wäre Deutschland in das Stadium der Renaissance, die in den Nachbarländern teilweise bereits ihre Höhepunkte überschritten hatte, erst richtig eingetreten. Da begann die Verlagerung der Handelswege, durch die Deutschlands Entwicklung einschneidend unterbrochen wurde. Below gibt als Grund für diese Verlagerung die Störung an, die die Entdeckung des Seeweges nach Ostindien und Amerika im Handel zwischen den oberdeutschen Städten und Venedig hervorgerufen hat, während Mehring stärker die Eroberung Konstantinopels durch die Türken und ihr folgendes Vordringen betont; möglich, daß beides zusammengewirkt hat.

Als Deutschland durch die Einflüsse des Auslandes aus seinem theologischen Schlaf gerissen wird, gelingt die humanistische Erweckung nur sehr unzulänglich. Zwar regt sich mancherorts schon eine kräftige antifeudale Stimmung, weshalb von den fortgeschrittensten Elementen der städtischen Gesellschaft der Humanismus, in dem man einen Bundesgenossen erkennt, bereitwilligst aufgenommen wird. Entsprechend der allgemeinen übrigen Zurückgebliebenheit jedoch wirkt der deutsche Humanismus vorerst nur im engen Rahmen; er stößt überall auf die Schranken der noch starken traditionellen Ideologien, so daß er notgedrungenermaßen und unversehens vieles von seiner ursprünglichen Reinheit verliert, sich anpassen muß und eine Umgestaltung gefallen läßt, ohne die er nicht zur Wirkung kommen kann. Bezold bemerkt ganz richtig: »Die überlegene Kultur der Südländer ließ sich nicht so ohne weiteres mit den neuen Grammatiken und Klassikerausgaben über die Alpen tragen; diesseits begnügten sich gar viele treffliche Männer mit der Ausbesserung ihres lateinischen Stils, ohne sich für das Heidentum der antiken Dichter oder die Philosophie ihrer italienischen Verehrer erwärmen zu können.« Das Ergebnis ist, ähnlich wie ungefähr gleichzeitig in England, das Zwittergebilde eines sich mit der Theologie nicht nur auseinandersetzenden, sondern auch vermischenden Humanismus. Sehr bezeichnend ist es schon, daß zum Unterschied zu Italien, wo der Humanismus die Hochschulen, die Stätten der scholastischen Gelehrsamkeit, meidet, er sich in Deutschland gerade auf diesen einnistet und einige ihrer Neugründungen anregt. Man versteht deshalb, warum die bedeutendste deutsche Humanistenschule des ausgehenden 15. Jahrhunderts, der Erfurter Kreis, ebenso eine Humanisten- wie eine

Theologengesellschaft darstellt. Der gleiche Grund ist aber auch dafür maßgeblich geworden, daß die erzieherischen und propagandistischen Anstrengungen des deutschen Humanismus nicht in einer ausgereiften Renaissancekultur, sondern in der Reformation geendet haben. Mit dieser lutherischen Reformation hat der Calvinismus nichts zu tun, wie wir noch zeigen werden. Denn wie jene der Renaissance eigentlich nachhinkt, läßt dieser sie bereits hinter sich.

Selbst Erasmus, der 1491 das Kloster verläßt und dessen Denken deutlich in die Richtung der humanistischen Transzendierung des Religiösen weist, theologisiert, da er mit den deutschen Verhältnissen in ständigem Kontakt steht, sein Leben lang, diskutiert mit der Theologie, wenngleich er es selten unterläßt, sie auch zu ironisieren. Auf deutschem Boden kann keine Geistesrichtung abseits von den religiösen Fragen Stellung beziehen oder gar ähnlich wie in Italien sich an der Religion uninteressiert zeigen. Aber die Entwicklung ist trotzdem nicht einheitlich und klar, sondern widerspruchsvoll. Noch ist das Bewußtsein der Gesellschaft christlich, doch schon wird es durch die ökonomische Entwicklung einzelner Landesteile im Süden und Westen erschüttert; der Katholizismus verliert sichtlich an Anhang und erscheint weiten Kreisen als reformbedürftig. Wie deshalb in den unteren Klassen der Sektengeist sich gegen die Kirche auflehnt, so erblicken die wohlhabenden Meister und Kaufleute, in erster Linie die aus ihren Reihen hervorgehenden Gebildeten, im Humanismus das wirksamste Mittel der Modernisierung ihrer prinzipiell noch religiös befangenen Weltanschauung. Ein Beispiel dafür, wie humanistisches und religiöses Denken sich verbinden, gibt der große Humanist und Pädagoge Jacob Wimpfeling, der sich sogar gegen die Gefährdung des Christentums durch das Studium des heidnischen Altertums wendet und noch zu einem Zeitpunkt, als sich bereits ein gewisser Radikalisierungsprozeß im deutschen Humanismus bemerkbar macht, im Jahre 1510, eine Schrift zur Verteidigung der Theologie verfaßt. Ein Blick in die Zeit vor der Jahrhundertwende zeigt, daß damals tatsächlich die meisten deutschen Humanisten trotz ihrer Opposition gegen die Kirche mit allerlei theologischen Spekulationen beschäftigt sind.

Wie zurückgeblieben im Durchschnitt der deutsche Humanismus dieser Epoche wohl gewesen sein mag, ersieht man aus dem Bekenntnis der meisten Humanisten zum konservativen Realismus (vgl. den ersten Abschnitt dieser Schrift), während der empiristische und daher dem humanistischen Denken zweifellos entsprechendere Nominalismus nur sehr wenige humanistische Bekenner aufzuweisen hat. Ricarda Huch weist darauf hin, daß die deutschen Humanisten auch in der Staatslehre sich von der italienischen Auffassung entfernten, indem sie an der mittelalterlichen Lehre von der gemeinsamen Herrschaft von Papst und Kirche, wie an der Auffassung von dem Supremat des Papstes über den Kaiser festhielten.

Dabei fehlt es keineswegs an Skeptikern und sogar vereinzelten Radikalen. So greift Bebel in revolutionärer Weise die kirchlichen Dogmen, das Wunder, die Dreieinigkeitslehre und die Heiligenverehrung an. Aber eine solche Gestalt ist im allgemeinen im »älteren« Humanismus Deutschlands selten. Celtes gehört mit seinem Heidentum nach Janssen schon der »jüngeren« Schule an. Selbst der skeptische Führer des Erfurter Humanistenkreises Mutian schwankt zwischen kritischer und dogmatischer Auffassung der Theologie hin und her, dasselbe gilt für die anderen Humanisten Erfurts, die einen regen Verkehr mit den strenggläubigen Theologen pflegen, deren Ansichten mit äußerstem Ernst erwägen und zum Teil akzeptieren. Im gleichen Fahrwasser bewegen sich so bedeutende Humanisten wie Agricola, Thomas Murner, Reuchlin und andere, zwar nicht ohne Schwankungen und Widersprüche, aber immer an der christlichen Theologie zutiefst interessiert. Der Unterschied zu Italien ist auffällig.

Allerdings darf dieser deutsche Frühhumanismus nicht mit dem dekadenten Humanismus der italienischen Spätrenaissance verglichen werden, deren Niedergang bereits mit dem Platonismus der Florentinischen Akademie und deren Ende eigentlich schon 1510 mit dem Beginn des Manierismus in der Kunst angezeigt ist, jenem Übergang zum Barock, durch den an die Stelle der klassischen Ruhe das bewegte religiöse Pathos tritt. Aber selbst in diesen Zeitabschnitt der italienischen Renaissance wirkt noch mächtig die antitheologische Tradition des italienischen Humanismus hinein, wofür wir in Laurentius Valla ein Beispiel haben. Diese streitsüchtige Natur erblickt in der theologischen Diskussion nur ein ausgezeichnetes Mittel, um die Theologie als Ganzes restlos zu blamieren.

Es ist interessant zu sehen, wie sich auch sonst die Dinge in Deutschland geradezu verkehren. Während der italienische Humanismus sein Heidentum nur selten offen zeigt, sich vielmehr äußerlich mit der Kirche abfindet, geniert sich der deutsche Humanimus nicht, seine antikirchlichen Tendenzen offen zuzugeben und zu betonen. Aber daß er antichristlich-heidnisch gewesen wäre, wird man kaum behaupten können. Für das volle Verständnis der deutschen Verhältnisse ist die Einsicht wichtig, daß der neue, durch die klassische Bildung genährte, von Italien herüberwehende Geist gerade deshalb zu einer gewissen umwälzenden Wirksamkeit kommen kann, weil er es versteht, sich auf den Boden der Tatsache der vorläufig noch unüberwindlichen Macht der Kirche zu stellen. Einerseits werden die Theologen bekämpft, andererseits werden aber die Diskussionen und Kritiken in den Rahmen der Theologie gezwungen, am auffälligsten bei Melanchthon, Erasmus, Reuchlin und Hutten.

Kurz vor der lutherischen Umwälzung hat der deutsche Humanismus bedeutsame Ansätze zu einer konsequenten Entwicklung gezeigt, die wir nicht übergehen wollen. Janssen weist darauf hin, daß vor dem Auftreten Luthers der ältere, theologische oder zumindestens christliche Humanismus von einem jüngeren, kritischen und heidnischen abgelöst zu werden beginnt. Erasmus hat an dieser Entwicklung einen bedeutenden Anteil. Aber auch die Verschärfung der sozialen Gegensätze, die ansteigende Adelsfeindschaft und die Unruhen des Volkes scheinen eine wichtige Rolle gespielt zu haben. In diesem Prozeß zeigt die Kirche offen ihr reaktionäres Gesicht, wodurch der Humanismus stärker als bisher in die Opposition gedrängt wird. 1509 gibt es einen regelrechten Volksaufstand in Erfurt, das Ergebnis einer langwährenden Mißstimmung und ein Sturmzeichen der nahen Zukunft. 1512 erhebt sich Worms gegen den Rat, bis 1518 stiftet Sickingen Unruhe. In dieser Bewegung schließen sich die meisten Humanisten, so vor allem Mutian, dem Fortschritt an. Aber Janssen gibt selbst zu, daß auch die jüngere humanistische Richtung sich nicht ganz von den theologischen Fesseln zu befreien vermag: »Was die von ernsten Geistern beklagte trübe Mischung christlicher Wahrheiten und heidnischer Denkweise anbelangt, so fanden sich dafür auch in Deutschland die schlimmsten Anzeichen.«

Dem italienischen Humanismus kommt Erasmus am nächsten. Das bekannte Wort vom »frommen Betrug«, durch den das Volk zeitweilig getäuscht werden müsse, ist ebenso bezeichnend für das echte Renaissancedenken des Erasmus wie seine Verteidigung der Willensfreiheit gegen Augustins Prädestinations- und Gnadenlehre; auch seine Adelsauffassung, die das Geburtsrecht verneint und durch den Adel der Persönlichkeit ersetzt. Erasmus weist, trotz seiner Bibelverehrung, die er ganz in der Art der Sekten, also rationalistisch und individualistisch tätigt, starke freidenkerische Züge auf. Da er aber einen großen Teil seiner Lebensarbeit in der Atmosphäre des deutschen Geistes vollbringt, steht er noch vielfach auf dem Boden der Theologie. Er setzt sich, um nicht außerhalb der deutschen Gegensätze zu bleiben, mit ihren Grundsätzen auseinander und versucht, reformierend auf die religiöse Auffassung einzuwirken. Je nach Zeit und Situation werden von den Humanisten das eine Mal die theologischen, das andere Mal die profanen Schriften von Erasmus bevorzugt. Der unruhige, zugleich zänkische und den Frieden liebende Geist des erasmischen Genies ist der reichhaltige Born für eine solche wechselnde Anlehnung. Neben Erasmus sind noch Hutten und Reuchlin als Zentren des neueren deutschen Humanismus zu erwähnen. Einheitlicher in seinem Wirken, zeigt aber auch Hutten ein zwiespältiges Wesen. Hutten kommt durch Crotus Rubeanus in den Erfurter Humanistenkreis. Seine bedeutendste Leistung sind die antipfäffischen Dunkelmännerbriefe. Sein Lob der humanistischen »echten Theologie« ist ganz im Sinne des deutschen Humanismus zu verstehen, d. h. im Sinne einer antipäpstlichen und antikirchlichen, aber keineswegs heidnischen Gesinnung. Seine Neigung zu religiöser Innerlichkeit entbehrt nicht der sektenhaft-individualistischen Note. Ganz deutsch ist vor allem der Humanist Reuchlin. Einmal führt er eine scharfe Sprache gegen die Theologen, denen er Ignoranz hinsichtlich der Schriftsteller des Altertums vorwirft; damit erweist er den jüngeren Humanisten, die im Kampfe mit der Scholastik und dem Dominikanerorden stehen, den größten Dienst. Gleichzeitig versenkt er sich aber in eine mystisch-christliche Religiosität und entwickelt, indem er die Kabbala gegen Pfefferkorn verteidigt, eine neue Theologie. Das Freidenkertum ist ihm völlig fremd.

Alle diese geschilderten Momente haben bei dem Entstehen der Reformation entscheidend mitgewirkt. Noch immer ist die Mithilfe des Humanismus nicht genügend erkannt worden. Luther selbst ist geradezu ein Produkt jenes Geistes, dessen Träger vorzüglich der deutsche Humanismus gewesen ist. Man bedenke nur, daß es nicht zuletzt der Humanismus war, der unablässig das Recht auf freie Auslegung der Bibel gefordert hat. Wieweit dabei der Sektengeist mitgewirkt hat, ist schwer zu sagen. Jedenfalls steht fest, daß Luther schon frühzeitig mit dem Gedankengut der sektiererischen Mystiker Eckhart und Tauler in Berührung kommt. Interessant ist, daß, obgleich Luther die Schrift des großen Ketzers Hus später kennenlernt, er sich anerkennend über sie äußert, so noch im »Sendschreiben an den Adel deutscher Nation«. Aber auch die Schriften der Römer und Griechen nehmen ihn in starkem Maße gefangen. So vermischen sich in seinem frühen Denken kritische Gesichtspunkte der sektenhaften und der humanistischen Anschauung zu einem eigenartigen Gebilde stark religiöser Prägung. Das Religiöse überwiegt so sehr, daß sich Luther trotz Abraten seiner humanistischen Freunde entschließt, Priester zu werden.

Als Luther nach schweren inneren Kämpfen öffentlich gegen die Kirche auftritt, setzt sich für ihn wie vordem für Reuchlin der ganze Humanistenkreis mit heller Begeisterung ein. Die Folge ist für Luther anfänglich eine Radikalisierung seiner Haltung, für die Humanisten aber eine Abschwächung ihres eben erst in unreligiöses Fahrwasser geratenen Denkens. Die Humanisten eignen sich nämlich zum Zwecke der leichteren Teilnahme an der großen öffentlichen Bewegung wieder eine stark theologische und in höchstem Maße biblische Sprache an, worin sie dem Vorbilde Luthers folgen.

Überall da, wo der kritische bürgerliche Geist zum Höchsten gediehen ist, in Erfurt, Nürnberg, Straßburg, Augsburg, Basel und Zürich, gewinnen die lutherischen Ideen am schnellsten an Boden. Aber gerade, weil in diesen Zentren bürgerlicher Kultur die Spannung zwischen den fortgeschrittensten und feudalen Kräften am stärksten ist, und weil andererseits das Bürgertum noch nicht stark genug ist, um den feudalen Einfluß einfach beiseite zu schieben, wirkt der lutherische Gedanke wie ein Funke im Pulverfaß; zugleich bleibt deshalb alles in der Halbheit stekken. Die Halbheiten, bei denen Luther stehenbleibt, werden durchaus als den Bedürfnissen angemessen empfunden. Nur das untere Volk mißversteht Luther und schlägt die Trommel des längst fälligen Aufruhrs, dessen kräftigstes Kind der Bauernkrieg ist. Es mißversteht Luther, wie es einst Wyclif, den »Luther« der englischen Rückständigkeit, mißverstanden hat, der gleichfalls zwar die Säkularisation des kirchlichen Eigentums verlangt, das weltliche Eigentum aber unangetastet gelassen hatte. Luther antwortet der Volksbewegung mit einem Haßgesang gegen sie, der nicht bald seinesgleichen findet.

Dem Bürgertum kommt Luthers Auffassung zwar in manchem entgegen, etwa wenn er mit der mittelalterlichen Vorstellung von der Verwerflichkeit des Erwerbstriebes bricht und die berufliche Arbeit als menschliche Pflicht und gottgefälliges Werk erklärt. Aber von der individualistischen Handelsfreiheit des ungehemmt sich auslebenden Renaissancebürgers Italiens erweist sich bei näherem Zusehen diese Auffassung ebenso weit entfernt wie vom calvinistischen Radikalismus der subjektiven Bewährung durch beruflichen Erfolg. Es ist im Grunde ein Sichzufriedengeben mit der Ordnung, wie sie ist, mit ihrer ständischen Schichtung und der Fesselung des Individuums an seinen Platz, mit aller Anerkennung der überkommenen Obrigkeit. So sagt Luther ausdrücklich, daß der Leibeigene dem Herrn gehört »wie ein Stück Vieh oder eine andere Habe«.

Sein Haß gegen die aufständischen Bauern ist noch ganz

feudal. Alles ist nur gemildert durch eine gewisse religiöse Toleranz, die sich ebenfalls bald als bloßer Schein herausstellen sollte. Luther predigt nicht bürgerliche Aktivität, sondern passives Erfüllen der bescheidenen Berufspflicht. »Man vergißt dabei vor allem, daß die protestantische Berufsidee im lutherischen Sinne eng mit der konservativen, ständisch gegliederten Gesellschaft zusammenhing, jeden in seinem Stande konservierte und nur Auskömmlichkeit der Existenz und Nahrungsschutz durch die Obrigkeit, im übrigen Dulden und Leiden der Ungerechtigkeiten der Welt forderte«. Troeltsch fügt noch hinzu, daß Luthers Lehre nichts weniger sei als ein Antrieb für das moderne wirtschaftliche Leben. Das eigentliche Ideal Luthers ist agrarisch und handwerklich orientiert. Die Beibehaltung des kanonischen Zinsverbotes, um das man sich in Italien einfach nicht mehr bekümmert hatte, ist ein direkter Schlag gegen die bürgerliche Ökonomie und die Kampfansage gegen das Kreditwesen und den Großhandel nicht minder.

Der hochentwickelte und humanistisch gestimmte Teil des Handelsbürgertums, das sich anfänglich begeistert der lutherischen Bewegung angeschlossen hatte, wandte sich bald, von der Volksbewegung erschreckt und von den Halbheiten abgestoßen, wieder ab. Die frühzeitige Rückkehr des, wie Mehring bemerkt, kultivierteren und reicheren Westens und Südens zum Katholizismus, so Salzburgs, Bambergs, Würzburgs, Triers, Kölns, Paderborns, Fuldas, Eichfelds, war keineswegs bedingt durch die Sehnsucht nach dem Schoß der alten Kirche, sondern die Konsequenz einer gewöhnlichen, humanistischen Abwehrbewegung gegen die neue lutherische Bigotterie, die Kompromißlerei Luthers mit dem Feudalismus und seine Aufrufungen des gesamten Volkes.

Besonders den gebildeten Humanisten bereitet die versteifte, sektenhafte Religiosität des Luthertums Unbehagen. Aber selbst diese ist in Wahrheit nur Schein. Hinter dem äußerlich dem Sektengeist gleichenden Denken Luthers verbirgt sich ein teilweise sogar noch mittelalterlicher Konservativismus. Denn das Luthertum ist nichts anderes – das haben noch die wenigsten Historiker erkannt – als eine im anfänglichen Bündnis mit den Volkskräften und ihrem Sektierertum entstandene Kompromißbewegung, die ganz entsprechend der Unvollendetheit der gesellschaftlichen Verhältnisse zwischen dem Feudalismus und dem Humanismus vermittelt. War Deutschland durch die Städteentwicklung und den kräftigen geistigen Einfluß von außen in das Stadium getreten, in dem die Zurückdrängung der um die Kirche gescharten feudalen Kräfte dringlich geboten war, so war es doch nicht reif genug, um diesen Feudalismus mit einem Male, wie es in anderen Ländern geschah, zu entmachten. Das Ergebnis ist der lutherische Kompromiß. Auf dem Boden dieser Kompromißlösung zwischen Feudalismus und Handelskapitalismus muß das Sektentum zu der am meisten benachteiligten Richtung werden. Die unteren Volksklassen, die Träger des Sektengeistes, die noch 1519 in der Leipziger Disputation aus Luthers Munde vernehmen konnten, daß die Hussiten in manchem recht gehabt hätten, müssen bald einsehen, wie wenig sie von der Reformation erwarten dürfen. Es ist bekannt, daß die Sektenbewegung von der Reformation zuerst geradezu aufgesogen worden ist. Das hat aber keineswegs dazu geführt, daß das religionstheoretische, geschweige denn das soziale Programm der Sekten etwa verwirklicht worden wäre. Die anfänglich von Luther populär gemachte Lehre vom Priestertum aller Christen, durch die die Stellung der katholischen Kirche von Grund auf erschüttert wurde, wurde später bis zur Selbstverleugnung wieder eingeschränkt. Von den sieben Sakramenten hat Luther die wichtigsten und in den Sekten am meisten gehaßten beibehalten: die Taufe und das Abendmahl. Zwar tritt an die Stelle der Messe das einfache Abendmahl, aber wenn auch die Transsubstantiation nicht wörtlich behauptet wird, so wird doch die rationale Auflösung des Wunders verworfen und weiter die Meinung vertreten, daß Leib und Blut Christi gegenwärtig sind. Zwingli, der einen radikaleren Standpunkt einnimmt, wirft Luther anläßlich der Marburger Auseinandersetzung sogar Ketzerei vor. Auch die revolutionäre Ansicht der Sekten von der Rechtfertigung des Menschen durch seine guten Taten läßt Luther wegen ihrer Gefährlichkeit für die soziale Ordnung fallen und predigt die Rechtfertigung durch den Glauben als völlig ausreichend.

Vom bürgerlichen Individualismus wendet sich Luther dadurch ab, daß er sich energisch auf den Boden der Unfreiheit des Willens stellt. Es sei hier vermerkt, daß dieses Zusammentreffen mit dem Calvinismus, der, wie wir noch sehen werden, eine ganz andersartige Bewegung darstellt, rein zufällig ist. Bei Luthers Kritik an Erasmus' Verteidigung der Willensfreiheit handelt es sich um nichts anderes als um eine affektive Entgegensetzung zur unruhigen individualistischen Haltung der fortschrittlichsten Teile der Stadtbevölkerung. Dem Calvinismus liegt umgekehrt der Gedanke der Aktivität zugrunde, gekleidet in die Vorstellung der Determiniertheit der Auserwählung des durch seine Tätigkeit im Diesseits sich Bewährenden. Im Luthertum ist die Idee der passiven Unterordnung unter den Glauben allein, also nicht die Bewährung durch den individuellen

Kampf, sondern gläubige Resignation, nicht die Neugestaltung, sondern Anpassung an die gegebenen ständischen Zustände das leitende Motiv, das ihn zum Determinismus hinführt. Im Calvinismus ist es der neue kräftige, manufakturelle Individualismus, der aus der vorherbestimmenden, gleichzeitig willensbindenden wie den Willen anfeuernden Gottgewolltheit des wirtschaftlichen Erfolges den Grund der Überlegenheit des bürgerlichen Individualismus über den feudal-adeligen, aber auch bereits über den bloß humanistisch-ästhetisch durchgebildeten Menschen ableitet. Luther »befeuerte durch sein ganzes Wesen mehr den Glauben als den Willen, während Calvins Persönlichkeit seine Anhänger zur Tätigkeit reizte«. Wiederum ist es der noch immer durch das Ständetum mehr als anderswo beengte städtische Boden Deutschlands, der ein rein individualistisch-bürgerliches Bewährungsdogma nicht zum Siege kommen läßt. Die indeterministische Haltung der katholischen Kirche hingegen, die trotz ihrer schwankenden Einstellung im Mittelalter – Abschwächung der augustinischen Prädestination durch die Lehre vom sittlichen Wollen bei Thomas von Aquino – zum Zwecke der Betonung der sittlichen Verantwortlichkeit die Willensfreiheit anerkennt, muß Luther schon deshalb ablehnen, weil in seiner Zeit und infolge seiner eigenen reformatorischen Tätigkeit revolutionäre Folgerungen des Volkes drohen. Seine Kompromißposition gegenüber dem Feudalismus aber ist der letzte Grund für seine Haltung: denn von der mittelalterlichen unterscheidet sich die Zeit des 16. Jahrhunderts dadurch, daß es damals noch keine Bedrohung der Ordnung durch eine individualistisch-freiheitliche, auf die Errichtung einer Ordnung ohne Bindung und Zwang für die inidividuelle Tätigkeit hinzielende Klasse gegeben hat. Daß nicht Luther allein sich vor revolutionären Folgerungen aus der Anerkennung der Willensfreiheit fürchtet, beweist die Schrift Philipps von Hessen gegen die münsterschen Wiedertäufer, in der dieser dem täuferischen Individualismus die göttliche Vorherbestimmung (im augustinischen Sinne) entgegenhält.

Der wahre Sinn der deterministischen Auffassung Luthers offenbart sich also erst ganz im Zusammenhang mit dessen politischer Anschauung. Was für den Humanisten die Gefolgschaft einem fortschrittlichen Fürstentum gegenüber war, das wurde für Luther zur vorbehaltlosen Pflicht des Gehorsams gegen die Obrigkeit überhaupt. Im Unterschied zur humanistischen Verwerfung der Tyrannis lehrt Luther, daß jede Auflehnung gegen die Regierungen, natürlich die reaktionären Regierungen Deutschlands, verwerflich sei. Viele Fürsten nahmen deshalb die Akkommodation der Reformation gerne zum Anlaß, sich lutherisch zu bekennen, und dies um so lieber, als auch die gute Aussicht auf den Erwerb der Kirchengüter sehr verlockend gewirkt hat. Diese Haltung der Reformation in Deutschland hat aber andererseits zur Folge, daß sich bald die kleinbürgerlichen und proletarischen Klassen von ihr abzuwenden beginnen. Die vom Luthertum aufgesogene Sektenbewegung setzt von frischem ein, ja sie erlebt nun geradezu eine neue Epoche des Aufstiegs, und bereits um 1535 vernimmt man die radikalen Strömungen im ganzen Lande.

Aber wie erklärt sich trotz des Mißtrauens gegen den bürgerlichen Individualismus und trotz der Verteidigung des Determinismus der reformatorische Hang zur fast mystisch anmutenden »inneren Freiheit« des Christenmenschen? Erscheint der bürgerliche Individualismus dem halbfeudalen Luthertum als zu rationalistisch und »vernünftlerisch« - man erinnere sich an Luthers Wort von der »Hure Vernunft« –, so ist der Gegensatz zwischen Determinismus und »innerer Freiheit« nicht auf diese einfache Weise zu erklären.

Wir haben gesehen, wie schon bei den Sekten die aus der Begegnung mit der Realität entsprungene Anschauung zu keinem widerspruchslosen Resultat gelangen konnte (9. Kap.). Die sozialkritischen und revolutionären Tendenzen des Sektendenkens stießen sich mit den historischen Möglichkeiten ihrer Realisierung und erzwangen einen Rückzug in die mystische Verinnerlichung. Durch diesen ideologischen Prozeß wurde, wenn auch keine Versöhnung, so doch ein Sichabfinden mit der gehaßten Wirklichkeit ermöglicht. Aus den genau entgegengesetzen Gründen gelangte die lutherische Ideologie zu einem ganz ähnlichen Ergebnis. War die deutsche Reformation, wie wir zeigten, ihrem ganzen Wesen nach ausgerichtet auf die Anpassung an eine im Übergang befindliche, aber gehemmte Wirklichkeit, so war sie wegen ihrer gleichzeitig antikatholisch-kritischen und antirevolutionär-konservativen Haltung dazu verurteilt, den freiheitlichen Tendenzen nirgends anders als im Seelisch-Inneren des Menschen einen scheinhaften Spielraum einzuräumen. Die Flucht ins Innere erlaubte eine unentwegte Pflege der gegen die katholische Tradition gerichteten und sich gleichzeitig mit den noch immer feudalen Zuständen versöhnenden neuen religiösen und gesellschaftlichen Anschauung. Äußerlich gesehen ergab sich etwas Ähnliches wie bei den Sekten: eine Flucht ins Innere zwecks Abfindung mit der gegebenen Wirklichkeit. Der Sache nach jedoch verhielt es sich gerade umgekehrt: bestand bei diesen die Neigung zur revolutionären Umgestaltung der Wirklichkeit und wurde diese Neigung, weil die geschichtlichen Voraussetzungen ihrer Realisierung noch nicht gegeben waren, auf dem Wege der Verinnerlichung absorbiert, so war beim Luthertum von Anfang an die Tendenz zur Akkomodation herrschend gewesen. Deshalb wurde dem kritischen Aspekt, gerade um nicht die Konsequenz der revolutionären Umgestaltung (die ohnehin nur ein Aufholen bedeutet hätte) aus ihm ziehen zu müssen, das religiöse Innere zur Verfügung gestellt, versehen mit dem Trost, daß es sich aller »Freiheiten« erfreue. Die bereits im konservativen Ansatz vorhandene Tendenz zur Versöhnung mit der scheinkritisch »überwundenen« Wirklichkeit wurde auf diese Weise verwirklicht. Lapidar bemerkt Marx in ›Nationalökonomie und Philosophie‹: Luther »versetzt den Pfaffen in das Herz des Menschen«.

Es enthüllt sich die Reformation letzten Endes als die Ideologie einer schwächlichen und kompromißlerischen, einerseits von ausländischen humanistischen Einflüssen gestoßenen, andererseits aber von den feudalen Verhältnissen gehemmten Handelsbourgeoisie, genauer als eine Kompromißideologie zwischen ihr und dem Feudalismus. Dabei darf man nicht die kräftige Mitwirkung der von unten her und in ungefähr die gleiche Richtung wie der Humanismus vorwärtstreibenden Volkskräfte übersehen. Die errungene »Freiheit« der deutschen Städte bestand – anders als in den entwickelten Ländern – zu guter Letzt, wenn überhaupt, nur darin, die Stadtverwaltung in scheinbarer Unabhängigkeit, in Wahrheit aber nach dem Willen der reaktionären Fürsten zu führen, wenn diese nur einige schwächliche Maßnahmen im Interesse des Landfriedens oder ähnliches zusagten.

Wir wollen diesen Abschnitt mit einer kurzen, die wichtigsten Ländern vergleichenden Übersicht abschließen und damit zum Calvinismus überleiten, der irrtümlicherweise von der traditionellen Auffassung zur »Reformation« schlechthin gezählt wird.

Die geringe Ausbreitung des Luthertums in Italien hat denselben Grund wie die nicht wesentlich stärkere in Frankreich, nämlich die Höhe und Breite der handelskapitalistischen Kultur. Der französische Calvinismus hat mit der Reformation nur sehr wenig zu tun. Es beweist einen feinen historischen Instinkt, wenn Max Weber sich bei der Erklärung des Entstehens des »industriellen«, d. h. manufakturellen Kapitalismus nur zum geringsten auf das Luthertum bezieht. Tatsächlich ist der Calvinismus etwas ganz anderes, und zwar eine Begleiterscheinung der beginnenden Manufakturepoche, von der in Deutschland noch sehr wenig zu merken war. Das Fehlen einer kräftigen manufakturellen Entwicklung in Italien, die, sofern sie gewiß auch festzustellen ist, von der rein händlerischen Tätigkeit ganz übertönt wurde, hat bewirkt, daß auch in diesem Lande der Calvinismus nicht zur Ausbreitung kommen konnte.

Anders als Italien hat Spanien sich der allgemeinen Entwicklung eingefügt. Das vorzeitige Umschlagen der anfänglich glänzenden Entwicklung in eine feudale Reaktion hat Spanien in einen Abgrund gestürzt, aus dem weder eine echte Renaissancekultur entstehen konnte, noch eine reformatorische Bewegung in der Art der deutschen die Kraft aufbringen konnte, die sie benötigte. Spanien blieb also katholisch, weil es nicht nur hinter Italien, das aus bereits erwähnten Gründen ebenfalls und interessanterweise schon vor der Reformation der »Gegenreformation« unterlag, sondern auch hinter Deutschland zurückgefallen war. Andererseits ergibt sich zwischen Italien und Deutschland ein Gemeinsames in folgendem: Da Italien vorwiegend handelskapitalistisch blieb, ohne rechtzeitig eine genügend starke Manufaktur zu entwickeln, wie wir bereits ausführten, und Deutschland den Handelskapitalismus nicht voll entwickelte und deshalb ebenfalls den Anschluß an die manufakturelle Entwicklung in nur unzulänglichem Maße fand, konnte auch in diesen Ländern der Calvinismus nicht zu jener Wirkung kommen wie in Frankreich, Holland und England. Als 1555 im Religionsfrieden zu Nürnberg die Lehren von Calvin und Zwingli ausgenommen wurden, erregte diese Beschränkung keinerlei Aufsehen im Lande.

Warum aber die große calvinistische Revolution Englands um so viel später fällig wurde als in Frankreich, warum die hugenottischen den cromwellschen Aufständen so weit vorauseilten, läßt sich allein aus dem späteren Beginn und dem längeren Andauern der englischen Renaissance erklären. So entsteht die Merkwürdigkeit, daß, als in England die Renaissance in Hochblüte steht, bereits der Calvinismus einzudringen beginnt, allerdings vorerst ohne allzu große Verbreitung. Immerhin jedoch reicht sein Einfluß aus, um eine gewisse religiöse Spannung hervorzurufen. 1564 sieht sich Elisabeth genötigt, den Erzbischof Matthew Parker mit der genauen Formulierung der Glaubenssätze und des Ritus der anglikanischen Nationalkirche zu beauftragen. Das Ergebnis ist ein etwas frisierter, unpäpstlicher Katholizismus. Der sogenannte »Kleiderstreit«, der dadurch entsteht, daß sich John Hoopers bei seiner Weihe zum Bischof weigert, die aus der katholischen Kirche übernommenen Gewänder anzulegen, eröffnet eine ganze Reihe religiöser Streitigkeiten. Um die Einheit der anglikanischen Kirche zu sichern, erläßt

Elisabeth einerseits den Act of Supremacy gegen die Katholiken und andererseits den Act of Uniformity gegen die Calvinisten. Der Einfluß der letzteren erscheint aber zu dieser Zeit größer als er wirklich ist, denn es sind nicht hauptsächlich die eigentlichen Calvinisten, sondern zahlreiche und einer ganz anderen gesellschaftlichen Schicht angehörende Sektierer, die die Reihen der neuen Bewegung auffüllen und ihr ein machtvolles Aussehen verleihen. Noch herrscht in England zu sehr die Renaissance mit ihrer handelskapitalistischen Struktur, als daß die manufakturell-oppositionelle Strömung jene Wucht erhielte wie bereits gleichzeitig in Frankreich und Holland. Die scharfe Scheidung in drei Gruppen: die Presbyterianer als die eigentlichen Calvinisten, die Gemäßigten und die Independenten zeigt die Verschiedenartigkeit der Einflüsse, die hier zusammenwirken. Die letztgenannte Gruppe scheint die am meisten sektenideologisch beeinflußte zu sein. Das ergibt sich aus ihrer Betonung der völligen, demokratischen Autonomie der örtlichen Gemeinden nach dem Vorbild der Urkirche. Die Fortwirkung der wyclifitischen und besonders der lollardischen Volksbewegung ist hier klar ersichtlich, und es geht nicht an, schlechthin von »Puritanismus« zu sprechen, wie dies Schirmer tut. Schirmer versteht nicht, daß die von ihm selbst festgestellte »etappenweise Durchdringung des protestantischen Geistes«, die »reformationshemmend wirkte«, wiederum das natürliche Ergebnis einer ganz anderen historischen Situation als der deutschen ist: Die kräftigere Entwicklung der Renaissancegesellschaft in England bewirkt, daß einerseits der Boden für die, auf unentwickeltere Zustände zugeschnittene, lutherische Reformation nicht mehr, und für die, auf mehr manufakturelle Zustände passende, calvinistische Reformation noch nicht vorhanden war.

Die katholische Kirche sah nicht die Schwächlichkeit und Anpassungsunfähigkeit der Reformation, sondern nur ihren äußeren Radikalismus und den Umstand, daß diese die Massen in Bewegung gebracht hatte. Sie fürchtete eine weitere Zersetzung ihrer Macht. Sie begann daher eine ganze Reihe von Ordensgründungen wie die der Kapuziner, der Barmherzigen Brüder und des Theatinerordens, der sich von dem klugen, rührigen und heftigen Thiene Caraffa, dem späteren Papst Paul IV., herleitete. Noch als Kardinal setzte dieser die Wiedereinführung der Inquisition durch. Der Theatinerorden war ein Wegbereiter des Jesuitenordens, der klügsten, schlagfertigsten und wirkungsvollsten Organisation der kirchlichen Reaktion. Man denke z. B. an die Erfolge des Jesuiten Canisius. Besonders seit 1550 wird die Gegenreformation, oder wie man sie auch genannt hat, die

»Renaissance des Mittelalters« als Abwehrbewegung gegen den Calvinismus in verstärktem Maße aktiviert. Mit der Verschärfung der scheinbar rein religiösen Gegensätze setzen sich diese aber bald, und zwar ungefähr seit 1580, ins Politische um, und es beginnt das Zeitalter der Religionskriege (Ranke).

Die Gegenreformation macht verschiedene Stufen durch, die genau zu unterscheiden wenig ergiebig ist. Wichtig ist jedoch die Einsicht, daß sie mit dem geistigen Vorstoß der Kirche und mit einem geistigen Kampf um die Seele des Menschen beginnt, um sich als politische, d. h. kriegerische und feudal-absolutistische Gegenreformation fortzusetzen. Der Feudalismus kämpft nicht mehr, wie eine Zeitlang, mit nur geistlichen, sondern vor allem mit weltlichen Waffen um seine Existenz. Diese vornehmlich politische Epoche fällt zusammen mit dem Beginn der neufeudalen Staatsordnung, über die wir später sprechen werden.

12. Die Frühmanufaktur

So nötig es wäre, mit methodologischen Betrachtungen zu beginnen, müssen wir uns dies doch aus Raumgründen versagen. Deshalb steigen wir einfach mitten in das vorliegende Problem hinein und lassen die Sache für sich selbst sprechen.

Der Calvinismus ist nicht als Ideologie der Manufakturepoche schlechthin anzusehen, sondern nur als die Ideologie der Frühmanufaktur, der mit der frühen manufakturellen Akkumulation beschäftigten Bourgeoisie. Die ersten Ansätze zur Entwicklung einer »kapitalistischen Ethik«, wie sie gerade im Calvinismus enthalten ist, sind entstanden mit dem Prozeß der Umwandlung der handelskapitalistischen in die manufakturelle Gesellschaft und aus den hieraus entspringenden Erfordernissen. Das erste Erfordernis war die Herausbildung einer auf Sparsamkeit, genaue Rechenhaftigkeit und Ausschaltung des Genußtriebes bedachten Unternehmerschaft zum Zwecke der Befriedigung der erhöhten Ansprüche, die die neue Produktion an die Akkumulation stellte. Das andere Erfordernis war die Heranbildung einer disziplinierten Arbeiterschaft, die von den – im Vergleich zu gesteigerten Anforderungen des neuen Rationalismus – handwerklich-irrationalen und für die manufakturbetriebliche Produktion unbrauchbaren Arbeitsgewohnheiten befreit war.

Es muß auch schon einer rein beschreibenden Betrachtung auffallen, daß die Zeit der großen calvinistischen Wirksamkeit gleichsam eingeklemmt ist zwischen dem renaissancebestimmten Humanismus und dem bürgerlichen Rationalismus der Hochmanufaktur des ausgehenden 17. und 18. Jahrhunderts. Tatsächlich ist der Calvinismus wesentlich nur die ideologische Begleiterscheinung der Geburt einer neuen Epoche, Ausdruck des Übergangs von der Renaissance zur entwickelten Manufaktur.

Der Ansatz zur manufakturellen Durchdringung der im 15. Jahrhundert noch überwiegend handwerklichen Wirtschaft war um die Jahrhundertwende schon so kräftig und die Bedeutung der betriebsmäßig organisierten Warenproduktion bereits so angewachsen, daß auf dieser Grundlage jene Entfaltung und Verdichtung des neuen Bewußtseins vor sich gehen konnte, aus der später der Calvinismus entstanden ist. Das Vorhandensein manufaktureller Ansätze läßt sich durch Stimmen der wirtschaftsgeschichtlichen Forschung belegen. Dopsch, der Sombart vorwirft, daß er die verschiedenen Wirtschaftszustände zu sehr auseinanderreißt, schreibt: »Nun aber die bürgerlichen Unternehmer. Sombart gibt hier zu, daß ein großer Teil der handwerksmäßigen negotiationes im Laufe der Zeit zu kapitalistischen Unternehmern geworden sind, daß der Fall einer allmählichen, schrittweisen Vergrößerung, bei der unmerklich die eine Wirtschaftsform in die andere übergeht, sicher ein sehr häufiger gewesen ist.«

Ähnliche Erscheinungen sind zu beobachten in Italien, Holland und Frankreich lange vor der Ausbreitung des Calvinismus. In dem überwiegend vom handelskapitalistischen Interesse beherrschten Italien entwickelt sich eine Manufaktur bereits im 13. Jahrhundert, eine Textilindustrie, deren wichtigste Zweige, die Seiden- und die Wollmanufaktur, »aus handwerklichen Betriebsformen und Konsumentenarbeit zur kapitalistischen und verlegerischen Markterzeugung umgewandelt wurden«. Weiter berichtet Doren: Wir dürfen »wohl mit aller Vorsicht jene analogen Entwicklungen zum Vergleich heranziehen, wie sie sich dann in England, in Flandern, in Deutschland und anderwärts, nun im klaren Lichte der Geschichte liegend, vollziehen, und annehmen, daß wohl durch Arbeit reich gewordene Handwerker in die Reihen der Kapitalisten aufrückten ... wie andererseits kapitalistische Kaufleute ihr Geld handwerklichen Textilbetrieben zuführen und sie allmählich in die neue Betriebsform überleiten«. Besonders hochentwickelte »Industrien« findet man im Frühkapitalismus bereits in Florenz. Der Unternehmer, der über eigenes Kapital verfügt oder sich solches leiht, ist »schrankenloser Herr über Sachen und Menschen«. »Der Arbeitsprozeß ... ist in sich außerordentlich reich in der Form der Arbeitszerlegung ...« Im Jahre 1378 gibt es in Florenz bereits einen Arbeiteraufstand, den sogenannten Ciompiaufstand. Daß mit all dem auch neue ideologische Probleme entstanden, bestätigt Doren, indem er sagt: »Eine raffiniert durchgeführte Kasuistik der spätmittelalterlichen Systeme versuchte, so gut es ging, zwischen dem ethisch-religiösen Sollen und den gebieterischen Forderungen des Staats- und Wirtschaftslebens eine mittlere Linie zu finden.« Schon für das Flandern des ausgehenden 13. Jahrhunderts stellt auch Pirenne eine geradezu erstaunliche Blüte der Tuchindustrie fest. Es ist bekannt, wie sehr schon damals die asketisierende Ketzerei, in wichtigen Punkten Vorläuferin des Calvinismus, breite Kreise der Meisterschaft und der Arbeiter erfaßt hatte.

Es darf also trotz aller noch herrschenden Unklarheiten in der wirtschaftsgeschichtlichen Forschung mit einer gewissen Sicherheit angenommen werden, daß die Manufaktur des 16. Jahrhunderts sich nicht plötzlich entwickelt hat, sondern allmählich und in einem längeren Zeitraum entstanden ist. Diese Annahme ist so naheliegend, daß man sich erstaunt fragen muß, wie Max Weber von der Voraussetzung ausgehen kann (einer Voraussetzung, an der er allerdings nicht immer festhält), daß die calvinistische Religiosität früher da gewesen sei als der manufakturelle Betriebskapitalismus. Der Fehler, den Weber macht, liegt hauptsächlich darin, daß er sich die vollendete Manufaktur vor Augen zu halten scheint, und diese allerdings war tatsächlich erst nach dem Puritanismus da. Die wirkliche und komplizierte Dialektik der Geschichte ist Weber zeitlebens fremd geblieben, woran freilich die lange Herrschaft der mechanistischen Interpretation des historischen Materialismus nicht ganz unschuldig ist. Gewiß, lange Zeit bestand die Manufaktur nur in Ansätzen. Aber mit dem Wachstum der Städte, mit den höheren Anforderungen der entwickelteren Markt- und Konsumverhältnisse wurde auch die massenhafte Errichtung von Manufakturbetrieben zum dringendsten ökonomischen Erfordernis.

Auf der Unternehmerseite galt es, an die Stelle der gewohnheitsmäßigen Genußeinstellung, nach der man arbeitete, um zu leben, die strenge Rechenhaftigkeit und Sparsamkeit zu setzen, die dann in die Vorstellung mündete, man müsse leben, um zu arbeiten. Wir treffen sie im Calvinismus wieder an. Sie ist aber auch zum Mittel der Überwindung traditionalistischer Hemmungen auf der Arbeiterseite geworden. Der überkommene handwerkliche Schlendrian, die gemütliche, im Sinne des neuen Rationalismus undisziplinierte Arbeitsauffassung, die irrationalistische Einstellung zum Zeitbegriff, zum Leben usw., ergaben ein riesenhaftes Problem. Die meisten Menschen von damals befiel ein Gefühl des Unbehagens angesichts eines streng geordneten, womöglich arbeitsteiligen und auf Zeitersparnis bedachten Betriebes. Das noch tief eingewurzelte, dem ländlichen wie dem städtischen Menschen eigene Gefühl der Unvereinbarkeit der persönlichen Freiheit mit der Unterordnung unter einen streng beaufsichtigten und durchrationalisierten Arbeitsprozeß, den man bis dahin hauptsächlich aus Zwangs- und Zuchthäusern kannte, mußte erst ausgemerzt werden. Nichts zeigt das Arbeiterproblem dieser Zeit des Übergangs besser, als die Überflutung der Städte mit Arbeitslosen, Bettlern und Vagabunden bei gleichzeitigem Mangel an Arbeitern. »Daß zur Entstehung dieser Armenkategorie nicht nur die bekannten ökonomischen Verhältnisse, vor allem die Auflösung der Klöster unter Heinrich VIII. beigetragen haben, sondern daß sie durch eine anscheinend ziemlich starke Disposition gewisser Volksschichten zur Lässigkeit, Unordnung und Leichtlebigkeit verstärkt wurde, kann kaum einem Zweifel unterliegen«. Im Bestreben der Überwindung des Widerspruchs zwischen der bereits erreichten Höhe der Produktivkräfte und den alten gesellschaftlichen Verhältnissen wurde notwendigerweise auch die Ideologie von Grund auf umgewälzt. Der Humanismus verlor die frühere Bedeutung und wurde zu einem formalen Bildungsprinzip, das mit jedem Inhalt ausgefüllt werden konnte, und neue ideologische Strömungen traten in den Vordergrund, die schließlich als protestantisch-calvinistische Religiosität zum Gemeingut der Manufakturbourgeoisie und der von ihr angeführten Schichten werden sollten. Das äußere, aber feste Bindemittel zwischen der Manufakturbourgeoisie und diesen Schichten bildete die gemeinsame antifeudale Einstellung.

Wir haben in einem früheren Abschnitt gezeigt, wie die revolutionäre Vortruppideologie der Sekten asketische Elemente entwickelte, die vorerst zu verstehen sind als Äußerungen des Protestes der ärmeren kleinbürgerlichen und der proletarischen Klassen gegen den Reichtum. Diese sektenhafte Religiosität hat die ganze Renaissance hindurch und in schärfster Konkurrenz mit dem Katholizismus das kleinbürgerliche Denken beeinflußt. Einen praktischen kleinbürgerlichen Asketismus hat sie eigentlich nur selten erzeugt, aber sie hat als Ideal mit gesellschaftskritischer Funktion eine große Rolle gespielt. Es ist verständlich, daß sie zu verstärkter Wirkung gerade dann gelangen mußte, als das Problem der bürgerlichen Askese und Sparsamkeit zu einem ökonomischen Problem von zentraler Bedeutung zu werden begann. Das calvinistische »Ethos« von Beruf, Askese und sparsamem Fleiß ist nichts anderes als die Fortbildung sektenhaft-kleinbürgerlicher Ideen, die in die neue Zeit fortgepflanzt wurden durch jene kleinbürgerliche Meisterschaft, die zur Trägerin der manufakturellen Entwicklung geworden war. Hätten wir keinen anderen Beweis für die Mitwirkung des Handwerks bei dem Entstehen der Manufaktur, so würde dieser genügen.

Weber zeigt, wie weit die kapitalistische Rationalisierung des Lebens mit Hilfe calvinistischer Religiosität geht: »Die Mönchsaskese verlangt: Keuschheit. Die protestantische Askese Keuschheit auch in der Ehe, im Sinne der Ausschaltung der ›Begierde‹ und der Begrenzung des sittlich zu billigenden Geschlechtsverkehrs auf den rationellen Naturzweck der Fortpflanzung.« »Die Mönchsaskese verlangt: Armut – man weiß mit welchem faktischen paradoxen Erfolg: Das ökonomische Prosperieren der Klöster hat, außer bei einigen strikt spirituellen, von den Päpsten bekanntlich als durchwegs höchst verdächtig behandelten Denominationen, überall als Folge göttlichen Segens gegolten und war – neben den Stiftungen – im höchsten Maße Folge einer rationellen Wirtschaft. Die protestantische Askese verwirft ihrerseits nicht nur das genußfrohe ›Ausruhen‹ auf dem Besitz, sondern ebenso ein Erstreben ›um seiner selbst willen‹. Ich habe ausgeführt, mit welchem faktischen, ganz ebenso paradoxen Erfolg.«

Die anfängliche Schwierigkeit der Kapitalarmut, die die Entwicklung des Handwerksbetriebes zur Manufaktur behinderte, mußte teilweise durch das Eingreifen der kapitalkräftigen Kaufmannschaft überwunden werden. Die in der Vergangenheit durch Handel, direkten oder indirekten Raub (z. B. Seeraub - vgl. Sombarts »Bourgeois« – oder Bauernlegen), Boden- und Zinswucher und auf politischem Wege (Monopole, Steuern, Ämterausnutzung) zustande gekommene »ursprüngliche Akkumulation« von großen Vermögen war unbestreitbar eine der geschichtlichen und ökonomischen Voraussetzungen für die Entwicklung der Manufaktur. Das stimmt auch vollkommen mit der Ansicht Sombarts überein, daß das Handwerk nirgends große Vermögen hervorzubringen vermocht hat. Aber es stimmt auch überein mit der Tatsache, daß der mit der Herstellungsweise nicht vertraute, vor allem von seiner händlerischen Tätigkeit vollauf befriedigte und für betriebliche Tätigkeit nicht disponierte Kaufmann lieber sein Geld anderen vorstreckte, als daß er selber zum produktiven Unternehmer geworden wäre. So kam durch seine Hilfe ein Teil der Meister und der Besitzer von Verlagsbetrieben in die Lage, zu akkumulieren und sich später selbständig zu machen. Der kaufmännische Kredit erfüllte damals ungefähr die gleiche Funktion wie heute der Bankkredit.

Für dieses neue, seit jeher religiös gestimmte Unternehmertum ist dann das Religiöse überhaupt das Mittel, das wirtschaftliche egoistische Verhalten zu objektivieren, als im Interesse aller stehend und gottgewollt zu verteidigen und so die ideologischen Voraussetzungen zu schaffen für die notwendige Anpassung an die neuen Bedingungen des Lebens und der Arbeit.

Unter den neuen Lebensbedingungen verwandelt sich aber auch die Form der gesellschaftlichen Beziehung der Menschen zueinander. Diese neue Form ist es, die vom Historiker dafür verantwortlich gemacht werden muß, daß die Fortbildung sektenhafter Denkelemente zu einer neuartigen bürgerlichen Religiosität kein rasch vorübergehendes Aufflackern geblieben, sondern zur Grundlage für die Herausbildung einer festgefügten Weltanschauung geworden ist, die dann das ganze 16. Jahrhundert hindurch und mancherorts darüber hinaus die Gesellschaft aufwühlte. Man darf dem spekulativen Gedanken Raum lassen, daß ohne die Herleitung von der kleinbürgerlichen Religiosität wahrscheinlich die bürgerliche Ideologie des 16. Jahrhunderts keine religiöse Erscheinungsform gehabt hätte, aber andererseits scheint es gewiß, daß ohne die auf die Erhaltung des erwähnten irrationellen Moments hinwirkende objektive gesellschaftliche Struktur der frühmanufakturellen Gesellschaft die religiöse Tradition rasch überwunden und durch irgendeine andere Form der ideologischen Gestaltung ersetzt worden wäre.

Wir müssen hierbei vom Handwerk ausgehen. Sombart bemerkt einmal ganz richtig, daß dem Handwerk die »Idee der Arbeit als einer Betätigung der Gesamtpersönlichkeit zugrunde liegt«. Der Handwerksmeister ist Arbeiter, Organisator der Werkstatt und Händler zugleich; in ihm faßt sich gleichsam der ganze Betrieb zusammen und alle seine Eigenschaften kommen dem Betrieb zugute. Im Gegensatz dazu trennt der Manufakturunternehmer die Arbeit von seiner Person. Er entfremdet sich damit aber nicht nur dieser Arbeit, sondern auch den Arbeitern und dem erzeugten Gegenstande. Das hat, wie auch die Form der Massenproduktion, letzten Endes zur Folge, daß das Bewußtsein von der prinzipiellen Berechenbarkeit des Lohnes der Arbeiter nach dem Wert der geleisteten Arbeit immer mehr schwindet: die Arbeit wird als Arbeitskraft von der Leistung getrennt, und nur die marktmäßigen Kosten dieser jederzeit käuflichen Arbeitskraft werden in Rechnung gestellt. Für das Bewußtsein des Unternehmers werden so alle ökonomischen Verhältnisse zu reinen Sachbeziehungen; die menschlichen Beziehungen treten aus seinem ökonomischen Gesichtskreis heraus und werden zur »privaten« Angelegenheit. Aber dieses neue Verhältnis des Unternehmers zur Arbeit wird praktisch erst möglich gemacht durch die veränderte Stellung des Arbeiters im Betrieb. Solange der Arbeiter einen fertigen und gebrauchsfähigen Gegenstand herstellte, blieb der Wert dieses Gegenstandes, noch erfahrungsgemäß und traditionell gemessen an der (wenn auch unbestimmt begriffenen) Arbeitszeit, das letzte Richtmaß für die Bestimmung des Lohnes. Daß der Geselle das Verhältnis seiner Leistung zu seinem Lohne und zum Verdienst des Meisters immer genau einsehen konnte, war ein Grund dafür, daß gewisse Grenzen in der Leistungssteigerung nach oben und im Lohndruck nach unten eingehalten werden konnten. Anders stellt sich die Lage des Arbeiters in der Manufaktur dar. Die Entpersönlichung der Arbeit durch die Unterordnung unter das Gegenständliche in der arbeitsteiligen Massenproduktion verschleiert das Verhältnis von geleisteter Arbeit und Entlöhnung, wobei die Form der Bezahlung völlig gleichgültig ist, wie man bei Marx nachlesen kann: »Die Form des Stücklohnes ist ebenso irrationell wie die des Zeitlohnes«. Marx ist es auch, der erstmalig darauf aufmerksam macht, daß mit der arbeitsteiligen Massenproduktion für den Markt der Tauschwert vom Gebrauchswert getrennt wird. Durch diese Trennung wird aber auch jene der Produktionssphäre von der Konsumsphäre zu einer die ganze Gesellschaft strukturell bestimmenden Tatsache. Die so dem individuellen Bereiche entzogenen und in ihrer gesamtheitlichen Funktionsweise undurchsichtig gewordenen Austauschverhältnisse erzeugen wiederum den Schein der Selbstbewegung der Dinge auf dem Markte, indem die menschlichen Beziehungen hinter der reinen Wertbeziehung der Produkte verschwinden. Mit Bezug auf diese Erscheinung spricht Marx vom »Fetischcharakter der Waren«.

Allerdings, solange die manufakturelle Produktion nur den kleinsten Teil der wirtschaftlichen Akte beherrscht, wird die Wertbestimmung der Waren auf dem Markte, d. h. ihr Preis sich noch immer irgendwie danach richten, was als angemessener Preis im Handwerk gilt. Das Wissen von der Abhängigkeit des Warenwertes vom Arbeitsaufwand wird allgemein auf die Vorstellung vom Wert überhaupt abfärben und der Fetischcharakter der Waren bewußtseinsmäßig nur eine geringe Rolle spielen. Daraus hat die Manufaktur, die billiger produzierte als das Handwerk, anfangs profitiert und gleichzeitig vermocht, sich aus dem gleichen Grunde auf Kosten des Handwerks weiter auszubreiten. Aber mit dem Anwachsen der Massenherstellung für den Markt wird nicht nur allmählich die Beziehung der Wertverhältnisse zu den hinter ihnen stehenden menschlichen Verhältnissen verdunkelt, sondern dann auch in umgekehrter Weise wie früher das Produkt des Handwerkers nach den verdinglichten Austauschverhältnissen auf dem Markte gewertet. Die Manufaktur revolutioniert vollständig das ökonomische Bewußtsein, indem sie es verdinglicht.

Die Verdinglichung der ökonomischen Beziehungen hat aber ein weiteres zur Folge. Indem der ökonomisch sich betätigende Mensch sich dem objektiven verdinglichten Prozeß gleichsam als Unbeteiligter und Zusehender, bestenfalls als sich tätig ein- und unterordnendes Subjekt gegenübergestellt sieht, entwickelt er die bewußtseinsmäßige Tendenz, diesen Prozeß als einen vom individuellen Willen unabhängigen und daher naturhaften Gesetzesvorgang zu erleben. Da er aber gleichzeitig auf seine individuelle Tätigkeit und den freien Gebrauch seines Willens nicht verzichten kann, entsteht damit auch schon die andere Tendenz - wir sprechen hinsichtlich der von uns abgehandelten Epoche ausdrücklich von einer Tendenz und nicht von einer fertigen Tatsache -, bewußtseinsmäßig die gesellschaftliche Praxis in eine aktive Tätigkeit einerseits und ein objektives, naturhaftes, zur reinen Dingbeziehung gewordenes Geschehen andererseits zu zerreißen. Auf das vollendete Bewußtsein dieser Zerreißung stoßen wir jedoch erst in den entwickelteren Stadien des Kapitalismus. Für die Zeit der Manufaktur kann nur von einer dahingehenden Tendenz gesprochen werden. Konkret läßt sich diese Tendenz so umschreiben, daß für das kapitalistische Individuum vorerst einmal die Marktbeziehung undurchsichtig wird, ohne daß deshalb auch schon eine Gesetzesvorstellung im Sinne der Wirksamkeit strenger gesellschaftlicher »Naturgesetze« erzwungen würde. Denn solange die kapitalistische Warenerzeugung noch nicht zur alles beherrschenden Wirtschaftsform geworden ist, tritt auch für das Bewußtsein die Dingbeziehung des Marktes in seiner Wesenheit als »Gesetz« nicht rein heraus, erzeugt die Undurchsichtigkeit der Verhältnisse noch nicht jene Gesetzesvorstellung, die dem Individuum sich erst dann aufdrängen kann, wenn das zwingende Bewußtsein entsteht, daß seine Tätigkeit in unmittelbar passive Abhängigkeit von »unmenschlichen« Vorgängen, vom Charakter strenger Gesetze geraten ist. D. h., daß die individuelle und »freie« Tätigkeit erst in einen offenen und unaufhebbaren Widerspruch zum objektiven Geschehen der Gesellschaft geraten muß, damit die Existenz eines »Gesetzes« zum zwingenden Erlebnis werden kann. Dies festzuhalten ist wichtig für das Verstehen des Calvinismus.

Zwar erlebt einerseits in der Zeit der Frühmanufaktur der Mensch die Undurchsichtigkeit der verdinglichten Austauschverhältnisse bereits mehr oder weniger als einen unmenschlich irrationalen, weil der verstandesmäßigen Begreifbarkeit sich entziehenden Prozeß. Calvins Dogma, schreibt Engels, »war der religiöse Ausdruck der Tatsache, daß in der Handelswelt der Konkurrenz Erfolg oder Bankerott nicht abhängig von der Tätigkeit oder dem Geschick des einzelnen, sondern von Umständen, die von ihm unabhängig sind. ›So liegt es nicht in jemandes Wollen oder Laufen, sondern im Erbarmen‹ überlegener, aber unbekannter ökonomischer Mächte. Und dies war ganz besonders wahr zu einer Zeit ökonomischer Umwälzungen ...« Aber da andererseits die traditionelle handwerkliche Produktion noch einen sehr erheblichen Raum innerhalb der Totalität der ökonomischen Beziehungen einnimmt, wird nichtsdestoweniger dieser Prozeß noch nicht als objektive, »naturgesetzliche« Norm begriffen, durch die Richtung und Art der Tätigkeit zwangsläufig bestimmt werden, – man vergleiche damit etwa die Art und Weise, wie das kapitalistische Individuum von heute die »Freiheit« seiner ökonomischen Betätigung erlebt. Der gewaltige Spielraum, den die Existenz des Handwerks der wirtschaftlichen Spekulation noch gewährt, verhindert, daß die subjektive Tätigkeit und Zielsetzung in einem offenen Widerspruch mit den erwähnten objektiv-irrationellen Vorgängen geraten.

Wie auch spätere bürgerliche Ideologien ist schon der Calvinismus individualistisch und objektivistisch zugleich, nur mit dem wichtigen Unterschied, daß sein Determinismus ein extrem irrationalistisches, in eine religiös-mystische Form sich kleidendes Gepräge aufweist. Verstärkt wird dieser Hang zur irrationalen Auffassungsweise des gesellschaftlichen Geschehens durch den Umstand, daß während der ganzen Entstehungszeit der Manufaktur die neue Bourgeoisie sich völlig unstabilen Verhältnissen gegenüber sieht, die die Kalkulation auf dem Markte erschweren und die irrationale Spekulation fördern. Während in der fertigen Manufaktur die Markt- und Produktionsbedingungen eine gewisse feste Gestalt angenommen haben und daher gewohnheitsmäßig kalkuliert werden kann, wodurch diese Kalkulation sich notwendigerweise rationalisiert, werden in der Zeit des Entstehens der Manufaktur, gerade durch ihr eigenes ständiges Vordringen, die allgemeinen Bedingungen fortwährend umgewälzt und die Voraussetzungen für eine rationelle Chancenberechnung von vornherein vernichtet. Der sich entwickelnden Manufaktur fehlt im Unterschied zur vollendeten die relative Stabilität des Marktes, weshalb es noch keine eindeutige Zuordnung der einzelnen Betriebszweige zum Absatz gibt, alles sich im Flusse befindet, überhaupt die Unternehmerschaft sich ihre

Plätze erst erobern und ihre Stellung noch festigen muß.

Dieses Moment der Unsicherheit und Irrationalität steigert aber andererseits wiederum das Gefühl der Freiheit, d. h. den Glauben an die Möglichkeit ungehemmten Handelns innerhalb zwar schleierhafter und irrationaler, aber das Handeln und den Willen des Individuums trotz ihrer Irrationalität noch nicht prinzipiell hemmender Vorgänge. Irrationalität und Freiheit schließen sich deshalb im Bewußtsein des entstehenden Manufakturbürgertums nicht nur keineswegs aus, sondern es ist im Gegenteil gerade die geschilderte, besondere Form der Beziehung zur irrational sich gebenden Umwelt, die den Glauben entstehen läßt, es sei allein der Willensanstrengung und der bewußten Initiative anheimgestellt, die für den wirtschaftlichen Erfolg maßgeblichen unbekannten Mächte für sich zu gewinnen.

Bemerkt sei hier zum besseren Verständnis des komplizierten Zusammenhangs nur noch folgendes. Das Moment der Irrationalität in der Ideologie der hochkapitalistischen Gesellschaft beruht auf der Unbeherrschbarkeit der streng gesetzlichen, aber im Prinzip als erkennbar angenommenen Vorgänge. Das Moment der Irrationalität in der Ideologie der ersten betriebskapitalistischen Gesellschaftsform der Geschichte, der Manufaktur zu ihrem Beginn, beruht auf der Unerkennbarkeit der objektiven Zusammenhänge, die aber als in Übereinstimmung mit dem individuellen Wollen befindlich und daher als prinzipiell beherrschbar erlebt werden. Hierbei wird der göttliche Plan für die Möglichkeit dieser Übereinstimmung verantwortlich gemacht. Das göttliche Gesetz des Calvinismus ist also nichts anderes als der ideologische Ausdruck des Seins einer Klasse, die ihr Handeln von Umständen völlig irrationellen Charakters abhängig sieht, gleichzeitig aber diese Umstände nicht als Hindernis für das »freie« Handeln erlebt und daher im Gesetz Gottes jene Kraft erblickt, die das harmonische Zusammenspiel von individuellem Wollen und objektivem Sein aus Gründen, die für ewig unerkennbar bleiben, herbeiführt.

13. Die soziale Funktion des Calvinismus

Die allgemeine Irrationalität in der gesellschaftlichen Situation des frühen Manufakturbürgertums spiegelt sich in der ideologischen Tendenz zur metaphysischen Erklärungsweise des eigenen Seins, was durch die konkrete historische Verbindung mit der kleinbürgerlichen Religiosität zu einer neuartigen Entfaltung religiösen Denkens führt. Inhaltlich aber wird dieses

Denken gestaltet durch die Vielfalt der praktischen Probleme, die dem Manufakturbürgertum aufgegeben sind. Eines der wichtigsten dieser Probleme ist, neben der Umgestaltung der Wirtschaft selbst, das der Bekämpfung des Feudalismus als einer der neuen gesellschaftlichen Entwicklung hinderlichen Gesellschaftsform. In dem manufakturellen Bürgertum ensteht zum ersten Male in der Geschichte eine bürgerliche Klasse, die zur kompromißlosen Umgestaltung der ganzen Gesellschaft im bürgerlichen Sinne drängt; es entsteht ein revolutionäres Bürgertum. Auf die asketische Rationalität dieses Bürgertums und ihre besondere geschichtliche Funktion haben wir bereits hingewiesen. Sowohl das Moment seines Herauswachsens aus dem handwerklichen Kleinbürgertum, wie auch sein gegen den Feudalismus gerichtetes Bündnis mit dem revolutionären Kleinbürgertum erweisen sich als besonders wirkungsvoll im Dienste der Verwirklichung der bürgerlichen Ziele. Erstens, weil die revolutionäre Ausgestaltung des bürgerlichen Denkens ihre stärksten Antriebe aus dem Denken des Kleinbürgertums erhält, und zweitens, weil in der Kampfzeit das Bürgertum und seine sich auf den Boden des Calvinismus stellenden verschiedenen (französischen, holländischen, englischen, schweizerischen) Parteien sich der verbündeten revolutionären Kräfte der unteren Volksklassen auch praktisch trefflich zu bedienen verstehen. Kann der kämpfende Calvinismus auf eine radikale Sprache vorerst nicht verzichten, so verkündet er in Fortentwicklung einiger von den Sekten entwickelten Ideen das Widerstandsrecht und die Volkssouveränität. Von einer solchen Propaganda angezogen, strömt das Volk ihm in Massen zu. Der Calvinismus gewinnt damit aber nicht nur eine Massenbasis für seine politischen Zwecke, sondern ihm öffnet sich durch diesen gewaltigen Einfluß auf das Volk auch das große Tor zu jener erzieherischen Einwirkung, deren letzte und geschichtlich wichtigste Konsequenz die Heranbildung eines für die manufakturelle Produktionsweise brauchbaren Proletariats ist. »Es kostete«, schreibt Marx, »Jahrhunderte, bis der ›freie‹ Arbeiter infolge entwickelter kapitalistischer Produktionsweise sich freiwillig dazu versteht, d. h. gesellschaftlich gezwungen ist, für den Preis seiner gewohnheitsmäßigen Lebensmittel seine ganze aktive Lebenszeit, ja seine Arbeitsfähigkeit selbst, seine Erstgeburt für ein Gericht Linsen zu verkaufen«. Ähnlich wie das anfängliche Luthertum hat das revolutionäre Gehaben des Calvinismus vor allem auf jene Schichten gewirkt, die eine revolutionäre Tradition aufwiesen. In einzelnen Städten Frankreichs, »wie Caen, Rochelle, Poitiers, Montauban, Nimes, hatte sie (die calvinistische Lehre) um die Mitte des

(16.) Jahrhunderts wohl schon die Oberhand. Es scheint, daß die Gebiete der alten Waldenser und Albigenser sich besonders empfänglich zeigten«.

Aber die calvinistische Ideologie hat auch ihr konservatives Gesicht. Die bürgerliche Revolution ist von Anfang an mit der Furcht vor den ihr verbündeten unteren Klassen belastet. Indem das Bürgertum gleichzeitig seine eigene Kraft über- und die Lebenskraft der feudalen Klassen im 16. Jahrhundert stark unterschätzt – besonders getäuscht durch den eigenen weltanschaulichen Optimismus –, fühlt es sich gedrängt, vorzeitig alle Vorkehrungen zu treffen zur Eindämmung der von ihm selbst entfesselten revolutionären Volksstimmung. Von Anfang an ist der Calvinismus daher ein äußerst widerspruchsvolles Gebilde. Auf der einen Seite ruft er die Massen zur demokratischen Aktion auf, gleichzeitig aber erklärt er die staatliche Ordnung als naturgegeben und göttlich und den Widerstand gegen sie als erlaubt nur unter der Führung der von Gott Erwählten und Begnadeten. Die bürgerlich-konservative Seite im Calvinismus tritt immer dann offen hervor, wenn er eine Machtposition im Staate errungen hat, sei es, daß er wie in Genf zur Herrschaft gelangt, sei es, daß ihm Duldung und Werbefreiheit zugesichert werden, oder wie in Holland zur maßgeblichsten religiösen und gesellschaftlichen Richtung im Staate aufgestiegen ist. Wo diese konservative Tendenz offensichtlich wird, beginnen die vom Calvinismus gewonnenen revolutionären Schichten sich neuerdings zu verselbständigen und dem Sektentum zuzuwenden, wodurch eine neue und letzte bedeutende Epoche in der Sektenbewegung einsetzt. Mit dem Erstarken der feudalen Reaktion seit dem 17. Jahrhundert schlägt der Pendel noch einmal kräftig zurück. Das Bürgertum beginnt, diesmal allerdings unter sehr erschwerten Umständen und unter den wuchtigen Schlägen des zutiefst mißtrauisch gewordenen Feudalismus, von neuem sich zum Kampfe zu rüsten, d. h. es wird wieder revolutionär. Aber dieser allmähliche Revolutionierungsprozeß vollzieht sich nun, entsprechend der wiederum völlig veränderten ökonomischen Situation in der bereits relativ entwickelten Manufakturperiode, nicht unter der Führung des Calvinismus, sondern unter der Führung des bürgerlichen Naturrechts und folgend einer »naturwissenschaftlich« orientierten Ideologie. Auch diesmal wenden sich die kleinbürgerlichen und proletarischen Klassen der bürgerlichen Bewegung zu, um gleichzeitig unter dem starken Einfluß, den der bürgerliche Rationalismus auf alle nichtfeudalen Klassen ausübt, die alte Sektenideologie für immer zu verlieren. Was übrig bleibt, stellt keine gesellschaftliche Macht mehr dar.

In der wichtigsten Lehre des Calvinismus, in der Prädestinationslehre, sind beide Tendenzen, sowohl die revolutionäre wie die konservative, nebeneinander vorhanden und voll entwickelt. Calvin selbst, der zuerst, wie Lang zeigt, dem humanistischen und stoizistischen Denken ergeben war, übernimmt nach seiner »Bekehrung« die Prädestinationslehre von den Wittenbergern und besonders von dem Straßburger Reformator Martin Butzer. Butzer lehrt, daß es zwei streng geschiedene Klassen unter den Menschen gibt, Erwählte, die Gottens Gnade empfangen haben, und Verworfene, denen das Himmelreich für immer verschlossen bleibt.

Am einfachsten läßt sich der letzte und sozial bestimmte Sinn der calvinistischen Prädestinationslehre verstehen, wenn man sie der augustinischen gegenüberstellt.

Nach der Auffassung des Katholizismus und Augustins sind seit dem Sündenfall alle Menschen verworfen und zum sündenlosen Leben unfähig. Auf Erden sind nur wenige von Gott dazu auserwählt, die priesterliche Führung zu übernehmen. Es gibt keine anderen Anzeichen einer Befähigung zur Führerschaft als das innere Gefühl der Berufung, das allerdings von der Kirche anerkannt und bestätigt werden muß. Im Gegensatz zu dieser Auffassung lehrt der Calvinismus, daß Gott schon vor dem Sündenfall Adams die Auserwählten bestimmt hat. Damit ist der Verworfene nicht durch die Schuld der Welt verworfen, sondern allein durch den unerforschlichen Ratschluß Gottes. Der Sinn einer solchen Lehre, nach dem man fragen muß, wenn man in ihr nicht eine bloße Schrulle eines unreifen Geistes erblicken will, ist an sich nicht klar, wird aber sofort erkennbar, sobald man sie ideologisch als zur bürgerlichen Klasse gehörig zu begreifen versucht. Die katholische Kirche hat bekanntlich das Privateigentum dadurch zu rechtfertigen versucht, daß sie es auf dem Wege der Relativierung des absoluten Naturrechts mit Hilfe der Sündenfallsanschauung als notwendige Einrichtung der sündigen Welt erklärte. Damit war zwar das Eigentum als nicht in Widerspruch zu Evangelium und Naturrecht stehend erklärt, aber es haftete ihm etwas Sündiges an, woraus die Kirche den Schluß zog, daß der Mensch entweder durch einen teilweisen Verzicht auf dieses Eigentum zu ihren Gunsten und zugunsten der Armen oder durch persönliche Dienstbarkeit in der kirchlichen Organisation unter teilweiser Entsagung auf das Eigentum sich von der Sünde reinigen könne. Mit einer solchen Eigentumsvorstellung war das religiöse Empfinden des manufakturellen Bürgertums unvereinbar, das auf Belohnung von Fleiß und Sparsamkeit durch den Erfolg in der wirtschaftlichen Betätigung eingestellt war. Denn sobald man annahm, daß das Eigentum nichts als bloßer Ausfluß des Sündenfalls sei, war auch jene entsagungsvolle Tätigkeit zur Akkumulation von Reichtum, die dem Manufakturunternehmer zur Leidenschaft geworden war, mit Sünde behaftet. Überdies wäre mit der Beibehaltung des Sündenstandpunktes der Ansporn zur wirtschaftlichen Tätigkeit, deren die bürgerliche Welt bedurfte, abgeschwächt worden. Das feudale Eigentum konnte sich mit der Sündenlehre vertragen, das bürgerliche nicht, denn jenes galt als Entschädigung für eine letztlich nichtökonomische Funktion, die der Adel in der Gesellschaft ausübte, dieses hingegen erschien ausschließlich als Ausfluß der ökonomischen Betätigung und der besonderen Befähigung der Unternehmerklasse. Für die feudale Gesellschaft genügte es, das Eigentum mit Hilfe der Sündenfallsidee zu rechtfertigen, und diese Rechtfertigung traf nicht die persönliche Ehre des Adels, aber für das angestrengt im Dienste der Vermehrung des Besitzes arbeitende Bürgertum wäre die Sündenfallsauffassung zu einer Diffamierung dieser Tätigkeit geworden. Der feudale Herr trug im allgemeinen wenig zum Erwerb seines Eigentums bei; er besaß es bloß. Der bürgerliche Unternehmer mußte es täglich neu »erwerben« und vermehren, und man begreift, daß das aus den obenerwähnten Gründen im Religiösen verharrende frühmanufakturelle Bürgertum einer Lehre bedurfte, die seine Tätigkeit nicht nur von jedweder Gefahr der religiösen Diffamierung befreite, sondern sogar heiligte.

Diese Lehre lieferte der Calvinismus, dessen juristisch geschulter und mit einem strengen logischen Verstande ausgerüsteter Begründer vor keiner Konsequenz zurückschreckte, um den neuen ideologischen Bedürfnissen einer geschichtlich und sozial revolutionären Klasse in vollem Maße Rechnung zu tragen. Empfand sich das Manufakturbürgertum als die gegen das Alte gerichtete dynamische Kraft und als Träger einer hoffnungsvollen künftigen Entwicklung, so stärkte Calvin dieses Bewußtsein, indem er ihm die theoretische Begründung in der Form der genialen Zusammenfassung aller Argumente zur systematischen Einheit lieferte. Gleichzeitig der religiösen Stimmung, der antifeudalen Einstellung und dem Bedürfnis nach Rechtfertigung der ökonomischen Betätigung des Bürgertums entgegenkommend, schafft Calvin eine Lehre, in der alle diese Momente in einer einander ergänzenden Weise zur Geltung kommen. Diese Lehre ist die Prädestinationslehre. Sie bildet ebenso, besonders bei den Nachfolgern Calvins (M. Weber), die ideelle Voraussetzung für die Kampfansage des Bürgertums gegen den Feudalismus und für die Anmeldung der Forderung nach Gleichberechtigung des sichtbar durch Gott auserwählten, weil erfolgreichen Unternehmers mit dem adeligen Herrn, wie sie andererseits auch die für die Entwicklung der Manufaktur unvermeidliche Akkumulation von Kapital als gottgefälliges Werk erklärt, indem sie die Vorstellung von der Begnadetheit des wirtschaftlich Erfolgreichen fördert. Auch Troeltsch läßt sich von der religiösen Einkleidung nicht täuschen: »Die Prädestination bedeutet die Berufung der Besten und Heiligen, der Minorität zur Herrschaft über die Sünder der Majorität«; aber dieses Verhältnis unterscheidet sich von der Auffassung Luthers dadurch, daß dieser in der »Mystik« befangen bleibt, d. h. die bevorzugten und führenden Persönlichkeiten an ihrer rein religiösen Innerlichkeit erkennbar werden läßt, während die Prädestination Calvins »die Betrachtung der gegebenen Lebens- und Machtverhältnisse« einschließt. Das heißt, daß die innerhalb dieser Lebens- und Machtverhältnisse augenfällig Bevorzugten identisch sind mit den »Besten und Heiligen«.

Wir sehen, daß in die überkommene religiöse Form ein ganz neuer Inhalt gegossen wird. Die Anknüpfung an die religiösen Traditionen des Kleinbürgertums war leicht. War doch das ökonomische Ideal des Manufakturbürgers bereits in der positiven Einstellung der Sekten zur Arbeit und zur Welt vorgebildet. Aber während die Sekten mit der Zuwendung zum Diesseits eine naturrechtlich-revolutionäre Kritik untrennbar verflechten, vollzieht der Calvinismus im Interesse des Unternehmertums eine Wendung ins Reaktionäre, indem er aus der Ansicht, Gott habe vom Anfang der Welt an zwischen den Menschen unterschieden, weiter folgert, daß von einem für alle Individuen gleichermaßen geltenden natürlichen Recht nicht gesprochen werden könne.

Ja, Calvin geht so weit, den Gegensatz zwischen dem absoluten und dem relativen Naturrecht überhaupt aufzuheben. Er hält z. B. den Täufern laut Troeltsch »die Unveränderlichkeit des göttlichen Gesetzes entgegen, das im Alten und Neuen Testament sich nicht spalten kann, und den praktischen Widersinn ihrer Forderungen, die auch das Naturgesetz aufheben würden. So wenig denkt er an das absolute Naturgesetz als die eigentliche Regel, so selbstverständlich ist ihm das relative Naturgesetz als Gottes-Ordnung, so sehr drängt er auf das Praktische, Mögliche, Zweckmäßige«. Auf den Streit, ob Calvin sich überhaupt auf irgendeine Form des Naturrechts berufen hat, wollen wir hier nicht weiter eingehen, das mögen die Theologen unter sich ausmachen. Uns kommt es darauf an, daß Calvin aus guten Gründen vom gleichheitlichen Naturrecht nichts wissen wollte. »Allgemein gesprochen«, sagt Max Beer, »ist das Naturrecht ein bewußter oder unbewußter Protest gegen die aus dem Privateigentum entstehenden rechtlichen und staatlichen Einrichtungen«. Wenngleich, wie im bürgerlichen revolutionären Naturrecht des 17. und 18. Jahrhunderts, sich der Protest gegen die überkommenen rechtlichen und staatlichen Formen gegenüber jenem gegen das Privateigentum verselbständigen kann – nur im agrarischen Naturrecht bleibt teilweise noch die Kritik gegen das Privateigentum bestehen; ein proletarisches gibt es noch nicht –, so bleiben die Ausgangspunkte doch auch hier immer mit der Idee der ursprünglichen Gleichheit aufs engste verknüpft. Auch Baron erklärt, ohne alle Umschweife und ohne sich irre machen zu lassen, daß Calvin sich wesentlich damit begnügt, seine staatstheoretischen Ansichten mit dem Alten Testament zu begründen; bei ihm wie bei Luther spielt »ein absolutes, kommunistisch-anarchistisches Naturrecht, das mit dem Evangelium zusammenstimmt, keine nennenswerte Rolle.«

Im Calvinismus geht also wie in der mittelalterlichen Kirchenlehre, aber ganz anderen Tendenzen und Absichten dienend, die gleichheitliche Naturrechtsvorstellung wieder verloren. Allerdings, und das zeigt die ganze Kompliziertheit der sich ständig an die Wirklichkeit anpassenden ideologischen Prozesse, wird da, wo der Calvinismus sich in schwere Kämpfe um seine Behauptung verwickelt sieht, auf das naturrechtliche Denken vorübergehend zurückgegriffen. Ausdrücklich wird dann vom natürlichen Recht des Volkes gesprochen, seine Regierung selbst zu wählen, so am auffälligsten bei den monarchomachischen Hugenotten, die sich verschiedener naturrechtlicher Vorstellungen bedienen, um das Widerstandsrecht gegen den »Tyrannen« zu begründen, und bei Calvins Nachfolger Beza. Aber im Grunde bleibt das Naturrecht im Denken der strengen Calvinisten ein Fremdkörper. Es wirkt, wenn überhaupt, so doch nur neben und außerhalb der calvinistischen Lehre, und wird sofort wieder in den Hintergrund gedrängt, sobald es seine Aufgabe im Dienste der revolutionären Aktion erfüllt hat.

Für die Unverträglichkeit der calvinistischen Prädestinationslehre mit dem Naturrecht gibt kein Geringerer als Johannes Althusius den besten Beweis ab. Das System des Althusius bildet geschichtlich einen Übergang zum Naturrecht des revolutionären bürgerlichen Rationalismus, der in der zweiten Hälfte des 17. Jahrhunderts sich zu entwickeln beginnt. Die Überleitung zu diesem Rationalismus gewinnt Althusius jedoch in Anknüpfung an die Probleme, die die konkrete politische Problematik dem französischen Calvinismus stellt. Denn Althusius ist strenger Calvinist und steht, aufs stärkste beeindruckt von den Bürgerkriegen in Frankreich, auf dem linken Flügel des Calvinismus. So werden die Monarchomachen zu seinen theoretischen Lehrern und Vorläufern. Vor allem übernimmt er ihr naturrechtliches Denken, das ihnen allerdings nur als praktische Waffe in ihrem revolutionären Kampfe gegen die feudal-reaktionäre Tyrannei dient, und entwickelt es konsequent weiter. Er bemerkt rasch, ähnlich wie später in der englischen Revolution John Milton, daß es keinerlei gedanklich widerspruchslose Möglichkeit der Vereinigung des Naturrechts mit der Prädestinationslehre gibt. Deshalb scheint diese tatsächlich an keiner Stelle seines Systems auf. Der Althusianische Calvinismus verwandelt sich so unversehens. Die Preisgabe des Kernstückes der calvinistischen Lehre, der Prädestination, ermöglicht es Althusius andererseits, viel konsequenter als die Monarchomachen zum Theoretiker des Naturrechts zu werden. Unter dem Einfluß der zu Ende des 16. Jahrhunderts bereits deutlich bemerkbaren gesellschaftlichen und ideologischen Wandlungen brachte ihn das weiterhin dazu, das Naturrecht zu rationalisieren und selbst zum bedeutendsten Wegbereiter des künftigen naturrechtlichen Rationalismus zu werden. Wie ungeniert Althusius bei der logischen Durcharbeitung seines Systems vorging, zeigt das für einen Calvinisten erstaunliche Fehlen jeglicher theokratischen Staatsauffassung. Aber Althusius erweist sich nicht nur in rein theoretischer Beziehung als ein Vorläufer des bürgerlichen Rationalismus. Während der Calvinismus die demokratische Idee der Volkssouveränität hinter die bürgerlich-aristokratische Prädestinationsauffassung zurückstellt und sie bis zur Nichtigkeit abschwächt, erfährt sie bei Althusius eine Radikalisierung; das entspricht ganz der neuen, vorläufig nur im Reiche des Gedankens sich vollziehenden Radikalisierung des unter den Schlägen der Gegenreformation seufzenden Bürgertums zu Beginn des 17. Jahrhunderts. Für den Theoretiker der Prädestination kann sich die Souveränität des Volkes nur äußern als Mitwirkung des Volkes, als bloße Unterstützung der rechtmäßigen, d. h. dem Calvinismus mit Verständnis begegnenden oder nach dem Genfer Vorbild eingerichteten Regierung, aber keineswegs im autonomen, die Regierung selbst ausübenden Willen des Volkes. Entgegen dieser Auffassung verteidigt Althusius in einer Rousseau sich annähernden Weise den Wert des unabhängigen Volkswillens und das uneingeschränkte Recht des Volkes auf Selbstbestimmung. Zwar hat auch Beza unter dem Erlebnis der Bartholomäusnacht die Verpflichtung der Untertanen zum Gehorsam fallengelassen und die demokratische Souveränität des Volkes propagiert. Aber er tat es nur für einen besonderen Fall und nicht aus Prinzip.

Zu diesem Zeitpunkt und auf dem historischen Platz, auf dem die Manufakturbourgeoisie stand, war selbst die gemäßigte Lehre von der Volkssouveränität, nach der unter Mitwirkung und im Interesse des Volkes die Gesellschaft umgestaltet werden müsse, eine revolutionäre Tat ersten Ranges. Das Renaissancebürgertum hatte nur insofern eine demokratische Vorstellung entwickelt, als ihr die Forderung zugrunde gelegt wurde, daß nicht nur dem von Geburt mit Vorrechten versehenen, sondern grundsätzlich jedem mit hohen Persönlichkeitswerten ausgestatteten Bürger die Möglichkeit geboten werden müsse, eine ausgezeichnete Stellung in Staat und Gesellschaft zu erreichen. Unter den Bedingungen der Renaissancegesellschaft konnte eine solche Forderung nur heißen: Gleichstellung der bürgerlichen Oberschicht mit dem Adel und Begründung einer bürgerlichen Oligarchie in den Städten. Von einer auch nur indirekten Teilnahme des ganzen Volkes an den öffentlichen Angelegenheiten und an der Regierung war im eigentlichen Renaissancedenken, d. h. im Humanismus, keine Rede.

Im Gegensatz dazu zeigt der Calvinismus eine Weiterentwicklung des politischen Gedankens. Abgesehen von den ersten Formen des »primitiven« Calvinismus (Troeltsch), in dessen Auffassung sich die Prädestination unter dem direkten Einfluß der Sekten noch unterschiedslos auf die ganze Gemeinde der Gläubigen bezog und deshalb die direkte Demokratie eine größere Rolle spielte, weist nämlich auch die bürgerlich aristokratisierte Prädestinationslehre einen, wenn auch nicht sehr ausgeprägten, so doch sichtbaren demokratischen Zug auf. Und zwar bleibt das demokratische Prinzip insofern gewahrt, als ständig das Bewußtsein mitspielt, daß weder der Kampf gegen die Vorrechte und die entwicklungshemmenden Einflüsse des Adels noch die Erhaltung einer einmal erkämpften Stellung auf die Dauer möglich ist ohne die Stütze des Volkes. Das heißt aber nicht, daß das Volk deshalb etwa als gleichberechtigt angesehen wird. Im Gegenteil, überall da, wo die Bourgeoisie bereits Machtpositionen besetzen konnte, bricht eine starke konservative, gegen die Mitwirkung des Volkes an der Regierung gerichtete Tendenz durch. Auf Grund der Darlegungen von Troeltsch läßt sich das widerspruchsvolle Verhalten des Calvinismus deutlich erkennen: Das Volk wird zwar ständig angerufen, ihm wird so das Bewußtsein seiner Mitwirkung gegeben, aber es wird nicht zur Regierung zugelassen, d. h. es wird gleichzeitig in den Dienst der bürgerlichen Ziele gestellt und von der unmittelbaren Mitverantwortung ferngehalten. Der ständige Appell an das Volk, der »cri au peuple«, bedeutet aber insofern keinen gewöhnlichen Mißbrauch des Volkswillens, als das Volk in Wirklichkeit nur dann aufgerufen wird, wenn es den bürgerlichen Fortschritt gegen die feudale Reaktion zu verteidigen gilt. Deshalb kann Troeltsch die Feststellung machen: »Trotz aller Hochschätzung der Autorität und aller Verpflichtung des Privatmannes zum Gehorsam ist das doch die Parole: Durch das Volk und für das Volk«, – wenn auch mit den Widersprüchen belastet, die wir oben aufwiesen.

Ohne die schwankende Haltung des Calvinismus soziologisch erklären zu können, sieht Baron doch den Zusammenhang, sofern er ihn bloß beschreibt, und von einigen Umkehrungen der Kausalbeziehung abgesehen, ganz richtig: »Der aristokratisch-oligarchische Charakter des frühen Calvinismus war demnach nicht bloß die Folge der äußeren Geschicke des Genfer Stadtstaates und der holländischen Adelsrepublik, sondern im Grunde sowohl Ursache als Wirkung der in ihnen bestehenden sozialen Verhältnisse. Diese selbst waren, wenn nicht geschaffen, so doch geformt und erhalten durch die religiösen Grundideen Calvins, denen die aristokratisch aufgebaute Republik ebenso entsprach, wie die demokratische den täuferischen und sektiererischen Ideengängen ... In seiner Kirchenlehre hatte Calvin selber, in dem Bestreben, Volks- und Bekenntniskirche bis zu einem gewissen Grade zu verschmelzen, der demokratischen - wenn schon aristokratisch gemäßigten - Mitregierung der Laien das Tor geöffnet und dem Gemeindeprinzip den ersten Weg gebahnt. In der Staatslehre freilich hält er sich vorsichtiger zurück ... Die Prädestinationslehre war nicht nur geeignet, aristokratische Gesinnung zu fordern; sie konnte dadurch, daß sie jedem einzelnen Erwählten ein Bewußtsein seines unendlichen Wertes verlieh ... auch demokratischen Ideen entgegenkommen«.

Interessant ist in diesem Zusammenhang die kluge Voraussicht Calvins selbst, der in seiner »Institution« fordert, beim Unterricht in der Prädestinationslehre das Volk nicht vor den Kopf zu stoßen und ihm nicht die ganze Wahrheit zu sagen; Trägheit und Bosheit sollen nicht dadurch gefördert werden, daß man den Unterschied von jenen, die vorherbestimmt sind zur Seligkeit, und jenen, die verloren sind, zu sehr hervorhebt. Das heißt aber, daß in der Propaganda offenzulassen ist, wer zur Seligkeit bestimmt ist und wer nicht, wenngleich die Unterscheidung getroffen ist durch den Erfolg in dieser Welt. Calvin mahnt also zur Vorsicht vor dem Volke. So merkwürdig es klingt, auch diese im Prinzip konservative und undemokratische Vorstellungswelt der Prädestination hat in Anpassung an die praktischen Aufgaben und Bedingungen eine demokratische Seite zur Äußerung gebracht. Es ist kein Zufall, daß gerade die Prädestinationslehre zum Kernstück des Calvinismus wurde und es dauernd blieb, denn sie bewährte sich praktisch nach allen Richtungen hin, indem sie eine erstaunliche Anpassungsfähigkeit zeigte. So ist vor allem der aristokratische Charakter der Prädestination im Kampfe und in der Propaganda gegen die mit dem Feudalismus verbundene katholische (oder anglikanische) Kirche zurückgetreten, indem ohne Veränderung der Phraseologie, etwa bei den Independenten der englischen Revolution, die Gesamtheit der von der Kirche verfolgten Rechtgläubigen als von Gott auserwählt erschien. Gegenüber dem gemeinsamen Gegner verschwand so der innere Gegensatz von Arm und Reich, der der Prädestination letzten Endes zugrunde lag.

Hatte ursprünglich der Calvinismus die Idee der Askese im Anschluß an das Sektendenken entwickelt, so bekam sie doch durch ihn einen völlig anderen Sinn. Die calvinistische Askese war alles eher als sektenhafte Abfindung mit der Armut oder gar ihre Verherrlichung; sie war im Gegenteil das unentbehrliche Mittel der kapitalistischen Akkumulation und des Reichwerdens und insofern allem Sektendenken völlig entgegengesetzt. Aber die schillernde und unklare Bedeutung des Begriffs der Askese, die nur im engsten Zusammenhange mit der Prädestination ihren gemeinten Sinn offenbarte, diente der calvinistischen Kirche als Mittel, die Massen zu fesseln und im Interesse der neuen Wirtschaftsform zu erziehen, die einer disziplinierten, auf Fleiß und Genügsamkeit eingestellten Arbeiterschaft dringend bedurfte. Der Calvinismus trat deshalb niemals dem sektenhaften Mißverständnis entgegen, mit dem die ärmeren mittelständischen und proletarischen Klassen sich vertraut machten, um, vorerst noch innerhalb der calvinistischen Bewegung, in kritische Opposition gegen das auf Prädestination pochende Bürgertum treten zu können. War doch diese Opposition auch ungefährlich, da die gleichzeitig wirkende calvinistische Disziplin und Anhänglichkeit revolutionäre Ausbrüche verhinderte.

Zum Teil hatten die Sekten immer ihre Selbständigkeit bewahrt und wurden von Calvin deshalb bekämpft. Calvin, der dem Herzog von Somerset auf dessen Anfrage riet, gegen die Katholiken mit dem Schwert vorzugehen, empfahl ihm gleichzeitig, auch die Wiedertäufer unnachsichtig zu verfolgen. Anfänglich, als in England infolge des Bauernlegens die Unruhe auf dem Lande anwuchs, die später zum Aufstande der Landbevölkerung von 1549 führte, und als das unzufriedene Volk sich nach Hilfe umsah, begrüßten die Lollarden die ersten Schriften Luthers, gegen die Heinrich VIII. seine grobe Schrift über die Siebenzahl der Sakramente verfaßte. Weil die Sektierer für Anhänger der unruhestiftenden Reformation galten, wurden viele von ihnen verbannt. Als dann der Calvinismus in England einzog, schlossen sich ihm die Wiedertäufer, die in seinen Lehren eine Vollendung ihrer eigenen erblickten, freudig an. Mit dem Hervortreten des bürgerlichen Charakters des Calvinismus jedoch, und besonders getrieben durch ihre Opposition gegen die Prädestinationslehre, spalteten sich die Sekten wieder ab. Dabei lag dieser Verselbständigung die gleiche Haltung zugrunde wie schon früher einmal bei den Taboriten, die auf die Dauer selbst die ganz anders geartete Prädestinationsauffassung Wyclifs als zu aristokratisch empfanden und sie durch die »rationalistisch-stoisch-christliche Gleichheitslehre« ersetzten (Troeltsch). Bevor aber der Calvinismus die zum Sektendenken neigenden Teile seiner Anhängerschaft ausschied, bildeten diese seinen echt demokratischen Flügel. In England entstanden aus ihm die beiden Richtungen der gemäßigteren Independenten und der radikalen Leveller. In ihm fand auch der Leidener Professor Arminius, der zwischen 1602 und 1609 wirkte und der die Prädestinationslehre ähnlich wie gleichzeitig Althusius in seiner »Politik« bekämpfte, eine starke Stütze. Allerdings geriet das niederländische Volk wegen der Vermischung der religiösen mit der aktuellen politischen Problematik und Propaganda in Verwirrung und spaltete sich in entgegengesetzte Lager.

14. Die große englische Revolution

In der großen englischen Revolution kommt die ganze Fülle der ideologischen Probleme, die sich um den Calvinismus gruppieren, mit außerordentlicher Klarheit zum Vorschein. Deshalb müssen wir sie, hauptsächlich von der ideologiegeschichtlichen Seite her, einer analysierenden Betrachtung unterziehen.

Der Hort der Reaktion im England des 17. Jahrhunderts ist der Anglikanismus. Seine Anhänger rekrutieren sich hauptsächlich aus dem Adel und aus dem teilweise grundbesitzenden, mit dem Adel vielfach in Lebensweise und Interessen sich berührenden Handelspatriziat. Im übrigen ist die Handelsbourgeoisie weltanschaulich gespalten. Ein Teil steht in Opposition zur Hochkirche und nähert sich dem manufakturellen, calvinistisch orientierten Unternehmertum an. Diese ideologische Unselbständigkeit ist ein Ausdruck dafür, daß es mit der Renaissance längst zu Ende ist. Der Adel erinnert nur noch wenig an den alten Adel des Mittelalters, aber es wäre sehr irrig anzunehmen, daß er als Klasse nicht wesentlich eine rückwärtsgewandte, entwicklungshemmende und antibürgerliche Funktion erfüllt. Zwar nimmt er bereits lebhaft an der bürgerlichen Profitmacherei teil und ist auch in mancher anderen Beziehung äußerlich verbürgerlicht, aber er bleibt weiterhin in seiner Lebensweise und Auffassung durch und durch feudal-irrationalistisch gestimmt. Er hält sich noch wie im Mittelalter für von der Geschichte und von Gott allein zur Herrschaft ausersehen; stolz sieht er auf die heroisch-räuberische Vergangenheit seiner Vorfahren zurück und blickt mit Verachtung auf den Bürger, von dem er sich völlig verschieden fühlt, nicht zuletzt darin, daß er seine Einnahmen verschwendet, statt sie wie der Bürger zu akkumulieren.

Der soziale Ursprung dieser im Grunde noch feudalen Ideologie ist die Tatsache, daß der Adel noch fest auf dem flachen Lande verwurzelt ist, aus dessen Kraft er die Einkünfte zieht, die zur Befriedigung seiner aus der genießerisch-feudalen Lebensauffassung erfließenden Bedürfnisse nötig sind. Das Wesentliche dabei ist, daß der Adel nicht akkumuliert, sondern verschwendet, nicht wie der Bürger im freien Getriebe der Konkurrenz sich bewährt, sondern unmittelbar von der Ausbeutung der Arbeitskraft der Landesbevölkerung lebt, nicht wie dieser bewußt als Wirtschaftssubjekt auftritt, sondern ganz der Einbildung unterliegt, von der Geschichte mit einer besonderen sozialen, ethischen und kulturellen Mission beauftragt zu sein. Auch das Denken des schmarotzenden Hofadels bewegt sich ganz in den gleichen Bahnen. Von welcher Kraft diese Denkweise gewesen sein muß, davon bekommen wir einen Begriff, wenn wir uns erinnern, daß noch anderthalb Jahrhunderte später, angesichts der Französischen Revolution, der englische »Liberale« Burke den Adel als für das Gedeihen der Gesellschaft unentbehrlich hinstellen kann, ohne sich lächerlich zu machen. Die angebliche Verbürgerlichung der englischen Adelsklasse im 17. Jahrhundert besteht in Wahrheit nur in der geschickten Ausnützung der gegebenen Möglichkeiten, sich zur Aufrechterhaltung der traditionalistischen Lebensart an den Handelsprofiten zu beteiligen, d. h. sein Getreide mit möglichst hohem Gewinn zu verkaufen und seine Töchter, sei es aus Furcht vor Verarmung oder aus Bereicherungssucht, mit reichen Handelsbourgeois zu verheiraten. Der Kern der Adelsklasse und damit der Hort der feudalen Reaktion bleibt, was er immer gewesen ist: Im Traditionalistischen befangen, die Arbeit und die anderen Klassen verachtend, bildet er eine von den übrigen Bevölkerungsteilen genau unterscheidbare und in den Verlauf der Geschichte in besonderer Weise eingreifende Klasse. Nachdem sie unter dem fortschrittlichen Absolutismus zuerst bekämpft und dann von den Staatsgeschäften isoliert wurde, findet sie einen neuen Sammelpunkt im wieder reaktionär gewordenen Königtum, das mit Jakob I. (1603–1625) einen neuen Geschichtsabschnitt einleitet. Die stärkste ideologische Stütze findet diese Adelsklasse in der anglikanischen Kirche.

Ursprünglich ist der Anglikanismus etwas ganz anderes gewesen. Er war unter dem fortschrittlichen Absolutismus des zum Nationalstaat werdenden England die Form der Abkehr vom feudalen, übernationalen Katholizismus. Da ihm letzten Endes ein politischer und kein religiöser Gedanke zugrunde lag, so enthielt er, auf die Einheit bedacht und das Religiöse nur als Zweck betrachtend, einen die Prinzipien des Katholizismus kaum ernstlich antastenden Kompromiß. Er war daher ebenso antipäpstlich wie antireformatorisch.

Schon vor Ausbruch der Revolution stoßen wir auf klare Fronten. Die Calvinisten, die zu diesem Zeitpunkt noch schlechthin Presbyterianer genannt werden, bilden die bürgerliche, von den Sympathien der unteren Klassen unterstützte Opposition. Sie bekämpfen die halbfeudalen Zustände, um dem Bürgertum unter der Führung der reichen Unternehmerschaft einen entscheidenden Einfluß im Staate zu verschaffen. Ihr unmittelbares Angriffsziel bilden die anglikanischen Bischöfe, die ideologischen Führer der Reaktion, und sie fordern eine Presbyterialverfassung, das ist eine nach dem Genfer Vorbild umgestaltete demokratische Organisation der Kirche, von der aus sie das gesamte gesellschaftliche Leben in ihrem Sinne zu beeinflussen hoffen. Was sich hinter diesem religiösen Kampf verbirgt, zeigt das Aufsehen um die Weigerung Hampdens, das Schiffsgeld, eine ohne Einwilligung des Unterhauses vom König willkürlich verhängte Steuer, zu bezahlen. Hampdens Vorgehen wird überall als ein Akt des bürgerlichen Widerstandes und Freiheitswillens gegen das dem feudalen Interesse dienende Königtum aufgefaßt. Noch bezeichnender für das Anwachsen der bürgerlichen Opposition ist die vorangegangene Diskussion vom Jahre 1628 über die »Petition of Right«, in welcher die Theorie von der souveränen Gewalt des Königtums kritisiert wird. In diesem Zusammenhange wird ausdrücklich die absolutistische Lehre Bodins verworfen, die mißverständlicherweise als Stütze des reaktionären Absolutismus gilt.

1634 bereits schreitet die Opposition dazu, Gesetzesvorschläge an das Parlament einzureichen zwecks Einführung einer kirchlichen Presbyterialverfassung. Gut beleumdete und moralisch einwandfreie Männer sollen die künftigen Priester vorschlagen, die nachträglich von ihren Gemeinden bestätigt werden müssen. Bald werden diese Forderungen durchgesetzt unter dem Drucke der ansteigenden revolutionären Flut, die von den zahlreichen protestantischen Rückwanderern aus Holland und Neuengland noch verstärkt wird. Die wichtigsten Etappen zu diesem Ziele sind folgende: 1640 sieht sich der König nach elfjähriger Selbstherrschaft genötigt, das Parlament wieder einzuberufen. 1641, im Jahre der ertrotzten Abschaffung der Sternkammer und der gerichtlichen High-Commission, wagt das Parlament, dem königlichen Berater Strafford den Prozeß zu machen und ihn zum Tode zu verurteilen. Mächtige Massenbewegungen in London unter der Führung bewaffneter Arbeiter- und Handwerkergruppen, der sogenannten »Apprentiers«, unterstützen die Haltung des Parlaments. Die Hauptforderung der Demonstranten ist die Absetzung der Bischöfe. In Oxford gibt es einen regelrechten Bildersturm, auch in anderen Teilen Englands wiederholt sich diese antikirchliche und revolutionäre Bewegung. Im Januar des Jahres 1642 versucht der König, seine Stellung dadurch zu festigen, daß er einen Haftbefehl gegen fünf der radikalsten Mitglieder des Parlaments erläßt, die aber rechtzeitig entfliehen. Die Antwort auf die königliche Provokation ist das weitere Anwachsen der Opposition, unter deren Druck der König sich bereits einen Monat später genötigt sieht, durch seine Unterschrift eine Bill der beiden Häuser zu bestätigen, mit der die Erzbischöfe und Bischöfe vom Oberhaus, dem Staatsrat und jeder übrigen staatlichen Stellung ferngehalten werden sollen.

Im allgemeinen ist der großbürgerliche Flügel der bürgerlichen Opposition bereit, sich mit diesen Ergebnissen zufrieden zu geben. Aber an diesem Punkte setzen die Forderungen der Radikalen ein, womit sich die Richtung der Independenten deutlicher abzuzeichnen beginnt. Bis zum Sturze Lauds und der Episkopalkirche gehen Presbyterianer und Independenten noch zusammen. Mit Einführung der Presbyterialverfassung verschärfen sich jedoch die innerbürgerlichen Gegensätze. Den Independenten ist diese Verfassung nicht demokratisch genug. Das Streben des presbyterianischen Großbürgertums, das öffentliche und private Leben entsprechend dem Genfer Vorbild zu beherrschen, stößt bei der großen Masse des Volkes auf Widerstand. Gegen die nur halbdemokratischen und verschleiert oligarchischen Maßnahmen der Presbyterianer fordern die Independenten die Einführung der vollen bürgerlichen Demokratie, d. h. die uneingeschränkte Glaubensfreiheit, allerdings unter Ausschluß der Katholiken und Gottlosen, dann das Recht der freien Bibelauslegung, die Heranziehung des Volkes zur Mitbestimmung in Kirche und Staat und die Einstellung jeglicher Verfolgung von Ketzern. Der Kritik an der Presbyterialkirche half diese selbst tüchtig nach, denn sie war unvorsichtig genug, an die Stelle der von ihr verdrängten alten Hierarchie eine andere, und zwar ihre eigene zu setzen, die überdies bald die Fehler der alten nachzuahmen begann. Heuchelei und Nachlässigkeit, Stellenschiebung und Bereicherung machten den Presbyterianismus in kürzester Zeit verhaßt.

Hatte die Schlacht von Marston Moor vom Juli 1644 die Durchführung der presbyterialen Kirchenordnung ermöglicht, so war es doch auch diese Schlacht, in der die gegen die Reaktion notdürftig zusammengehaltene bürgerliche Front auseinanderbrach. Es passiert nämlich in ihr etwas Merkwürdiges. Während die presbyterianischen Schotten und das parlamentarische Heer der Presbyterianer vom König geschlagen werden, siegen gleichzeitig die Independenten unter der Führung Cromwells über den König und gewinnen so die Schlacht. Das bedeutet aber faktisch auch die Besiegung der Presbyterianer durch die Independenten. Die Schotten erkennen die große Gefahr, die dem calvinistischen Konservatismus von der radikalbürgerlichen Revolution droht, und entschließen sich, zur Rettung des Presbyterianismus die Stellung zu wechseln, indem sie nunmehr gegen die Independenten zu Felde ziehen. In England selbst haben sich die Machtverhältnisse inzwischen durch die ungehemmte Ausbreitung der freikirchlichen und »unabhängigen«, d. h. demokratisch aufgebauten Gemeinden zugunsten des independentischen Radikalismus verschoben. In der radikalen Freikirche entsteht, da die Independenten sich jede Einmischung seitens der presbyterianischen Geistlichkeit verbitten, eine ernste Gefahr für die gerade erst errungene Herrschaft der Großbourgeoisie. Wie ernst es den radikalen Independenten mit der Demokratie gewesen sein muß, beweist nicht nur die bewundernswürdige Verteidigung der Gewissensfreiheit durch das Cromwellsche Heer, sondern auch die später im Parlament der Heiligen von den konsequenten Elementen angestrebte Trennung von Staat und Kirche und die Einführung der Zivilehe, dies mit der Absicht, die allzu starke Einmischung der kirchlichen Gewalten in das persönliche Leben unmöglich zu machen und die Freiheit der nur ihrem eigenen Gewissen verantwortlichen Persönlichkeit zu sichern. Es liegt in diesen revolutionären Bestrebungen zweifellos eine für die damalige Zeit großartige und bewundernswerte Konsequenz. Die Presbyterianer wollten von diesem Radikalismus nichts wissen. Nach der Schlacht von Marston Moor schwenken sie ins royalistische Lager ab und werden gemeinsam mit dem König in der Schlacht von Naseby von Cromwell geschlagen. Der König flieht zu den Schotten, die ihn später ausliefern. Anfangs 1649 besteigt er das Schafott. Charakteristisch für die ganze schwankende Haltung der Presbyterianer ist das Verhalten des großen calvinistischen Reformators Schottlands John Knox. Ursprünglich, als Königtum und großbürgerliche Opposition sich noch aufs heftigste bekämpfen, plädiert Knox für die Hinrichtung des Königs, während er, als der König von den Independenten verurteilt ist, die »Königsmörder« in Grund und Boden verdammt.

Aber auch die Independenten stellen keine geschlossene Einheit dar, keine klassenmäßig eindeutig strukturierte Partei. Sozial vertreten sie die Manufakturbourgeoisie und den bürgerlich orientierten, gemäßigten Teil des Kleinbürgertums. Daß ihnen noch zahlreiche andere Elemente nachlaufen, daß insbesondere unzufriedene kleinadelige und bäuerliche Anhänger sich ihrem Heere zur Verfügung stellen, tut dieser soziologischen Zuordnung keinen Abbruch. Den eigentlichen klassenmäßigen Kern der independentischen Bewegung bildet das manufakturelle Bürgertum, das sich noch im Stadium der entsagenden Akkumulation im Dienste der Entwicklung der Manufaktur befindet. In England hat die Manufaktur sich langsamer entwickelt als in Holland und sogar in Frankreich. Das Stadium der relativen Fertigkeit erreichte sie erst später, eigentlich erst nach der Revolution. Daraus erklärt sich auch, weshalb die revolutionären Kämpfe der Hugenotten soviel früher stattfanden als jene der englischen Calvinisten und warum in Holland der Übergang des Bürgertums zur rationalistischen, nichtcalvinistischen Denkweise früher als in England einsetzte. Infolge der Verlagerung der Handelswege, die maßgebend für die wirtschaftliche Stagnation der deutschen und italienischen Handelsstädte in der ersten Hälfte des 16. Jahrhunderts gewesen ist, gewinnt umgekehrt Englands Handel an neuem Antrieb, womit auch die Voraussetzung für eine raschere manufakturelle Entwicklung geschaffen ist. Erst jetzt setzt der eigentliche »industrielle« Aufstieg Englands ein, wobei zu unterstreichen ist, daß auch die holländischen Unruhen Wesentliches beigetragen haben. Ebenso gibt die Störung des wirtschaftlichen Verkehrs mit dem Kontinent durch den Ausbruch des Dreißigjährigen Krieges einen der wichtigen Gründe der forcierten Entwicklung der englischen Manufaktur ab. Auf die Bedeutung des niederländischen Aufstandes weist

Mehring hin: Durch die Verwüstung der westlichen Niederlande und die Lahmlegung des Wollexportes nach Flandern beginnt der Aufschwung der wollverarbeitenden Manufaktur in England selbst, der, wie Mehring bemerkt, dem Lande neue Quellen des Reichtums eröffnet. Die Einwanderung der flandrischen Weber nach England erleichtert die Entwicklung des manufakturellen Betriebes. Die rasch an Bedeutung gewinnende Klasse des Manufakturbürgertums, die vom Kleinbürgertum, von dem sie sich vornehmlich herleitet, noch nicht völlig losgelöst ist, bedarf in politischer Beziehung freierer Entwicklungsmöglichkeiten und in ideologischer Beziehung einer asketischen Lebensauffassung. Ihre Ideologie ist naturgemäß der Calvinismus, und zwar in dieser Frühzeit der englischen Manufaktur ein vom Sektengeist noch durchtränkter Calvinismus, der dem hugenottischen nicht unähnlich ist. Während die Prädestinationslehre sowohl den ideologischen Antrieb für die wirtschaftliche Betriebsamkeit abgibt, als auch gleichzeitig zur ideologischen Hauptstütze des zu Reichtum aufsteigenden Unternehmertums und eines Teiles des Handelsbürgertums wird, bleibt das gegen die Prädestination mit Abneigung erfüllte Kleinbürgertum ein mächtiger Bundesgenosse im Kampfe gegen die Reaktion. Gerade infolge dieser Stellung eignet es sich die demokratischeren Gedankenelemente des Calvinismus an. Innerhalb der Gesamtbewegung bilden das Kleinbürgertum und das mit ihm vermischte Proletariat die unruhige, vorwärtstreibende Kraft. Sobald allerdings die Spaltung in der bürgerlichen Front selbst eingetreten ist und das Kleinbürgertum nach der Besiegung der Presbyterianer, die es solange für alle Inkonsequenzen und demokratischen Halbheiten verantwortlich machen konnte, zum klaren Bewußtsein seiner Andersartigkeit gegenüber dem gesamten, auch dem eigentlichen manufakturellen Mitbürgertum gelangt, d. h. sobald die Independenten den Staat beherrschen, organisiert sich der nicht verbürgerlichte, ärmere und radikalere Teil des Kleinbürgertums mit einem proletarischen Anhang in der Bewegung der Leveller. Sie verlangen, über die Grenzen des Calvinismus bereits hinausstoßend, völlige Rechtsgleichheit mit allen ihren Folgen: direkte Beteiligung des Volkes an der Leitung der öffentlichen Angelegenheiten; Vermeidung einer umfangreichen und starren, in dieser Form das Volk benachteiligenden Gesetzgebung; Erhebung der wirklichen Volksmeinung zum höchsten Gesetz und zur obersten Richtschnur der Politik; ernstere Berücksichtigung der Fragen des Volkswohls und die Volksbewaffnung. Die Inkonsequenz des Ausschlusses der Lohnarbeiter vom Wahlrecht begehen sie ebenso wie die übrigen bürgerlichen Bewegungen bis in das 19. Jahrhundert hinein, denn nach ihrer Meinung sind die Besitzlosen nicht fähig, von ihren Freiheitsrechten Gebrauch zu machen. (Dazu der Abschnitt »Der bürgerliche Humanismus«.)

Die Independenten, die sich gegen die Presbyterianer nicht radikal genug gebärden konnten, sehen sich nun durch das Auftreten der Leveller auf einen konservativen Standpunkt gedrängt. Tatsächlich bleiben sie auch mit ihrem Hang zur gesetzlichen Regelung aller Angelegenheiten bis ins einzelne, d. h. aber mit ihrem Hang zur umfassenden Kontrolle des öffentlichen Lebens im Dienste ihrer eigenen Interessen, die sie zwar mit den Interessen der Nation gleichsetzen, und mit ihrer Furcht vor der Einmischung des Volkes weit hinter der demokratischen Idee der Leveller zurück. Diesen gegenüber vertreten sie die indirekte, mit Hilfe eines sehr gemäßigten Wahlmodus getätigte Demokratie, die die Volksmeinung nur nach den Gesichtspunkten der Zweckmäßigkeit berücksichtigen soll. Es kann nicht ausbleiben, daß die gegenseitige Polemik sich verschärft, ja zum öffentlichen Skandal wird. Den Höhepunkt in dieser Diskussion bilden die zahlreichen Schriften und Flugblätter John Lilburnes, eines ehemaligen Offiziers des independentischen Heeres. Diese neben Cromwell großartigste Gestalt der Revolution, unbestechlich, klug und voller Mut, ist der erste Verkünder eines vollkommenen Programms der radikalbürgerlichen Demokratie. Lilburnes Forderungen sind folgende: Schrankenlose Gewissensfreiheit und Gleichberechtigung aller religiösen Bekenntnisse; allgemeine und regelmäßige Wahlen zur Volksvertretung; Verwirklichung der politischen Souveränität des Volkes, wenn auch unter Ausschluß der Knechte und Lohnarbeiter, und seine Anerkennung als alleinige gesellschaftliche Macht; völlige Gleichheit vor dem Gesetz und – also schon vor Locke und Montesquieu – Trennung der gesetzgebenden von der richterlichen Gewalt.

Wie immer sonst, entschied auch in der englischen Revolution die gesellschaftliche Stellung der verschiedenen Richtungen über ihr Verhältnis zur Prädestinationslehre. Hatte diese für die Presbyterianer den Sinn der Rechtfertigung des Rechts der großen Bourgeoisie auf Eigentum und Herrschaft, so erhielt sie unter dem Einfluß der revolutionären Geschehnisse im Denken der Independenten ein mehr demokratisches Aussehen. An die Stelle eines Beweises der göttlichen Gnade durch bloße Bewährung »in der Welt« trat allmählich und mit der Entwicklung der independentischen Partei zur Führerin der Revolution die Vorstellung der einfachen Prädestiniertheit aller Gläubigen. Bei den Levellern wird schließlich die Gnadenlehre ganz verworfen zugunsten eines radikalen Naturrechts, das Gleichheit wie Gewissensfreiheit fordert und die Willensfreiheit verkündet. Den Levellern erscheint als begnadet nicht derjenige, der durch äußere Merkmale der göttlichen Gnadenwelt ausgezeichnet ist, sondern der dem reinen Glauben Zugeneigte schlechthin, der »Wiedergeborene«, aber vor allem der durch sittlichen Lebenswandel zum gemeinsamen Abendmahl Berechtigte. Hierin liegt bereits ein weitgehender Gegensatz zum eigentlichen Calvinismus, der im Glauben allein keine Gewähr der göttlichen Begnadung sehen will, denn der Verworfene kann nach seiner Auffassung unerkannt auch unter den Gläubigen wandeln. An diesen Gedanken wird offensichtlich, mit welcher Unerbittlichkeit der Calvinismus der ihm innewohnenden Tendenz folgt, nur jenes Individuum als begnadet anzuerkennen, das sichtbare Erfolge in der praktischen Tätigkeit aufzuweisen vermag. Zwischen der levellerschen und der presbyterianischen Auffassung steht das Independententum. Noch 1658 bekennen sich die Independenten unnachgiebig in der Savoydeklaration zur Prädestination. Einerseits betont der Independentismus in revolutionärer Weise die Sichtbarkeit der Begnadung des durch Glauben und Sittlichkeit auserwählten Individuums; die Idee von der göttlichen Prädestination wird so demokratisch erweitert und die Gesamtheit der nach dem Gesetz Lebenden als der göttlichen Gnade teilhaftig angesehen. Aber andererseits ist es nur das Levellertum, das den Boden des Determinismus konsequent verläßt und dem Menschen die Verantwortung für sein sittliches Verhalten wiedergibt. Im Levellertum findet das Sektendenken wieder zu sich selbst zurück. Allerdings bleiben, wo es sich um feinere Unterscheidungen handelt, die Grenzen zwischen dem radikalen Independentismus und dem Levellertum verwischt. So war z. B. im Heiligen Parlament der Einfluß der Leveller bedeutend, ohne daß sie jedoch als eigene Partei hervorgetreten wären. Die Grenzen sind schon deshalb nicht überall genau zu ziehen, weil sich beide Bewegungen in eigenartiger Weise historisch berühren. Ist das Independententum ein durch den Sektengeist hindurchgegangener und infolge revolutionärer Entwicklung mit dessen Schlacken behafteter Calvinismus, so ist umgekehrt das Levellertum nur ein durch den Calvinismus hindurchgegangenes Sektentum. Aber so wenig sich die beiden Richtungen im Bereiche des Ideologischen genau unterscheiden, schließlich treten sie doch als verschiedene geschichtliche Erscheinungen deutlich genug hervor.

Die Deutlichkeit dieser Grenze zwischen der bürgerlichen und der kleinbürgerlich-proletarischen Bewegung verhindert nicht, daß auf dem Boden des Praktisch-Geschichtlichen verschiedene

Berührungspunkte solange bestehen bleiben, solange die Revolution eine aufsteigende Linie zeigt, dies allerdings durchaus nicht widerspruchslos, was sich schließlich im offenen Hervorbrechen der verborgenen Widersprüche äußert. Wir erinnern an die Verfolgung der Leveller durch Cromwell und an die Verhaftung Lilburnes, obwohl Cromwell zuvor mit allen Mitteln die grausam verfolgten piemontesischen Waldenser zu schützen versucht und sogar droht, seinen Admiral Blake an die Küste von Nizza zu entsenden. Ein gleicher Widerspruch kommt zum Vorschein, wenn man die Unvereinbarkeit des Miltonschen Hasses gegen jede, auch die gemäßigte Prädestinationstheorie mit der wahren Einstellung der Independenten vergleicht. Milton, der in dieser Beziehung (aber nur in dieser) eben der sektiererisch-naturrechtlichen Auffassung zuneigt, entschlüpft der Ausspruch: »Mag ich zur Hölle fahren, aber solch ein Gott wird niemals meine Achtung erzwingen«. Das hier den Levellern stark entgegenkommende Denken Miltons ist für Cromwell kein Hindernis, Milton zu seinem Sekretär zu ernennen. Das versteht man, wenn man erfährt, daß Milton z. B. in einer so wichtigen Frage wie der des Wahlrechts mit Cromwell der Meinung war, daß es den Besitzlosen nicht gegeben werden dürfe. Es ist der Haß gegen die Rechte, der in der Diskussion über die Prädestination aufs neue angefacht wird und den sonst in Glaubensdingen sehr unnachsichtigen Cromwell die Vorsicht nach links für einen Augenblick vergessen läßt. Aber der ideologische Gegensatz zwischen den beiden Männern wird noch greifbarer, wenn Milton entgegen der Neigung Cromwells, durch Reglementierung die Sicherheit und die Ordnung des »Gottesstaates« zu gewährleisten, ganz im Sinne des levellerschen Radikalismus den Ruf erhebt: »Schafft mehr alte Gesetze ab, als ihr neue einführt!« Nur zieht Cromwell auch hier noch keine Konsequenzen, vielleicht aus Rücksicht auf die Öffentlichkeit, wie er überhaupt zeitweilig eine gewisse diplomatische Geduld gegenüber radikalen Forderungen walten läßt, dann allerdings um so energischer eingreift. Die Forderungen nach der Trennung von Staat und Kirche, der Einführung des allgemeinen, gleichen und geheimen Wahlrechts, der Garantie der uneingeschränkten Gewissensfreiheit, Forderungen, die von den Mitgliedern des Heiligen Parlaments erhoben wurden, sind zweifellos in den Reihen der levellerschen Revolutionäre entstanden. Freilich nicht in allen Punkten, so besonders nicht hinsichtlich des allgemeinen Wahlrechts, hat Lilburne selbst sie bejaht. Und ihnen begegnet auch Cromwell zuerst mit reserviertem Mißtrauen, um dann bei einer günstigen Gelegenheit zum Schlage auszuholen, das Parlament aufzulösen und die Diktatur, in vollstem Widerspruch zu den bürgerlich-demokratischen Grundsätzen, für die er einst ins Feld gezogen war, zu errichten. Vielleicht haben wir in diesem Akt das erste große geschichtliche Beispiel dafür vor uns, daß die Bourgeoisie niemals davor zurückschreckt, sich der ihr wohltätigen Diktatur zu ergeben, wenn das Volk aus der bürgerlich-demokratischen Phraseologie die Konsequenzen zu ziehen beginnt.

Der ganze innere Widerspruch dieses Aktes zeigt sich auch an dem Anlaß, der Cromwell zu seinem Schritt gedrängt hat. War die Revolution ausgezogen, um den weltlichen wie kirchlichen Feudalismus zu brechen, und hatte sie im Dienste dieses Zieles sich nicht zuletzt vom Kleinbürgertum die Parolen geben lassen, so machte es jetzt dem Bürgertum nichts aus, daß Cromwell gerade in dem Augenblick das Parlament auflöste, als die Frage der Abschaffung des Zehnten zur Diskussion stand. Seine endgültige Abschaffung war eine Maßnahme, die sich von selbst ergab, nachdem im November 1653 das »Recht der Patrone auf Präsentation und Berufung«, d. h. der Ernennung der Geistlichen durch die feudalen Herren, aufgehoben worden war. Da aber mit der Aufhebung des Zehnten die Eigentumsfrage berührt wurde und in Anbetracht der Kritik der Leveller am Reichtum die Befürchtung bestand, daß die Eigentumsverhältnisse, einmal angetastet, umgestoßen werden könnten, wehrte sich der konservative Teil des Parlaments gegen die Annahme des Antrags, und Cromwell gab ihm durch die Auflösung faktisch recht. Zahlreiche Familien, die sich durch Kauf das Recht auf den Zehnten erworben hatten, und fast die gesamte Geistlichkeit hatten Cromwell die Erhaltung ihres feudalen Vorrechts zu verdanken. Diese Haltung Cromwells, die als die Haltung des wirklichen Independentismus aufgefaßt werden muß, ist ohne den Gegensatz zu den Levellern gar nicht zu verstehen. Die Historiker, die über die wahre Gesinnung Cromwells herumraten und sein Stillschweigen in wichtigen Zeitfragen dazu benützen, um vom »Rätsel« Cromwell zu sprechen, könnten sich durch einen Versuch, die Klassenverhältnisse zu analysieren, leicht Aufklärung holen. Es gibt ja noch andere Beispiele eines ähnlichen Verhaltens. Auch die Sekten der Schweiz wollten der Kirche gegenüber die Zehentverpflichtung nicht einhalten. Aber hinter dieser Weigerung steckte nicht nur die Abneigung gegen die alte Kirche, sondern auch die radikale Ablehnung einer als sozial ungerecht empfundenen Last. Da setzt das Klasseninteresse der Bourgeoisie ein. Aus der völlig unbegründeten Furcht vor einem Umsturz der Eigentumsordnung überhaupt verteidigt sie in völligem Widerspruch zu ihren eigenen Interessen den feudalen Zehent. Zwingli, der anfänglich Neigung zeigt, den Zehent zu verwerfen, schließt sich dann dem Beschluß des Züricher Magistrats vom Juni 1523 an. Dieser Beschluß geht dahin, daß die Zehentrechte der Kirche nicht angetastet werden dürfen. Die Ähnlichkeit im Verhalten Zwinglis und Cromwells ist auffällig.

Übrigens gibt es sehr klare Beweise dafür, daß die Independenten und Cromwell die Befürchtung hegten, die Radikalen hätten im Sinne, die Republik durch Abschaffung der Gesetze und des Eigentums zu untergraben. Cromwell selbst hat, lange bevor andere Independenten ihre Warnung aussprachen, und zwar schon im Jahre 1647 anläßlich der Überreichung zweier von Soldaten verfaßter Resolutionen durch Soldatenräte, erklärt, daß die Voraussetzung dafür, in den öffentlichen Angelegenheiten mitzubestimmen, nur bei jenen vorhanden ist, die ein dauerndes und bestimmtes Interesse an ihnen haben. Das ist hier noch vorsichtig formuliert, aber Cromwell wird deutlicher, wenn er in der Diskussion mit seinem Schwiegersohn Rainborough, dem Anführer einer radikalen, auch das gleiche Wahlrecht fordernden Soldatendelegation, gegen dessen Einwand, er kenne kein göttliches Gesetz, wonach ein Lord zwanzig, der Gentleman nur zwei und der Arme überhaupt keine Abgeordneten entsenden dürfe, sich auf die geltende Verfassung beruft und gereizt hinzufügt, daß die örtlichen Interessen genügend durch die Landbesitzer und die städtischen Korporationen des Handels gewahrt seien und daß eine Auffassung, die andere Prinzipien zugrunde legen möchte, an den Grundlagen des Privateigentums rühre. Die Gegensätze prallen so scharf aufeinander, daß der Parteigänger Cromwells unter Protest die Versammlung der Soldatenräte verläßt. Ebenso klar äußert sich Cromwell in seiner Rede anläßlich der Eröffnung des ersten Protektoratsparlaments am 4. September 1654. Hier erklärt er nämlich die Teilung der Gesellschaft in Adel, Gentry und Arbeitende als die »natürliche« Ordnung. Bei der Auflösung dieses Parlaments am 22. Januar 1655 weist er mit scharfen Worten auf die Gefahr hin, die von den Levellern droht.

Aber wie so oft ist auch diesmal die Wirklichkeit stärker als der Grundsatz. Das Dogma von der Unantastbarkeit des Privateigentums ist unvereinbar mit dem Wesen der Revolution, die als Machtkampf der Klassen untereinander notwendigerweise darauf abzielt, den Gegner durch ökonomische Entwurzelung zu schwächen und zu schlagen. Solange die englische Revolution, die eine Revolution des bürgerlichen gegen das feudale Eigentum war, ihr Ziel noch nicht erreicht hatte, konnte das Bürgertum auf die ökonomische Schwächung des Feudalismus nicht verzichten. Unter dem Vorwand, die Revolution und das Heer finanzieren zu müssen, wurden ohne Rücksicht royalistische und geistliche Güter konfisziert und verkauft. In der veränderten Situation von 1653 dagegen verkaufte man die Freiheit für die Sicherheit des Eigentums vor den Levellern. Teils bestand die Furcht vor ihnen wirklich, teils wurde sie von den reaktionären Elementen demagogisch übertrieben. Der kommunistische Flügel der Leveller war klein, wie es in jener Zeit noch nicht anders sein konnte, und setzte sich hauptsächlich aus chiliastisch gestimmten, zu einer Revolution nicht fähigen Elementen zusammen. Lilburne selbst, der Führer des eigentlichen Levellertums, ist bezeichnenderweise in seinem wirtschaftlichen Programm längst nicht so radikal wie in seinem politischen. In seiner Schrift »Der Volksvertrag« sind Steuerreformen, Unterstützungskassen, Brechung der Macht der Monopolisten und Abbau des Zolls die äußersten ökonomischen Programmpunkte. Die Kritik der Bodenbesitzverhältnisse ist der einzige Punkt, in dem Lilburne die bestehenden Eigentumsverhältnisse ernstlicher angreift, wobei er sich aber deutlich gegen den Kommunismus Winstanleys abgrenzt. Winstanley ist der Ideologe der Diggers, des linken Flügels der Leveller. Diese »wahren Leveller«, wie sie auch hießen, sind nur bodenkommunistisch orientiert und weder für die bürgerliche Gesellschaft gefährlich, noch sonst von großem Einfluß.

Woher rührt die große Furcht vor einer zweiten Revolution? Das junge Bürgertum hatte noch nicht gelernt, die Massen mit politisch-»demokratischen« Mitteln zu beherrschen und seinen Abscheu gegen die Ansprüche von unten zu verbergen, deren Anerkennung die Demokratie gegen seine Interessen überhandnehmen lassen könnte. Im Stadium der scheinbar endgültigen Stabilisierung seiner Herrschaft war das Bürgertum zu keiner Konzession an die Linke mehr bereit, und die Zehentfrage, die über ihre ökonomische Bedeutung hinaus noch eine Prinzipienfrage der bürgerlichen Revolution darstellte, wurde im reaktionären Sinne gelöst. Es ist also klar, daß nicht nur der formell günstige Augenblick der höchsten Spaltung des Parlaments Cromwell bewogen haben muß, seine Diktatur aufzurichten, sondern auch die konkrete Frage der Lösung des Eigentumsproblems, außer der Verhinderung der weiteren Demokratisierung der Gesellschaft. (Übrigens stimmte in der Nacht zum 4. August 1789 eine andere markante Persönlichkeit des kämpfenden Bürgertums, Abbé Sieyès, ebenfalls gegen die Aufhebung des Zehnten.) Daß auch die Furcht vor den »Gleichmachern« Cromwell in seinem Vorhaben unterstützte, ist klar. Aber wie gesagt, an eine Enteignung oder an Gemeineigentum dachten die Leveller nicht, wenn auch ihr radikaler Hang zum Asketismus eine Eigentumsreform theoretisch nicht ausschloß und tatsächlich vereinzelte Gruppen der städtischen Armut solche Konsequenzen zogen. Als einmal eine Gruppe dieser kommunistisch-asketischen Sektierer vor die Tore Londons zog, um dort singend und betend herrenlosen Boden zu bearbeiten und ein Gemeinwesen zu gründen, wurde sie von den Soldaten Cromwells mit leichter Mühe auseinandergejagt. In solchen und ähnlichen Versuchen erschöpfte sich der Kommunismus der Diggers.

Das Bürgertum hat die Gefahr unterschätzt, die ihm im 17. Jahrhundert, das für eine Vollendung der bürgerlichen Gesellschaft noch nicht reif war, vom Feudalismus notwendig drohen mußte. Sein anfänglicher revolutionärer Heroismus versandete immer mehr durch die Trennung von den lebendigen Kräften des Volkes. Die nachfolgende feudale Reaktion vernichtete nahezu alle Errungenschaften der Revolution. Nur eines konnte sie nicht zerstören: die durch Jahrhunderte nachwirkende Erinnerung an die Revolution, eine Erinnerung, die in entscheidenden Punkten der englischen Geschichte anfeuernd auf die Kräfte des Fortschritts, warnend auf jene des Rückschritts gewirkt hat. Fürs erste folgte aber, wie übrigens auch auf dem Kontinent, eine lange Nacht des politischen Stillstands und der Unterdrückung der bürgerlichen Bewegung, nur zeitweilig erhellt von Blitzen des Geistes, etwa jenen der Literatur in der ersten Hälfte des 18. Jahrhunderts. Auch das Zwischenspiel der »glorreichen Revolution« von 1688 konnte an diesem Zustande, wie wir im vierten Teil dieser Schrift noch ausführlich darlegen werden, nichts ändern. Aber die feudale Unterdrückung zwang das Bürgertum, sich wieder revolutionären Ideen zuzuwenden, und ein neuer, auf dem Bündnis mit dem Volke beruhender bürgerlicher Heroismus stellte sich ein.

Im Gegensatz zu den Parteien überdauerten die große Revolution zahllose, unübersichtliche Sekten, deren Nachfahren noch heute in den angelsächsischen Ländern eine nicht unbedeutende Rolle spielen.

Nach Kelsens überhistorischer Definition ist das Naturrecht der Versuch, eine oberste Rechtsnorm aller Gerechtigkeit aus »Gott, Natur und Vernunft« zu gewinnen. Das Besondere an der formellen Ausgestaltung des Naturrechts seit dem 17. Jahrhundert ist gerade die Ausschaltung der transzendenten Begründung durch Gott und seine damit vollendete inhaltliche Rationalisierung. Diese aus der Entwicklung des bürgerlichen Geistes resultierende Veränderung ist jedoch für den Inhalt der naturrechtlichen Vorstellungswelt recht unerheblich geblieben, so daß sie uns nicht weiter beschäftigen wird. Dafür muß um so energischer die Frage nach dem übrigen Wesensgehalt des Naturrechts der rationalistischen Epoche aufgeworfen werden.

Die Frage nach der obersten Norm der Gerechtigkeit ist aller gesellschaftlichen Existenz zugeordnet, daher »ewig« und berechtigt, nur daß sich diese Norm selbst historisch mit stets neuen Inhalten füllt, d. h. verändert. Beim Naturrecht läuft die Antwort in Metaphysik aus, und zwar aus den beiden folgenden Gründen. Erstens: Die spekulative und unhistorische Methode verleitet zur Behauptung anthropologischer Wesenheiten, die die Grenzen der geschichtlichen Erfahrung überschreiten; das Naturrecht verhält sich gegenüber der geschichtlichen Erfahrung, der einzigen Erfahrungsform, die auf den Menschen als soziales Wesen anwendbar ist, transzendent. Zweitens: Die Mißachtung der Notwendigkeit, auf kausalgesetzlichem Wege die Gerechtigkeitsnorm zu finden, führt gleichfalls zur Metaphysik, denn das Überspringen der kausalen Verflochtenheit der historischen Momente, wie es faktisch an jeder naturrechtlichen Spekulation beobachtet werden kann, ist ebenfalls gleichbedeutend mit der Transzendierung des Geschichtlichen überhaupt.

Wir haben gezeigt, wie das im Mittelalter noch sehr lebendige gleichheitliche Naturrecht mit Hilfe der Sündenfallslehre zum Zwecke der Rechtfertigung des Privateigentums relativiert, d. h. seines unbedingten Gleichheitscharakters entkleidet wurde. Bei einem Vergleich zwischen dem mittelalterlichen und dem bürgerlichen Naturrecht muß auffallen, daß letzteres trotz seiner ebenfalls gleichheitlichen Grundeinstellung nie mit der bürgerlichen, nichtgleichheitlichen Eigentumsvorstellung in Konflikt gekommen ist. Überhaupt hat die bürgerliche Klasse keine Notwendigkeit verspürt, durch Relativierung des Naturrechts das Eigentum zu rechtfertigen. Man muß fragen, womit das wohl zusammenhängen mag. Die in diesem Rahmen leider nur kurze Antwort soll neben ihrem sachlichen Interesse auch den Sinn haben, jenen Historikern des Naturrechts, die unterschiedslos die Entwicklung des naturrechtlichen Denkens vom Mittelalter bis in die Neuzeit als eine gerade Linie auffassen, entgegenzutreten. So stellte z. B. J. Kohler in seinem »Lehrbuch der Rechtsphilosophie« die Naturrechtsanschauung der Scholastik viel höher als jene der Zeit von Grotius bis Hegel; er übersieht, daß ein solcher unhistorischer und formalistischer Vergleich nur den Wert einer gedanklichen Spielerei haben kann. Dieses Verhalten der Historiker ist wesentlich verschuldet durch ihre formalistische, die innere Entwicklung der Gesellschaft vernachlässigende Forschungsweise.

Der Weg des Zustandekommens der beiden Naturrechtsideen ist verschieden und dementsprechend ihr Wesensinhalt unterschiedlich. Für die Auffassungsweise der gleichheitlichen naturrechtlichen Protestidee des Mittelalters - das gleichheitliche Naturrecht ist immer irgendwie Protestidee, auch wenn die »Quellenforschung« nichts davon weiß - sind zwei Momente bestimmend geworden. Erstens die agrarwirtschaftliche Abhängigkeit des Menschen von der äußeren, ihn unmittelbar umgebenden Natur und zweitens die auf Grund der agrarwirtschaftlichen Anwendungsweise der Produktivkräfte gestaltete Sozialstruktur der feudalen Gesellschaft. Selbst, als die Städte schon eine nennenswerte Entwicklungshöhe erreicht hatten, lebten auf dem noch sehr starken feudal-agrarischen Sektor die feudale und die ihr entsprechende christlich-rechtliche Ideologie fort. Man denke an die Hochscholastik mit ihrer Naturrechtslehre. Letztlich entscheidend für die Bildung des Inhalts der naturrechtlichen Vorstellung in der Feudalzeit ist das zweite Moment gewesen, die feudale Sozialstruktur. Sie bestand in dem rein und unverfälscht hervortretenden Ausbeutungsverhältnis zwischen einer besitzenden und einer besitzlosen Klasse. Das mittelalterliche, gleichheitliche Naturrecht war also der aus der Durchsichtigkeit der Ausbeutungsverhältnisse erfließende ideologische Ausdruck der Protesthaltung der untersten, besitzlosen Bauernklasse. Dies macht bereits ihren wichtigsten Unterschied zum bürgerlichen Naturrecht aus, das wesentlich die Ideologie einer selbst besitzenden, daher nur politisch und nicht eigentlich gegen die Eigentumsverhältnisse protestierenden Klasse ist; mit der Einschränkung allerdings, daß von vereinzelten radikal-bürgerlichen, aber wahrscheinlich in dieser Eigenschaft bäuerlich-revolutionär beeinflußten Denkern sogar sehr heftig gegen das feudale Bodeneigentum protestiert wurde, worüber gleich mehr zu sagen sein wird. Während also das bürgerliche Naturrecht, mit Ausnahme eben dieses radikalen bäuerlich-antifeudalen Flügels, rein rechtlich und politisch, d. h. formal aufgefaßt wird (die nachträgliche Erklärung des Privateigentums als Naturrecht ist gerade durch diesen Formalismus vorbereitet), ist das bäuerlich-mittelalterliche Naturrecht wesentlich ökonomisch orientiert. Ihr Aufstieg zu einer am feudalen Besitz teilhabenden Macht zwang die Kirche, sich mit dem im Volksbewußtsein lebendigen, gleichheitlich-naturrechtlichen Empfinden systematisch auseinanderzusetzen und die diesem zugrunde liegende Idee zugunsten der feudalen Klassenverhältnisse zu relativieren. Schon, daß die kirchlichen Ideologen das absolute Naturrecht nicht vorweg leugneten, sondern es im Gegenteil zum Zwecke seiner nachträglichen Überwindung zuerst rezipierten, ist sehr auffällig und beweist seinen tiefen Einfluß auf das mittelalterliche Sozialbewußtsein.

Die doppelte Wurzel der tiefen und über die Jahrhunderte fortdauernden Wirkung des bäuerlichen Naturrechts, für das es durch weite Epochen keine Quellen gibt, weil die unterdrückten Bauern keine Literatur hatten, ist aber nicht nur in der erwähnten Durchsichtigkeit der agrarischen Ausbeutungsverhältnisse zu suchen, sondern auch in der Tatsache, daß in allen primitiven Gesellschaften der Boden als nichts vom Menschen selbst Geschaffenes, als etwas bereits vor dem Menschen Existierendes, ihm »von der Natur« zu allgemeinem Nutzen Geschenktes erscheint. Das Feudaleigentum gilt demgegenüber als angeeignet und unrechtmäßig. In einem anderen Zusammenhange bemerkt Marx, wie in der Naturalwirtschaft der »Anschein« entsteht, »daß die Rente nicht aus den gesellschaftlichen Verhältnissen sondern aus der Erde« entspringt. Im Unterschied dazu erscheint unter den Bedingungen der bürgerlichen Gesellschaft, die die Beziehungen verschleiern, der gewerbliche und Unternehmerbesitz als wesentlich vom Menschen selbst erzeugt, als Produkt der individuellen Arbeit und Initiative des Eigentümers. An die Stelle der einen ideologischen Täuschung, die immerhin kritisch war, tritt eine andere, die aber trotz ihres antifeudalen Charakters einen sozialreaktionären Zug aufweist. Noch Lorenz von Stein unterliegt dieser Vorstellung, wenn ihm im Gegensatz zum agrarischen nur der industrielle Besitz als »freier, selbsterworbener Besitz« erscheint. In seiner »Geschichte des französischen Strafrechts« argumentiert von Stein folgendermaßen: In seiner Beziehung zur »unpersönlichen Natur« kann der Mensch nicht frei sein. Er wird erst da frei, wo der Besitz ausschließlich Resultat der individuellen Arbeit ist, in der Industrie, indem er durch seine eigene Arbeit bewegliches Eigentum erzeugt. »Erkennen wir in dem Besitz die konkrete Freiheit der Persönlichkeit, so scheiden sich im Gebiete der Gegenstände des

 Besitzes zwei Hauptgruppen«: »Landbau und Industrie«. »Wenn dem nun so ist, und wenn die Geschichte der Menschheit ein Fortschritt von der niederen zur höheren Stufe sein soll, so folgt allerdings, daß allenthalben, wo die Idee der persönlichen Freiheit lebendig ist, die Entwicklung des Lebens von dem Besitz und der Arbeit im Landbau notwendig übergehen muß zum Besitz und der Arbeit in der Industrie ... Ist nun aber einem Stande der Gesellschaft ein solcher freier, selbsterworbener (! L. K.) Besitz gewonnen«, so entsteht nach Stein die freie Stadtgemeinschaft, deren Mitglieder deshalb auf einer höheren Stufe der Freiheit stehen, weil die Grundlage ihrer Existenz nicht mehr das bloß angeeignete und unterdrückende Bodeneigentum, sondern das auf eigener Arbeit beruhende, industrielle, »bewegliche« Eigentum ist.

Erst das moderne proletarische Bewußtsein überwindet diese Vorstellung restlos. Zunächst aber bleibt in der bürgerlichen »industriellen« Gesellschaft der ausbeuterische Ursprung des »beweglichen« Eigentums notwendig unerkennbar. Daraus erklärt sich, weshalb in der gesamten, wesentlich kleinbürgerlichen Sektenbewegung trotz aller Aversion gegen den Reichtum eine prinzipielle und seinen wahren Charakter enthüllende Kritik am Eigentum fehlt und warum der Kommunismus, sofern er überhaupt mit einiger Konsequenz auftritt, entweder als wohltäterischer Abgaben- und Konsumkommunismus oder als bloßer Agrarkommunismus erscheint. So erstreben z. B. die Diggers in der großen englischen Revolution nur eine Vergesellschaftung von Grund und Boden.

Dem Naturrecht der kleinbürgerlichen Sekten liegt daher wie dem bürgerlichen prinzipiell die Idee der vollen Autonomie und Freiheit der Person zugrunde, mit dem einzigen Unterschied, daß im ersteren die Hoffnung auf eine gerechtere Verteilung der Lebensgüter als Folge dieser Freiheit entscheidend mitspielt, während im letzteren die Erwartung maßgeblich bleibt, daß unter der Voraussetzung der individuellen Freiheit der vermehrte Eigentumserwerb dem Tüchtigen vorbehalten sein wird. Da im Gegensatz zu den agrarischen die bürgerlichen Ausbeutungsverhältnisse für lange Epochen unerkennbar bleiben, werden nur die »Auswüchse« des Eigentums, aber nicht sein Prinzip kritisiert. Deshalb gilt der Kampf der unteren städtischen Klassen lange Zeit hauptsächlich politischen und rechtlichen Dingen; der direkte ökonomische Kampf kennt dagegen meist nur die Form des isolierten, auf keinem grundsätzlichen Programm beruhenden Streites um Verbesserung der Löhne, Verteilung der Steuern und ähnliches als unmittelbaren Ausdruck der sozialen Unzufriedenheit. Die bäuerliche Forderung ist aber selbst da, wo die Machtverhältnisse offensichtlich eine Neuverteilung des Bodens nicht erlauben und der Bauer sich mit Teilforderungen wie Verminderung der Frondiensttage, Kürzung der Abgaben usw. begnügen muß, immer von der Vorstellung der grundsätzlichen Unrechtmäßigkeit des feudalen Besitzes initiiert.

Nun scheint dieser These bei oberflächlicher Betrachtung die gesamte Geschichte des Naturrechts des 17. und besonders des 18. Jahrhunderts geradezu ins Gesicht zu schlagen. Treten doch in dieser Zeit immer wieder Denker auf, die, indem sie die weit verbreitete Vorstellung von der ursprünglichen Existenz einer vollkommenen, nicht nur rechtlichen, sondern auch ökonomischen Gleichheit zum Ausgangspunkt nehmen, dem Eigentum den schärfsten Kampf ansagen und eine Beseitigung der schreienden wirtschaftlichen Ungleichheit fordern. Bei näherem Zusehen stellt sich aber bald das Merkwürdige heraus, daß diese Kritiker fast immer nur das Grundeigentum im Auge haben, hingegen das auf der gewerblichen Produktion beruhende Eigentum kaum mit einem Worte berühren. Mit höchstem Erstaunen wird man gewahr, daß, wo die revolutionären Naturrechtler in ablehnendem Sinne das Eigentum erwähnen, sie ständig an das Bodeneigentum denken. Je mehr man sich in das Problem vertieft, desto stärker wird der Eindruck, daß es sich bei dem ökonomisch aufgefaßten Naturrechtsbegriff eines Teiles, und zwar des weitaus kleineren, der revolutionären Ideologen um nichts anderes handeln kann als um ein Hineinragen der bäuerlich-revolutionären Naturrechtsidee in die Sphäre des bürgerlichen oder meist kleinbürgerlichen Denkens, mit dem sie sich auf verschiedene Weise zu vermischen pflegt. Diese Erscheinung erklärt sich aber zwanglos aus der doppelten Tatsache, daß erstens, solange der Feudalismus noch nicht überwunden war, die Ideologie der Bauernschaft eine gesellschaftlich bedeutende Rolle spielen mußte und wegen des engen Bündnisses zwischen Bauernschaft und Bürgertum in dieser Zeit von gebildeten nichtbäuerlichen Theoretikern vertreten wurde, – eigene fehlten der Bauernschaft; und daß zweitens die im schärfsten Kampfe gegen den Feudalismus stehende Bourgeoisie sich gerne alle gegen ihn verwendbaren Vorstellungen und Argumente zu eigen machte, wenn nicht gar ihrer eigenen Ideenwelt einbaute.

Schon ein Blick auf die utopisch-sozialistischen Systeme lehrt, wie wenig die Ahnung von der prinzipiellen Schädlichkeit des Privateigentums noch bis kurz vor Ausbruch der französischen Revolution auf dem Wissen von der Unrechtmäßigkeit des bürgerlichen Eigentums beruhte. Von Morus und Winstanley bis zu

Meslier, Morelly, Mably usw. bleibt die Vorstellung herrschend, daß die Rettung der Menschheit vornehmlich in der Verteilung oder Sozialisierung des Bodens liege. Einzelne Ausnahmen, wie z. B. Linguet, der bereits 1767 die Unterdrückung des Lohnarbeiters, den städtischen inbegriffen, kritisiert, bedeuten wenig für die allgemeine Tendenz. Noch 1792, also zu einem Zeitpunkt, als es bereits nennenswerte Kritiker auch des bürgerlichen Eigentums gab, ereignete sich bezeichnenderweise folgendes. Am 29. August wurden 30 Kommissäre in die 16 Departements der Umgebung der Hauptstadt entsendet. Zwei von ihnen begannen aus eigener Initiative, eine rege Propaganda gegen das Eigentum zu entfalten. Das Bemerkenswerte daran ist nun, daß sie eine Aufteilung des Grundeigentums forderten und durchzuführen begannen, hingegen in einem eigenen Artikel ausdrücklich erklärten: »Die Nation erkennt nur gewerbliches Eigentum an und verbürgt dessen Unverletzlichkeit«.

So verstand das revolutionäre 18. Jahrhundert unter den »Besitzenden«, die das soziale Unglück verschuldeten, vornehmlich die bodenbesitzenden Adligen und eventuell noch die auf offensichtlich unreellem Wege reich gewordenen Spekulanten und Kaufleute. Der Kampf gegen den »Luxus« richtete sich gegen die Auswüchse und den Mißbrauch des Privatbesitzes, aber nicht gegen das bürgerliche Eigentum – ähnlich wie heute der ehrliche Christ die Lebensformen der Bourgeoisie kritisiert, ohne diese selbst zu kritisieren.

Sehr gut sagt Wolters: »Das Ziel des 18. Jahrhunderts hieß vor allem ›Egalité (aber) Egalité des rangs et des conditions‹.« Nur »eine kleine (!) Gruppe von Denkern, die uns hier beschäftigen, fügt ein anderes Wörtchen ein und gab damit dem folgenden Jahrhundert und vielleicht noch manchem kommenden Nahrung zum Kampfe: ‚L'égalité des rangs et des fortunes!'« Doch mit letzterem muß der wahre Sinn verbunden werden: Diese »égalité des fortunes« war teils der agrarisch-naturrechtlichen Vorstellungswelt entnommen, also durchaus nicht im proletarisch-sozialistischen Sinne gemeint, teils Ausfluß eines kleinbürgerlichen Reformbestrebens und daher schon an sich ohne jede sozialistische Absicht. Wolters selbst sagt, ohne allerdings wegen seiner Vernachlässigung der Klassenanalyse die wahre Bedeutung der eigenen Feststellung für das volle Verständnis der naturrechtlichen Ideologie des 18. Jahrhunderts zu erkennen: »Daher handelt es sich für die neu zu schaffende Ordnung, mochte man sie nun mit Montesquieu ‚la republique démocratique', mit Meslier, Rousseau und Morelly ‚l'état naturel', mit Mably ‚l'heureuse médiocrité des fortunes' oder mit Deschamps ‚l'état des moeurs' nennen, im wichtigsten Punkte um dasselbe Problem, um welches Eigentumsverhältnis, Individuum und Gesamtheit zum Territorium, das sie bewohnten, stehen sollten ... dem einen genügt die gleiche Bodenverteilung, die anderen fordern Bodengemeinschaft.« Damit ist endgültig klar, daß der Boden und nicht das gewerbliche Eigentum in den »sozialistischen« und den radikalen gesellschaftsreformatorischen Anschauungen den eigentlichen und letzten Beweggrund der Betrachtung abgibt.

Zu welchen Widersprüchen und zu welcher Verwirrung es führen muß, wenn man übersieht, daß der naturrechtliche »Sozialismus« des 18. Jahrhunderts agrarisch ist, erkennt man an den Ausführungen von Hugo. Einerseits behauptet er: Die Kritik Mesliers ist »gegen den Feudalstaat, wie gegen das neue siegreich sich die Herrschaft erkämpfende kapitalistische System gerichtet ... So zeigt sein Werk ein doppeltes Gesicht: kapitalistische Kritik des Feudalismus und sozialistische Kritik des Kapitalismus«. Aber andererseits: »Außerdem ist Meslier seinem ganzen Wesen und geistigen Horizont nach so durchaus Bauer, daß die Industrie und die durch ihre Entwicklung bereits bewirkte oder doch sich bereits vollziehende Revolution der gesamten Verhältnisse vollständig (!) seinem Blick entgehen konnten und daß die Probleme, welche die großen Städte, wie Paris und Lyon z. B. bieten, für ihn ebensowenig vorhanden sind.« Eine ganz ähnliche Unaufgelöstheit offensichtlicher Widersprüche wie bei Hugo findet sich bei Beer. Auch er sieht den Sachverhalt nicht ganz richtig, wenn er den Standpunkt der »Sozialisten« des 18. Jahrhunderts dahin umdeutet, sie betonten deswegen den ländlichen Kommunismus so sehr, weil sie unter dem Einfluß der naturrechtlichen Vorstellungen die manufaktur- und fabrikmäßige Produktion überhaupt als sittenverderbend ansähen und daher die Rückkehr zum Naturzustand der Dorfgemeinschaften für die einzig mögliche Lösung hielten. Diese Deutung ist wenigstens geistvoll. Und tatsächlich ist so viel wahr, daß verständlicherweise bei allen jenen Denkern, die agrarsozialistische Folgerungen ziehen, nicht selten auch eine gewisse, von naturrechtlichen Vorstellungen geschürte Aversion gegen die Auswüchse des städtischen Lebens und manchmal sogar gegen die industrielle Unterdrückung der Arbeiterschaft vorhanden ist; aber diese Aversion resultiert doch letzten Endes aus der dem städtischen Gewerbe von vornherein unkritisch begegnenden Betrachtungsweise – und nicht umgekehrt. Man lese übrigens nur aufmerksam die Schilderungen, die Beer selbst von den »Sozialisten« dieser Zeit gibt, und man wird bald bemerken, wie erstaunlich gering die Ansätze zu einer kritischen Untersuchung der kapitalistischen Lebensbedingungen selbst bei jenen Denkern sind, deren Blick bereits auf diese gelenkt ist. So z. B. »Eine andere Gestalt war Thomas Spence (geb. 1750). In ihm sehen wir den ersten proletarischen (!) Rebellen gegen die neuen Zustände, einen Mann von fester, tiefer Überzeugung, von hohem Mut – einen Märtyrer sozialistischer Reformideen ... Er knüpft indes nicht an die industriellen Zustände an, sondern an die durch die Enclosures hervorgerufene Agrarrevolution (!)«. Womit wiederum bewiesen ist, daß auch Spence in Wahrheit eher als Ideologe des antifeudal-bäuerlichen denn als irgendeines proletarisch-sozialistischen Naturrechts anzusehen ist. »Spences Kritik«, sagt Beer schließlich, »ist gegen das Privateigentum an Grund und Boden gerichtet ... Er ist nur insofern Sozialist, als er das Privateigentum an Land verwirft. In der Ausführung aber fällt er in die Institutionen des Privateigentums zurück.« Wie dem auch sei, eines steht fest: es dreht sich auch bei dem »ersten proletarischen Rebellen« letzten Endes alles um den Boden. Ebenso steht es mit William Ogilvie und anderen. Gewisse Ausnahmen hat es allerdings immer gegeben. Wir erinnern an den bereits genannten Linguet und an die zwischen 1675 und 1679 erschienene Utopie von Vairasse d'Allois, dessen Gedankengang Hugo ausführlich schildert. Sein kommunistisches Gemeinwesen mit Einschluß der gewerblichen Produktionsmittel stellt sich aber bei genauerer Prüfung als eine rein aus der gedanklichen Konsequenz erfließende Abrundung eines auf abstraktem Wege gefundenen Idealbildes heraus und ist kaum von einer wirklichen Erkenntnis der inneren sozialen Zusammenhänge der bürgerlichen Gesellschaft veranlaßt. Die Haltung von Sklaven, deren die Idealgesellschaft Vairasses wegen der schmutzigen Arbeiten nicht entbehren kann, ist bezeichnend. Übrigens hat auch Morus Sklaven für den gleichen Zweck als zulässig angesehen, woraus allein sich schon die ganze Unüberwindbarkeit der gesellschaftlichen Schranken, unter denen die älteren sozialistischen Utopien entstanden sind, erkennen läßt.

Trotz aller Vermischungen und Kreuzungen kann genau zwischen den verschiedenen Arten des Naturrechts unterschieden werden: je nachdem, ob bei den Ideologen die bäuerliche, die kleinbürgerliche oder die rein bürgerliche, d. h. bloß die formalen Freiheits- und Gleichheitsrechte im Auge behaltende, Naturrechtsvorstellung überwog, entstanden die drei Gruppen der agrarsozialistischen, der agrar- und gewerblich-reformatorischen und der individualistisch freiheitlichen Interpreten des Naturrechts. Naturgemäß blieben die letzteren, da es um die bürgerliche Revolution ging, nicht nur die zahlreichsten, sondern auch die historisch entscheidenden. Nach ihrer Vorstellung gibt es natürliche, unveräußerliche und gleiche Rechte des Menschen, die durch keine gesellschaftliche Entwicklung und durch keinen Machtspruch aufgehoben werden können. Zu diesen Rechten gehört als eines der wichtigsten das Recht auf den freien Erwerb und die freie Verfügung über das Eigentum, so daß verschiedenes Eigentum mit der sonst gleichen Rechtsstellung des Menschen durchaus vereinbar ist. Zu einer solchen Auffassung standen tatsächlich die agrarrevolutionären und selbst kleinbürgerlich-reformatorischen, aus der Naturrechtsidee im Sinne der unteren Klassen gefolgerten Ansichten in einem tiefen Gegensatz, und man versteht die große Sympathie, mit der neuere sozialistische Forscher den letzteren begegnen.

Aus dem Dargelegten ergibt sich jedenfalls, daß eine klare Erkenntnis des Wesens und des Ursprungs und damit eine ernste Gefährdung des bürgerlichen Eigentums bis tief ins 18. Jahrhundert hinein noch nicht vorhanden war. Ganz im Gegensatz zum feudalen Eigentum, das wegen der Durchsichtigkeit der feudalen Sozialordnung ständig von der Kirche gegen die bäuerliche Naturrechtsvorstellung verteidigt werden mußte, blieb durch lange Zeit eine ernsthafte Kritik an der bürgerlichen Eigentumsordnung ein Ding der Unmöglichkeit, sowohl wegen der erkenntnismäßigen Verdecktheit des Wesens des bürgerlichen Eigentums unter der Verdinglichung der menschlichen Beziehungen in der kapitalistischen Gesellschaft, als auch wegen der interessenmäßigen Verbundenheit des Proletariats mit dem gegen den Feudalismus kämpfenden Bürgertum. Die bürgerliche Ideologie stand daher nicht unter dem Zwange, sich mit einer solchen Kritik auseinandersetzen zu müssen. Die zeitweilige, ziemlich unbegründete Furcht vor dem Eigentumsumsturz genügte allein noch nicht, um eine grundsätzliche Form der ideologischen Auseinandersetzung mit der gegnerischen Sozialkritik und der Rechtfertigung der eigenen Produktion zu erzeugen. In diesem Umstand liegt der letzte Grund dafür, daß die Bourgeoisie es niemals für nötig hielt, sich in der Weise der feudalen Ideologen mit dem gleichheitlichen Naturrecht auseinanderzusetzen, sondern im Gegenteil in der Lage war, es in einer ihrem Bedürfnis angemessenen Gestalt vorbehaltlos zu akzeptieren, und zwar in der formalrechtlichen, die verschiedene ökonomische Stellung in der Gesellschaft zulassenden Gleichheitsvorstellung. Es muß dabei berücksichtigt werden, daß das Bürgertum des 17. und 18. Jahrhunderts sich bereits in einer ganz anderen Lage befand als das calvinistische Bürgertum des 16. Jahrhunderts. Für das letztere, das sich aus kleinbürgerlichen Mittelschichten erst herausentwickelte, war die von diesen mitgeschleppte asketische Idee von der ursprünglichen »evangelischen« Gleichheit noch eine gewisse Gefahr und vor allem ein Hindernis für die Kapitalakkumulation. In dieser Hinsicht hatte sich die Situation für die spätere Bourgeoisie völlig verändert.

1. *Der Klassencharakter des englischen Adels*

Man hört oft die Meinung, der englische Adel sei zum Unterschied vom kontinentalen schon frühzeitig verbürgerlicht. Wenn wir den scheinbar am wenigsten feudalen und der Behauptung nach vom kontinentalen grundverschiedenen Adel Englands als im Wesen noch durch und durch feudale Klasse aufzeigen, zeigen wir damit gleichzeitig den Charakter des gesamten Adels der Zeit in seinen Grundzügen und beschreiben wir die eigentliche reaktionäre Kraft, die bis in das 18., teilweise sogar in das 19. Jahrhundert hinein letzten Endes maßgeblich blieb.

Nicht nur die englische, sondern auch die kontinentale Adelsklasse hat seit dem Mittelalter eine gewisse Wandlung durchgemacht. Aber sie hat damit ihre spezifisch feudale Funktion in der Gesellschaft nicht aufgegeben. Diese Feststellung hat allerdings nur dann einen wirklichen Sinn, wenn man unter »feudal« mehr begreift als bloß jene mittelalterliche, auf der persönlichen Abhängigkeit der Bauernschaft und auf der feudalen Rechtsordnung beruhende Funktion des Adels, d. h. wenn man die Weiterexistenz feudaler gesellschaftlicher Beziehungen selbst in der Form der äußeren Anpassung an die veränderten Umstände zugibt. Der Sache nach bedeutet das die Erkenntnis, daß die Stellung des neuen Adels innerhalb der nachmittelalterlichen, aber noch nicht vollendet bürgerlichen Gesellschaft den bürgerlichen Tendenzen zuwiderläuft und wesentlich auf die Erhaltung der traditionalistischen Welt- und Lebensauffassung ausgerichtet ist.

Die allgemeinen gesellschaftlichen Lebensbedingungen, unter denen der Adel noch seiner ursprünglichen geschichtlichen Bestimmung nachgehen konnte, mögen sich längst verändert haben, womit, auf die Dauer gesehen, sein Schicksal endgültig besiegelt erscheint. Aber unter der Voraussetzung der Fortdauer gewisser Bedingungen, wie vor allem jener der Verwurzelung eines großen Teiles der Adelsklasse auf dem flachen Lande, aus dem er, ohne selbst eine produktive Tätigkeit zu vollbringen, seinen Lebensunterhalt zieht, kann der Adel noch auf lange Zeit hinaus seine feudalreaktionären Einflüsse in der Gesellschaft in geradezu entscheidendem Maße geltend machen. Wir werden zeigen, in welcher Weise der englische Adel noch durch mehr als ein Jahrhundert das öffentliche Leben gegen die Interessen der bürgerlichen und übrigen fortschrittlichen Welt beherrschen konnte, nachdem die Kraft der großen Revolution versiegt war.

Während der Zeit der revolutionären Erschütterungen des Landes unter Cromwell ist der große Adel aus dem öffentlichen Leben verdrängt, aber er ist nicht vernichtet. Etwas anders steht es mit dem aus Unzufriedenheit teilweise den Independenten folgenden Kleinadel, mit dem wir es hier nicht weiter zu tun haben, weil seine Heranziehung zur Erklärung des Fortwirkens der feudalen Reaktion nur wenig beiträgt, obwohl er später eine ihrer verläßlichsten Stützen geworden ist. Das plötzliche und kräftige Hervortreten der während der Revolution im Hintergrund abwartenden Reaktion im Jahre 1660 beweist die Weiterexistenz einer nicht ausreichend geschwächten feudaladligen Macht, die sich mit keiner Form der bürgerlichen Herrschaft vertragen kann. Gerade dies wird von mancher Seite bestritten.

Eines sei von vornherein zugegeben: Der gewaltige Aufschwung des Handels hat in England die Zustände auf dem flachen Lande umgewälzt, die Grundbesitzer dazu gebracht, teilweise bereits seit dem beginnenden Bauernlegen unter Heinrich VII. zu Anfang des 16. Jahrhunderts, nach der Art der Kaufleute mit den landwirtschaftlichen Produkten Handel zu treiben, und hat den mittelalterlichen Grundherren in einen kalkulatorisch-»kapitalistischen« Gutsbesitzer verwandelt. Aber bestand deshalb, muß man fragen, zur Zeit des Ausbruchs der Revolution und auch später nicht doch ein tiefgehender praktischer und ideologischer Unterschied zwischen den Klassen, insbesondere der manufakturellen und dem Adel? Man vergißt bei der Beurteilung der Zeit des Übergangs von der feudalen zur bürgerlichen Gesellschaft, daß das Interesse des Bürgertums hauptsächlich deshalb auf die Schwächung der ökonomischen Position des Feudalismus gerichtet war, weil damit auch die feudale Machtposition, durch die der Adel den Staat beherrschte, geschwächt wurde, und nicht, weil die bürgerliche Klasse sich der feudalen Ökonomie selbst bemächtigen wollte. An ihr blieb das Bürgertum verhältnismäßig uninteressiert.

Der Kampf zwischen Adel und Bürgertum resultiert aus ihrer ökonomischen Stellung, aber er ging nicht um diese, sondern um den Staat und dessen Beherrschung, durch die der Adel seine traditionelle gesellschaftliche Vormachtstellung, das Bürgertum die Freiheit seiner Ökonomie und seine gesellschaftliche Freiheit garantiert sehen wollte. Deshalb konnte es vorkommen, daß das Bürgertum, sobald es eine gesellschaftliche und politische Stellung genügend gesichert glaubte, rasch das Interesse an der Beseitigung der rückständigen Klassenverhältnisse auf dem Lande verlor.

Aber es ist auch falsch, hinsichtlich der adligen Gutsbesitzer einfach von »kapitalistischen Unternehmern« zu sprechen. Selbst innerhalb der einseitig ökonomischen Problematik läßt sich ein grundsätzlicher Klassenunterschied zwischen dem englischen Adel und dem Bürgertum auch nach der Revolution und bis tief in das 19. Jahrhundert erkennen. Unter einer falschen theoretischen Voraussetzung ist dann ein »Unternehmer« wie der andere, und die Unterschiede verschwinden unter der Hand. Wir wissen, wie grundverschieden voneinander in jener Zeit schon der rein händlerische und der manufakturelle Unternehmer waren. Es ist nicht übertrieben zu behaupten, daß geradezu eine abgrundtiefe Kluft den soeben aus den Eierschalen altfeudaler Gebundenheit entschlüpften ländlichen »Unternehmer« vom Manufakturkapitalisten schied. Oberflächlich betrachtet, scheint der Unterschied gering: Hier wie dort ist der »Profit« das leitende Motiv der ökonomischen Betätigung. Und doch ist das eine nicht gleich dem anderen. Der städtische Manufakturunternehmer sieht im Profit in erster Linie und aus Gründen, die wir bereits besprochen haben, ein Mittel der Kapitalakkumulation. Im Konflikt zwischen der Notwendigkeit zur Akkumulation und dem Genußtrieb siegt unter den Bedingungen, unter denen die Manufaktur zu bestehen hat, die Neigung zur Akkumulation. Über den Betriebsunternehmer der Entstehungszeit sagt Marx: »Als Fanatiker der Verwertung des Wertes *zwingt* er rücksichtslos die Menschheit *zur Produktion um der Produktion willen,* daher zu einer Entwicklung der *gesellschaftlichen Produktivkräfte* und zur Schöpfung von *materiellen Produktionsbedingungen,* welche allein die *reale Basis* einer höheren Gesellschaftsform bilden können, deren Grundprinzip die volle und freie Entwicklung jedes Individuums ist.« »Aber soweit sind auch nicht Gebrauchswert und Genuß, sondern Tauschwert und deren Vermehrung sein treibendes Motiv.« »Noch in den ersten Dezenien des 18. Jahrhunderts setzte sich ein Fabrikant aus Manchester, der eine Kanne fremden Weins seinen Gästen vorsetzte, den Glossen und dem Kopfschütteln aller seiner Nachbarn aus«. Wir sehen, erst mit dem Manufakturkapitalisten ist der vollendete homo oeconomicus entstanden, aber damit ist auch eine völlig neue, von aller bisherigen grundsätzlich unterschiedene Geisteshaltung zur Entwicklung gekommen. Im Bereiche des Abstrakten ist es die puritanische Idee, im Bereiche des Praktischen die Forderung nach voller Freiheit der bürgerlichen Klasse und Errichtung ihrer Oberhoheit im Staate, eine Forderung, die aus der verständlichen Einbildung resultiert, daß es allein die Arbeit des industriellen Bürgertums sei, der die Welt außer der Überwindung der mittelalterlichen Barbarei ihren

Reichtum und ihre Kultur zu verdanken habe.

Anders der Gutsbesitzer, von dem man mit Bezug auf die Zeit vom 16. bis 18. Jahrhundert sagen kann, daß er es verstand, den kapitalistischen Handel seinen Zwecken ungefähr so dienstbar zu machen, wie es der Wilde Afrikas versteht, zeitweilig das Gewehr statt des Pfeiles zu benützen. Bei der relativen Unveränderlichkeit der landwirtschaftlichen Produktionsweise bis zu dem Zeitpunkt, da technische und von der Naturwissenschaft ausgehende tiefgreifende Neuerungen die Landwirtschaft umwälzen, besteht für den Grundbesitzer kein Zwang zur Akkumulation. Noch für das 19. Jahrhundert stellt Marx fest, daß hauptsächlich der Pächter Kapital zur Verbesserung des Bodens investierte. Seit dem 17. Jahrhundert, sagt er, suchte sich die englische Aristokratie an den Wucher zu emanzipieren. »Aber die Produktionsweise selbst wurde nicht verändert«. Akkumulation von Geldkapital, das als Erlös aus dem Verkauf der Produkte gewonnen wurde, konnte nur zum Neuerwerb von Land verwendet werden, also nur Besitzverschiebungen ergeben mit dem Resultat, daß der in einer Hand vermehrte Bodenbesitz vermehrtes, zum größten Teil für ökonomische Zwecke weiter nicht mehr akkumulierbares Geldkapital abwarf; das heißt, dieses Kapital wurde entweder verliehen, also zinstragendes Kapital oder es wurde von der Adelsklasse als Mittel gegenwärtigen und künftigen Genusses verwendet, was letzten Endes auch mit dem im Falle der Verleihung den Gutsbesitzern zufließenden Zinskapital geschah, und was überhaupt zum weitaus überwiegenden Teil der Fall war. Alle Schilderungen des sozialen Lebens Englands in den vergangenen Jahrhunderten bestätigen die Richtigkeit der Vorstellung, daß der letzte und ganze Sinn des adlig-rustikalen »Kapitalismus« im Bestreben bestand, das traditionelle feudale Genußbedürfnis der von ihrem Bodenbesitz lebenden Adelsklasse zu befriedigen. Dies bleibt für die Beurteilung des Wesens des Adels entscheidend.

Wie der adelige Großgrundbesitz, der nicht nur sehr ausgedehnt war, sondern auch in der frechsten Weise sein der Form nach verändertes, der Sache nach aber fortwirkendes »Recht« auf Ausbeutung der Landbevölkerung sogar zu vermehren verstand, bürgerliche Eigenschaften hätte entwickeln sollen, ist gar nicht abzusehen. Treffend bemerkt Held, der sonst die Neigung zeigt, englische Verhältnisse allzu rosig zu beurteilen: »Jedenfalls ersehen wir auch aus Adam Smith (1776), daß zu Anfang der Regierung Georg III. der Großgrundbesitz herrschend war und daß die Bauern der Regel nach nicht Eigentümer, sondern Pächter waren. Es war den Engländern lange vor den kontinentalen Völkern gelungen, den Bauern bürgerlich frei zu machen, aber die ökonomischen Folgen des Feudalismus hielten sich dort um so länger. Die Aufhebung der Leibeigenschaft und Erbuntertänigkeit ist längst vollzogen, die Schaffung eines wirklichen Bauernstandes mit Grundeigentum aber um so schwieriger geworden.« Entscheidend bleibt daran, daß die englische Aristokratie, die »gelegentlich ihre Herrschaft im Staate im einseitigen ökonomischen Sonderinteresse auszubeuten ... gleichzeitig die Pachtrente der eigenen Güter künstlich zu steigern« verstand, keinesfalls ein anderes Interesse damit verband, als jenes des augenblicklichen oder künftigen Genusses; die bürgerlich-rationalistische Bestimmung des Profits im Interesse des ökonomischen Kreislaufs, vornehmlich der gewerblichen Produktion, war ihr grundfremd. Damit bezeichnet sich aber bereits der ganze soziale Charakter des Adels: Er ist nicht rationalistisch, sondern irrationalistisch, nicht rechnerisch, sondern genießerisch, nicht zukunftssicher, sondern traditionalistisch, nicht fortschrittlich, sondern konservativ.

Erst mußten die gesamten Klassen- und Machtverhältnisse von Grund auf umgewälzt werden, damit die ländlichen Massen ihrerseits zur umwälzenden Gewalt werden konnten. Es erweist sich nämlich, daß sie aus eigenem nicht die Kraft besaßen, das Joch der Adelsherrschaft abzuschütteln, und daß sie dazu der Hilfe der bürgerlichen Revolution bedurften. Wir werden später noch sehen, wie die Gutsbesitzerklasse nicht nur ökonomisch, sondern mit Hilfe der Friedensrichter auch politisch und moralisch das flache Land völlig unter ihre Herrschaft zu bringen verstand. Alle diese Momente zusammengenommen haben bewirkt, daß der Adel sich seine traditionellen Wesenszüge, die der Hauptsache nach in seiner un- und antibürgerlichen Lebens- und Weltanschauung konkreten Ausdruck erhielten, bewahrte. In der kapitalistischen Verwertungsform für seine Produkte fand der adelige Hang zum Genuß nur neue Wege und Mittel zur Befriedigung, aber keinerlei sichtbaren, sei es ökonomischen oder moralischen Anreiz zur Selbstverleugnung. Die Geschichte bestätigt die Richtigkeit dieser Anschauung, indem sie uns zeigt, wie der reiche Adel in den Städten und auf seinen Schlössern, von Verschwendungssucht geplagt, immer neue Methoden der Geldbeschaffung ausfindig zu machen versucht, nachgeäfft von einem Teil der Handelsbourgeoisie und ihres Anhangs, dabei die gewerbliche Arbeit verachtend und auf den sparsamen und fleißigen Manufakturkapitalisten mit Geringschätzung herabsehend. Diese zahlten heim, indem sie dem Adel mit der gleichen Verachtung begegneten. »Immer sind die Ausgaben größer als die Einnahmen«, sagt Sombart vom Adel.

Es ist also eine tiefe Kluft, die den Manufakturbourgeois vom grundbesitzenden Adel trennt. Dazwischen steht die Handelsbourgeoisie in manchen Zügen noch an das Renaissancebürgertum erinnernd, unruhig und konservativ zugleich, mit dem Adel sich gern verfilzend, aber ebenso nach der anderen Seite hin mit dem Großmanufakturier nicht nur ökonomisch verbunden, sondern auch im Gefühl des Besitzes der Prädestination, die sie aus dem egoistischen Instinkt heraus vom Calvinismus gerne annimmt. Die wirklich fortschrittlichen Kräfte haben gegen zwei voneinander völlig verschiedene und untereinander um die Macht ringende, aber gegen jeden Umsturz sich einigende Klassen zu kämpfen: gegen den aus Profitgier sich dem Großhändlertum annähernden Adel und gegen das gerne Grundbesitz erwerbende und der adeligen Genußsucht sich ergebende patrizische Großbürgertum. Die Adelsklasse bleibt aber der eigentliche Nährboden für den traditionalistischen Konservatismus in der englischen Gesellschaft. Indem sie sich nicht gemeinhin, wie die anderen Klassen auch, sondern in mittelalterlich-irrationaler Denkweise allein von Gott und Geschichte berufen fühlt, den Staat zu leiten, empfindet sie Muße und Genuß als gerechte Belohnung für diese ihre Funktion. Es ist ein im Grunde noch mittelalterlich-ständisches Ideal, das hier lebendig weiterwirkt. Daß die adelige Ideologie in dieser Form weiterbestehen kann, hat seinen guten Grund darin, daß sich ökonomisch in der Stellung des Adels eben nicht viel geändert hat. Die Grundrente bleibt in allen ihren Formen etwas ganz anderes als der Kapitalprofit. Dieser erscheint von Anfang an bewußtseinsmäßig als das Ergebnis der persönlichen Anstrengung des Unternehmers, während die Grundrente durch die Tatsache, daß der Boden bloß besessen und nicht durch eigene Arbeit erworben wird, ihre Herkunft nicht verdeckt und damit ihren reinen Ausbeutungscharakter offenbart.

Die Restauration mit ihrer Sittenlosigkeit, Genußsucht und Betonung des Nichtbürgerlichen ist nicht eine bloße psychologische Reaktion auf die frühere »Unfreiheit«, sondern der einfachste Ausdruck der Wiederherstellung der königlich-adeligen Herrschaft und des Triumphes der adeligen über die puritanische Lebensauffassung. Allerdings hat der Haß gegen die religiösen Puritaner vorübergehend einen Teil des großen Adels sogar dem Materialismus nahegebracht.

Die Geschichte Englands läßt sich ebensowenig wie die des Kontinents richtig verstehen, wenn man das Vorhandensein einer noch mächtigen, wesenhaft feudalen Adelsklasse und das kräftige Fortwirken seiner ideologischen Traditionen nicht berücksichtigt. Der Klassengegensatz zwischen Adel und Bürgertum blieb das entscheidende Moment auch in der englischen Geschichte bis tief in das 19. Jahrhundert hinein. Es ist kein Zufall, daß England neben Deutschland bis 1918 das adelsreichste Land der Welt gewesen ist. Und dies nicht nur formell, sondern, wie die vornehmliche Besetzung aller jener Stellen im Staate, die eine nicht auf ökonomischer Tätigkeit begründete Vorzugsstellung gewähren, durch Angehörige des Adels beweist, noch in einer dem adeligen Traditionalismus Rechnung tragenden Weise. Gewiß ist für die neueste Geschichte dies nur noch als Symptom zu werten, nur als Residuum einer alten Welt. Aber es ist ein bezeichnendes Symptom, und es steht fest, daß sich erst mit dem Anbruch des bürgerlich-demokratischen Zeitalters die Klassenverhältnisse in der Richtung der Ersetzung des adelig-bürgerlichen durch den bürgerlich-proletarischen Gegensatz verschieben.

Möge eine gewisse Annäherung stattgefunden haben oder nicht, möge die englische Aristokratie eine Form der subjektiven Beziehung zu anderen Klassen entwickelt haben, die jener etwa des amerikanischen Unternehmers zu seinem Arbeiter und Angestellten gleicht, die entscheidende Frage ist doch die, ob sich damit die wirkliche historische Funktionalität des Adels geändert hat. Es liegt auf der Hand, daß sich aus diesem Momente allein nicht, oder wahrscheinlich nur zu allerletzt, die vielbewunderte Stabilität des neueren Englands verstehen läßt. Vielmehr ist das Bewußtsein der ganzen Nation, hierin den alten Römern gleich, an der Beherrschung eines Weltreiches von ungeheuren Ausmaßen teilzuhaben, und ist die Existenz einer aus der Ausbeutung der Kolonien und der ökonomischen Vorzugsstellung Englands genährten Arbeiteraristokratie entscheidend maßgeblich geworden für eine gewisse Abdämpfung des Klassenbewußtseins der Arbeitermassen. Aber selbst eine gewisse, vornehmlich durch den Einfall der Normannen ursprünglich veranlaßte Besonderheit in der Haltung des englischen Adels zugegeben, bedeutet sie, was jeder ernsthafte Kenner der englischen Geschichte anerkennen wird, im Hinblick auf ihren Wert für die soziale Entwicklung Englands – und allein diese Perspektive, nicht ein lahmer Objektivismus, ist wahrhaft eines Historikers würdig – schließlich nichts anderes, als daß die herrschenden Klassen und der Adel als ihr Lehrmeister es besser als anderswo verstanden haben, die rücksichtslose Ausnutzung ihrer Herrschaftsstellung mit der für allen Fortschritt gefährlichen Maske der »Volkszugewandtheit« zu verdecken.

Daß der ganze Fragenkomplex sich nicht mit dem Hinweis auf die geringere Abgegrenztheit des englischen Adels von den übrigen Klassen erledigen läßt, und daß dessen angebliche »Volksnähe« doch nur sehr äußerlich und ohne jegliche soziale Bedeutung gewesen ist, beweisen z. B. die Darlegungen Brentanos. In Frankreich, so schreibt er, »hat man sich denn im großen und ganzen zu dem Rezept bekehrt, welches W. H. Riehl schon vor 40 Jahren empfohlen hat. Der Junker ist demokratisch geworden. Wo er ins Volk geht, hängt er den Bauernmantel um, er nennt sich mit Vorliebe selbst einen Bauern, spricht, wenn er von seinem Rittergut redet, von seinen Strohdächern, und seine Reden fließen über von der Unentbehrlichkeit des Bauernstandes, auf dem allein die Wehrkraft des Landes beruhe. Nur in England ist es anders: dort hat der Großbesitz über den Kleinbesitz völlig gesiegt, und als Regel sind es die industriellen Kreise, aus denen der Ruf nach Neuschaffung eines Bauernstandes ergeht...« Noch für das 19. Jahrhundert bemerkt man die erschreckenden Folgen des mit Hilfe eines eingeschränkten Erbrechts seinen feudal-aristokratischen Charakter ungebrochen bewahrenden Großgrundbesitzes. Brentano zeigt, daß im Gegensatz zu Frankreich, wo infolge der Beseitigung des feudalen Erbrechts durch die große Revolution und der Erfolglosigkeit aller Versuche zu seiner Wiederherstellung der Bauernbesitz zahlenmäßig stark anwuchs, in England, wo der Großgrundbesitz bei weitem dominiert, die Sache sich völlig anders verhält: Die Schilderungen des Berichterstatters der »Daily News« zeigen: 1. Der Lohn ist unzureichend, um die Familie des Arbeiters zu ernähren. Dazu kommt noch Arbeitslosigkeit im Winter und der weite Weg zur Arbeit. 2. Geradezu entsetzliche Wohnverhältnisse. 3. Die Arbeiter leiden unter dem absoluten Mangel an Unabhängigkeit. Die patriarchalische Herrschaft erstreckt sich nicht bloß auf das religiöse und politische (!) Gebiet, sondern bis in die innerste Hauswirtschaft (!). 4. Die Pachtparzellen sind völlig unzureichend, eine Familie zu ernähren, so daß der Arbeiter noch um Lohn arbeiten muß; diese Parzellen gehen, wenn geboten, zwar reißend ab und erzielen Pachtschillinge von einer Höhe, wie sie sonst nicht bezahlt werden, aber alsbald findet der Arbeiter, der sie gepachtet hat, daß er schlimmer daran ist als zuvor. Er kann sie bloß bestellen, nachdem er elf Stunden für den Pächter der Domäne gearbeitet hat. Dies also, selbst Einmischung in die politischen und häuslichen Privatangelegenheiten, war in der »aristokratischen Demokratie« Englands noch 1891 möglich.

Es gehört zum Verstehen der Totalität einer Epoche, daß man sie nicht als entleerte Totalität begreift, ihr nicht gewaltsam vereinzelte Merkmale als allen ihren Erscheinungen wesentlich aufprägt, sondern ihre innere Vielfalt der Beziehungen, ihre »Qualitäten« als Qualitäten bestehen läßt, allerdings innerhalb einer gesetzlich bestimmten historischen Einheit. Das historische Phänomen, von dem aus sich die reichhaltige innere Bezüglichkeit voll begreifen läßt, ohne daß deshalb das Gesetzmäßige des Einheitlichen verlorengeht, ist die Gesellschaftsordnung. Solche zusammenfassenden Bezeichnungen wie Renaissance, Reformation, Gegenreformation, Merkantilismus, Liberalismus usw. sind als allgemeine Hilfsbegriffe der Abgrenzung der Epochen gegeneinander zulässig, jedoch unbrauchbar, sobald man sie gleichsam als philologisches Zaubermittel der historischen Erkenntnis benützen zu können glaubt. Denn indem sie selbst vorzüglich nur *eine* Qualität ausdrücken, abstrahieren sie leicht von den anderen Qualitäten, wodurch die Geschichtsschreibung in das Dilemma gerät, entweder die Vielfalt zugunsten des Begreifens der Einheit, oder umgekehrt, diese zugunsten eines haltlosen Nachlaufens nach dem einzelnen zu vernachlässigen.

Die Erschütterung der gesellschaftlichen Stellung des Adels durch das Aufkommen der bürgerlichen Gesellschaft führt keineswegs zu seiner Vernichtung, sondern erzeugt vorerst nur jene Spaltung zwischen Stadt und Land, durch die der Adel in traditioneller Art das Land und das Bürgertum, wenn auch nicht ausschließlich und immer, so doch in steigendem Maße, die Stadt beherrscht. Man erinnere sich, wie selbst im städtestarken Italien und im adelsarmen Holland um die Stadt herum die Macht des Adels ausgebreitet liegt. Als Beispiel möge das mächtige Florenz angeführt werden, dessen Bewohner gezählte Meilen vor seinen Toren auf Burgen und Schlösser stoßen, die noch ebenso stolz wie vordem über dem Lande thronen. Auf die Dauer stellt aber die Bedrohung der Stadt durch den Adel die Aufgabe der endgültigen Ablösung der feudalen durch die bürgerliche Herrschaft, und insbesondere seit der Entwicklung der Manufaktur zeigt das Bürgertum von neuem die Tendenz zur Vernichtung der hemmenden Einflüsse des Feudalismus. Das Bürgertum überschätzt jedoch noch seine eigene Kraft. Hat schon seit dem Ausgange der Renaissance der Adel politisch wieder festeren Fuß gefaßt, so beginnt er später, als er die neuerliche Bedrohung durch das Bürgertum erkennt, erst recht, sich fester zu organisieren und zum Kampfe für die Verwirklichung seines totalen Machtanspruchs zu formieren. Auch das wieder reaktionär gewordene Königtum und die unverändert reaktionäre Kirche werden sich stärker als bisher, durch die Energie des Bürgertums aufgerüttelt, der Gefahr bewußt; die Folge ist der Beginn einer gewaltigen Regsamkeit aller verbündeten konservativen Kräfte, durch die eine neue Bewegung, die Gegenreformation, eingeleitet wird.

Fast gleichzeitig erhält das Bürgertum im Calvinismus seine mächtigste ideologische und organisatorische Stütze und wird (1540) auf der Gegenseite der gewaltige Jesuitenorden gegründet als Zeichen, wie das Tridentiner Konzil (1545–1563), der Wiederbefestigungsbestrebungen des Katholizismus. Deutliche Anzeichen für dieses Neuaufleben der feudal-christlichen Gesinnung als Folge eines verschärften Klassenkampfes zwischen Feudalismus und dem angriffslustigen Manufakturbürgertum ergreifen alle Lebensgebiete und reichen z. B. bis zur bildenden Kunst. Im Barock vereinigen sich alle Züge der christlich-konservativen Weltanschauung zu imposanter Einheit: Pomp und Sündenlehre, Pessimismus und Genußsucht, transzendente Verklärung und Fleischeslust. Der Grundzug bleibt aber wie im Mittelalter die Entwertung des Menschen, von der Meißner sagt, daß sie zunimmt, »je stärker im Barock das Bewußtsein von der Schuld und Sühne wird (man denke an das Problem der Erbsünde) ... Seit der Jahrhundertwende wird immer wieder der Weltuntergang verkündet ... Weltanschaulich gesehen ist der Übergang von der Renaissance zum Barock von tiefer Skepsis begleitet gewesen, in der sich das langsame Zerbrechen des stolzen Glaubens an den Menschen aussprach«, Montaigne und Charron in Frankreich, Sir Thomas Browne in England, in der Literatur Ben Jonson. Daß aber diese Strömungen aus dem sozialen Gegensatz herauswuchsen, ersieht man schon daraus, daß, obwohl der neue Absolutismus, die Gegenreformation und die Barockkunst im 17. Jahrhundert die herrschenden Mächte sind, gleichzeitig und in offensichtlicher Opposition zu ihnen sogar bis in die Geistlichkeit selbst hinein der bürgerliche Rationalismus sich Einfluß verschafft, »das religiöse Bedürfnis fast völlig verschwindet und einer philantropisch ausgerichteten Weltlichkeit Platz gemacht hat«. Es lohnt, noch eine Stelle aus Weingartners »Geist des Barock« anzuführen: »Vor allem in Rom, wo der Anfang und der erste Aufschwung des Barockstils mit dem Beginn der Gegenreformation, mit der Verjüngung des religiösen Lebens und damit auch mit der inneren Wiedererstarkung des Papsttums, zugleich aber auch mit dem glanzvollen Auftreten der zur

Fürstenwürde erhobenen Nepotengeschlechter im engsten Zusammenhang steht, oder in Venedig; aber auch in Spanien und im Frankreich Ludwigs XIV. ist die neue Kunst, ist die Überfülle der gestellten Aufgaben, ist die unerhörte Fruchtbarkeit der künstlerischen Phantasie nur der überwältigende Ausdruck einerseits des fürstlichen Glanzes, andererseits des religiösen Aufschwungs, und die eigentlichen Träger der Bewegung sind die Kirche, die Fürstenhöfe und der Hohe Adel.«

In diesem Kampfe wird trotz allem Heroismus (Hugenotten, englische Revolution) und aller Erfolge das Bürgertum schließlich besiegt. Die unmittelbare Folge ist die endgültige Festigung des reaktionären Absolutismus und der neufeudalen Herrschaft. Aber nicht alles auf der Gegenseite ist tot. Abgesehen davon, daß die überlegene Ökonomie des Bürgertums in langsamer, aber unaufhörlicher Arbeit die Grundlagen der alten Gesellschaft aushöhlt, beginnt bald in den Reihen des Bürgertums eine neue Kampfideologie aufzublühen.

In mißverständlicher Weise hat man behauptet, daß der Absolutismus des 17. und 18. Jahrhunderts im Interesse der ungestörten Entwicklung von Staat und Wirtschaft über den Klassen gestanden habe. Demgegenüber muß festgestellt werden, daß mit dem Erstarken und der Refeudalisierung des Absolutismus zuerst ein ökonomischer Niedergang einsetzte, den der Staat nur deshalb aufzuhalten sich bemühte, weil er die wirtschaftlichen Quellen seines eigenen Bestandes immer mehr schwinden sah. Seit der Niederlage der Hugenotten ungefähr, vornehmlich seit dem Beginn des reaktionären Absolutismus nach dem Tode Heinrichs IV. (1610) stagnierte das wirtschaftliche Leben, gab es keinen technischen Fortschritt mehr, und die von Staats wegen befohlenen Eingriffe in die ökonomischen Belange des Bürgertums durch Colbert hatten keinen anderen Zweck als den, die Produktivität der Manufaktur im Interesse des feudalen Staatswesens wiederherzustellen und zu steigern. Wie sehr tatsächlich der Merkantilismus auf die Befriedigung der feudalen Interessen ausgerichtet war, beweist seine durch und durch kriegerische, was so viel heißen will wie feudal-räuberische Gesinnung. Man weiß heute, daß die Colbertschen Reglementierungen, die letzten Endes nicht inspiriert waren von der reinen Sorge um das wirtschaftliche Gedeihen, sondern von der Nützlichkeit für die staatlichen Finanzen, sehr hemmend gewirkt haben, und daß die Subventionen, die der Staat opferte, um die Melkkuh aufzufüttern, sich kaum rentierten. Die Fürsorge des Staates wirkte sich bei dem höheren Entwicklungsstadium Frankreichs für die Manufaktur nicht ganz so verheerend aus wie etwa in Preußen, aber verheerender als in England, wo die kräftigere Ader der bürgerlichen Wirtschaft die staatlichen Eingriffe bald zur Bedeutungslosigkeit herabsinken ließ. Der englische Feudalstaat des 18. Jahrhunderts hielt sich schadlos, indem er durch verstärkte Besteuerung insbesondere der unteren Volksklassen sich die Gelder verschaffte, die er zum Unterhalt der großen, auf dem Staatssäckel sitzenden Adelsklasse und für seine Kriege brauchte.

Wie sehr die zweite Epoche des Absolutismus der historische Ausdruck der faktischen Herrschaft des neufeudalen Adels ist, beweist das nicht zufällige Zusammentreffen zweier Faktoren: Während einerseits die Ausschaltung der nichtfeudalen Klassen vom öffentlichen Leben fortschreitet, festigt sich andererseits, trotz der politischen Entmachtung des rebellischen und die wahre Rolle des Absolutismus verkennenden Adels, dessen faktische Vorzugsstellung in der Gesellschaft.

Im Jahre 1627 hören die Zusammenkünfte der Notablenversammlung ganz auf. Sie war eine Körperschaft, die sich aus vom König berufenen Abgeordneten zusammensetzte, und zwar meist so, daß alle drei Stände zu Wort kamen. Ihre eigentliche Aufgabe bestand darin, den König zu beraten. Dieser war stets darauf bedacht, die Berufung nicht einseitig nach adeliger Stellung oder noch auf Tradition beruhenden Eigenschaften, sondern auf Grund des durch Bildung oder andere Leistung erworbenen Ansehens vorzunehmen. Eine die Nation allgemeiner vertretende Versammlung bildeten hingegen die Etats Généraux, deren Zusammensetzung durch Wahlen bestimmt wurde. Aber schon von 1614 bis knapp vor Ausbruch der Revolution fand keine Tagung mehr statt. Symptomatisch für die ganze Entwicklung ist die Einnahme La Rochelles, der Hochburg der calvinistischen bürgerlichen Opposition, im Jahre 1628. Auch sonst gelingt es Richelieu, die Reste der hugenottischen Selbständigkeit zu vernichten und dem Absolutismus endgültig den Weg zu ebnen. Das letzte größere Aufflackern des bürgerlichen politischen Selbstbewußtseins vor der Revolution sind die Fronde unter Mazarin (1648–1653), die bekanntlich mit einer Bewegung des Bürgertums beginnen und mit einem Aufstand des Adels enden, der ganz andere Ziele verfolgt. Den Schlußstein in dieser Entwicklung bildet die Aufhebung des unter Heinrich IV. erlassenen und den Hugenotten Religionsfreiheit zusichernden Edikts von Nantes im Jahre 1685.

Gerade die Adelsbewegung der Fronde macht deutlich, wie sehr der Adel noch im mittelalterlichen »Freiheits«-Ideal befangen war, und wie wenig er die Notwendigkeit verstand, eine starke und absolute Staatsgewalt in seinem eigenen Interesse zu errichten. Bei seiner Unfähigkeit, auf dem gesellschaftlichen Boden der Neuzeit die Probleme in eigener Autorität zu meistern, nahmen sich ihrer die im reaktionären Sinne besten und weitsichtigsten Kräfte der feudalen Klasse an und lösten sie in einer Weise, mit der der Adel durchaus zufrieden sein mußte. Die politische Entmachtung des Adels zugunsten einer seine Interessen konsequent vertretenden und um den König gescharten kleinen Schar von Staatsmännern war eine unvermeidliche Notwendigkeit im Dienste der Erhaltung der feudalen Ordnung selbst. Nur der Kleinadel, den auch der absolute Staat nicht mehr retten konnte, sank immer tiefer. Was den großen Adel betrifft, so zeigt Tocqueville in treffender Art, wie trotz der Vernichtung seiner politischen Bedeutung der einzelne Edelmann viele persönliche Privilegien zu den alten hinzubekommt und diejenigen erweitert, die er schon besitzt. Mit dem gewaltigen Anwachsen der öffentlichen Lasten wachsen gleichzeitig die Privilegien des Adels. Während man dem Volke zahllose dieser Lasten »unter tausenderlei Formen und Namen« aufbürdet, »war die Befreiung des Edelmannes von allen diesen Dingen ein ungeheures Privilegium«. Für die Zeit vor der Revolution stellt Tocqueville fest, daß sich bis dahin, und das heißt im Laufe von zwei Jahrhunderten, die Taille auf Kosten der Bauern verzehnfacht hat. Zwar war allmählich die Leibeigenschaft verschwunden, aber der Zehent und die anderen Lasten bestanden weiter oder ersetzten die alten. War auch formell der Frondienst abgeschafft, so zwangen doch die neben den Naturalleistungen eingeführten Geldabgaben den Bauern, gegen geringes Entgelt Arbeit auf dem herrschaftlichen Hofe zu verrichten.

Wie in England der Friedensrichter und die vom Adel mehr oder weniger abhängige städtische Oligarchie, so ist in Frankreich der königliche Beamte der sichtbare Exponent der neufeudalen Herrschaft. In beiden Fällen handelt es sich um Formen der modernen Bürokratie, ohne die der auf der Verkehrswirtschaft beruhende absolute Einheitsstaat nicht mehr auskommen kann. Die Existenz dieser die Rechtseinheit vertretenden Bürokratie und die Überwindung der feudalen Anarchie bilden die wahrhaft in der Linie der Entwicklung des künftigen bürgerlichen Staates liegenden und damit fortschrittlichen Momente. Aber sie sind noch stark mit feudalen Zügen durchsetzt, weil sowohl Einheitsstaat wie Beamtentum wesentlich noch im Dienste der adeligen Klassenherrschaft stehen. Die Mitwirkung dieser beiden Momente ist es vor allem, die berechtigt, von *Neu*feudalismus zu sprechen. Die ihrer ursprünglichen Funktion beraubte und zum Hofadel gewordene Adelsklasse überläßt die staatlichen Funktionen um so lieber den Beamten, als ihre eigene traditionalistische Gesinnung und Moral sie selbst zur Erfüllung einer solchen Aufgabe ohnehin ungeeignet machen.

Aber in der Tiefe der Gesellschaft vollzieht sich gleichzeitig ein mächtiger Umwälzungsprozeß durch die tägliche und unscheinbare, die feudale Ordnung ideologisch langsam aushöhlende Tätigkeit der bürgerlichen Theoretiker und Politiker. Trotz aller Bevormundung und Unterdrückung setzt sich schließlich die gesunde bürgerliche Lebenskraft durch, die Städte wachsen und blühen trotz mancher Rückschläge in gleicher Weise, wie die allgemeinen Widersprüche der feudal beherrschten Gesellschaft zunehmen. Die Zeit des Absolutismus ist deshalb keineswegs nur eine Zeit der tötenden Unterordnung der Gesellschaft unter die Herrschaft des Staates. Die lebendigen Klassengegensätze behalten gegen die Übermacht des staatlichen Einheitsdranges ihre kolorierende Kraft. Wenn auch das Bürgertum als Klasse selbst nichts zu sagen hat, so spricht es um so deutlicher durch den Mund seiner Gelehrten und Schriftsteller und findet ein Tor zum Gewissen der Öffentlichkeit in der Institution der Obergerichte, die in Frankreich »Parlamente« heißen.

Vor allem das Parlament von Paris wagt es, den Befehlen des Königs zu widerstehen, manchmal sogar entgegengesetzte Befehle zu erlassen. So z. B. behielt das Parlament 1756 in einem Konflikt mit dem Grand Conseil des Königs dadurch die Oberhand, daß es einfach den niederen Gerichten verbot, die Autorität des Grand Conseil anzuerkennen, den Polizeibeamten befahl, dessen Veröffentlichungen zu beschlagnahmen, und den Druckereien verbot, sie zu drucken. Dem Grand Conseil wurde nur erlaubt, sich mit ihm überwiesenen zivilrechtlichen Fällen zu befassen. Das Parlament hatte »die Polizeigewalt, vor allem das Recht, selbständig Verfügungen (Arrêts du parlament) zu erlassen. Durch solche wurde häufig das direkte Gegenteil von dem angeordnet, was der König befohlen hatte, oder Verfügungen des königlichen Rats für ungültig erklärt, ja es kam vor, daß letztere, wenn sie in den Straßen angeschlagen worden waren, heruntergerissen und durch solche des Parlaments ersetzt wurden. So weit war die königliche Macht gesunken. Bücher, welche aus der Hofdruckerei hervorgingen, wurden häufig verboten und konfisziert. Einmal spricht das Parlament z. B. sogar von der ‚willkürlichen Regierung und ungesetzlichen Staatsordnung‘.« Oft drohte das Parlament mit dem Streik; es kam auch vor, daß königliche Beamte bestraft wurden, weil sie Gesetze ausführten, die noch nicht einregistriert worden waren.

Das Parlament von Paris hat seine Standhaftigkeit in jahrzehntelangen Kämpfen um den Jansenismus gegen König und Jesuiten bewiesen und hat es vermocht, die Ausweisung der Jesuiten zu erzwingen. Sogar die Kontrolle der Finanzen wurde ihm zugestanden. Dabei war das Parlament durchaus nicht revolutionär, ja gegen die hugenottischen Umsturzversuche streng katholisch gesinnt. Das antireformatorische Vorurteil konnte es erst kurz vor der Revolution abstreifen. Aber im großen und ganzen zeigt sich das Parlament fortschrittlich. Seit der Mitte des 17. Jahrhunderts vertritt es mit großer Konsequenz den Standpunkt, daß der König als Vertreter der Volksinteressen gewisse Grundsätze nicht verletzen dürfe. Und wie schon zur Zeit der Fronde steht es vor Ausbruch der Revolution, während der Tagung der Stände, beim Volke. Das Parlament verlangte übrigens mehrfach die Berufung der Generalstände. Im Streite, der mit Brienne wegen seiner Besteuerungsversuche ausgebrochen war, siegt das Parlament mit Hilfe der öffentlichen Meinung. In ihrer besten Zeit zwischen 1774 und 1787 haben die Parlamente unter Einsatz der Erkenntnisse der bürgerlichen Philosophie und Staatswissenschaft gegen die Gefahr feudaler und ultramontaner Reaktion »allein der Freiheit eine Gasse offengehalten«.

Allerdings: Wenn man die Geschichte des Parlaments im einzelnen besieht, erscheint der ganze Zusammenhang komplexer und schwieriger zu durchschauen.

Das Parlament war in den letzten Jahrzehnten vor der Revolution fortschrittlichen Ideen zweifellos mehr als sonst zugeneigt, wenngleich nicht zu bestreiten ist, daß seine Opposition gegen den Absolutismus es seit jeher ausgezeichnet hat. Jedenfalls war aber das Verhalten des Parlaments bis weit in die zweite Hälfte des 18. Jahrhunderts hinein nicht ohne tiefgehende innere Widersprüche. Denn eigentlich war nur die Großbourgeoisie, jene Schicht zwischen dem Manufakturbürgertum und dem Adel, die wegen ihres Grundbesitzes manche ideellen Bindungen zum Adel zeigte, personell (»Robenadel«), aber vor allem ideologisch im Parlament vertreten. Es ist jene meist neuadelige Schicht, die aus der Finanzbourgeoisie und reichen Kaufmannschaft herauswächst und, wie auch in England zu beobachten, mit der Festigung des Absolutismus durchaus nicht einfach ihres politischen Einflusses beraubt wird, sondern sich dort als »parlamentarische«, hier als whigistische Opposition etabliert und in ihrer konservativ-liberalen Mittelstellung mehr oder weniger als oppositionelle Macht behauptet. Die whigistische und die französische Hochbourgeoisie hatten ihre konservative, wesentlich auf die Erhaltung der alten Klassenverhältnisse gerichtete, jedoch gegenüber dem Staate auf die Freiheit eifersüchtig wachsame Grundeinstellung gemeinsam. Aber während die Partei der Whigs in der schwächlichen Revolution von 1688 sich ihrer heroischen Verpflichtungen ein für allemal entledigt hatte, behielt das französische Obergericht, das ständig gegen die Übergriffe des absoluten Königtums ankämpfen mußte, einen Zug von Rebellentum, womit es sich die aufrichtigen, wenn auch unkritischen Sympathien der Nation erwirbt und lange Zeit behält.

Vertreter der mittleren und revolutionär gestimmten Manufakturbourgeoisie fehlten im Parlament gänzlich. Aller selbständigen Aktivität des Volkes abgeneigt, verfolgte es mit Mißtrauen alle Aktionen, die einer demokratischen Bewegung Vorschub leisten könnten. Deshalb bekämpfte es das revolutionäre Hugenottentum, nahm es Stellung gegen die Abschaffung der Fronde (Guglia) und gegen den Plan einer allgemeinen, auch den Adel einbeziehenden Steuer, deshalb auch mußte es zur Registrierung des Edikts über die Abschaffung der Corvé (Kopfsteuer) vom König in einer Kissensitzung gezwungen werden, ließ es Rousseaus »Emile«, Schriften des Helvétius, der Enzyklopädisten und Voltaires verbrennen und verurteilte es, außer den erwähnten, auch die übrigen Reformmaßnahmen Turgots, die es schließlich zum Scheitern brachte. Andererseits aber und trotz aller Abneigung gegen Revolutionen oder revolutionär scheinende Maßnahmen bekämpfte das Parlament konsequent den Absolutismus. Praktisch wirkte es, vielleicht gegen seine bewußte Absicht, auflockernd auf das gesamte Gesellschaftsgefüge ein und half so, die Revolution vorzubereiten. Gewiß, »sein erstes und letztes Ziel war es doch, selber zu herrschen und nicht dem Volke die Herrschaft zu überlassen«. Deshalb sträubte es sich noch im letzten Augenblick und in seiner besten Zeit gegen die Abstimmung nach Köpfen in den Generalständen, durch die dem dritten Stande ein Übergewicht über die anderen Stände zugefallen wäre. Aber in keiner Weise war das französische Parlament dem gesellschaftlichen Fortschritt so hinderlich, wie es das wirkliche und »gewählte« englische Parlament, das keinen Absolutismus mehr zu bekämpfen hatte, faktisch gewesen ist. Man könnte meinen, das französische Parlament sei niemals, auch kurz vor der Revolution nicht, in seinen Forderungen über jene Rechte hinausgegangen, die das englische Parlament besaß. Hatte doch England die vom französischen Gerichtshof aufgestellten Forderungen nach Periodizität der Volksvertretung, in

Frankreich der Generalstände, nach Steuerbewilligungs- und Budgetrecht, die Verantwortlichkeit der Minister und das Anklagerecht schon längst verwirklicht. Aber man übersieht dabei leicht, daß in den Generalständen der dritte, die große Masse des Volkes unter Führung der mittleren Bourgeoisie repräsentierende Stand wirklich vertreten war, während er vom englischen Parlament noch lange ausgeschlossen blieb. Zu Ende des Jahres 1788, allerdings recht spät also, hat das Parlament Frankreichs sogar die Abschaffung aller Steuerprivilegien, die Garantie der persönlichen Freiheit aller Bürger und die volle Pressefreiheit verlangt.

Der schwierige Versuch einer soziologischen Deutung der historischen Stellung des französischen Parlaments muß wohl zu dem folgenden Schlusse kommen: Die auffallende innere Widersprüchlichkeit im Verhalten des Parlaments ist das Ergebnis der nach der ökonomischen Seite hin ängstlich auf das »natürliche Recht« der Unantastbarkeit des Eigentums achtenden und hierin daher konservativen, aber nach der politischen Seite hin die ebenso »natürlichen« Rechte der Unantastbarkeit und Freiheit des bürgerlichen Individuums bejahenden und hierin revolutionären Neigungen und Tendenzen in der Oberschicht der Bourgeoisie. Die umgekehrte, dem sozialen Gehalt nach ausgesprochen bürgerlich-revolutionäre, politisch aber irrtümlicherweise auf die Mithilfe des »aufgeklärten« Absolutismus rechnende und daher konservative Haltung der Physiokraten und Turgots bildete mit ihrer ökonomischen Weitsicht die, weil isolierte, verfrühte Ergänzung zu der einseitig auf die formellen Freiheitsrechte ausgerichteten Haltung der Parlamente. Auf die Dauer mußten die Physiokraten und Turgot recht behalten.

Aber auch hier muß tiefer gesehen werden. Nicht nur hinsichtlich der Reform der Wegfronde, der Aufhebung der Zünfte und der Befreiung des Getreidehandels stand die Öffentlichkeit hinter dem Parlament, dem, wie Glogau sagt, »die Gleichmacherei, der Zug zur égalité« an den Physiokraten nicht behagte. Sie mißtraute überhaupt allem, was nicht in offener Opposition gegen den Absolutismus stand, und daher auch jeder Aktion, die nicht gegen dessen Willen durchgeführt und ihm abgerungen wurde. Sie beachtete daher auch die offensichtlichen Erfolge, die Turgot als langjähriger Gouverneur der Provinz Limousin zu verzeichnen hatte, mit Ausnahme der Bevölkerung dieser Provinz selbst, wenig. Das Mißtrauen gegen den absoluten Staat, als dessen traditioneller Widerpart, dem allein vertraut werden dürfe, das Parlament erschien, übertönte einfach alles. Es ertötete bei der damals ohnehin in wirtschaftlichen, aber auch politischen Fragen kenntnislosen Öffentlichkeit jede selbständige Überlegung und ließ sie blind dem Parlament folgen. Verbesserungen, die von Ministern des Königs ausgingen, mochten diese auch völlig neue Wege beschritten haben, erschienen dem Volke als Fallstricke im Dienste der Festigung der verhaßten absoluten Gewalt. Und letzten Endes war dieses Mißtrauen auch berechtigt. Denn jede noch so fortschrittliche Maßnahme rüttelte nur ganz schwach an den bestehenden Feudalverhältnissen mit ihrer Bevorrechtung des an der Spitze der Gesellschaft schmarotzend thronenden Adels, ihrer oligarchischen und staatlich kontrollierten Städteregierung und ihren rechtlosen Bauernmassen. Ein dumpfer Instinkt und der grenzenlose Haß gegen alles Feudale hielten entgegen allen Versuchen zur Rettung des niedergehenden Absolutismus durch Reformen oder was einem solchen Versuch gleichsah, die Parole aufrecht: Alles oder nichts! Vielleicht erinnerte man sich auch noch daran, wie zwecklos alle diese abseits vom Politischen unternommenen Reformversuche gewesen waren; sie scheiterten 1754 am organisierten Widerstand der Geistlichkeit und des Adels und der von diesem beherrschten Provinzialstände des Languedoc und der Bretagne. Man fühlte, daß ohne eine radikale Änderung im politischen Bereiche letzten Endes immer diese Mächte entscheidend bleiben mußten. Und wie sich im Kopfe des Volkes die Dinge verkehrt spiegelten, wie das Parlament als revolutionär und die Reformmänner wegen ihrer monarchischen Gesinnung als reaktionär empfunden wurden, so merkte es auch nicht, daß im Gegensatz zum Parlament, das nur die Herstellung passiver Freiheitsrechte erstrebte, das Denken der Reformer im Grunde von der Idee der Volkssouveränität getragen war, allerdings in ihrer bürgerlich-beschränkten Form.

Insgesamt kann bei der Beurteilung des französischen Neufeudalismus zu Recht von einer »Mitregierung des Parlaments, von einer durch dasselbe beschränkten Monarchie« gesprochen werden. Dieses Urteil ist deshalb wichtig, weil es den angeblich tiefgehenden Gegensatz zwischen den von den Historikern mythologisch verklärten englischen und den französischen Zuständen in einem ganz anderen Lichte erscheinen läßt. Über England wird noch ausführlich zu berichten sein. Für Frankreich jedenfalls steht fest: Wenn auch die parlamentarische Opposition einen ernsten Zug zur Reform ebenso vermissen läßt wie das englische Parlament zur gleichen Zeit und wenn auch die Dienstbarkeit gegenüber Grundbesitz und Großbourgeoisie in beiden Ländern die gleiche war, so darf doch die Rolle des französischen Parlaments als oppositionelle Kraft gegen den Absolutismus nicht unterschätzt werden. Besonders das Finanzgebaren wurde vom Parlament oftmals schärfstens kritisiert. Die anglophilen Mythologen, die sich nicht genug darin tun können, unter Verschleierung des sozialen Inhalts der in dieser Hinsicht von den französischen kaum unterschiedlichen englischen Verhältnisse, die verfassungsmäßige Form Englands als »freiheitlich« zu feiern, würden gut daran tun, auch die erhebliche Einschränkung der monarchischen Gewalt durch das Parlament in Frankreich in Rechnung zu stellen. Sie würden dann bald zur Einsicht kommen, daß sich der neufeudale Absolutismus Frankreichs vor dem »konstitutionellen« und »parlamentarischen« Neufeudalismus Englands nicht zu schämen braucht.

Gerade diese starken oppositionellen Strömungen in den Untergründen der Gesellschaft sind ein wesentliches Charakteristikum der neufeudalen Epoche. Aus dem reaktionären Drang der bedrohten Adelsklassen nach Abwehr der anstürmenden bürgerlichen Revolution ursprünglich hervorgegangen, hat die neufeudale Herrschaft bald ihren anfänglichen Glanz eingebüßt. Ihre innere Schwäche zeigte sich vor allem in der Unfähigkeit, mit der anwachsenden Kritik fertig zu werden. Diese regt sich überall, nimmt die vielgestaltigsten Formen an; hier richten der scheinbar unterwürfige Vorschlag an den König oder der Witz des Pamphlets ihre feinen Spitzen gegen die Zustände und die Verantwortlichen, dort drängt sich selbst dem staatstreuen, aber scharfsinnigen Kopf der Gedanke auf, die gegebene Ordnung sei unhaltbar, wofür wir in Turgot das hervorragendste Beispiel haben. Sogar ein Fénélon unterliegt dem allgemeinen Strome und träumt von der konstitutionell und aristokratisch beschränkten Monarchie, seine Ansichten gegen die Theoretiker des unbeschränkten Gottesgnadentums verteidigend. Vauban, der große Festungsbauer, fällt in Ungnade, weil er es 1707 wagt, Verbesserungsvorschläge für die Besteuerung und die Belastung der Bauern zu unterbreiten. Montesquieu macht sich über die Perser lustig und jeder versteht, daß er Frankreich meint. Sein an humanistischen, juristischen und naturwissenschaftlichen Studien geübter Geist entwirft ein für die damalige Zeit großartiges, materialistisch unterbautes Sozialsystem mit der nicht geringen Absicht, Frankreich seine Zurückgebliebenheit vorzuhalten. Andere tun Ähnliches. In der Zeit zwischen Bayle, dem großen Verächter des Adels, und den großen Enzyklopädisten fließt ein unversieglicher Strom bürgerlich-kritischen Denkens, dessen aufklärende Kraft schließlich alle Klassen erfaßt, woran Rousseau den größten Anteil hat.

Vor dem Ansturm des bürgerlichen Geistes weicht der Absolutismus allmählich zurück. Teils indem er sich zu verschiedenen Versuchen und Konzessionen bereit zeigt (Ludwig XV.), teils indem er sich einige Phrasen der Aufklärung aneignet und mit ihnen vor dem Volke zu prunken versucht. Die Historiker sprechen von einem »aufgeklärten Absolutismus«. Aber nur sehr ausnahmsweise trifft dieser Begriff auf die Wirklichkeit zu, jedenfalls auf keinen der französischen Könige und am allerwenigsten auf Friedrich den »Großen«, dessen Aufklärerei die deutsche Geschichtsschreibung maßlos übertrieben hat. Als Beispiel eines wirklich aufgeklärten Fürstentums muß vor allem Josef II. erwähnt werden, der aber gerade wegen dieser seiner den realen Machtverhältnissen nicht genügend Rechnung tragenden fortschrittlichen Haltung scheitern mußte. Josef unternahm ernste Versuche, um das Übergewicht von Adel und Kirche zu vermindern. So begann er mit dem Toleranzedikt von 1781, das im Unterschied zum preußischen den Zweck erfüllen sollte, auch andere als feudale Kräfte dem öffentlichen Leben einzugliedern. In das gleiche Jahr fällt die Agrarreform mit ihren Eigentumsveränderungen und der Aufhebung der Leibeigenschaft. 1782 werden 800 Klöster aufgelöst. Der Einfluß des Papstes wird als Hemmnis des Fortschritts beseitigt und die Kirche der Staatskontrolle unterstellt. Verbote der Reliquienverehrung und der öffentlichen Prozessionen verfolgen den Zweck, das Volk von traditionalistischen, seiner Bildung und Aufklärung entgegenstehenden Hemmungen allmählich zu befreien. Die Reise des Papstes nach Wien bleibt erfolglos, die Zurücknahme dieser Verbote erreicht er nicht. Abschaffung der Patrimonialgerichtsbarkeit soll die moralische Herrschaft des Adels auf dem Lande brechen. 1790 starb Josef mit dem Bewußtsein, daß die reaktionären Kräfte noch zu stark waren und sein Werk nicht von Dauer sein würde. Seine Ahnung sollte sich sehr rasch bewahrheiten; sein Bruder machte die meisten der Reformen wieder rückgängig.

Man wird sagen, daran seien die unglücklichen Zustände des Kontinents schuld. Von den beiden Extremen Preußen und England habe England der Welt bewiesen, wie vernünftiger Konservatismus sich mit Fortschritt vereinen lasse. Im Zusammenhang mit einer modernen Fragestellung, die für unsere Zeit von äußerster Wichtigkeit geworden ist, wollen wir nun diese Behauptung auf ihre Richtigkeit prüfen.

3. Bemerkungen zur englischen Geschichte

Der kapitalistischen Gesellschaft entspricht nach der politischen

Seite hin die Demokratie, die in früheren Jahrhunderten etwas unklar »Volkssouveränität« genannt wurde. Unter der aus der bürgerlichen Seinsweise heraus »natürlichen« Voraussetzung, daß Staat und Gesellschaft der individuellen Bewegungsfreiheit keine Grenzen setzen, gilt die Vorstellung der Möglichkeit völliger gesellschaftlicher Harmonie, wobei das regelnde Prinzip das die individuellen Interessen zum Ausgleich zwingende »natürliche« Gesetz bleibt. Im Manchester-Liberalismus erreicht das Wissen um diesen Zusammenhang die höchste Stufe. Diese Idee ist aber, wie wir bereits darlegten, nichts anderes als der genaue Ausdruck der besonderen Existenzweise der kapitalistischen Warengesellschaft und der auf ihr ruhenden Klassenordnung, das heißt des Umstandes, daß die bürgerliche Klasse zur Sicherung ihrer ökonomischen und ihrer politischen Klassenstellung des äußeren Zwanges nicht nur entbehren kann, sondern ihn sogar als Hindernis empfinden muß. Deshalb proklamiert sie die Herstellung der völligen individuellen Freiheit, ohne allerdings danach zu fragen, ob die arbeitenden Klassen diese Freiheit ebenso genießen können wie sie selbst.

Zuerst taucht, und dies muß zur Entschuldigung der bürgerlichen Ideologie der Zeit bis zur großen Französischen Revolution gesagt werden, die Möglichkeit einer solchen Frage gar nicht auf. Denn solange die feudale Herrschaft noch nicht gebrochen ist, muß auch für die unteren Klassen der Schein entstehen, daß jeder Schritt der politischen und rechtlichen Befreiung des Individuums notwendig auch schon einen Schritt zur Befreiung des Menschen überhaupt bedeutet. So wird die Idee der Demokratie zur Idee aller nichtfeudalen Klassen. Doch bald zerfällt die gemeinsame Front. Das Bürgertum, die Majorisierung durch die »begehrliche Masse« fürchtend, biegt die Idee der Volkssouveränität um zum »Liberalismus« mit einer feinen Veränderung der ursprünglich naturrechtlichen Gleichheitsidee zur Gleichheit im Konkurrenzkampf mit dem als »natürlich« anerkannten Siege des Stärkeren. Die Einführung des gleichen Stimmrechts für alle versucht es mit Hinweisen auf mangelnde Bildung usw. hintanzuhalten, wobei es wohlweislich unterläßt, dem Volke eine bessere Bildung angedeihen zu lassen. Die Folgen davon sind, trotz der sich insbesondere in den Reihen des Proletariats bereits durchsetzenden Erkenntnis vom Widerspruchscharakter der bloß formalen bürgerlichen Demokratie, die Verschärfung der Forderung nach voller Herstellung demokratischer Zustände und eine erhebliche Radikalisierung der aus kleinbürgerlichen und proletarischen Elementen sich zusammensetzenden demokratischen Bewegung. Es bedarf eines qualvollen

Prozesses, um gegen die Widerstände des Liberalismus in allen seinen (englischen bis deutschen) Formen die Vollendung des demokratischen Staates durchzuzwängen. Die bürgerliche Demokratie, auf die sich die Bourgeoisie von heute mit Stolz zu berufen pflegt, ist also, was ihre Realisierung betrifft, zum wenigsten das Werk des bürgerlichen Willens. Vielmehr ist sie das Werk der von unten nachdrängenden Klassen. Zu den gleichzeitig erheiterndsten wie tragischsten Episoden der Geschichte gehört die Durchführung der zweiten Wahlreform in England. Dieses Ereignis zeichnet sich dadurch aus, daß es der geniale Konservative Disraeli sein mußte, der gegen die lächerliche Ängstlichkeit der liberalen Partei in klarer Erkenntnis der unvermeidlichen Zulassung größerer Volkskreise zur politischen Mitbestimmung ein Wahlgesetz durchsetzte, das weitaus radikaler als das von den Liberalen abgelehnte war. Allmählich erst und durch die Schulung an der praktischen Erfahrung setzt sich beim Bürgertum die Überzeugung fest, daß die Demokratie nicht unbedingt und sofort aus sich heraus schon die Umwälzung der Eigentumsverhältnisse nach sich ziehen müsse. Erst jetzt wird die Demokratie, die das Bürgertum inzwischen als Instrument ihrer Herrschaft zu gebrauchen gelernt hat, von ihm als »ewige« politische Organisationsform des Staates proklamiert und später gegen die Forderung der arbeitenden Klasse nach weiterer Demokratisierung der Gesellschaft als unantastbar erklärt.

Die Widersprüche der bürgerlichen Gesellschaft erweisen sich aber auf die Dauer als die stärkeren Faktoren. Die Häufung der ökonomischen, politischen und moralischen Probleme erschüttern in steigendem Maße das Vertrauen in die Demokratie. Es ist hierbei selbstverständlich, daß in den verschiedenen Ländern neben den allgemeinen auch besondere nationale Umstände in der Gestaltung des Massenbewußtseins mitwirken. Für unseren Zusammenhang besonders hervorzuheben ist das Vorhandensein relativer demokratischer Stabilität bei jenen Nationen, die bis in das 20. Jahrhundert hinein eine ökonomische Vorzugsstellung vor anderen Ländern genießen. Gasser, als markanter Vertreter einer heute weitverbreiteten Richtung, spricht mit Bezug auf diese Nationen von den »stabilen« oder »konservativen« Demokratien.

Konkret knüpft diese Ideologie an die in der Praxis vorgefundenen Elemente des nationalen und geschichtlichen Lebens der Völker an. Indem sie aber gleichzeitig an den wesentlichsten dieser Momente aus guten Gründen vorbeigeht und sich desto mehr um die weniger wesentlichen bekümmert, entwickelt sie ein System von Verfälschungen, für die das Verschweigen selbst augenscheinlicher Fakten typisch ist. So, um nur ein Beispiel zu nennen, erwähnt Gasser in seinen zahlreichen Artikeln und Schriften fast niemals die durch Jahrhunderte währende Herrschaft über unermeßliche Kolonialgebiete und die darauf beruhende ökonomische Vorzugsstellung Englands, aus der sich die relative Stabilität des englischen politischen Lebens zwanglos erklärt. Hingegen werden nebensächlichere Momente stark herausgestrichen. Man muß Gasser eine blendende Geschicklichkeit zugestehen. Das wichtigste unter diesen Momenten ist das Bestehen einer alteingesessenen Selbstverwaltung bei einzelnen, wie Gasser behauptet, wirklich demokratischen, und das Zurücktreten der Selbstverwaltung zugunsten der Zentralverwaltung bei anderen, laut Gasser eigentlich nur dem Scheine nach demokratisch organisierten Nationen. Die letzte Absicht einer solchen Unterscheidung ist, ungeschminkt ausgedrückt, die dadurch gewonnene Möglichkeit, den Staaten mit ausgesprochener Zentralverwaltung vorzudemonstrieren, wie gut das Volk mit Selbstverwaltung politisch zu beschäftigen und von den anderen Problemen abzulenken sei, wie also Spannungen und Probleme vom Sozialen ins Verwaltungstechnische abgeleitet und verschoben werden können, um damit die Lebensdauer und den Gleichgewichtszustand der vom Fortschritt gefährdeten Staaten zu verlängern.

Zwei Prinzipien beherrschen also nach Gasser Vergangenheit und Gegenwart der europäischen Geschichte: das »freiheitliche« der auf dem Selbstbestimmungsrecht der Gemeinden beruhenden und das »autoritäre« der zentralistischen Staaten. Dabei versteht Gasser, und darauf sei ausdrücklich aufmerksam gemacht, unter Selbstverwaltung durchaus nicht, vor allem für die älteren Zeiten nicht, ausschließlich die demokratische Form der lokalen Selbstregierung, sondern schlechthin jede Verwaltungsform, die eine weitgehende Unabhängigkeit der Gemeinden vom Staate aufweist. Es kann daher nach Gasser auch eine aristokratische Gemeindefreiheit geben. Ihr Wert ist deshalb, weil sie auf den Schultern der Aristokratie ruht und keine unmittelbare Beteiligung und Einflußnahme des gesamten Volkes kennt, an sich noch nicht herabgemindert. Im Gegenteil, mit Ausnahme von Augenblicken vorübergehender Entartung ist sie vorzüglich dadurch charakterisiert, daß die sie tragenden ortsansässigen aristokratischen Funktionäre eben wegen ihrer nahen Beziehung zu ihrem Wohnort notwendig auf dessen Wohl bedacht sind und deshalb ebenso gewiß das Vertrauen der Einwohnerschaft erhalten. Innere Ausgeglichenheit des Gemeindelebens, Gesetzestreue, konservative Gesinnung in enger Verknüpfung mit reformatorischem Fortschrittsgeist sind die Folge der auf den erwähnten

Grundlagen aufgebauten Gemeindeverwaltung. In neuerer Zeit, das heißt, sobald sich die Selbstverwaltung demokratisiert und die Gesamtheit zur Teilnahme an der Ordnung der Gemeindeangelegenheiten zugelassen wird, wirken sich die eben erwähnten und in jeder echten Gemeindefreiheit lebendigen Tendenzen erst recht segensreich aus und ergeben in ihrer letzten Konsequenz jene staatlichen Gebilde, die wegen ihrer von der Unruhe in anderen Staaten sich wohltuend abhebenden Stabilität allgemein bewundert werden. Welche geradezu ungeheuerliche Verfälschung der wahren geschichtlichen Entwicklung dieses Theorem enthält, werden wir an Hand der Geschichte Englands nachzuweisen haben.

Es genügt Gasser also durchaus nicht, daß ein Staat die parlamentarische Regierungsform besitzt, um ihn den echt demokratischen Staaten zuzuzählen. Wo die uneingeschränkte Selbstverwaltung, der Aufbau der Verfassung »von unten herauf«, fehlt und der staatliche Zentralismus vorherrscht, bleibt der demokratische Parlamentarismus nur ein äußerlicher Demokratismus ohne volkshaften Gehalt; daher bleibt die betreffende Nation auch ohne die Möglichkeit der Annäherung der Klassen aneinander, ohne Verständnis der unteren Klassen für die geltenden Gesetze und ohne organisch ruhige Fortentwicklung. Während die zentralistischen Staatsformen den Kampf der Klassen um die Herrschaft über die Staatsleitung provozieren und so selbst den Hauptteil der Schuld daran tragen, daß ihr demokratisch-parlamentarisches Fundament periodisch sich wiederholenden Erschütterungen ausgesetzt ist, überstehen die nicht zentralistisch und daher echt »freiheitlichen« Demokratien alle Krisen mit großer Leichtigkeit, wobei das Bemerkenswerte die Tatsache bleibt, daß die diese Demokratien durchwirkende konservative Gesinnung den allmählichen Fortschritt geradezu einschließt.

Die bestechende Überzeugungskraft der hier an Gasser demonstrierten, aber von einer weitverbreiteten, neuliberalistischen Schule propagierten Lehre besteht in zweierlei: Erstens in dem täuschenden Schein des Volkshaften, der aller unbestimmt gefaßten Selbstverwaltungsvorstellung eigen ist und der aus einem anfänglichen harmlosen Reflex, den das Wörtchen »Selbst« in unserem individualistisch trainierten Hirn hinterläßt – Pareto würde ihn mit »Residuum« bezeichnen –, sich zu einer großangelegten Spiegelfechterei auswächst, sobald er zur Operationsbasis reaktionärer (manchmal selbst getäuschter) Theoretiker wird. Zweitens in dem Zusammentreffen mehrerer, aus der besonderen geschichtlichen Entwicklung einzelner Länder erklärbarer Faktoren, das den anderen, noch schwerwiegenderen

Schein erzeugt, als ob gewisse Äußerungen der nationalen Existenz dieser Länder aus der Selbstverwaltung resultierten; das Merkwürdige und in höchstem Maße Täuschende daran liegt aber vorzüglich darin, daß tatsächlich diese Äußerungen, so vor allem die vielgenannte Stabilität, nirgends auftreten, ohne daß gleichzeitig auch die Einrichtung der Selbstverwaltung existierte. Wir haben nun zu zeigen, wie zwar Selbstverwaltung und Stabilität – diese allerdings von uns nur sehr relativ aufgefaßt – tatsächlich und notwendig historische Parallelerscheinungen abgeben, wie aber dessenungeachtet die Stabilität nicht der Selbstverwaltung, sondern ganz anderen Faktoren zur Last gelegt werden muß.

Die Historiker scheitern oft an der für sie unüberwindlichen methodischen Schranke des Tatsachenfetischismus. Die Tatsächlichkeit einer Erscheinung - in unserem Falle des ständigen Zusammentreffens von traditioneller Selbstverwaltung und Stabilität –, möge sie sich unserem Verstande noch so unmittelbar aufdrängen, bedeutet noch keinen ausreichenden Grund, den in ihr ausgedrückten Zusammenhang als schlechthin richtig oder gar als in der Geschichte gesetzlich wirkend hinzunehmen. In der dialektischen Soziologie nennt man jenes Verhalten, das ohne Rücksicht auf die wahre Totalität der Erscheinungen genügsam die äußere Tatsächlichkeit gelten läßt, Tatsachenfetischismus. Das Resultat kann nur vollendete Selbsttäuschung über das Wesen des zu erklärenden historischen Phänomens sein.

Unabhängig davon, ob überhaupt und in welchem Maße Reste alter Bauernfreiheit sich erhalten haben oder nicht, steht eines fest: nämlich, daß die im ausgehenden Mittelalter neuentstehenden Zentren des Kampfes um die Gemeindefreiheit und der Wiedergeburt der Gemeindefreiheit die Städte sind. Versteht man wie Gasser unter Gemeindefreiheit nicht bloß das Selbstbestimmungsrecht der Gemeinden auf der Grundlage der demokratischen Beteiligung des Volkes, sondern auch in einem weiteren Sinne jede formelle Unabhängigkeit der zu Wohngemeinschaften organisierten Landesteile schlechthin, so bestand sie anfänglich im allgemeinen überall, wo sich Städte entwickelten. Später aber erhält und bildet sie sich nur dort und so lange fort, wie irgendwo das Bürgertum im Bündnis mit anderen Klassen, in England zeitweilig sogar mit dem Adel, den Absolutismus zurückdrängen kann. Von den entwickelteren Ländern ist dies dauernd nur bei einer Minderheit der Fall, am auffälligsten in England und Holland, die wir deshalb in den Vordergrund unserer Betrachtung stellen.

Für die Niederlande weist Pirenne auf die finanzielle Abhängigkeit der Fürsten von den Städten hin. Die Einkünfte aus dem Dominialbesitz und aus der direkten Steuer, der Taille, genügen bald nicht mehr, weshalb Zuflucht zur Geldleihe genommen werden muß. »Schon zu Anfang des 13. Jahrhunderts sind die meisten Fürsten verschuldet.« Daraus schließt Pirenne: »Allein gerade dieser Sachverhalt hat sowohl in Flandern, als auch in den übrigen Fürstentümern zur Folge gehabt, daß der Fürst an der Erreichung von unbeschränkter Macht verhindert wurde.« Daß auch in anderen Ländern die finanzielle Abhängigkeit der Fürsten vom Bürgertum bestand, trotzdem aber die Herausbildung der absoluten Regierung nicht verhindert werden konnte, beachtet Pirenne zu wenig. Es entscheidet eben über die Art und die Stärke des Absolutismus nicht allein die finanzielle Bedürftigkeit der Fürsten, sondern in erster Linie entscheiden die allgemeinen Klassenverhältnisse, d. h. die Macht- und Kräfteverteilung zwischen den Klassen überhaupt. Erzählt doch Pirenne selbst einige Seiten vorher ausführlich, wie in den Niederlanden »der wirtschaftliche und soziale Niedergang des geistlichen und weltlichen Großgrundbesitzers« vor sich ging durch einen Prozeß, durch den das Bürgertum einen gewaltigen Vorsprung gegenüber den feudalen Kräften gewann. Dies zum Unterschied von anderen Ländern, in denen der Fürst gegen den ihm gefährlichen Adel die Furcht der Bourgeoisie vor diesem ausnützen konnte, um sie mehr oder weniger an sich zu binden und seiner Politik wie seiner Stellung ein stärkeres Gewicht zu geben. Die gerade durch den Rückgang der Bedeutung des Feudalismus und die gleichzeitige, mächtige Entwicklung der Städte alles überragende Position des Bürgertums in Holland wirkte von selbst einschränkend auf die fürstliche Gewalt. Schon für das 14. Jahrhundert stellt Pirenne eine »gewaltige wirtschaftliche Lebenskraft«, eine »gewaltige Reihe von Volksunruhen« fest. Obwohl die belgischen Städte »bei ihren inneren Kämpfen, ohne sich lange zu besinnen, ihre Kräfte haben draufgehen lassen, sind sie trotzdem noch stark genug gewesen, um ihre Herren oder ihre Nachbarn zu bekämpfen, von ihren Fürsten übermäßige Privilegien zu erpressen und zuguterletzt in den verschiedenen Territorien eine Verfassung herzustellen, bei der ihr eigener Einfluß unbestreitbar vorherrscht. Sogar in die allgemeinen Angelegenheiten Europas haben sie sich eingemischt. Nichts bezeugt besser ihre mächtige Stellung als die ununterbrochenen Bemühungen der englischen Könige, sich ihren Beistand gegen Frankreich zu sichern.« Kein Fürst konnte ernsthaft daran denken, sich die unruhigen Städte in gleicher Weise zu unterwerfen, wie dies in anderen Ländern in steigendem Maße geschah. Die Erhaltung der Selbstverwaltung der Städte ist daher hier offensichtlich eine Folge der revolutionären Kraft der aufstrebenden Klassen. Auf die Dauer mußte daraus auch die Freiheit der ländlichen Gemeinden profitieren.

In England wirkt, trotz der sonstigen Unaufgehobenheit der Gegensätze, das Zusammentreffen der bürgerlichen mit den adeligen Interessen in der Abwehr des normannischen Absolutismus nach der gleichen Richtung hin. Solange das englische Bürgertum noch nicht zu solcher Entfaltung gekommen war wie das niederländische um diese Zeit bereits, kam ihm wegen der besonderen Verhältnisse in England das Bündnis, das ihm der im Kampf gegen die königliche Willkür stehende mächtige Adel anbot, deshalb zugute, weil es den »polizeistaatlich« sich alles unterordnenden Absolutismus noch mehr fürchtete als die Aristokratie. Jedenfalls hat der Sieg der verbündeten Klassen über den Absolutismus zur Folge gehabt, daß sowohl den Städten wie auch den ländlichen Gemeinden die formelle Unabhängigkeit, wenn auch nicht immer im gleichen Ausmaße, erhalten blieb. Der Unterschied zu anderen Ländern ist geradezu greifbar. Zwar entstanden auch in Frankreich, Spanien und Italien schon frühzeitig freie Städte. Da aber infolge der Störung der Handelswege und Stagnation Spaniens wie Italiens einerseits, des nicht genügend stark entwickelten Manufakturbürgertums andererseits, die bürgerlichen Klassen dieser Länder vom späteren reaktionär gewordenen Absolutismus niedergeworfen werden konnten, kommt es naturgemäß auch zu jener Schwächung der Selbständigkeit der Gemeinden, die bis in unsere Tage noch nachwirkt.

In England hat die gemeinsame Aktion von Adel und Bürgertum schon frühzeitig den Absolutismus zurückzudrängen vermocht. Dabei bleibt der Adel der sozial stärkere Faktor und gewinnt am meisten aus dem Siege über den Absolutismus. Allmählich verschiebt sich aber das Kräfteverhältnis der Klassen mehr zugunsten des Bürgertums, und zwar aus zwei Gründen. Der eine Grund ist die dauernde Schwächung des englischen Adels. Nach den Kreuzzügen sind es der Hundertjährige Krieg mit Frankreich (1336–1431), die blutigen Kämpfe der Adelsparteien untereinander, die sogenannten Rosenkriege (1455–1485), die Schwächung der wirtschaftlichen Macht der Klöster und der Kirche durch die »Reformation« unter Heinrich VIII. und die Cromwellsche Revolution, durch die der Feudalismus schwer getroffen wird. Der andere Grund ist das raschere und kräftigere Aufblühen der Manufaktur seit dem 17. Jahrhundert, wodurch gleichfalls das Bürgertum einen größeren Vorsprung gewinnt. Trotz der feudalen Restauration, die 1660 einsetzt, kann daher in England kein Absolutismus in der reinen Form des französischen Absolutismus entstehen, der es mit Hilfe des Adels wagen darf, die bürgerlichen Kräfte restlos zu unterdrücken und dann, wenn nötig, gegen die anarchischen Tendenzen des Adels seine neufeudale Staatsform aufzurichten. Gerade deshalb aber bleibt auch später die lokale Autonomie unangetastet.

Äußerst bemerkenswert ist folgendes: Als im 17. Jahrhundert schon längst das einst auf seine freien Stadtverfassungen so stolze und wegen seiner Stadtrepubliken bestaunte Italien ebenso wie das durch Richelieu von der Gefahr neuerlichen bürgerlichen Aufruhrs befreite Frankreich immer tiefer in den Zustand bürgerlicher Unfreiheit geraten, tobt in England eine gewaltige, erfolgreiche Revolution. Gar nicht zufällig siegt gleichzeitig auch in Holland die Meinung des Volkes, daß man die Macht weder in die Hände des sonst nicht unbeliebten Statthalters noch in jene des Generalkapitäns der Miliz legen dürfe. Die meisten Provinzen der Niederlande lehnen selbst den Vorschlag der Provinz Holland, die Gewalt des Staates im Staatsrat zu vereinigen, erfolgreich ab mit der Begründung, daß diesem damit zu viele Machtbefugnisse überlassen würden. Unruhiges revolutionäres Leben durchflutet Holland und England gerade zu einer Zeit, als für das übrige Europa die Frage der Herstellung der neufeudalen Herrschaft auf der Tagesordnung steht. Zwar gelingt es den fortschrittlichen Kräften Englands auf die Dauer nicht, die Errichtung einer allerdings spezifisch englischen Form der neufeudalen Ordnung zu verhindern, aber es gelingt, wenn auch nur scheinhaft und formell, wie wir noch sehen werden, die Unabhängigkeit der lokalen Verwaltung gegen die königliche Willkür zu schützen.

Dieses für die wirkliche Entwicklung Englands nicht sehr erhebliche Ergebnis wird nun von anglophilen Ideologen der kapitalistischen Demokratie maßlos überschätzt. Eines steht jedenfalls fest: Wenn es überhaupt so etwas wie Gemeindefreiheit in England und Holland gegeben hat, so ist ihre Erhaltung keineswegs einer angeblichen Klassenharmonie zu verdanken, sondern den erheblich standhafter als anderswo auftretenden revolutionären Kräften. In Holland folgt tatsächlich bis zur Revolution von 1787 eine Unruhe der anderen. Wenn zum Beispiel Kampen in seiner Geschichte der Niederlande schreibt, daß in den Provinzen Groningen und Overuyssel Zwistigkeiten ausgebrochen waren, deren Grund in der Regierungsform lag, und daß die beiden konföderierten Teile »die Stadt und die

Umlande« – gemeint ist die Provinz Stad en Land – »in ewiger Eifersucht um den Vorrang lebten«, so ist offensichtlich, um welche Gegensätze es sich gehandelt hat. Dabei treten diese Gegensätze nur in den kleineren Provinzen in schäferer Form auf. Denn in den großen, wie besonders in der alles überschattenden Provinz Holland, hat der Adel nicht mehr viel zu sagen. Einer der gründlichsten Historiker der niederländischen Geschichte, Blok, informiert uns dahin, daß das Stärkeverhältnis zwischen Adel und den Städten in Holland 18 zu 1 und in Zeeland 6 zu 1 war. Wie Blok erzählt, hatte in der von Anfang des 17. bis Ende des 18. Jahrhunderts fast unveränderten Regierungsform der Zentralismus ausgespielt. Dem Absolutismus war damit der Boden entzogen. An seiner Statt blieb »der patrizische Charakter der Verwaltung überall vorherrschend«, nur in den zurückgebliebenen nördlichen Provinzen war die Regierung eher aristokratisch. Der zentralistisch aufgebaute Staatsrat behielt in Angelegenheiten des Krieges und der Finanzen eine gewisse Bedeutung, wurde im übrigen aber von den Generalstaaten, der Versammlung der Delegierten aller Provinzen, überflügelt. In diesen hatte wiederum die bürgerliche Provinz Holland das entscheidende Wort. Unruhiges bürgerliches Leben durchzuckt dieses in seiner Zeit am weitesten entwickelte Staatsgebilde. Begreiflich, daß hier das Prinzip der lokalen Selbstverwaltung unangetastet bleibt, während im still gewordenen benachbarten Frankreich die letzten Reste der Gemeindefreiheit vernichtet werden.

Dem unbefangenen Historiker treten zwei Hauptlinien der geschichtlichen Entwicklung entgegen: entweder dumpfe Ruhe ohne Fortschritt oder Fortschritt auf der Grundlage der schärfsten Gegensätze der Klassen. Die Gemeindefreiheit ist in diesem Prozeß keine bestimmende, sondern eine abhängige Komponente. Fragen wir, weshalb sich in Holland die Gemeindefreiheit solange erhalten hat, so finden wir folgende einleuchtende Antwort: Unruhen und Revolutionen, während in den umliegenden Ländern neufeudale Reaktion herrschte, gab es 1610 bis 1617, 1650 bis 1659, 1668, 1672, 1747 bis 1749, 1784 bis 1787 und 1813. Dagegen folgte im bürgerlich unentwickelten Deutschland dem Bauernkrieg von 1525 erst wieder die schwächliche Revolution von 1848.

So bedeutungslos wie in Deutschland, Spanien und Italien ist das Bürgertum Frankreichs niemals geworden. Es ist einer großen Revolution fähig gewesen. Seine soziale Stellung war zwiespältig. Zwar bleibt es einerseits auch nach den Niederlagen in den Hugenottenkämpfen ein beachtenswerter Faktor im französischen Staatsgefüge, so besonders ökonomisch, aber andererseits wächst der neufeudale Absolutismus machtvoll über alles hinaus, was nach Selbständigkeit strebt. Der Verlust der Selbständigkeit der städtischen und ländlichen Gemeinden ist die natürliche Folge. Mit der Beschneidung der städtischen Freiheit ist aber auch die bürgerliche Initiative gehemmt und gestört. Während das trotz seiner politischen Entmachtung, aber entsprechend seiner größeren ökonomischen Bedeutung und kräftigeren revolutionären Tradition wirtschaftlich im großen und ganzen frei waltende Bürgertum Englands, auch Hollands, seine Initiative ins Ungemessene zu steigern und sich besonders im zwischenstaatlichen Verkehr eine Position nach der anderen zu erobern vermag, bewegt sich das französische Bürgertum nur schwerfällig vorwärts. Es gelingt ihm daher nicht, jene Profite zu akkumulieren, die für die englische und holländische Bourgeoisie die Grundlagen für ihre künftige gewaltige Reichtumsentfaltung abgeben sollten.

Aber damit ist auch schon bis in die Gegenwart hinein die ökonomische Stellung dieser drei Länder bestimmt. Nichts ist dafür bezeichnender, als daß das maritime Frankreich niemals eine Seemacht geworden ist, wie es das große England und das kleine Holland gewesen sind. Frankreich und selbstverständlich auch alle jene Länder, deren Bürgertum in noch geringerem Maße als das französische in der Lage war, mit dem englischen und holländischen Schritt zu halten, bleiben notwendig hinter den höchstentwickelten Nationen und deren ökonomische Machtentfaltung auf dem internationalen Markte, auf dem Meere und in den Kolonien weit zurück. Umgekehrt gewinnen diese Nationen einen großen Vorsprung, durch den sie in die Lage kommen, zusätzliche Extraprofite auf Kosten entweder farbiger oder im Konkurrenzkampf unterlegener europäischer Völker zu akkumulieren. Die Anstrengungen Englands, um dieses Ziel zu erreichen, sind gewaltig. Zwischen der glorreichen Revolution und dem Ende des Krieges mit Napoleon, das heißt zwischen 1688 und 1815, erlebt England 75 Kriegsjahre und nur 53 Friedensjahre. Unter Ludwig XV. erleidet Frankreich nicht nur eine Reihe schwerer Niederlagen, sondern verliert auch den größten Teil seiner Kolonien an England.

Die Erkenntnis, daß die Machtentfaltung eines Landes auch der Herstellung und Festigung seiner ökonomischen Vorzugsstellung diente, ist wichtig für unser Problem. Bei näherer Prüfung erweist es sich nämlich als nicht zufällig, daß die vielbewunderte politische Stabilität sich auf Länder mit ökonomischer Vorzugsstellung und gewaltigen Extraprofiten beschränkt, wobei jene meist kleinen Nationen mitgerechnet werden müssen, die, sei es als Siedelländer mit dünner Bevölkerung und unverbrauchten Naturschätzen, sei es durch eine besonders glückliche Entwicklung, wie zum Beispiel die Schweiz, entweder auf direktem Wege an den Exportprofiten teilhaben oder sich auf selbständige Weise solche beschaffen können. Ein besonderes Problem, das wir aber hier nicht mehr ausführlich behandeln können, bildet Amerika. Das amerikanische Volk hält heute noch an den individualistischen Traditionen und Illusionen seiner siedlerischen Vorfahren fest. Das hat in letzter Linie zur Folge, daß das amerikanische Proletariat, in der Entwicklung seines Klassenbewußtseins gehemmt, trotz aller bereits zu beobachtenden radikalen Regungen nicht imstande ist, die volle Freiheit seines Handelns zu gewinnen; andere Momente, etwa der völlige Mangel echter revolutionärer Tradition im Bewußtsein der amerikanischen Gesellschaft oder die hervorragende Rolle, die gerade die Arbeiteraristokratie noch immer in den Organisationen der amerikanischen Arbeiterschaft spielt, sollen nur erwähnt werden.

Auf welche Weise ergibt nun, muß man fragen, die ökonomische Vorzugsstellung einer Nation ihre politische Stabilität? Der Weg dazu ist, nach dem endgültigen Siege des Bürgertums das diesem nachdrängende Proletariat von der Revolution abzubringen – man beachte, daß es vorher diese politische Stabilität gar nicht gegeben hat, und sofern sie vorübergehend zu bemerken war, dann gerade am längsten in den Ländern *ohne* Gemeindefreiheit! Betrachten wir England! Nach einigen Jahrzehnten grenzenlosen Elends und revolutionärer Regsamkeit setzt in der ersten Hälfte des 19. Jahrhunderts, als das englische Proletariat durch die zahlreichen Enttäuschungen dafür gut vorbereitet ist, jene liberalistisch-optimistische, ihrem eigentlichen Sinn nach aber bereits imperiale Propaganda ein, die ihre Wirkung auf die unteren Klassen nicht verfehlt. Aber diese Wirkung ist nur möglich, weil erstens auf Grund der ökonomischen Vorzugsstellung der Schein der uneingeschränkten Berechtigung des liberalen Optimismus entstehen kann, der als chauvinistischer Stolz auf das Weltreich alle Klassen taumelhaft erfaßt, und weil zweitens ein Teil der von der Bourgeoisie angehäuften Extraprofite zur Heranziehung einer Arbeiteraristokratie verwendet werden kann, die alle Kommandostellen der Arbeiterbewegung rasch zu besetzen versteht und verhindert, daß das abgedämpfte Klassenbewußtsein des Proletariats sich von neuem kräftigt. Dazu kommt noch, daß der ohne Selbstbewußtsein dahinvegetierenden Arbeiterschaft, wenn auch sehr ängstlich, so doch, um die in diesem Punkte damals äußerst empfindlichen Volksmassen nicht zu reizen, Konzessionen hinsichtlich des Wahlrechts gemacht wurden. Aber auch diese Konzessionen waren nur möglich, weil der gewaltige, auf Kosten anderer Völker genährte Optimismus und die Existenz der Arbeiteraristokratie die Gefahr eines Gebrauchs des Wahlrechts im Interesse der Arbeitenden selbst mit Recht in weiter Ferne erscheinen ließen. Der innere Zusammenhang zwischen ökonomischer Vorzugsstellung und politischer Stabilität der bürgerlichen Ordnung ist also offenbar.

Woher kommt es aber nun, kann schließlich gefragt werden – und damit dringen wir zum eigentlichen Kern des Problems –, daß alle Länder mit stabiler Demokratie unbestreitbar auch die Einrichtung einer weitgehenden lokalen Selbstverwaltung aufweisen? Wie die machtvollere Entfaltung des englischen und holländischen Bürgertums – von den Siedlerländern und den Ländern mit von Anfang an geschwächtem Feudalismus nicht zu reden – schließlich zur Begründung einer Vorzugsstellung in der Welt geführt hat, so hat derselbe gesteigerte Einfluß des Bürgertums auch im Inneren alle absolutistischen Neigungen und Tendenzen abgeschwächt und damit die Selbständigkeit der Gemeinden gegenüber der Staatsspitze für dauernd gesichert.

Fassen wir den komplizierten Zusammenhang übersichtlich zusammen:

Erstens: Das gründliche Studium der in Frage stehenden Länder liefert einen unzweideutigen Beweis, daß durch Jahrhunderte die Existenz der Gemeindefreiheit keinesfalls, wie dies von den Selbstverwaltungs-Theoretikern behauptet wird, soziale Ausgeglichenheit und politische Stabilität erzeugt hat, sondern daß gerade umgekehrt die Unabhängigkeit der lokalen Selbstverwaltung durch ständig sich erneuernde, wenn auch nicht immer am Problem der Freiheit der Gemeinden sich entzündende, revolutionäre Akte geschützt werden mußte.

Zweitens: Die Selbstverwaltung, gegen die Einmischung des absoluten Staates oder ähnlicher Kräfte einmal gesichert, verhielt sich geschichtlich völlig neutral, das heißt sie hat aus sich heraus keine echt demokratischen Formen der lokalen Regierung erzeugt und kein grundlegend verändertes Verhältnis der Klassen zueinander hervorgerufen. Sie ist daher auch an allen größere und geringere Stabilität aufweisenden Verfassungen völlig unschuldig.

Drittens: Der in Punkt eins erwähnte revolutionäre Elan des Bürgertums war nur dort von Erfolg gekrönt, wo die aus der Stärke der Klassen erfließenden Machtverhältnisse dem Bürgertum eine festere Position einräumten und ihm eine bedeutendere

Rolle zu spielen erlaubten, das heißt in den kapitalistisch am meisten entwickelten Ländern.

Viertens: Gerade diese kräftigere Position des Bürgertums hat aber nicht nur zur Folge gehabt, daß die Selbstverwaltung der Gemeinden vor dem Zugriff des Staates gerettet werden konnte, sondern auch, daß die Länder, denen diese bürgerlichen Klassen zugehörten, im Kampfe der Nationen um die Beherrschung der Kolonien und der Weltmärkte siegreich blieben.

Fünftens: Die mit Hilfe der so erkämpften Vorzugsstellung eingeheimsten Extraprofite erlauben es dem Bürgertum nach seinem endgültigen Siege im Innern, mit Erfolg eine chauvinistische Weltreichsstimmung zu züchten und eine Arbeiteraristokratie heranzuziehen, die beide entnervend auf das Klassenbewußtsein des Proletariats gewirkt haben. Damit ist das Geheimnis der Stabilität im wesentlichen gelüftet.

Sechstens und die Essenz der Gesamtbeziehung ins Auge fassend: Zwar haben die Selbstverwaltungs-Theoretiker deskriptiv recht, wenn sie ein Zusammentreffen von Gemeindefreiheit und Stabilität feststellen. Aber indem sie das gleichfalls nicht zu leugnende Zusammentreffen von Gemeindefreiheit und ökonomischer Vorzugsstellung gewisser Länder geflissentlich oder aus Oberflächlichkeit übersehen, kommen sie zu voreiligen Schlüssen.

Es läßt sich nämlich erkennen, daß die Existenz der Selbstverwaltung aus sich heraus weder irgendeine Form der Klassenharmonie noch der ökonomischen Überlegenheit erzeugen kann. Selbstverwaltung einerseits und Stabilität wie Vorzugsstellung andererseits stehen zwar in einer historisch »zufälligen«, aber in keiner ursächlich-wesenhaften Beziehung zueinander. Hingegen verursacht die ökonomische Vorzugsstellung eines Landes ebenso seine relative politische Stabilität auf dem von uns aufgezeigten Wege, wie es auch eines entwickelten und revolutionär ungehemmten Klassenbewußtseins des Bürgertums in der Vergangenheit bedurfte, um die Selbstverwaltung überhaupt vor dem Untergang zu schützen. Wenn es heute einen solchen revolutionären Kampf um die Selbstverwaltung nicht mehr gibt, so deshalb, weil sie gegenüber früheren Jahrhunderten an Bedeutung viel verloren hat: Während für das Bürgertum die Freiheit der Gemeinde soviel bedeutete wie Freiheit der politischen Entfaltung und Freiheit der Ökonomie, muß das Proletariat entsprechend seiner völlig andersartigen Stellung in der Gesellschaft erst den Staat erobern, damit es zu diesen Freiheiten, wie sie von ihm verstanden werden, gelangen kann. Jede Überfütterung mit lokalen Angelegenheiten bedeutet in der heutigen

Zeit letzten Endes nur eine Ablenkung der fortschrittlichen Kräfte von ihren großen historischen Zielen. Das hat wohl Gasser erkannt, aber er irrt, wenn er glaubt, daß hierin ein so grundsätzlicher Unterschied zwischen England und etwa Frankreich oder anderen »zentralistisch« regierten Ländern besteht.

Ein höchst überzeugendes und schlagendes Beispiel haben wir im Heimatlande Gassers, in der Schweiz, die gleichfalls gerne als eine auf Selbstverwaltung basierte und *deshalb* stabile Demokratie hingestellt wird. Wir sehen hier von der Beteiligung der Schweiz an den Kolonialprofiten ab; während zum Beispiel Deutschland nach den Kolonien an Kapital vor 1914 445 Frs. je Kopf der Bevölkerung exportierte, war England mit 1980 und die Schweiz als nächstfolgendes Land mit 1575 Frs. beteiligt. Für die Schweiz noch wichtiger sind ihre Kapitalanlagen in Ländern, die sich einer größeren oder geringeren Selbständigkeit erfreuen. Wir begnügen uns damit, eine interessante Ausführung von fachlicher Seite wiederzugeben: »Für Rechnung der Züricher Seidenstoffweberei laufen im Deutschen Reich 6800, in den Vereinigten Staaten 4500 mechanische Webstühle. Insgesamt im Ausland deren 15 200 gegen 14 600 in der Schweiz ... So gingen auch Unternehmungen der chemischen Industrie nach Deutschland, Frankreich, Norwegen; denselben Weg haben auch die jüngeren Industriezweige beschritten. Seither hat die Schweiz ihre ökonomische Stellung weiter ausgebaut.

Lothar Buchers Wort, die Wahrheit sei nirgends so versteckt wie in England, gilt nicht für England allein.

Von den alten volkstümlichen Einrichtungen bleibt nach der Eroberung Englands durch die Normannen im Jahre 1066 nur wenig bestehen. Die Einheitstendenzen des radikalen absolutistischen Zentralismus der Sieger lassen das Fortbestehen ihm widersprechender »Freiheiten« nicht zu. So wird beispielsweise die alte Volksmiliz, die vordem neben dem Ritterheer bestand, 1181 in ein reines Werkzeug des Staates umgewandelt. Andererseits konnte aber der von den Normannen errichtete Feudalstaat deshalb vielfach an das Vorgefundene anknüpfen, weil bereits vor der Eroberung der Insel die Feudalisierung des Landes eingesetzt hatte und die feudale Klassenordnung der einheimischen Bevölkerung nicht völlig fremd war.

Das Mißtrauen der Normannen gegen die besiegte Einwohnerschaft war grenzenlos. Von diesem Mißtrauen und von Siegerstolz erfüllt, brachten sie nicht nur die Feudalordnung zur Vollendung, sondern sie übertrumpften noch den kontinentalen Feudalismus durch die Errichtung einer staatlichen Unterdrückungsmaschinerie, wie sie bis dahin Europa unbekannt geblieben war. Alle öffentlichen Beziehungen wurden auf eine einheitliche Norm feudaler Rechtsverhältnisse und unter die Aufsicht des Staates gebracht, soweit dies mit den damaligen Mitteln der Organisation überhaupt durchgeführt werden konnte. Zum Zwecke der besseren Zusammenfassung und Übersicht wurde in mehrjähriger Arbeit das Domesdaybook angelegt. In ihm wurden die gesamten Verleihungen von Grund und Boden an Vasallen, unter denen sich auch solche angelsächsische Große befanden, die sich freiwillig den Normannen angeschlossen hatten, registriert. Der Adel blieb grundsätzlich steuerfrei wie vor der normannischen Herrschaft. Ganz ähnlich wie etwa in Frankreich hatte er allerdings als freiwillig geltende Hilfsgelder (auxilia) für Ehren- und Notfälle zu leisten, so vor allem zur Auslösung des gefangenen Königs, bei Ritterschlag von dessen Sohn oder zur Verheiratung der Tochter. An diese Angaben waren die Anerkennung der prinzipiellen Steuerfreiheit des Adels, sowie die Bedingung der Einmaligkeit und Unveränderlichkeit geknüpft.

In Frankreich figurierte in dieser Epoche der Lehensstaatlichkeit der König nur als der Erste unter Gleichen. Daher behielten die Territorialfürsten sowie die anderen Großen eine sehr große Unabhängigkeit und Macht dem König gegenüber. Der normannische Zentralismus konnte sich gegen den Unabhängigkeitswillen des Adels durchsetzen, und zwar um Jahrhunderte früher als auf dem Kontinent. Wie überhaupt in dieser Epoche des Feudalismus das Verhältnis zwischen dem König und dem Adel in der entsprechenden Gerichtsordnung ihren Ausdruck fand, so wurde in England die überragende Stellung des Königs im allmählichen, aber frühzeitigen Sinken der Bedeutung der Patrimonialgerichtsbarkeit gegenüber den königlichen Gerichtshöfen sichtbar. Diese verbreiteten sich kontrollierend über das ganze Land und verliehen dem königlichen Willen den nötigen Nachdruck. Da aber das adlige Vorrecht, nur von seinesgleichen gerichtet zu werden, unangetastet blieb und der Adel während des nur allmählich sich vollziehenden Prozesses der Zurückdrängung der Patrimonialgerichtsbarkeit die Erfahrung machen konnte, daß sich durch die neue Rechtsübung praktisch an seiner Herrschaft über die Hintersassen nicht das geringste änderte, nahm er die Einmischung der staatlichen Gerichte ohne Widerstand hin. Gerade wegen dieser Stabilität in den feudalen Klassenverhältnissen auf dem Lande wurde die seit der Magna Charta von 1215 vollzogene Rückrevidierung der Zustände auf das Normalverhältnis feudaler Anarchie möglich, ohne daß soziale Erschütterungen hervorgerufen worden wären und ohne daß der Adel es für nötig hielt, die Wiedereinführung der vollen patrimonialen Gerichtshoheit zu fordern. Der englische Adel hat erkannt, daß er hinsichtlich seines feudalen Ausbeutungsrechts vom Staate nichts zu befürchten hat, wenn nur die Autonomie der Gemeinden gewahrt bleibt. Bedroht war aber diese Autonomie nicht eigentlich durch die staatliche Gerichtsbarkeit, sondern durch die ungeordneten Übergriffe der vogtmäßig regierenden Beamten des normannischen Absolutismus, durch die Vicecomes. Mit der Einschränkung ihrer Macht durch den Sieg des Adels über den König und mit ihrer Ersetzung durch die lokal gebundenen Friedensrichter wird die »Selbstverwaltung« zur wichtigsten Stütze der feudalen Herrschaft, hinter der der Wert der Patrimonialgerichtsbarkeit völlig zurücktritt. Anders verhält es sich in Frankreich, wo sich der Adel durch die fortschreitende Stärkung des staatlichen Zentralismus bedroht fühlt und deshalb, so etwa zu Anfang des 14. Jahrhunderts mehrfach, sich das Recht der Patrimonialität durch Privilegienbriefe von den Königen bestätigen läßt. Einerseits fehlt dem französischen Adel die Erfahrung, daß selbst ein starkes Königtum in dieser Zeit noch feudal genug bleibt, um seine ökonomische Stellung nicht zu erschüttern, und andererseits fehlt ihm die Gelegenheit, den eventuellen Verzicht auf die Patrimonialität durch Herstellung einer von außen unbeeinflußten Verwaltungsfreiheit der Gemeinden wettzumachen.

Für den englischen Adel ergibt sich diese Gelegenheit, als er wegen des Versuches, ihn willkürlich zu besteuern, mit dem König in einen offenen Konflikt gerät. Um zu verstehen, wie es überhaupt so weit kommen konnte, muß man wissen, daß inzwischen die Steuerfreiheit des englischen Adels gefallen war. Der normannische Absolutismus, stark genug, um den Adel nicht zu fürchten, hatte es gewagt, einen besonderen und günstigen Umstand geschickt auszunützen und ihm die Verpflichtung zur Zahlung regelmäßiger Steuern aufzuerlegen. Der Adel seinerseits nahm allerdings diese neuen Pflichten ohne Widerstand auf sich, denn er tauschte andere, ihm genehme Rechte dagegen ein. Vorerst sprach man nicht von Steuern, sondern nur von Entschädigung. Sie wurde zuerst 1159 unter der Regierung Heinrichs II. (1154–1189) bezahlt; für die weitläufigen Kriegszüge nach dem Kontinent erwiesen Lehensmilizien sich weder als billig, noch als brauchbar wegen der zu kurzen Dienstzeit, weshalb Heinrich die Ablöse der persönlichen Lehensdienste mit Geld zugestand. Die insulare Abgeschlossenheit und Sicherheit war mit ein Grund dafür, daß der Adel sich gerne vom Kriegsdienst distanzierte. Aus der mit Schildgeld (scutagium) bezeichneten Entschädigung, die man dem König für dessen Verzicht auf die Kriegsdienstleistung zahlte, entwickelte sich dann eine regelmäßige Zwangssteuer (Rogers). Sie wurde vom Adel widerspruchlos getragen, solange keine willkürlichen Erhöhungen stattfanden. Als aber unter dem habgierigen und grausamen König Johann (1199 bis 1216) zur Methode der selbstherrlichen Steuervermehrung gegriffen wird, setzt sich der Adel kräftig zur Wehr. Ranke verweist darauf, daß im zweiten, abgeschwächten Entwurf der Magna Charta unter Heinrich III. (der erste datierte aus dem Jahre 1215 unter Johann) nicht mehr vom adligen Bewilligungsrecht des Schildgeldes die Rede ist. Es wird automatisch weiter erhoben. Mitteis stellt fest, daß unter Johann nur noch ein Zehntel der englischen Ritterschaft ins Feld zog. 1297 weigert sich der Adel, auf Aufforderung Eduards I. (1272–1307) nach Flandern zu ziehen, wie schon hundert Jahre vorher unter Richard I. (1198) bei dessen Zug nach der Normandie. Jedoch nicht nur die Erhöhung der Steuer ist dem Adel ein Dorn im Auge, sondern seit langem schon die Herschaftsmethode des Absolutismus überhaupt, der sich in den Grafschaften der bei allen Klassen gleicherweise verhaßten Vicecomes bedient zur Errichtung eines allgewaltigen »Polizeistaates« (Gneist). Die Vicecomes sind es, die mit diktatorischer Strenge ihr Amt ausüben; wenn sie auch direkt der königlichen Kontrolle unterstehen und nach Weisungen handeln, so eröffnet sich ihnen doch ein weiter Raum für ihre Willkür, indem sie sich der wichtigsten Quelle aller Gewalt, der Gesetzgebung bemächtigen. Auch das Bürgertum wird von diesem Regiment unmittelbar betroffen. Was zum Beispiel auf dem Kontinent als lokale Zunft- und Gewerbeordnung aufschien, wird in England Objekt der Landesgesetzgebung und der vicecomesschen Eingriffe. Der Adel merkt bald, daß, auf längere Sicht gesehen, neben der Patrimonialgewalt die lokale Autonomie in den Grafschaften schwinden werde und die Gefahr der beamtenmäßigen Bevormundung und Regelung der sozialen Beziehungen auf dem Lande drohe. Konnte der Adel auf die Patrimonialgerichtsbarkeit leichten Herzens verzichten, weil die königlichen Gerichte die sozialen Verhältnisse kaum berührten, so wollte er einer weiteren Ausbreitung der absoluten Beamtenherrschaft nicht tatenlos zusehen, denn es mußten durch die Vernichtung der Reste der ländlichen Autonomie die unmittelbarsten Interessen des Feudalismus selbst angetastet werden.

In dieser Furcht begegnen sich Adel und Bürgertum, das um seine städtische Autonomie bangt. Was das bedeutet, erkennen wir am besten, wenn wir uns daran erinnern, wie es ungefähr um die gleiche Zeit in Frankreich ausgesehen hat. In dem Zeitraum zwischen den Regierungen Ludwigs VI. und Philipps des Kühnen (1108-1285) beginnt auch das französische Königtum sich über die Feudalfürsten zu erheben. Die Stärkung der königlichen Gewalt vollzieht sich aber hier mit Unterstützung der jungen Städte, die sich gegen den von ihnen gefürchteten Adel um so lieber dem König zur Verfügung stellen, als sie dafür Freiheiten und Privilegien in reichem Maße zugestanden bekommen. Daß aber auch in Frankreich die Gefahr einer geschlossenen antiköniglichen Front von Adel und Bürgertum drohte, beweist die Bewegung des »Mouvement des Alliés« in den letzten Regierungsjahren Philipps des Schönen und unter seinem Nachfolger Ludwig x. (1314–1316). Sie zerbrach sehr bald an inneren Gegensätzen. In England waren die Verhältnisse gerade umgekehrt. Da der aus dem Siege der Normannen entstandene und daher frühzeitig fertige Absolutismus sich in seinem Kraftgefühl gleichmäßig über alle Klassen erhob, das heißt einerseits als feudaler Absolutismus zwar nicht die ökonomischen Feudalinteressen des Adels schädigte, aber doch für diesen in Besteuerung und Freizügigkeit eine Last bedeutete, andererseits des Bündnisses mit dem Bürgertum nicht bedurfte und es daher hinsichtlich Steuer und Freiheit gleichfalls hemmungslos belastete, verscherzte er es sich gleichmäßig mit allen Klassen. Es konnte unter diesen Umständen nicht lange dauern, und die im Grunde einander feindlichen Klassen des Bürgertums und des Adels mußten sich, sei es auch jedesmal für nur kurze Zeit, zum gemeinsamen Bündnis gegen die absolute Herrschaft zusammenfinden.

Das Ergebnis ist die berühmte Magna Charta von 1215, jenes Dokument, das die Historiker als das große Symbol der englischen »Volksfreiheit« zu feiern pflegen.

In Wirklichkeit ist aber die Magna Charta - und wie konnte es unter den damaligen Klassenverhältnissen anders sein! - ein durch und durch feudales Dokument. Zuerst geht aus ihm deutlich der Verrat des Adels an seinen Bundesgenossen hervor. Das Bürgertum, genauer »die Kaufleute« (Hatschek), gewinnt nichts als die Zusicherung der alten städtischen Rechte, die ohnehin nicht erheblich waren. Hingegen setzt die Krone hinsichtlich des Punktes, um dessentwillen der Aufstand hauptsächlich ausgebrochen war, das heißt hinsichtlich der finanziellen Belastung das Recht durch, von den Städten, so auch von London, die willkürlich auferlegten Zwangsabgaben weiterhin erheben zu dürfen. Nur für den Adel und die adligen Vasallen wird dieses Recht in Punkt 14 der Magna Charta aufgehoben. Auch hinter der vom Adel konsequent vertretenen Forderung nach Abstellung von Mißbräuchen verbirgt sich das rein adelige Interesse an der Zurückweisung der zentralisierten Willkürherrschaft zugunsten der feudal-anarchischen Selbstherrlichkeit. In dem Zugeständnis an die Vasallen, daß sie betreffs ihrer Freiheit und der Besteuerung von ihren Herren ebenso behandelt werden sollen wie die Großen vom König, erkennt man deutlich, wohinaus die Magna Charta will: Sie will die »Freiheiten« des Adels in Herrschaft und Steuer sicherstellen. Im gleichen Sinne gehalten ist die Ergänzung zu diesem Punkte, die sich mit der rechtlichen Stellung der Feudalherren beschäftigt. Sie geht dahin, daß die Angehörigen der Adelsklassen nur von Standesgenossen und nur nach dem Rechte der Lehenskurie, das heißt nach dem von den Feudalen selbst gesetzten Rechte, abgeurteilt werden dürfen. Obgleich auch der freie Bürger indirekt durch die Einschränkung der Befugnisse des Absolutismus gewinnt, so ist es doch insgesamt gewiß nicht mehr als das, was auch ohne Revolution der Bürger Frankreichs an Schutz und Zusicherungen seitens des Königtums gewonnen hat. Darüber können auch die großen Worte der Magna Charta nicht hinwegtäuschen. So vor allem nicht darüber, daß sich in der Lage der großen Masse der Landbevölkerung, die der »Freiheiten« am meisten bedurft hätte, nichts geändert hat. Der eigentliche Grund, weshalb der Adel wenigstens dem Schein nach auch der Bauernschaft Recht zuteil werden ließ und Zusicherungen verlangte, daß dem Bauern sein Minimum gewährleistet werde, lag nicht zuletzt in der vorausschauenden Abwehr künftiger Besteuerung jener Klasse, von deren Schweiß der Adel selbst lebte. Wir kennen Ähnliches auch aus anderen Ländern. So erwähnt Ricarda Huch hinsichtlich Deutschlands: »Nur um Anforderungen des Kaisers abwehren zu können, gedachten die Fürsten und Herren wohl des armen Mannes, wie der Bauer genannt wurde, der ohnehin unter Lasten fast zusammenbreche und nicht noch mehr beladen werden könne«. Die eingestreute Bestimmung der Magna Charta über die Beachtung des Existenzminimums der Leibeigenen ist nichts als eine hochtrabende Phrase, da die Dehnbarkeit dieses Begriffes den Feudalherren zu nichts verpflichtete. Gegenseitige Garantien der Wahrung des bisher geltenden, und das kann wiederum nur heißen, der traditionellen feudalen Ausbeutung angepaßten Landesrechts, runden das Bild der Magna Charta ab.

So erweist sich die vielfach als erstes freiheitliches Denkmal gefeierte Magna Charta keineswegs etwa als ein Schritt zur Einschränkung oder gar Überwindung des Feudalismus, sondern gerade im Gegenteil als ein Werkzeug der Sicherung der feudalen »Freiheiten« der adeligen Klasse. Aber bald stellen sich selbst für den Hauptgewinner, für den Adel, die durch die Magna Charta erreichten Zugeständnisse als unbefriedigend heraus. Trotz der Magna Charta bleibt das Königtum mit absoluter Gewalt ausgestattet, denn wie vorher wird auch zukünftig alle aktive Regierung durch den königlichen Beamten geführt. Es gibt noch keine ständische Körperschaft zur Kontrolle der Ausübung der königlichen Rechte. Selbst der Rat der Gleichen (Judicium parium), jene Körperschaft, die dem König beigeordnet ist, ist nur eine von diesem ernannte und ihn in bloß formlosen Besprechungen beratende Kommission. Die Grafschaften werden noch immer von den Vicecomes verwaltet. Ihr Funktionsbereich ist wie früher sehr ausgedehnt. Sie bleiben königliche Statthalter für Gerichts-, Polizei-, Kriegs- und Finanzwesen. Da sie die Finanzerhebung in Generalpacht übernehmen, unterstehen sie direkt dem königlichen Direktorium für Finanzen, dem Exchequer, von dem sie auch kontrolliert werden. »In strenger Unterordnung nach oben, erscheint der Vicecome als gefürchteter Landvogt nach unten«, sagte Gneist.

Gegen diesen Absolutismus schreitet der durch das Versagen der Magna Charta gewitzigte Adel nochmals zum Aufstand und findet wiederum einen Verbündeten in dem ebenfalls enttäuschten Bürgertum. Das Ziel ist diesmal die Ergänzung der Magna Charta durch Schaffung einer die Nation repräsentierenden Körperschaft zum Zwecke der direkten oder indirekten Mitwirkung an der Gesetzgebung, der Mitberatung der Steuern und der Überreichung von Beschwerden. In der großen Gestalt des Simon von Montfort findet die neue Bewegung ihren energischen und umsichtigen Führer. Ungeachtet seiner Vermählung mit der Schwester Heinrichs III. (1260-1271) organisiert er den Widerstand der Barone, besiegt Heinrich im Jahre 1264 in der Schlacht bei Lewes und bemächtigt sich der Herrschaft über das Land. Ein Jahr später führt er seine Lieblingsidee durch, ein Parlament zu errichten, indem er zum ersten Male neben den Baronen auch Vertreter der Grafschaften und der Städte zu einer gemeinsamen Versammlung zusammenberuft. Schon damals sind die Bezeichnungen Oberhaus und Unterhaus gefallen. Aber dieses Parlament bleibt nicht lange bestehen, denn kurz darauf kommt es zu einer neuen Schlacht mit dem Sohne Heinrichs, Eduard, der siegt und seinem Vater wieder auf den Thron verhilft. Simon fällt im Kampfe.

Jedenfalls sehen wir aus der bisherigen Schilderung, daß die »freiheitliche« Geschichte Englands mit nicht weniger als drei Revolutionen beginnt. Konnte bisher noch wegen des Gegensatzes Nation-Absolutismus der Schein entstehen, als ob das Bündnis zwischen Adel und Bürgertum aus der reinsten Klassenharmonie erflossen sei, so hörte seither, da der Absolutismus vieles von seiner Macht an die Nation abgegeben hat, selbst die Möglichkeit eines solchen Scheines auf; jeder weitere Fortschritt wird in Zukunft gegen die Interessen und den Widerstand des Adels erzwungen, mit der einzigen Ausnahme der »Revolution« von 1688, an der nur – bezeichnenderweise – Adel und Großbürgertum teilnehmen und die keinesfalls den Charakter einer sozialen Auseinandersetzung trägt. Aber selbst in der geschilderten Zeit ist der Fortschritt wegen der überragenden Bedeutung des Adels in den Kämpfen gegen den Absolutismus eher formell als sozial, denn nicht die geringste Garantie dafür ist vorhanden, daß der Adel die neuen staatlichen Einrichtungen nicht seinen feudalen Zwecken unterordnet. Tatsächlich ist das Parlament, das als Frucht des Sieges über den Absolutismus entsteht, bald zu einem rein feudalen Institut geworden. Bevor wir auf diese Behauptung näher eingehen, müssen wir noch die Entstehung dieses Parlaments selbst schildern.

In Erkenntnis der Notwendigkeit, das erkämpfte Zustimmungsrecht zur Besteuerung in die Praxis umzusetzen, nimmt Eduard die ständischen Reformen in Angriff. Zwar sind sie noch vorsichtig auf der Berücksichtigung des Übergewichts des Adels aufgebaut. Aber immerhin findet eine Ausweitung nach zwei Richtungen statt: Erstens wird neben den bereits bestehenden engeren Staatsrat des Königs ein sich ebenfalls aus Baronen und Prälaten zusammensetzender Reichsrat gesetzt; zweitens wird, gleichsam als Ergänzung, eine »gewählte« Vertretung der Städte und der Landgemeinden zugelassen mit dem ausdrücklichen Zweck, die Steuern zu beraten. Die Gesetzgebung wird diesem Unterhaus entzogen. Sie fällt an den aus dem Zusammenschluß von Staats- und Reichsrat hervorgehenden Großen Rat, der es auch versteht, die wichtigsten richterlichen Funktionen an sich zu ziehen.

Man kann sagen, daß damit England erst auf die Höhe von Frankreich gekommen ist, aber, entgegen aller anglophilen Schönfärberei, keineswegs darüber hinaus. Wer allerdings in den Rechtsformen das Wesen der Gestaltung der Geschichte sucht, der wird leicht geneigt sein, den Schluß der Überlegenheit der englischen über die französischen Verhältnisse zu ziehen. Aber die faktische Gleichartigkeit in der Stellung der Stände in Frankreich und England steht außer Zweifel. Eher kann sogar noch behauptet werden, daß die bereits frühzeitig eingerichteten französischen Obergerichte, die »Parlamente« hießen, zusammen mit den Etats Généraux einen stärkeren Einfluß auf die Regierung ausübten und vor allem ein kräftigeres Gegengewicht gegen die Übermacht der feudalen Klassen darstellten als das Parlament in England. Vielleicht war dieser Umstand der wirkliche Grund dafür, daß Parlament und Etats Généraux sich in Frankreich auch eines geringeren Ansehens bei Adel und Königtum erfreuten. Schon die Beschränkung der Tätigkeit des englischen Unterhauses auf die Beratung der Steuern beweist seine auffallende Ähnlichkeit mit den Etats Généraux. Wie bei diesen fehlt auch beim Unterhaus das Recht, Minister zu ernennen und Gesetze zu beraten. Gerade deshalb, weil das Unterhaus keinen Einfluß auf die Gesetzgebung hatte, spielte auch in England, wiederum in auffallender Ähnlichkeit mit Frankreich, der Kampf um die Registierung eine große Rolle. Noch unter Eduard III. (1327-1377) kam es häufig vor, daß der König Zusagen, die er dem Parlament bereits gemacht hatte, unterschlug, indem er sie einfach nicht in das Verzeichnis der Gesetze, die sogenannte Statutenrolle, aufnahm. Die öfters vertretene Meinung, daß das englische Parlament bereits seit 1322 aktiv an der Gesetzgebung teilnahm, ist wiederum eine der üblichen und aus dem mythologischen Bedürfnis der anglophilen Historiker erfließenden Übertreibungen. In Wahrheit war der Einfluß des Parlaments auf die Gesetzgebung äußerst gering und Hatschek warnt vor einer Überschätzung mit folgenden Worten: Der Fortschritt »liegt nicht etwa in der Anordnung des Parlaments von 1322, daß Gegenstände, welche den König und das Reich betreffen, vom König nur mit Zustimmung der Lords und Commons des Parlaments verhandelt, abgemacht und ‚etabliert' werden sollen. Denn damit erlangten die Commons nur eine passive Assistenz am Zustandekommen der Gesetze, die wir uns aber beileibe nicht als Teilnahme an der Festsetzung des Gesetzes*inhaltes* zu denken haben.« Der Fortschritt lag vielmehr nur darin, daß das Parlament die neuen Gesetze in einer eigenen Parlamentsrolle zu registieren begann, ein Vorgang, der bekanntlich auch in Frankreich nicht fehlte. Erst seit Heinrich VI. (1422-1461) hatte das Parlament wirklichen Einfluß auf die Gesetzgebung gewonnen. Aber England hatte davon keinen besonderen Gewinn, selbst nicht im Vergleich zu Frankreich, wo um diese Zeit die Ständeversammlungen nur relativ selten zu Wort kamen. Denn das englische Parlament war inzwischen zu einem durch und durch feudal beherrschten Institut geworden. Besonders seitdem Richard II. im Jahre 1397 durch direkte Weisungen an die Sheriffs die Wahl des Parlaments nach seinem Bedürfnis leiten ließ, bürgerte sich diese

Methode ein. Auch Heinrich IV. (1399–1413), der die Rechte des Unterhauses erweiterte (wenngleich nicht immer ernst nahm), sorgte für eine »Lenkung« der Wahlen.

Entscheidend bleibt jedoch für das Verstehen des wahren Wesens des englischen Parlaments, besonders der vortudorschen Zeit, die Tatsache, daß die Vertreter des dritten Standes nicht wie in Frankreich wirklich für sich allein beraten, sondern daß von Anfang an im Unterhaus auch eine durch und durch feudale Klasse vertreten ist, nämlich die Ritterschaft, die sich, allerdings völlig zu Unrecht, als die Vertretung der Bauernschaft ausgibt. Die Vertreter des Bürgertums vermischen sich mit jenen des Rittertums, womit tatsächlich der Entartung des Unterhauses zu einem rein feudalen Werkzeug Tür und Tor geöffnet ist. Die praktische Funktionsweise des Parlaments bestätigt diese Ansicht zur Genüge. Was die Historiker als einen Beweis für eine traditionelle Klassenharmonie in der englischen Gesellschaft auszugeben pflegen, ist gerade ein Beweis für die noch langwährende Machtlosigkeit des Bürgertums und die noch alles beherrschende Macht des Adels, die erst durch das Aufkommen des fortschrittlichen Absolutismus der Tudors gebrochen wird. Die größere Regelmäßigkeit in der Berufung des englischen Parlaments, der die größte Unregelmäßigkeit in der Berufung der Etats Généraux gegenübersteht, ist nur ein Beweis für die größere Ungefährlichkeit des ersteren.

Die wahre Bedeutung der Einschränkung des Absolutismus durch die Errichtung des Parlaments liegt allein darin, daß – unter der Bedingung der umgekehrt wie in Frankreich sich vollziehenden Entwicklung vom normannischen Polizeistaat zum gelockerteren Ständestaat – der Anstoß zu einer weiteren Dezentralisation der Verwaltung gegeben ist. Allmählich treten in der Lokalverwaltung an die Stelle der Vicecomes, die nur noch untergeordnete Funktionen behalten, die ortsansässigen Friedensrichter.

Seit 1360 ernennt der König auf Widerruf. Das Friedensrichteramt aber ist nicht das, wofür es gerne ausgegeben wurde und noch immer ausgegeben wird, jedenfalls durchaus nicht eine über den Klasseninteressen stehende, sondern, ganz im Gegenteil, eine bestimmten Interessen dienende Einrichtung. Fällt doch schon auf, daß es der herrschenden Feudalklasse niemals in den Sinn kam, den Friedensrichter beseitigen oder seine Macht auch nur einschränken zu wollen. Tatsächlich ergibt sich bei kritischer Prüfung, daß die Ersetzung des absolutistischen Beamten durch den Friedensrichter ein Austausch war, der sich in Wahrheit nur zugunsten des Adels vollzog.

Denn die Bauernschaft blieb jetzt ebenso unterdrückt wie früher, hatte der Adel doch nun keinen kontrollierenden Faktor mehr zu fürchten. Der Friedensrichter ist geradezu das ausgezeichnete Organ des adeligen Klasseninteresses gewesen, und zwar nicht nur im 14. und 15. Jahrhundert, sondern bis tief in das 18. Jahrhundert hinein. Bemerkenswerterweise bildet außer der großen Revolution nur noch die Zeit der Tudors, deren Regierung noch der Epoche des *fortschrittlichen* Absolutismus angehört, eine Zeit, in der die Herrschaft des Feudalismus eingeschränkt ist und daher die Friedensrichter streng kontrolliert werden. Bezeichnend für die wahre Wesenheit des Friedensrichtertums ist vor allem die Tatsache, daß die Vorschrift, der Friedensrichter dürfe nur ein Grundbesitzer sein, ein durch Jahrhunderte unverändert fortdauerndes, ehernes Gesetz der englischen Sozialgeschichte darstellt.

Solange das Königtum Englands rein feudal blieb, und das war bis zur Machtergreifung durch die Tudors uneingeschränkt der Fall, konnte auch die Disziplinargewalt, die der König und sein Rat über die Friedensrichter hatten, kaum mehr bedeuten als die Kontrolle einer feudalen Klasseninstitution über eine andere.

Weder die staatlichen Verwaltungsgesetze noch das Common Law konnten ihn ernstlich daran hindern, die ihm gestellten Aufgaben als solche der feudalen Gesellschaft aufzufassen und ganz im Sinne der grundsätzlichen Unantastbarkeit der feudalen Ordnung zu lösen.

Die ständige Berufung auf das Common Law sollte verhindern, daß die königliche Einmischung, die sich neuerdings auf dem Wege des Rechts in größerem Ausmaße geltend machte, bestimmte Grenzen überschritt. Das Common Law stellte mit seiner Unbestimmtheit und seinem tiefeingewurzelten Traditionalismus nicht nur ein wirksames Gegengewicht gegen das Römische Recht mit seinem dem Absolutismus entgegenkommenden Charakter dar, sondern es verhinderte auch das Übergreifen der seit langem wirksamen Tendenzen zur Vereinheitlichung des Rechts auf die privatrechtlichen Verhältnisse, die die ländlichen Beziehungen regelten. Das Common Law war also im Grunde nichts anderes als traditionelles, feudalanarchischen Tendenzen dienendes Feudalrecht. Daß sich auch die Bauern auf das Common Law berufen konnten, besagt nur, daß wie in jeder rechtlichen Regelung so auch hier Rechte und Pflichten gegeneinander abgegrenzt und damit der feudalen Willkür gewisse Schranken gesetzt sind. Ein besonderer Vorzug ist in dieser Hinsicht vor dem kontinentalen Recht nicht ersichtlich. Hier wie dort ging es um die der feudalen Klassenordnung angepaßte Festlegung der Rechte und Pflichten der Vertragspartner, das heißt der Ausbeuter und der Ausgebeuteten, und irgendeine konkrete Beziehung zum Prinzip der Gerechtigkeit kann im Common Law ebensowenig entdeckt werden wie im kontinentalen Feudalrecht. Über seine Auslegung entschieden letzten Endes das Kräfteverhältnis und andere objektive Umstände.

Von einem zuinnerst freiheitlichen Charakter, den manche Historiker dem Common Law andichten, kann also nicht die Rede sein. Hätte das Common Law diesen Charakter gehabt, d. h. hätte es den Interessen der Feudalherren offensichtlich widersprochen, dann wäre es in kürzester Zeit überwunden und durch ein anderes Rechtssystem ersetzt worden. Die Täuschung, der die Historiker unterliegen, ist aber nicht von ungefähr, sondern beruht darauf, daß das Common Law wegen seiner feudalanarchischen Wesenheit eine wichtige Stütze im Kampf gegen die zentralisierenden Tendenzen des Absolutismus bildete. Jedoch hat diese Art der »freiheitlichen« Wirkungsweise des Common Law, die auch nur deshalb erfolgreich sein konnte, weil die gegebenen Machtverhältnisse dem Absolutismus von vornherein die geringere Chance boten, nichts mit der Umgestaltung der sozialen Verhältnisse in der Gesellschaft zu tun. Weder hat das Common Law die faktische Alleinherrschaft des Adels einzuschränken noch irgendwelchen sonstigen Wandel in den sozialen Beziehungen des Landes zu schaffen vermocht. Seiner eigentlichen Natur nach war es feudales Landrecht. »Aus den vielen erhaltenen Protokollen wissen wir nicht nur, daß der letzte Farthing jeder Zahlungsverpflichtung und die letzte Minute jeder Dienstleistung, auf die der Gutsherr Anspruch hatte, durch Gewohnheitsrecht bis ins Kleinste geregelt war.« So schreibt der anglophile Verehrer des Common Law E. C. W. Straford: Hierzu finden wir jedoch auch weitere Feststellungen: Wenn W. Stratford in der Teilnahme der Bauern am Gericht einen Beweis für vorzüglichere Zustände in England zu finden glaubt, so genügt es, demgegenüber H. Pirenne zu zitieren, der ähnliches auch für den Kontinent feststellt: »Jede Grundherrschaft besaß ein oder mehrere Gerichte, zusammengesetzt aus Bauern und präsidiert vom Meier oder villicus, der nach einem eigenen Gewohnheitsrecht befand, das heißt nach traditionellen Rechtssätzen, welche sich die Bevölkerung im Einverständnis mit dem Herrn von Zeit zu Zeit aus seinen Weistümern wieder in Erinnerung rief.« Man darf diesem gewissenhaften Forscher glauben.

Aufschlußreich für den feudalen Charakter des Common

Law ist der Umstand, daß selbst so hochfeudale Regierungsinstitutionen wie das Magnum Consilium und der Privy Council als Bestandteile des Common Law angesehen wurden. Gewiß konnte sich auch der Bauer auf das Common Law berufen, aber doch nur soweit, als ihm dies seine gerade durch das Common Law genau umrissene gesellschaftliche Stellung überhaupt gestattete.

Allerdings wirkte, wie überall sonst auch, in der Rechtsvorstellung der verschiedenen Klassen noch ein anderes als das positiv-rechtliche, nämlich ein naturrechtliches Prinzip mit. Während auf dem Kontinent die Naturrechtsvorstellung neben dem positiven feudalen Recht unvermittelt einherlief, vermischte sie sich infolge des hohen Ansehens, das sich das Common Law im Kampfe gegen den Absolutismus bei allen Klassen im Laufe der Zeit erworben hatte, mit diesem in eigenartiger und sehr unbestimmter Weise. Aber schließlich verstand jeder dieses nunmehr angeblich aus dem Naturrecht erfließende Common Law, wie es ihm gerade paßte. Für die oberen Klassen verdichtete es sich zu der Vorstellung der »natürlichen Billigkeit«, wonach alles das als nichtig angesehen wurde, was dem naturrechtlich zurechtgedeuteten Common Law widersprach, so besonders die unbequemen Erlasse und Gesetze des Königs, des Parlaments oder anderer Instanzen. Einen festen Maßstab für die »natürliche Billigkeit« gab es nicht. Letzten Endes entschied bei Streitigkeiten die im Common Law verankerte Tradition, das als rechtens gelten zu lassen, was keinen willkürlichen Akt des Staates gegen das »Volk« darstellte, oder gegen das, was nach einem Ausdruck Twysdens, des großen Systematikers des Common Law, »vom Volke gemacht ist«. Aber als »Volk« galt selbstverständlich jene Macht, bei der es lag, dem Königtum Widerstand zu leisten, das heißt der Adel und das Großbürgertum.

Auch für die anderen Klassen hatte das Common Law allmählich die Bedeutung eines Rechtssystems, das sich vom Naturrecht ableitet, erhalten. Im Bewußtsein der Unterdrückten, besonders der Bauern, vermischte sich geltendes traditionelles Gemeinrecht mit naturrechtlichen Vorstellungen zu einem unbestimmten Gebilde, das jeder Auslegung zugänglich war und vor allem in Zeiten revolutionärer Uuzufriedenheit seine naturrechtliche Seite hervorkehrte. Fragt man, wo das Common Law diese Kraft zur naturrechtlichen Idealisierung hergenommen haben mag, so ist auch dies, wie so vieles andere im englischen Geistesleben, mit der Erinnerung an die normannische Eroberung zu erklären. Durch die immer tiefer dringende Gewohnheit, alles Unliebsame, Ungerechtfertigte und Willkürliche als direkten

Ausfluß oder als Fortentwicklung der normannischen Maßnahmen auszugeben, verklärte sich das reine und ursprüngliche Recht, das man als das Recht der in natürlicher Vollkommenheit lebenden Vorfahren ansah, und in das man nach Belieben die eigenen Vorstellungen hineinprojizierte, in einer Weise, daß schließlich nur das als echtes Common Law galt, was sich naturrechtlich rechtfertigen ließ.

Die allgemeine Beliebtheit des Common Law erklärt sich aber auch aus seiner Bedeutung für den Kampf, vornehmlich der herrschenden Klassen, gegen den Absolutismus. Wie das Common Law den Rechtsgrund abgab, alle Übergriffe des Königtums als rechtswidrig nachzuweisen, so zog jeder Versuch seiner Zurückdrängung oder Vernachlässigung letzten Endes immer eine Schwächung der feudal-anarchischen Selbständigkeit und »Freiheit« des Adels, aber auch der Städte, und eine Stärkung der absoluten Gewalt nach sich. Deshalb wachten die Oberklassen über das Common Law mit scharfem Auge und bekämpften das Römische Recht, das weitaus leichter dem absoluten Staate dienstbar gemacht werden konnte. So wurde, wie manche Historiker sagen, das »Unglück« in der Gestalt des Römischen Rechts von England abgewendet. Aber die Geschichte läßt sich von keinen bloß juristischen Kämpfen von der ihr vorgeschriebenen Linie ablenken. Wie die Zurückdrängung des Römischen Rechts tatsächlich den sozialen und politischen Machtverhältnissen zu verdanken war und nicht umgekehrt, so hat die Rettung der Priorität des Common Law weder irgend etwas an den sozialen Verhältnissen wesentlich zu ändern vermocht, solange der Adel das Land beherrschte, noch den Einbruch des Absolutismus verhindert, als die englische Gesellschaft seit dem Ende des 15. Jahrhunderts seiner bedurfte, um einen Schritt vorwärts von der mittelalterlichen zur bürgerlichen Sozialordnung machen zu können. In diesen wesentlichsten und wichtigsten Momenten unterscheidet sich die englische Geschichte kaum von der kontinentalen, trotz des Weiterbestehens des Common Laws und der Rettung Englands vor dem »Unglück« des »absolutistischen« Römischen Rechts.

Nur in der Beziehung zwischen Staat und Nation, also zwischen dem Staat und den herrschenden Klassen, wäre in der vortudorschen Zeit das Römische Recht zwar nicht selbst »zum Unglück«, aber zum ideologischen Ausdruck des »Unglücks« geworden. Ob auch so sicher in der Beziehung zwischen der ländlichen wie städtischen Aristokratie und der übrigen Bewohnerschaft, ist erst eine Frage. Das Common Law hat sich eben wegen seines konservativen Charakters oftmals sogar als ein Hindernis des Fortschritts erwiesen. Es spricht jedenfalls nicht für eine besondere, ihm angeblich ideell innewohnende Vorzüglichkeit, wenn man erfährt, daß die tudorsche, also der Epoche des *fortschrittlichen* Absolutismus angehörende Sternkammer im Dienste der Abstellung zahlreicher Übelstände nicht das Common Law, sondern das Römische Recht in Anwendung bringen mußte.

Die Tudors hätten natürlich ebensogut beim Common Law verbleiben und es durch entsprechende Auslegung seines Rechtssinnes den neuen Notwendigkeiten anpassen können, wie das immer wieder geschehen war. Das Römische Recht erwies sich aber als bequemer.

Wie in der Spät-, so diente das Common Law auch in der Frühzeit der neueren Geschichte Englands hauptsächlich den Mächtigen. Allein schon von der rechtlichen Seite her ist gerade die Gebundenheit des Friedensrichters an das Common Law ein Mittel der Anpassung seiner Tätigkeit an die gegebenen Klassenverhältnisse. Die hohe Unabhängigkeit der Friedensrichter wirkte sich, je mehr diese das Common Law zum Richtmaß nahmen, um so sicherer nach dieser Richtung aus. Denn die Unabhängigkeit galt zwar dem Staate, aber nicht der Großgrundbesitzerklasse gegenüber. Deshalb war es ein Segen, als der fortschrittliche Absolutismus der Tudors die Friedensrichter wieder unter strenge Kontrolle setzte. »Die Schwächen in der Verwaltung der Friedensrichter traten also niemals so wenig hervor wie gerade damals«, das heißt unter den Tudors. Aber nicht nur der Friedensrichter, sondern auch das Parlament bildete ein Werkzeug der herrschenden Klasse. Das war nicht zuletzt auch dem Friedensrichtertum und der Selbstverwaltung zu verdanken. »Das Mittel nun, das der hohe Adel benützte, um die Herrschaft im Staate oligarchisch zu führen, war einerseits der Staatsrat, dessen Leitung in seinen Händen lag, dann aber die inzwischen unter dem ständischen Regime herabgekommene Selbstverwaltung, die ermöglichte, die Zusammensetzung des Unterhauses dauernd zu beeinflussen«, schreibt Hatschek.

Wir wollen uns aber nicht mit dem bloßen Hinweis auf die heftigen Bauernrevolutionen begnügen, in denen es sogar vorkam, daß die Bauern in ihrer grenzenlosen Naivität den König gegen ihre adeligen »Vertrauensleute« um Hilfe anriefen. Die Geschichte liefert uns noch einen anderen Beweis für die Unrichtigkeit der anglophilen Deutung. Er besteht »durch alle Jahrhunderte hindurch« in Mißbräuchen, Beeinflussungen, Betrügereien und Drohungen, mit denen der Adel, und dies nicht selten mit Unterstützung, immer aber ohne Widerstand der Friedensrichter, die Ergebnisse der »Wahlen« zum Parlament sich günstig gestaltete. Die Sorgfalt, mit der dies geschah, läßt nicht auf Vertrauen schließen, sondern auf Furcht, dem Volke gutgesinnte Abgeordnete könnten dessen Lage zu verbessern suchen. Wie der Adel dafür sorgt, daß im Parlament keine adelsfeindliche Opposition entsteht, so sorgt diesem Bedürfnis entgegenkommend die Gesetzgebung dafür, daß der Kreis der Wählbaren in Stadt und Land im Interesse der Reaktion beschränkt wird. Die Beschränkung der ländlichen Abgeordneten auf Angehörige der Gentry bedeutet einen Ausschluß der gesamten Bauernschaft und eine Durchdringung des Unterhauses mit zahlreichen feudalen Elementen; die völlige Beherrschung des Parlaments durch den Adel ist das Ergebnis. Selbst als später die städtischen Vertreter des Unterhauses die Mehrheit bilden, verändert sich am Charakter des Unterhauses nicht viel. Denn ungefähr seit dem Ausgang des 14. Jahrhunderts verlieren die Städte ihre innere Freiheit und geraten unter die Herrschaft von patrizischen Oligarchien, deren Mitglieder, meistens Grundbesitzer, sich in Denkweise und Lebensart vielfach zum Adel hingezogen fühlen. Und selbst dann noch werden die städtischen Abgeordneten sorgfältig ausgewählt.

Aber selbst für die relativ kurze Zeit, da die Stadtregierungen noch nicht oligarchisch waren, muß von einem feudalisierten Unterhaus gesprochen werden. Ziehen wir, um dies besser zu verstehen, wieder einen Vergleich mit Frankreich.

So wenig uns auch über die Zustände in den englischen Städten im 14. Jahrhundert überliefert ist, so steht doch fest, daß in England ähnlich wie in Frankreich die Städte eine freiheitliche Epoche erleben, die ungefähr bis zum Ende dieses Jahrhunderts andauert. In Frankreich erwacht die Stadt seit dem 12. Jahrhundert zu politischer Bedeutung. Sie erkämpft sich wichtige Privilegien und weist eine freie Verfassung auf. Symptomatisch ist das Recht, sich sogar gegen den Landesherrn zu erheben, falls er seine Verpflichtungen nicht einhält. Der Einfluß der Handwerksbünde, der Communes, auf die städtischen Angelegenheiten ist noch groß. Der Privilegienbrief und die Kommunalcharte – Gewährung uneingeschränkter Selbstverwaltung und der Bestellung eigener Gemeindefunktionäre – werden im 14. Jahrhundert noch überall, meist anläßlich der Thronbesteigung bestätigt. Obwohl sich ungefähr seit der Mitte des 14. Jahrhunderts die Fälle der Einmischung des Königs in die städtischen Angelegenheiten mehren und in steigendem Maße die städtische Gerichtsbarkeit der königlichen untergeordnet wird, und obwohl die Macht des Königs schon so groß ist, daß er es öfters wagen darf, »strafweise« die städtischen Charten einzuziehen, so bleibt doch dies alles von noch verhältnismäßig geringer Bedeutung. Meist erhält die von der Einziehung betroffene Stadt die Charte bald wieder zurück. Auch sonst kann man nicht behaupten, daß das Königtum sich feindlich den Städten gegenüber verhalten hätte. Zahlreiche Neuverleihungen von Privilegien, die im 14. Jahrhundert stattfanden, beweisen ein gutes Einvernehmen zwischen Stadt und König und im wesentlichen die Fortdauer der Städtefreiheit. Im Grunde ging es bei ihrer Beschränkung nur um bestimmte königliche Rechte. Die wichtigen Rechte der Selbstbesteuerung und der Ausübung der niederen Gerichtsbarkeit bleiben lange Zeit völlig unangetastet. Bedeutsam ist, daß in der Zeit des städtischen Aufstiegs das Volk aktiven Anteil an der Gestaltung des öffentlichen Lebens nimmt. Dementsprechend sind in dieser demokratischen Epoche die Ständeversammlungen weder Werkzeuge des Königs noch vom Adel einseitig beherrscht, sondern Schauplatz oft heftiger Kritik, die die städtischen Delegierten in der Form der Beschwerde und Bitte üben. Die Erfolge der energischen und hartnäckigen Benützung des Beschwerderechts sind keineswegs gering. Besonders während des Hundertjährigen Krieges spielt das Bürgertum in den Generalständen, die für die Steuerbewilligung eine große Bedeutung haben, eine wichtige Rolle. 1355 bis 1358 und 1413 hat es sogar vermocht, die Leitung des Staates an sich zu reißen (Thierry). Selbst als infolge des seit dem 15. Jahrhundert einsetzenden Prozesses der Entdemokratisierung – die Stadt eine rein patrizisch-oligarchische Regierungsform erhält, tritt das Bürgertum auf den Ständeversammlungen in voller Selbständigkeit auf, ohne in irgendeine direkte Abhängigkeit von einer anderen Klasse geraten zu sein.

Anders in England. Zwar haben auch die englischen Städte eine demokratische Epoche. Selbständige polizeiliche Aufsicht, eigene Gerichtsbarkeit für die niederen Rechtsfälle und eigene Verwaltungsbehörden sind ihnen bekannt. Diese demokratische Epoche dauert - das Günstigere angenommen - bis zur Regierung Heinrichs VI. (1422-1461). Schon vorher aber haben die Oligarchien begonnen, sich der städtischen Verwaltung zu bemächtigen. Das Königtum hilft teilweise bei diesem Umwandlungsprozeß mit durch Erteilung sogenannter Incorporations-Charters. Durch sie wird die Stadtregierung einem kleinen oligarchischen Ausschuß anvertraut, der noch dazu das Recht erhält, sich nach Belieben und ohne Befragung der Bürgerschaft auf dem Wege der Kooption zu ergänzen. Damit wächst die Macht der Oligarchien so sehr, daß sie sich schließlich das Recht der Verfassungsänderung anmaßen, zu dem deutlichen Zweck, die Bevölkerung von jeglicher Einflußnahme auf die öffentlichen Angelegenheiten fernzuhalten. Bis dahin aber, von der Parlamentsentstehung an gerechnet länger als ein Jahrhundert, erfreut sich die Stadt großer Freiheit und einer für die damalige Zeit als demokratisch anzusprechenden inneren Ordnung. Während jedoch dieser Umstand in Frankreich dazu führt, daß das Bürgertum auf den Ständeversammlungen in voller Unabhängigkeit seine Interessen vertritt, wird bemerkenswerterweise das englische Parlament niemals ernsthaft zu einer Tribüne der bürgerlichen Kritik oder staatlichen Opposition. Der Grund dafür ist wohl, daß der inneren städtischen Freiheit keine Wahlfreiheit zum Parlament entspricht, und daß im Unterhaus der Ritterschaft ein entscheidendes Gewicht zufällt. Im vielgepriesenen Lande der Freiheit und der Selbstverwaltung war diese nicht nur in allen Punkten, die das Interesse des Adels betrafen, dem Vertrauensmann des Großgrundbesitzes, dem Friedensrichter, ausgeliefert, sondern mit Hilfe einer geschickten Wahlmechanik wurde auch das Parlament zu einem rein feudalen Werkzeug gestaltet. Die Friedensrichter, die für die Stadt nicht aus der Stadt selbst, sondern aus der Grafschaft bestellt wurden, beaufsichtigten die Wahlen und sorgten dafür, daß die obenerwähnte Weisung, es mögen nur hochgestellte Personen gewählt werden, ganz im Sinne des feudalen Interesses ausgelegt werde. Die Zusammensetzung des Unterhauses fiel dementsprechend aus.

Und diese Macht verstanden vor allem die Ritter zu benützen, wie zwei Beispiele zeigen sollen. Bereits 1349, als infolge des schwarzen Todes das Angebot an Arbeitskräften gesunken war, setzte das Parlament im Interesse der Großgrundbesitzer in einem eigenen »Arbeiterstatut« die Löhne fest und bedrohte jeden, der es wagen würde, höhere Löhne zu fordern, sogar mit der Todesstrafe. Es war nicht das Verdienst des Parlaments, daß die Löhne trotzdem stiegen. Im gleichen Sinne betätigte sich das Parlament nach dem Bauernaufstand von 1381. Es erklärte das vom König gegebene Versprechen der Freilassung der Leibeigenen als erzwungen, womit die Hörigkeit wiederhergestellt wurde, wenngleich dem Bedürfnis der Feudalherren entsprechend von nun ab die persönliche Unfreiheit mit der Möglichkeit der Umwandlung der Arbeitsleistung in Geldzins verbunden werden konnte. Nebenbei sei bemerkt, daß es dieser dem Herrn durchaus genehmen Zinspächter-Praxis zu verdanken ist, wenn danach auch die Hörigkeit allmählich zu verschwinden begann, und nicht irgendwelchen »freiheitlichen«, sei es aus dem Common Law oder aus der Selbstverwaltung erfließenden

 Wirkungen – übrigens wie auf dem Kontinent.

Selbst für die Zeit der Vormachtstellung der Oligarchien in den Städten Frankreichs und unter der Voraussetzung betrachtet, daß die Vertreter des dritten Standes in den Etats Généraux kaum mehr als bloße Ausschüsse der bürgerlichen Oberklasse bildeten, muß zugegeben werden, daß die französischen Ständeversammlungen weitgehender die Nation vertraten als das englische Parlament, in welchem der Feudalismus über eine doppelte Interessenvertretung verfügte. Einerseits erhält der Adel eine eigene Vertretung im Oberhause, aber andererseits berät und beschließt im auffallenden Unterschied zu den Etats Généraux der dritte Stand nicht für sich allein, sondern vermischt sich im Unterhaus mit der Gentry.

Seit Richard II. (1377–1389), insbesondere durch das Auftreten der großen Gefolgschaften der Feudalherren (livrier), war die Grafschaftsversammlung für Wahlzwecke eine freie Beute der mächtigen Großgrundbesitzer, die es verstanden, die nur ihnen angenehmen Abgeordneten durch die Wahl zu bringen. Überdies wurde das Ergebnis der Wahl durch »Schätzung« bestimmt, und man kann sich denken, wie »geschätzt« wurde.

Wie wenig das Parlament in seiner reichsständischen Zeit dem Bürgertum bedeutete, beweist die rasche und freudige Zuwendung der bürgerlichen Klassen zum Absolutismus der Tudors, trotz seiner Unterdrückung des Parlaments. Mit dem Kampfrufe Heinrichs IV., aus dem Hause Yorks, jenes Königs, der bereits die fortschrittlich-absolutistische Epoche einleitet, »schont das Volk und tötet die Herrn«, beginnt tatsächlich für Englands Bürgertum eine hoffnungsvollere Zeit. Aber mit der Brechung der Macht »der Herrn« mußte Hand in Hand die Brechung der Macht ihres Organs, des feudalen Parlaments, gehen. Es ist nicht übertrieben, in der Entmachtung des alten Parlaments geradezu eine der verdienstvollsten historischen Taten der Tudors zu erkennen.

Wir wollen uns nun der nachtudorschen Epoche zuwenden und der Frage, wie in dieser Zeit sich Selbstverwaltung, »ortsansässiges« Friedensrichtertum und Parlamentarismus, diese heilige Dreieinigkeit der anglophilen Geschichtsschreibung, bewährt haben.

Unter den Tudors spielte das Parlament nur eine Nebenrolle, aber es besteht kein Zweifel, daß das Unterhaus ein bürgerliches und von allen übertriebenen feudalreaktionären Einflüssen befreites Institut gewesen ist. Seine bürgerliche Zusammensetzung bewirkt, daß es, als die Epoche der Wiederherstellung des feudalen Königtums anbricht, das heißt seit der Thronbesteigung durch die Stuarts zu Beginn des 17. Jahrhunderts, zum oppositionellen Faktor wird. Schon zu Ende der Herrschaft Elisabeths zeigt das Parlament deutlich oppositionelle Regungen. Heftig bricht die bürgerlich-parlamentarische Opposition unter Karl I. (1625–1649) hervor, was zur Folge hat, daß Karl elf Jahre lang ohne Parlament zu regieren versucht. Die Antwort ist die Revolution von 1642 bis 1660.

Der Hergang ist kurz folgender. Die von Heinrich VIII. erfundene und von Elisabeth ausgebildete Praxis, mit Hilfe der königlichen Verordnungen (royal warrents) zu regieren, wobei dem Parlament die Rolle einer Zustimmungsmaschine zugedacht ist, wird unter Karl fortgeführt, nur daß diesmal nicht ein fortschrittliches Renaissancekönigtum, sondern ein durch und durch reaktionäres Feudalkönigtum sich ihrer bedient. Zum ersten scharfen Zusammenstoß zwischen König und Parlament kommt es wegen der Erhebung einer ohne parlamentarische Bewilligung ausgeschriebenen Steuer, des sogenannten Schiffsgeldes, durch das die Städte gezwungen werden sollen, Schiffe mit bewaffneter Mannschaft auszurüsten. Der vom Parlament mit Unterstützung von außen geführte Kampf endet mit einem Erfolg. Dem König wird die berühmte Petition of right (1628) aufgezwungen, in welcher er sich verpflichtet, künftig Zwangsanleihen, willkürliche Verhaftungen, Einquartierungen und Verhängung von Freiheitsstrafen ohne rechtmäßiges Urteil zu unterlassen. Ein Jahr darauf, 1629, bricht er sein Versprechen, indem er erneut zum Mittel widerrechtlicher Besteuerung greift. Die Berufung des »langen Parlaments« im Jahre 1640 kündigt den Beginn der Revolution an.

Die der großen Revolution folgende Restauration stellt das Oberhaus wieder her, läßt die aus ihm 1642 ausgeschlossenen Bischöfe wieder zu, organisiert die Miliz, das alte Werkzeug der Herrschenden, von neuem und gibt die Pfründen dem anglikanischen Klerus zurück. In Erinnerung an die herrliche Zeit der feudalen Selbstverwaltung wird auch den Friedensrichtern, deren Selbständigkeit die Tudors aufgehoben und die Revolution eingeschränkt hatten, die alte »Freiheit« wiedergegeben.

Während das ländliche Selfgovernment nach der Revolution als Domäne des Adels unangetastet bleibt, zeichnet sich, da wegen des gesteigerten Selbstbewußtseins des Bürgertums der Absolutismus die Städte fürchtet, die Munizipalpolitik Karls II. und Jacobs II. durch brutale Eingriffe in die städtischen Rechte aus. Der unmittelbare Zweck ist die Einsetzung von städtischen Behörden, die sich gegen den König willfährig zeigen. Formell bleibt zwar auch das städtische Selfgovernment weiterbestehen, denn man vermeidet es vorsichtig, ortsfremde Beamte der königlichen Zentralgewalt über die Stadt zu setzen und ihre Einwohner zu reizen. Der verschleierte Absolutismus begnügt sich damit, den Städten ihre Privilegienbriefe aufzukündigen und an ihrer Stelle Verfassungen zu diktieren, die es erlauben, mit Hilfe der vom König ernannten Wahlmänner neue, engere, vom Willen der Bürgerschaft völlig unabhängige Regierungskörper zu bilden. Diese »select bodies« waren schon in früheren Jahrhunderten ein beliebtes Mittel, um den königlichen Einfluß auf die Stadt ohne Beseitigung der Selbstverwaltung zu vergrößern. Jetzt wird diese Einrichtung zu einem umfassenden System ausgebaut. Während in Frankreich die Korrumpierung der städtischen Verwaltung ein Werk der königlichen Beamten ist, erreicht der englische Absolutismus das gleiche auf dem Wege der willkürlichen Verengerung und Beeinflussung der Zusammensetzung der Oligarchien. Auch die schwächliche Revolution von 1688 ändert an diesem Zustand nichts. Während einerseits entsprechend der größeren wirtschaftlichen Vitalität, die den bürgerlichen Klassen Englands eigen ist, die ökonomische Bewegungsfreiheit des Bürgertums relativ uneingeschränkt bleibt und diese latente bürgerliche Kraft ausreicht, um eine kräftige Stütze der von Adel und Patriziat getragenen und gegen das Überwuchern des Absolutismus gerichteten Opposition zu bilden, ist andererseits dieses Bürgertum nicht stark genug, um die wiederum auch mit dem Königtum gegen die Nation verbündeten Adels- und patrizischen Klassen aus ihrer diktatorischen Machtstellung zu verdrängen. So ergibt sich – ähnlich wie in Frankreich, wo, wenn auch nicht in gleichem Maße, so doch sichtbar, ebenfalls ein Aufblühen der Städte trotz Bedrückung und Absolutismus einsetzt – für das England des 18. Jahrhunderts ein eigenartiger Doppelzustand. Einerseits sinken die merkantilistischen Beschränkungen auf ein Minimum, werden unter Walpole weitgehende Lockerungen eingeführt, genießt der Handel mit den Kolonien alle erdenklichen Erleichterungen, um endlich unter dem jüngeren Pitt die volle Freiheit zu erhalten, und macht sich bereits um die Mitte des 18. Jahrhunderts ein gewaltiges Aufblühen der Städte bemerkbar, so vor allem Manchesters und Liverpools. Wie nach innen die merkantilistischen Fesseln gesprengt werden, so wird nach außen mit unwiderstehlicher Kraft jede Schwierigkeit überwunden, die ein anderer Staat dem englischen Handel in den Weg legt. So lernt man es z. B. bald, sich gegen die Grenzabsperrungen des umfangreichen Schmuggels zu bedienen; der Handel mit den spanischen Kolonien führt deshalb zum Kriege mit Spanien. Andererseits aber bleibt das Bürgertum noch politisch entmachtet, wird die Selbstverwaltung zu einer Farce, das Parlament zu einem reaktionären Herrschaftsmittel und die ökonomische Kraft des Landes zu einer ergiebigen, die große Masse des Volkes gleichzeitig in tiefer Armut haltenden Bereicherungsquelle für Adel und Patriziat.

Damit ist für die Zeit nach 1688 und das ganze 18. Jahrhundert die Erkenntnis gewonnen, daß wie in der Frühzeit Englands auch in seiner Spätzeit nicht die Rede von irgendwelchen »freiheitlichen« Zuständen sein kann.

Man kann sich gut vorstellen, wie es bei den Wahlen zum Parlament in den Städten zugegangen sein muß, wenn man erfährt, daß es den Oligarchien überlassen blieb, sie durchzuführen. Das regierende städtische Patriziat war teils korrumpiertes Werkzeug des meist außerhalb der Stadt wohnenden Adels, teils darauf bedacht, durch Korruption im großen und völlige Willkür in der Festsetzung der Zahl und Auswahl der »Fremden«, darunter verstand man die als Wähler zugelassenen Bürger, direkt dem eigenen selbstsüchtigen Interesse zu dienen. Die Zusammensetzung des Parlaments fiel dementsprechend aus. Man begreift, daß es seinerseits streng darauf bedacht war, die reaktionäre »Harmonie« nicht durch Unberufene stören zu lassen, zu welchem Zweck eigene Wahlgesetze geschaffen wurden. Aber das verläßlichste Mittel der reaktionären Herrschaft war die Belassung des Wahlrechts zahlreicher längst verfallener Ortschaften und Wohnflecken, der sogenannten rotten boroughs, während große Städte entweder ein geringes oder gar kein Delegationsrecht besaßen.

Die rotten boroughs sind fast so alt wie das »freiheitliche« England selbst. Unter Cromwell werden sie zwar abgeschafft, aber unter Karl II. wieder ins Leben gerufen. Bis gegen das Ende des 18. Jahrhunderts bleibt das Recht der rotten boroughs bestehen, so viele Abgeordnete ins Parlament zu entsenden, wie ganze Ortschaften und sogar große Städte; und kein Parlament findet sich, um diesem Schwindel ein Ende zu bereiten. Dieses Delegationsrechtes von Dörfchen, Bauerngehöften, Besitzern von Ruinen und Sauställen bemächtigt sich nun der Adel, indem er das Stimmrecht kauft, sofern ihm nicht zeitweilig die ihm verbündete »Opposition«, nämlich die patrizische Finanzbourgeoisie mit ihrer überlegenen Zahlkraft zuvorkommt. Dazu kommt die Ausdehnung der adeligen Einflußsphäre infolge des Umstandes, daß nur die großen Städte eigene Friedensrichter bestellen, die übrigen dagegen dem grafschaftlichen Friedensrichteramt untergeordnet sind. Einen Beweis dafür, wie sehr die kleineren Oligarchien vom Adel abhängig sind, finden wir in der verbreiteten Gewohnheit, angesehene Adlige aus der Umgebung der Stadt als Schutzherren (high stewards) anzuerkennen. Durch diese Einrichtung kommen sie in die Lage, sich in die inneren Angelegenheiten der Städte einzumischen.

Das mit den erwähnten Mitteln des Schwindels, der Korruption und der Täuschung gewählte Parlament beeilt sich seinerseits, einer eventuellen Wahl eines radikaleren Abgeordneten den Riegel vorzuschieben. Bereits im Jahre 1696, also nicht einmal ein Jahrzehnt nach der glorreichen Revolution, wurde der Zensus für die Wählbarkeit zum Unterhaus bei Abgeordneten der Grafschaft auf eine jährliche Rente von 600 £ und die der Städte von 300 £ aus Grundeigentum (!) erhöht. Auch die Verlängerung der Sessionsdauer auf drei und sieben Jahre, die später folgte, hatte den Zweck, vor Überraschungen zu schützen. Formell bringt das Parlament nur Gesetzesentwürfe zur Diskussion, die von den Gemeinden ausgehen. Das sieht sehr demokratisch aus. Da aber die Gemeinden von den Werkzeugen des Adels, den Friedensrichtern, und von den reaktionären oligarchischen Ausschüssen beherrscht werden, kommen faktisch nur Anträge an das Parlament, die im Interesse der Herrschenden liegen. So hat die berühmte Praxis der »private bill legislation«, das heißt der Erhebung der Anträge einzelner Gemeinden zu Gesetzen, nicht nur das gesamte furchtbare Bauernlegen des 18. Jahrhunderts auf dem Gewissen, sondern auch die Bestätigung der fortschrittsfeindlichen Gesetze aus der stuartischen Restaurationszeit gegen die Nonkonformisten. Damit wird bezweckt, die gesetzliche Diffamierung jenes fortschrittlichen und regsamen Teiles des Bürgertums, das nonkonformistisch gesinnt ist, zu einer dauernden Einrichtung zu machen. Ebenso wird unter Georg II. (1727-1760) durch Gesetzesbeschluß nochmals eingeschärft, daß Friedensrichter nur Großgrundbesitzer sein dürfen, und der Nachweis einer Jahresrente von mindestens 100 £ als unerläßlich erklärt. Die devote Haltung des Parlaments gegenüber den Wünschen der adeligen Reaktion geht auch hervor aus dem Beisatz, daß Söhne und Erben von Lords keinen Zensus nachzuweisen brauchen.

Ein Ableger des direkten Kontrollrechts durch das Parlament war das Beschwerderecht an die obersten Gerichte, das jedermann zustand. Aber es ist bemerkenswert, daß, wie das Parlament im Vertrauen auf die jahrhundertelange und immer zuverlässige Klassenvertretung des Friedensrichtertums längst auf die Kontrolle verzichtet hatte, auch das Beschwerderecht an die Reichsgerichte nur äußerst selten in Anspruch genommen wurde.

Der Verzicht auf das Beschwerderecht mutet um so merkwürdiger an, als feststeht, daß es allen Grund zu einem Gebrauch gegeben hat, denn die unausweichliche Folge des »patriarchalischen« und unkontrollierten Regiments der Friedensrichter über die ländliche Masse ist eine »Klassenjustiz und Klassenvertretung gewesen, die überall dort hervortrat, wo materielle Interessen der in den Friedensrichtern herrschenden Klasse in Frage kamen. Am schärfsten zeigte sich dies in der strengen, ja grausamen Handhabung der Eigentumsgesetze, des Jagdrechts und in der Jurisdiktion gegen Wildfrevel und Wilddiebstahl. Daraus geht nicht nur hervor, mit wie wenig Recht manche Historiker von der »freiheitlichen«, weil auf Selbstverwaltung beruhenden Verfassung Englands reden, sondern auch klar genug, aus welchem Grunde das Landvolk auf die Anrufung der Obergerichte verzichten mußte: Die diktatorische Ausübung der mit gewaltigen Machtbefugnissen ausgestatteten friedensrichterlichen Gewalt wirkte einschüchternd auf die nach jeder Richtung hin abhängigen arbeitenden Klassen und erweckte die sehr begründete Furcht vor nachfolgenden Schikanen im Falle des Versuchs, den gesetzlichen Beschwerdeweg zu beschreiten.

So werden in zunehmendem Maße auch die Orders zum mächtigsten Werkzeug der neufeudalen Klassenordnung, denn sie beziehen sich auf fast das gesamte öffentliche und private Leben der ländlichen Gesellschaft. Unter anderem betreffen sie die Ordnungs-, Sitten-, Gesundheits-, Armen-, Wasser-, Wege-, Feld-, Forst-, Fischerei-, Gewerbe-, Bau- und Brandangelegenheiten, aber auch so wichtige Dinge wie das Bettel- und Landstreicherwesen, die Arbeitsverhältnisse, die Regelung der Löhne, die Gesinde-, Lehrlings- und Tagelohnverhältnisse. Noch im 19. Jahrhundert ist die harte Hand der Friedensrichter zu spüren. In seiner zweiten Parlamentsrede über die Korngesetze erzählt Cobden folgendes: »In Potterne, einem großen Kirchspiel südwestlich Devizes, wohnen zwei Rittergutsbesitzer, die Friedensrichter, beträchtliche Grundherrn und treue Anhänger der Korngesetze sind, sowie andere Herrn von Rang und Reichtum. Dort werden im Rahmen eines Planes zur Unterbringung von Landarbeitern, den armen Teufeln, die zum Durchschnitt von 7 s die Woche – welchen Lohnsatz Cobden vorher als völlig unzulänglich nachgewiesen hat – keine Arbeit finden können und deren es vor kurzem etwa 40 gab, folgende Löhne angeboten: 2 s 6 d wöchentlich für erwachsene und unverheiratete Männer, 4 s für Verheiratete, 5 s für solche mit zwei oder drei Kindern und 6 s für Väter großer Familien. Zu diesen Sätzen ... kann jedermann in und außer dem Kirchspiel, glaube

ich, über die Dienste eines der Unglücklichen verfügen.«
Die Teilnahme der hohen Finanzbourgeoisie, die mehr den städtischen Sektor beherrscht, an der politischen Macht, während dem Adel die ländlichen Distrikte überlassen sind, ändert nichts an der Richtigkeit der Behauptung, daß wir es im England des 18. Jahrhunderts mit einer Klassengesellschaft neufeudaler Prägung zu tun haben. Denn diese Bourgeoisie steht nur in scheinbarer Opposition zum Adel. In Wirklichkeit ist sie entsprechend ihrer Neigung zum Landerwerb und damit zur Teilnahme an der Ausbeutung der Landbevölkerung, ihrer Sucht nach Aneignung der adeligen Lebensweise und ihrer gleichfalls irrationalistischen Verwendung des Profits ängstlich darum besorgt, daß an den bisherigen gesellschaftlichen Zuständen nichts geändert werde. Völlig ideen- und prinzipienlos, wie die Whigs dieser sozialen Funktion gemäß nun einmal sind, treten sie bezeichnenderweise, durch den Konkurrenzneid gegen Frankreich angestachelt, für den Schutzzoll ein, während die Tories, die mit dem Feudalismus Frankreichs unverblümt liebäugeln und den französischen Adel wegen seiner Stellung bei Hofe beneiden, den Freihandel vertreten. Gibt es einen besseren Beweis für die Einhelligkeit der Interessen zwischen den beiden herrschenden reaktionären Parteien als diese Verkehrtheit? Von der grundsätzlichen, individualistischen und freiheitlichen Einstellung, die die späteren bürgerlichen Ideologen bewog, den Freihandel als die Form der Verwirklichung der allgemeinen gesellschaftlichen Freiheit und Harmonie anzusehen, findet sich bei den Whigs keine Spur.

Allerdings steht fest: Gewiß stellen die Whigs, objektiv besehen, das mehr vorwärtsweisende Element dar. Ihre Handelsinteressen treiben sie in die Kolonien, auf die Meere; sie schrecken vor keinem Kriege zurück, wenn es darum geht, Absatzgebiete zu erobern und wirtschaftliche Vorteile zu erzwingen. Die Tories sind im allgemeinen ängstlicher auf ungestörte Fortdauer der bisherigen Verhältnisse bedacht, an den großen Weltverhältnissen weniger interessiert und daher auch meist für den Frieden. Objektiv besehen, stellen die Whigs eine durch ihre händlerische Tätigkeit die alten Zustände zersetzende Kraft dar, aber man muß hinzufügen: Sie sind es eigentlich gegen ihren Willen, denn sie profitieren von diesen Verhältnissen ebenso, wie sie von den internationalen Händeln profitieren. Man muß nur einen Blick auf die parlamentarisch ausgetragenen Streitfragen werfen, um dies zu verstehen. Die Interessen des Volkes stehen vollkommen im Hintergrund. Die Debatten über Krieg und Frieden enthalten nichts Prinzipielles, sondern sind rein an den unmittelbaren Interessen orientiert.

Ist doch der führende Ausschuß dieser Bourgeoisie gleichfalls eine Adelsfaktion, nur daß hier ein etwas jüngerer Adel das Wort führt und ein etwas weniger traditionalistischer und modernerer Adelsbegriff vorherrscht: Adlig sein heißt für den durch Geschäft und Reichtum zum Adelstitel gelangten Whig einfach: tüchtig, reich und angesehen sein. Im allgemeinen laufen die Interessen der Tories und jene der Whigs, ohne sich zu stören, nebeneinander her, denn die einen wurzeln auf dem Lande, die anderen in der Stadt. Grundrente und kapitalistischer Profit kreuzen sich nur insofern, als zahlreiche Angehörige der Oberklasse gleichzeitig sowohl Grundbesitzer als auch Beteiligte an kapitalistischen Unternehmungen sind. Als die Whigs in geschickter Ausnützung der Wahlfleckenkäuflichkeit sich ein halbes Jahrhundert seit dem Regierungsantritt des Hauses Hannover (1714) an der Macht halten, ändert sich trotzdem an den innern Verhältnissen Englands soviel wie nichts.

Selbst das schwindelhafte Wahlfleckensystem bleibt das ganze Jahrhundert hindurch unangetastet. Als sich das Parlament unter dem Drucke der neuerwachten radikalen Kritik reichlich spät, und zwar erst 1782 und 1786, entschließt, Gesetze gegen den Wahlfleckenschwindel anzunehmen, fruchten diese gar nichts, weil es, wie Gneist feststellt, den Parteien damit nicht ernst ist. Man sucht überhaupt, sagt Gneist, vergeblich nach Verfassungsidealen der Parteien. »Auf dem Banner der Whigs stehen: siebenjährige Parlamente, französischer Krieg, alte Handelspolitik, no popery (d. h. keine Gleichberechtigung des antibürgerlichen Katholizismus). Auf dem Banner der Tories: dreijährige Parlamente, Opposition gegen den französischen Krieg, gegen Schutzzoll und Handelsbeschränkungen, Verbindung mit der katholischen Fraktion in England, mit der Nationalpartei in Irland.» Daneben spielt die Jagd nach Exportprämien, die Einheimsung von Titeln, Ämtern und königlichen Gunstbezeugungen eine wichtige Rolle in der parlamentarischen Betätigung der Whigs. Im allgemeinen sind sie zufrieden und glauben, in einem besseren Staatswesen zu leben als die Franzosen. Und wenn sie auch von ihrem rein egoistischen Standpunkt aus nicht ganz unrecht haben, so täuschen sie sich über das Wesen ihrer Gesellschaft ebenso wie jene Reisende, die nach Frankreich die Idee der Vorbildlichkeit der englischen Verfassung mitbringen. Es bedurfte aber erst des Neuerwachens eines kräftigen Radikalismus, damit sich etwas ändert. Bis dahin herrscht »tote Stille«, sagt Marcks.

Man geht nicht fehl, wenn man die Regierungsform Englands

im 18. Jahrhundert einen parlamentarischen Absolutismus nennt, wobei die Betonung auf die Bezeichnung Absolutismus zu legen ist; denn er unterscheidet sich vom französischen Absolutismus sachlich, d. h. seinem sozialen Gehalt und seiner historischen Funktionsweise nach, nur in der Form. Die Tatsache der Ausschaltung und Unterdrückung der Nation zugunsten zweier um den Einfluß ringender und im Grunde gleich reaktionärer Cliquen berechtigt sogar, von einem englischen ancien régime zu sprechen. Zur Stützung dieser Auffassung wollen wir einige Zahlen und einen Vergleich mit Frankreich heranziehen.

Im Jahre 1739 waren von den 537 Mitgliedern des Unterhauses nur ein Drittel, darunter die Abgeordneten Londons, aus »freien« Wahlen hervorgegangen, wobei der Begriff »frei«, wie wir bereits zeigten, als sehr relativ verstanden werden muß. 270 Abgeordnete wurden von der Regierung, das heißt von den offiziellen Machthabern bestellt. Der Rest blieb bevorrechteten Personen vorbehalten. Daß der Ausgang der »freien« Wahlen überdies noch von Bestechung und Korruption abhing, wurde ebenfalls bereits erwähnt. Um 1760 zum Beispiel kostete ein Parlamentssitz ungefähr 500 £. Noch 1789 zeigte das Parlament folgende Zusammensetzung: Nicht weniger als 406 Lords und Junker, zu denen eigentlich noch die 50 Offiziere zu zählen sind, die übrigen waren 25 Londoner Kaufleute, 6 Kaufleute aus den Landstädten, 35 Vertreter der Ostindischen Kompagnie und 36 Juristen, von denen aber die meisten aus den aristokratischen Juristengilden hervorgegangen waren.

Wie in Frankreich findet man die Vertreter der bürgerlichen Opposition außerhalb der Regierung. Vom Parlament ausgeschlossen, verteidigen sie ihre fortschrittlichen Doktrinen meist naturrechtlicher Prägung in Schriften, in denen der Verrat des Parlaments an den angeblich im Common Law verankerten Volksrechten gegeißelt wird. Männer wie Priestley, Price, Jebb, Cartwright und andere unterziehen sich dieser nicht ungefährlichen Aufgabe. Als der radikale Journalist Wilkes ins Parlament gewählt wurde, schließt ihn dieses einfach aus. Mit dem Anwachsen des Radikalismus seit den 70er Jahren entsteht die Methode, durch parlamentarisches Hin- und Herreden Hoffnungen auf Erfüllung des Wunsches nach Reformen, besonders nach Wahlreform, zu erwecken. Mit dem Ausbruch der Französischen Revolution wird selbst diese Maske fallen gelassen und die angebliche Gefahr des Umsturzes zum Anlaß genommen, um jede Reform abzulehnen. Der junge Pitt, der vorher klug genug war, die Verrottung des politischen Lebens zuzugeben, gibt jetzt seine schwächlichen Verbesserungspläne auf und schwenkt offen zur Reaktion über – zusammen mit dem ehemaligen Liberalen Burke und dem immerhin noch eine gewisse Reserve zeigenden Fox.

Was ergibt ein Vergleich Frankreichs mit England? Da ist zuerst zu sagen, daß auch in Frankreich sich die Oberklassen, und zwar der Adel und die zum Teil geadelte, grundbesitzende, politisch von den höchsten Gerichten, den »Parlamenten«, geführte Finanzbourgeoisie den Einfluß auf die Gesellschaft streitig machen. Das französische ancien régime ist keineswegs, wenn man es in seinen gesamten inneren Verhältnissen betrachtet, jenes bewegungslose feudal-monarchische Phänomen, als das es in der Vorstellung vieler Gebildeter weiterlebt. Das einzige, was auffällig den französischen vom englischen Neufeudalismus des 18. Jahrhunderts unterscheidet, ist seine maskenlose Erscheinungsweise: Frankreich hat nicht jene antiabsolutistische Vergangenheit, durch die England in die Lage kommt, den gleichen – wegen der stärkeren Entwicklung des englischen Bürgertums nur in der Nuance unterschiedenen – sozial-reaktionären Gehalt seiner neufeudalen Epoche mit dem heuchlerischen Schleier einer konstitutionellen und »freiheitlichen« Verfassungsform zu verdecken.

Betrachten wir zuerst die Städte. Zweifellos ist die Lage der französischen Städte im 18. Jahrhundert schlecht und ihre Freiheit sehr eingeengt. Bereits unter Ludwig XIV. wird ihnen durch Ordonnanzen aus den Jahren 1692 und 1712 das Recht genommen, ihre Magistrate selbst zu wählen. Die dadurch frei gewordenen Ämter werden vom Staat an die Meistbietenden verkauft und können auf Lebenszeit erworben werden. In der Folge macht sich der Staat ein Geschäft daraus, den Städten für schweres Geld das alte Gemeindewahlrecht wiederzugeben, um einige Zeit darauf es neuerlich zu entziehen und mit dem Verkauf der Ämter von vorne zu beginnen. Dabei haben diese Ämter nur untergeordnete Bedeutung, denn die Gemeindeverwaltung wird auf das schärfste von den königlichen Beamten, den Baillis, Sénéschaux, Prévots und Intendanten, ebenso wie die städtischen Finanzen kontrolliert. So muß zum Beispiel in Fragen der Besteuerung, der auszuführenden Bauten und aller anderen Ausgaben jeweils die Genehmigung der königlichen Beamten eingeholt werden. Die alten, wenngleich oligarchisierten, aber immerhin einst autonomen Städteverfassungen verschwinden vollständig, und was im 18. Jahrhundert aus der früheren Zeit herübergerettet wird, das ist eine äußerst beschränkte Handels-

und Polizeigerichtsbarkeit. Trotz alledem bedeutet diese Unfreiheit der städtischen Verwaltung keineswegs die völlige Vernichtung jeglicher Selbständigkeit. Im Gegenteil, die ortsansässigen Magistrate leisten den größten und wichtigsten Teil der verwaltungstechnischen Arbeiten, deren Resultate dann nur den Beamten des Staates zur Annahme oder Ablehnung vorgelegt werden. Sie sind es, die den Intendanten die Vorschläge über Steuern und öffentliche Arbeiten machen und nach Genehmigung die Steuereinhebung besorgen.

Gewiß darf dieser Umstand nicht überschätzt werden. Aber es kommt ihm keine geringere Bedeutung zu als der maßlos überschätzten Selbstverwaltung der englischen Städte, von deren Überlegenheit nur dann die Rede sein dürfte, wenn als Ergebnis erheblich bessere Resultate für die gesellschaftliche Entwicklung und im Interesse der Bevölkerung nachgewiesen werden könnten. Wir sind darüber unterrichtet, wie es damit wirklich bestellt war. In England waren es die engen und völlig korrupten städtischen Oligarchien, die ihre Funktion im Dienste der neufeudalen Reaktion in ebenso vollkommener Weise erfüllten wie die königlichen Beamten in Frankreich. Das Mittel war nicht die Korrumpierung des öffentlichen Lebens auf dem Umwege über den Beamten, sondern die direkte Korruption im eigenen Bereiche der Selbstverwaltung. Das Endresultat ist hier wie dort das gleiche: Politische Entmachtung der großen Masse des Bürgertums und der übrigen Klassen durch Konzentration der Gewalt in den Händen einer weltanschaulich feudalisierten, sozial volksfeindlichen, räuberischen und politisch reaktionären, in den kleineren Städten direkt vom Adel abhängigen Clique. Zum Vergleich sei erwähnt, daß selbst nach der ersten echten Wahlreform von 1832 erst 1/24 der Bevölkerung wahlberechtigt geworden ist. Dazu kommen die abgrundtiefe Verderbtheit, maßlose Bereicherungslust und völlige Interessenlosigkeit an der Wohlfahrt des Volkes, durch die die städtischen Behörden zu einem leichten Spielball des Adels oder der korrupten Financiers werden. In Anbetracht solcher Zustände muß man sich ernstlich fragen, ob die gewiß verwerfliche Herrschaft der absolutistischen Beamten in Frankreich nicht doch wenigstens das Gute hatte, daß in einer Zeit der völligen Einflußlosigkeit der wirklich fortschrittlichen Kräfte auf Verwaltung und Regierung allein schon die Anwesenheit kontrollierender Organe bis zu einem bestimmten Grade hemmend auf die Tendenzen der Demoralisierung der städtischen Verwaltung gewirkt hat. Nicht der Selbstverwaltung oder einer anderen »freiheitlichen« Einrichtung des englischen Staates war es zu verdanken, daß der ökonomischen Betätigung ein größeres Maß von Freizügigkeit belassen wurde, als dies im merkantilistischen Frankreich der Fall war, sondern einfach der kräftigeren ökonomischen Ader Englands, und sofern sich England in der verfassungsmäßigen Form, keineswegs jedoch inhaltlich, von Frankreich unterschied, haben auch die siegreichen Revolutionen der Vergangenheit daran teil, aber keinesfalls die Selbstverwaltung.

England ist also alles andere als das klassische Land der Volksfreiheit, für das es manche Historiker wegen seiner formellen Einrichtungen der Selbstverwaltung und des Parlamentarismus ausgeben wollen. Aber in einer anderen Beziehung ist England klassisch geworden: England ist das erste Land, das der Welt gezeigt hat, wie man eine demokratische Verfassungsform mit einem undemokratischen Inhalt vereinbart, womit es vorbildlich ist für alle bürgerlich-demokratischen Staaten bis in die jüngste Gegenwart hinein. Darin liegt das ganze Geheimnis für die ungeheure Verehrung, die ihm alle jene Ideologen entgegenbringen, deren größte Sorge es ist, den Klassencharakter der bürgerlichen Gesellschaft möglichst wirkungsvoll, und das heißt so erfolgreich, wie es den Engländern beschieden war, mit einer volkstümlich-demokratischen Hülle zu umgeben. Daher konnte es zu einer Zeit, als in England die Kraft des Absolutismus äußerlich gebrochen war und die Welt, besonders das unter einem »wirklichen« Absolutismus seufzende Frankreich, mit grenzenloser Bewunderung auf die englische »Freiheit« blickte, geschehen, daß die furchtbarste Geißel der Bauernbevölkerung, das in England unter dem Namen der »enclosures« bekannte Bauernlegen ein Maß annahm wie nie zuvor. Die enclosures stellen die brutalste Form der Beraubung der Bauernschaft dar, die die europäische Geschichte kennt, vielleicht mit der einzigen Ausnahme Preußens.

Schon in der ersten Hälfte des 18. Jahrhunderts kommen Anträge an das Parlament mit der Bitte, Einhegungen von Gemeindeländereien zu gestatten. Der Gesetzentwurf wird meist ohne lange Erörterungen von beiden Häusern angenommen. Mit dem Erfolg wächst der Appetit und unter Georg III. zählt man bereits 3554 Einhegungsgesetze, so daß am Ende seiner Regierung nicht weniger als 5 686 400 acres zu eingehegtem Land geworden sind. Das meiste davon wurde den armen Bauern entrissen und zum Grundbesitz der Reichen geschlagen. Hand in Hand mit den enclosures gehen die sogenannten encrossings, die Zusammenlegungen mehrerer kleinerer Pachtgüter zu einem großen Betrieb. »Alle Berichte stimmen auch darin überein, daß hauptsächlich die kleinen und kleinsten Leute entfernt worden sind«.

Ganz ähnlich wie im 15. und 16. Jahrhundert bestand das Bauernlegen im 18. Jahrhundert in der Vertreibung der Bevölkerung, im Niederreißen und Verfallenlassen ihrer Häuser, so daß schließlich an der Stelle eines einst volksreichen Ortes nur noch einige Hirten ihr Dasein fristeten. Das beste Ackerland wurde in Weide verwandelt. Ursprünglich ging man wirklich »nur« auf die Enteignung des Gemeindelandes aus, die man unter dem Vorwand der gerechten Verteilung vornahm. Aber es ist nicht dabei geblieben. Der Gemeindegrund war für den Häuserbau der Armen, für ihre Holzbeschaffung und Feuerung, für ihre Viehzucht und Beschaffung von Düngemitteln von größter Wichtigkeit. Mit seiner Aufteilung wurde die ökonomische Kraft der Bauern so geschwächt, daß ein großer Teil sich gezwungen sah, den Hof zu verkaufen und zu verlassen. »Für die große Masse der Kötter und Borderers aber bedeutete die Separation schlechthin die Zerbrechung des Rückgrates ihrer Wirtschaft ... Freunde hatten sie keine, desto mehr erbitterte Feinde, ihre Interessen vor dem Parlament zu vertreten, vermochten sie nicht, so gingen sie leer aus. Die Borderers wurden meist vertrieben, ihre Häuschen niedergerissen, ihre Ackerstücke, wenn sie einen Teil der Gemeindeweide urbar gemacht hatten, für die Weideberechtigten eingezogen«. Wie die Gerechtigkeit bei der Verteilung des Gemeindelandes aussah, zeigt eine Statistik aus dem Jahre 1768, welche die Einhegungen seit 1745 aufgenommen hat. Danach erhielten von 614 800 acres die Armen 2223 oder $^1/_{276}$. Daran wird nichts geändert, obwohl man sich sehr spät entschließt, ein Schutzgesetz zu erlassen, das aber nichts weiter enthält als den allgemein gehaltenen Rat, man möge sich einer humaneren Haltung befleißigen. Die gewaltige Steigerung der Lebensmittelpreise, zum Teil künstlich durch die Grundherren in die Höhe getrieben, verschlechterte weiter die Lebenslage der Massen auf dem Lande; die meisten Landbewohner besaßen nicht einmal soviel Land, um ausreichend Kartoffeln und Gemüse anzubauen.

Vergleicht man die Haltung des englischen Parlaments zum Bauernlegen mit jener der Tudors, die sich ungefähr dem gleichen Problem gegenübergestellt sahen, dann erkennt man die ganze reaktionäre Rolle, die es im 18. Jahrhundert spielte. Schon Heinrich VII. kümmerte sich um Verlängerung der Pachtverträge und Milderung des gutsherrlichen Druckes. Gewiß nicht aus besonderer Bauernfreundlichkeit, aber aus Klugheit und vor allem, weil der Adel nicht die gleiche Macht im Staate hatte wie im »parlamentarischen« Zeitalter. So versuchten auch die folgenden Tudorkönige, dem Bauernlegen Einhalt zu gebieten.

Zahlreiche Verordnungen, Gesetze und Kommissionen füllten die Zeit zwischen dem Ende des 15. Jahrhunderts und der Revolution aus. Unter Eduard VI. zeigte der Adel, wie Tawney bemerkt, große Unzufriedenheit, weil das Gesetz die von den Einhegungen bedrohten Bauern kräftig in Schutz nahm. Das 18. Jahrhundert dagegen kennt keine Unzufriedenheit des Adels mit dem Parlament. Die Selbstverwaltungsmaschinerie funktioniert klaglos im Interesse der Herrschenden. Die Vorzugsstellung, die der Adel in ihr einnimmt, veranlaßt Tocqueville geradezu, England mit Preußen und Österreich gleichzusetzen: »Während in Frankreich der staatliche Beamte die Herrschaft über den Bauern für den Adeligen ausübt, waren in England, Preußen und Österreich Besitz des Bodens und Herrschaft über die Bauern noch unzertrennliche Begriffe«. Marx, für den Worte nicht dazu da sind, um Tatsachen zu verdecken, nennt die enclosures des 18. Jahrhunderts treffend die »parlamentarische Form des Raubes«.

»Ancien régime«, das ist es, was wir in allen Fasern auch der englischen Gesellschaft verspüren. Wie in Frankreich entspricht in England einer glänzenden, leichtsinnigen, demoralisierten Lebensart der Herrschenden die Verelendung des Volkes. Wie in Frankreich ist in England der persönliche Druck, den die Bauernschaft durch die Grundbesitzerklasse zu erleiden hat, dort ausgeübt mit Hilfe der Beamten, hier mit Hilfe der Friedensrichter, noch ein weitreichender sozialer Faktor. Zwar sieht die Form der wirtschaftlichen Ausbeutung des Bauern in Frankreich etwas anders aus als in England. Die eigentlich feudalen Abgaben sind in Frankreich noch weit verbreitet; aber sie werden in England durch vermehrte indirekte Ausbeutung, durch Exportprämien für Getreide, eine Form der adeligen Ausbeutung der Finanzen, durch Vermehrung der Pachtzinse, Lohndruck, wachsende Besteuerung und Preissteigerung für landwirtschaftliche Produkte vollauf ausgeglichen. Die Besteuerung der breiten Massen ist in dieser Zeit eine Fortsetzung der feudalen Lasten in einer anderen, der Geldwirtschaft angepaßten Form, denn die staatlichen Gelder fließen ganz ähnlich wie in Frankreich direkt oder auf Umwegen jener Adelsclique zu, die den Staat schmarotzend umlagert. Die Phrase von der allgemeinen Volksbewaffnung widerlegt Gneist, wenn er, übrigens diese Einrichtung bewundernd, von »Reservaten« der herrschenden Klasse spricht. Es ging darum, »jedes Element der politischen Macht in einer wesentlich homogenen Klasse zu konzentrieren«, weshalb »die militärische Gewalt vor allem der herrschenden Klasse gesichert ist durch die Formation der Landesmiliz unter

Verwaltungskommissären von 200 £ und einem Offizierskorps von 500 bis 1000 £ Grundeinkommen«. So war auch die physische Gewalt ungeteilt in den Händen der Herrschenden. Aber auch die geistige Opposition war völlig entmachtet, teilweise sogar mehr als in Frankreich, was insbesondere auf die Presse zutrifft. Was die sozialphilosophische und naturrechtliche Kritik betrifft, hat sie in Frankreich größere Kreise erfaßt und mehr in aufklärerischem Sinne gewirkt als in England, und die Funktionsweise der Kirche war in beiden Ländern ungefähr die gleiche. Für England sagt Brentano: »Die Geistlichen erschienen als die geistlichen Polizeidiener des Großgrundbesitzes«. Marx stellt noch für das 19. Jahrhundert fest: »Besondere geschichtliche Umstände mögen die klassische Entwicklung der Bourgeois-Regierungsform, wie sie in Frankreich vor sich gegangen,in anderen Ländern verhindert und mögen gestattet haben, daß wie in England, die großen zentralen Staatsorgane sich ergänzen durch korrupte Pfarreiversammlungen (vestries), geldschachernde Stadträte und wutschnaubende Armenverwalter in den Städten, und durch tatsächlich erbliche Friedensrichter auf dem Lande«.

Nachdem wir so ziemlich alle Seiten des sozialen Lebens der englischen Nation bis zum 18. Jahrhundert betrachtet haben, obliegt es uns, nochmals auf die Rechtsform, die nach der Anschauung mancher Historiker trotz äußerer Fortentwicklung einem immer gleichbleibenden freiheitlichen Prinzip gefolgt ist, auf das Common Law, zurückzukommen. Die Rechtsvorstellung des Common Law gab nur eine jener ideologischen Hüllen ab, in die sich die englische Geschichte zu kleiden beliebte, wie der Tribun der Französischen Revolution in die Phrase des alten Rom. Aber wie man sich davor hüten muß, die Phrase mit der Absicht zu verwechseln, so muß man sich auch davor hüten, die rechtliche Hülle für den Inhalt, die Maske für die Wahrheit zu nehmen und so der Täuschung zu unterliegen, die Geschichte der ideologischen Schrulle sei die Geschichte des wirklichen Lebens. Wenn es eines Beweises bedarf, daß das Common Law sich immer den jeweiligen Klassenverhältnissen angepaßt hat, so gibt es keinen besseren als jenen, den manche Historiker für das Gegenteil anzuführen pflegen, nämlich für die autonom die Geschichte gestaltende Kraft des Common Law in freiheitlichem Sinne. Man hat behauptet, die vier großen Dokumente der englischen »Volksfreiheit« seien der reinste Ausfluß des Common Law gewesen. Für drei steht aber von vornherein fest, daß sie das Ergebnis revolutionärer Bewegungen waren. Zur Vollendung der Magna Charta von 1215 bedurfte es zweier Revolutionen; die Petition of right von 1628 entsprang dem scharfen Konflikt Buckinghams und des Königs mit dem Parlament; die Bill of rights von 1689, durch die dem König das Recht genommen wurde, ein Gesetz von sich aus zu erlassen oder zu dispensieren, ist das Resultat der Bewegung von 1688. Bleibt nur noch die Habeas Corpus Acte von 1678. Auf sie stützt sich Gasser und behauptet, dieses seiner Meinung nach äußerst bedeutende Dokument sei allein durch die gute Einsicht der Herrschenden zustande gekommen: »Wie falsch es ist, die neueingeführten Individualfreiheiten einseitig als Werk der Aufklärung und der ›Ideen von 1789‹ zu betrachten, beweist die britische Habeas Corpus Acte; denn dieses Gesetz, das jeden Staatsbürger vor willkürlicher Verhaftung schützt, stammt bekanntlich aus dem Jahre 1678.« Es ist also wiederum der durch die Selbstverwaltung erzeugte und vom Common Law getragene Rechtssinn des englischen Volkes, aus dem die Habeas Corpus Acte erflossen sein soll. Wie es mit der Selbstverwaltung gestanden hat, haben wir gesehen; aber auch das Common Law erweist sich als von den geltenden Klassenverhältnissen abhängig, denn es hat nicht zu verhindern vermocht, daß die Habeas Corpus Acte nur den Mächtigen zugute gekommen ist. »Ich habe den Verdacht«, sagt Rogers, »daß die Habeas Corpus Acte und andere Garantien der Freiheit weit größere Garantien für den Reichen und Vornehmen als für den armen Arbeiter waren und daß Bauern und Handwerker umsonst an sie appellierten.« Welche Gründe mögen aber dafür maßgebend gewesen sein, daß dieses Dokument zustande kam? Die Antwort ist nicht schwer zu geben. Man vergesse vor allem nicht, daß die Zusicherung des Schutzes vor willkürlicher Verhaftung nicht von den herrschenden Klassen dem Volke, sondern vom König den herrschenden Klassen gegeben worden ist, also jenen Klassen, durch deren Kraft das englische Königtum schon seit jeher daran gehindert werden konnte, einen schrankenlosen Absolutismus aufzurichten. Die Habeas Corpus Acte war somit von Anfang an ein Zugeständnis an die oberen Klassen. Es blieb erst Gasser vorbehalten, aus ihr ein Dokument allgemeiner »Individualfreiheit« zu machen. Hatschek bemerkt, daß die Habeas Corpus Acte nicht das war, wofür man sie hält, sondern eine Konzession, die andere Dinge verdecken sollte, wie den Scheinkonstitutionalismus, die Untergrabung der städtischen Freiheiten und ihrer Selbstverwaltung, die Einengung des Petitionsrechts, usw. Nicht zuletzt wirkte aber die Absicht Jakobs mit, den katholischen Dissenters, mit denen er sympathisierte, einen gewissen Schutz angedeihen zu lassen und Verbündete in ihnen zu finden.

Weder das Common Law noch die Habeas Corpus Acte usw. haben England die »Individualfreiheiten« gebracht, sondern ganz andere Faktoren haben sie schließlich erzwungen. Gerade das Schicksal der Habeas Corpus Acte beweist, wie wenig es für die herrschenden Klassen irgendwelche rechtlichen Hemmnisse gab, wenn es galt, die überkommene Klassenordnung zu schützen. Schon zwischen 1688 und 1723 war die Habeas Corpus Acte siebenmal aufgehoben worden. Als die englische Gesellschaft so weit entwickelt war, daß die politisch und rechtlich unterdrückten Klassen mit Erfolg dazu übergehen konnten, ihren Anspruch auf größere Gleichheit anzumelden, wurde die Habeas Corpus Acte, die die neuauftretenden Gewalten sich nun dienstbar machen konnten, tatsächlich zu einem Instrument des Fortschritts oder genauer, sie drohte, es zu werden. Auffallenderweise wurde sie auf Antrag des jüngeren Pitt 1794 gerade in dem Augenblick suspendiert, als die von Gasser so wenig geschätzten »Ideen von 1789« nach England strömten und die alte korrupte Gesellschaft ins Wanken brachten. Diese Suspendierung währte bis 1802. Eine weitere Suspendierung erfolgte 1817 bis 1818, gefolgt von den berüchtigten Ausnahmegesetzen von 1819.

Der Grund für die Bereitschaft des englischen Volkes, die Ideen der französischen Revolution aufzunehmen, lag in der Veränderung, die die englische Gesellschaft inzwischen durch die technischen Umwälzungen erfahren hatte. Durch sie war die bürgerliche Mittelschicht zu neuer Bedeutung gelangt und gewann wieder das Selbstbewußtsein, das ihr nach dem Siege der Reaktion im 17. Jahrhundert verlorengegangen war. Tatsächlich fallen industrielle Revolution und Wiedererwachen des bürgerlichen Radikalismus zeitlich ungefähr zusammen. Bereits 1738 war die Verbesserung der Baumwollmaschine gelungen. Einen neuen Höhepunkt bildete die Erfindung der Spinning Jenny durch Hargreaves im Jahre 1767 und des mechanischen Webstuhls durch Arkwright im folgenden Jahre. Diese Erfindungen sind aber nur Symptome eines schon länger andauernden ökonomischen Aufstiegs mit allem ihm innewohnenden Drang nach technischer Rationalisierung. Im Bürgertum machen sich Anzeichen der politischen Unruhe bemerkbar. In der ersten Hälfte des 18. Jahrhunderts war der bürgerliche Radikalismus nur in der Literatur und hier in der Gestalt eines frommen Optimismus oder als Verherrlichung der Freiheit der Naturvölker und ähnlich aufgetreten; nun nimmt er äußerst revolutionäre Formen an. Die berühmten 69 Juniusbriefe des Sir Philipp Francis aus den Jahren 1769–1772 leiten die neue Epoche ein. Ihre schonungslose Kritik erregt ungeheures Aufsehen. Zusammen mit Francis kämpft Wilkes für die Freiheit der Meinungsäußerung, für die Pressefreiheit und für die Veröffentlichung der Parlamentsdebatten. Presse- und Meinungsfreiheit sind damals in England ebenso unbekannte Dinge wie in Frankreich. Die noch aus der Zeit der Restauration stammende Zensur besteht fast unverändert weiter. Die durch die Juniusbriefe veranlaßte genauere Handhabung der bis dahin willkürlichen Zensur hat wenig praktische Bedeutung, da sich an der Unterdrückung der oppositionellen Presse kaum etwas ändert.

Inzwischen hat die Technik weitere Fortschritte gemacht. 1779 verbessert Crompton den mechanischen Webstuhl, und 1785 macht Watt durch seine Erfindung der Dampfmaschine die Textilindustrie von der Wasserkraft unabhängig. Das sich rapid vermehrende industrielle Proletariat unterstützt zusammen mit dem Kleinbürgertum den Radikalismus des Bürgertums. Auch die Reaktion sieht sich nach Verbündeten um. Sie vermeint, sie in den katholischen Teilen der Nation zu finden. Der Versuch, unter dem Vorwande der Gewährung größerer Freiheit die strengen Gesetze gegen die Katholiken zu lockern, erregt das Mißtrauen des durch die bürgerliche Aufklärung radikalisierten Volkes. Man erinnert sich, daß schon Jakob II. den gleichen Vorwand dazu benutzen wollte, um die katholische Reaktion staatlich zu emanzipieren. »No popery« heißt soviel wie »keine Reaktion«. 1780 kommt es zu einer fast sechstägigen Schlacht des Volkes mit dem Militär, deren Ursache der erwähnte Anschlag der Regierung ist. Die Versuche, die Ausbreitung der radikalen Bewegung zu verhindern, steigern sich bis zu Unterdrückungsmaßnahmen, die nicht weniger »absolutistisch« sind als anderswo. Trotzdem versteht es die revolutionäre Opposition, die Gesetze, die Vereins- und Versammlungsverbote, die Maßnahmen gegen die Presse und gegen das Petitionsrecht zu umgehen. 1779 wird unter dem Drucke der öffentlichen Meinung die Beschränkung des Rechts, frei zu petitionieren, gelockert; aber dieser Erfolg wird reichlich ausgeglichen durch die Verschärfung der Praxis, mit Hilfe der Stempelgebühr die Zeitungen des Volkes am Erscheinen zu hindern. Bemerkenswert ist, daß noch um die Mitte des 19. Jahrhunderts die Stempelgebühr nicht abgeschafft war. Man hatte erkannt, daß die Presse gefährlicher sein kann als das Wahlrecht. (Heute noch haben die radikalen Parteien der Arbeiterschaft ständig mit dem Problem der Beschaffung der Mittel für ihre Presse schwer zu ringen.) Teilweise ersetzt die mündliche Propaganda die fehlende Presse. Die Nachrichten und Instruktionen bezieht diese Propaganda von den zahlreichen, nach französischem Vorbild errichteten, teils geheimen, teils offenen Klubs. Diese Klubs gewinnen eine besondere Bedeutung dadurch, daß sie sich das Recht herausnehmen, über bisher dem Parlament vorbehaltene Fragen zu beraten und zu entscheiden. Die Reaktion antwortet mit der gesetzlichen Androhung schwerer Strafen und strengen Unterdrückungsmaßnahmen. Gerade dies Verhalten der Regierung stachelt zu energischer revolutionärer Tätigkeit an, wobei die Ereignisse in Frankreich anfeuernd wirken. Überall wird im geheimen um Sympathie für die große Revolution geworben. Ein gut organisierter Kader mit ausgesprochen revolutionärer Gesinnung schüttet eine gewaltige Flut radikaler Schriften über das Land.

In diese Zeit des höchsten Radikalismus fällt die Suspendierung der Habeas Corpus Acte. Die Reaktion verliert den Kopf. In einem großen Prozeß wirft Pitts Staatsanwalt John Scott dem Schuhmacher Thomas Hardy vor, er propagiere eine »repräsentative Regierung« und sei deshalb des Hochverrats schuldig. Wie immer geben sich die Funktionäre der Selbstverwaltung dazu her, den Herrschenden ihre Unterstützung zu leihen. Den Friedensrichtern wird fast unbeschränkte Gewalt übertragen. Sie haben das Recht, nach Gutdünken »tumultuöse« Versammlungen aufzulösen und nach verbotenem Waffenbesitz zu fahnden. 1799 werden harte Gesetze gegen die Bildung von Vereinen erlassen. Während des Krieges gegen Frankreich flaut die radikale Bewegung ab, um nach 1815 von neuem hervorzubrechen. Mißernten und Gewerbekrisen sind der unmittelbare Anlaß. Die neuen Maßnahmen der Regierung gegen die radikale Propaganda- und Versammlungstätigkeit sind die berüchtigten Verbannungs- und Deportationsgesetze vom Jahre 1819, die den Namen der Six Acts erhalten haben. Die Bewegung der Massen kann nicht eingedämmt werden. »Die Haltung der besitzenden Klassen läßt aber keinen Zweifel über den Entschluß, ihren Besitzstand mit allen Mitteln der Staatsgewalt aufrechtzuerhalten.« So Gneist, der Lehrer Gassers. Das Proletariat, das zusammen mit dem Kleinbürgertum und dem radikalen Bürgertum für das allgemeine und gleiche Stimmrecht kämpft, organisiert sich in der mächtigen Bewegung des Chartismus, der in den zwanziger Jahren in sein radikalstes Stadium tritt. Als dann noch durch den Schrecken, den die Julirevolution in Frankreich und die belgische Revolution von 1830 in den Reihen der europäischen Reaktion auslösen, eine Wahlreform ins Auge gefaßt wird, wird das stockreaktionäre Ministerium Wellington gestürzt und der erste Schritt zur Demokratisierung der Verfassung endlich getan.

Immerhin blieb die radikale Bewegung nicht wirkungslos. Die

Wahlreform von 1832 war das erste praktische Ergebnis von Bedeutung; dabei mußte noch 1831 der starrköpfige Widerstand des Oberhauses durch eine revolutionäre Volksbewegung vornehmlich in Bristol und Manchester gebrochen werden. Der Übersetzer und Herausgeber Carlyles, Fischer, berichtet: »Die Periode der politischen und sozialen Erdbeben in Europa (1789 bis 1848) ist an England durchaus nicht spurlos vorübergegangen, wie es dem oberflächlichen Leser der Geschichte erscheinen möchte ... Die erste Reformbill wurde von Lord Russel im Jahre 1831 eingebracht ... Die zweite Reformbill wurde ... vom House of Lords verworfen. Die Entrüstung im Lande war groß; es kam zu allerhand gewalttätigen Auftritten ... in Bristol ... erbrach man das Gefängnis, befreite die Gefangenen, verbrannnte den Palast des Bischofs und das Haus Wetheralls, das Militär mußte einschreiten, und es setzte Tote und Verwundete. Ähnlich ging es in Manchester ... Nun stand man wirklich am Abend einer Revolution. Das Volk schloß sich zusammen, verweigerte die Steuern, und es wurden Waffen verteilt«. Der Sache nach war die Wahlreform von 1832 allerdings erst ein geringer Erfolg; ihr eigentlicher Wert lag in dem durch sie vollzogenen Bruch mit der Vergangenheit. Gasser selbst schreibt: Es gab »Wirren in England von 1625 bis 1689 (die anderen streicht er, L. K.), in Schweden von 1718 bis 1809 (in diesem Lande der Selbstverwaltung also fast hundert Jahre hindurch, L. K.), in Holland von 1747 bis 1815, in Amerika von 1764 bis 1790, in der Schweiz von 1798 bis 1848«.

Die Zulassung der ärmeren Klassen zur Selbstverwaltung kommt reichlich spät. Als 1888 unter der liberalen Regierung Gladstones zahlreiche Ernennungen von Angehörigen der mittleren und unteren Klassen, insbesondere aus Gewerkschaftskreisen, zu Friedensrichtern stattfinden, hat sich der Schwerpunkt des öffentlichen Lebens längst aus der Selbstverwaltung in die, während der vorangegangenen Jahrhunderte noch relativ bedeutungslosen und nur in Ausnahmezeiten stärker hervortretenden interlokalen Verbände wie Parteien, Gewerkschaften, Klubs und Ligen verschoben. Diese werden zu den wichtigsten Faktoren der gesellschaftlichen Selbstgestaltung. Die Lokalverwaltung wird zu einer mehr rein verwaltungstechnischen und bürokratischen Angelegenheit ohne tiefere Bedeutung für die gesellschaftliche Entwicklung. Um einzusehen, daß sich tatsächlich das eigentliche öffentliche Leben in anderen als den lokalen Sphären abzuspielen beginnt, muß man nur an die ungeheure Rolle der Chartistenorganisationen, des Cobden-Clubs und der Anti-Corn-Law-League, an die Aktion der Volkscharte mit ihrer Sammlung von dreieinhalb Millionen Unterschriften, an die neuen Parteien und Gewerkschaften und an die moderne Presse denken.

Mit 1832 betrachtet die liberale Bourgeoisie die Reformbewegung als beendet. Das Armengesetz von 1834 zeigt die Linie an, in der die Bourgeoisie das Volk zu regieren beabsichtigt. Der bis dahin geltenden Armenhaus- und Unterstützungspraxis, die noch auf dem Elisabethanischen Gesetz beruht, folgt eine noch brutalere: Zwangsarbeit für Arbeitsfähige und für uneheliche Kinder; den Aufsichtspersonen wird aufgetragen, gegen die »Arbeitsscheuen« möglichst hart vorzugehen. Der Kapitalismus zeigt noch offen, wie er die Unglücklichen und ihre Moral verachtet, während doch seine eigenen Verhältnisse das Lumpenproletariat erzeugen und seine eigene Moral ansteckend auf die beherrschten Klassen wirkt. Das Proletariat ist über die neuen Armengesetze verständlicherweise höchst ungehalten. Als 1842 das Volk, und zwar bereits zum zweiten Male, nur diesmal noch wirkungsvoller, dem Parlament seine People's Charter überreicht, hält der anerkannteste Vertreter des Liberalismus, der berühmte Historiker Macauley, eine Rede gegen die Petenten, in der er vor der drohenden Anarchie als Folge weiterer Wahlrechtserweiterungen warnt. Aber mit der raschen Veränderung der Struktur der englischen Gesellschaft, mit dem stürmischen ökonomischen Aufstieg und der von ihm bedingten Wandlung des alten whigistischen zum modernen Liberalismus wächst die Überzeugung von der Unübertrefflichkeit der bürgerlichen Gesellschaft derart, daß ein erheblicher Teil der Bourgeoisie sich geneigt zeigt, den demokratischen Tendenzen mehr als bisher Rechnung zu tragen. Als am 1. Mai 1851 die Weltausstellung in London eröffnet wird, kann England stolz darauf hinweisen, daß seit 1800 sich sein Nationalreichtum verdoppelt, die Einfuhr sich verdreifacht und die Ausfuhr sogar verachtfacht hat. Zwischen 1850 und 1865 verdreifacht sich der englische Import und verdoppelt sich der Export. Dem restlosen Sichauswirken des »Gesetzes der Harmonie«, das nach Ansicht der liberalen Ideologen von damals in jeder freien Gesellschaft herrscht, sollte durch eine weitere Individualisierung und Demokratisierung des öffentlichen Lebens der Weg freigemacht werden.

Aber letztlich entscheidend blieb für das Wachsen des demokratischen Optimismus der Bourgeoisie die durch das Versagen der Chartistenbewegung, durch die Erfolglosigkeit der Streikbewegung von 1842 und das Mißlingen der 1848 geplanten Volksdemonstration erzeugte Resignation der Arbeiterschaft. Die anfängliche Furcht vor dem Volke versiegte fast ganz. Die

Weiterblickenden unter den Liberalen erkannten, daß es nun möglich sein müsse, die Mißstimmung des Proletariats auszunützen, das heißt es gerade mit Hilfe der Wahlrechtserweiterung an sich zu ketten und damit vor den Konservativen einen Vorsprung zu gewinnen. Gleichzeitig wird die Verliberalisierung der Arbeiterschaft nur möglich durch das allmähliche Einsickern des bürgerlich-optimistischen Lebensgefühls, das für zahlreiche Arbeiter einen gewissen Ersatz für das schwindende Klassenbewußtsein bildet. So vermischen sich in merkwürdiger Weise im Denken des Proletariats pessimistisch-entsagende und bürgerlich-optimistische Gesichtspunkte und machen es reif für den Übergang ins liberale Lager. Als Propheten der Freiheit des Handels und der demokratischen »moralischen Welt« treten in rühriger, volkstümlicher Agitation Cobden und Bright auf. Die Gegnerschaft Cobdens gegen die Sozialfürsorge, die ihm als eine Versündigung gegen die automatische Harmonisierung der Gesellschaft mit Hilfe der freien Konkurrenz erscheint, verbindet sich mit einem merkwürdigen Reformeifer, der vor allem auf die Beseitigung der Bindungen und Hemmungen der alten Gesellschaft gerichtet ist. Dieser ungeheure bürgerliche Optimismus, scheint bar bestätigt in der großartigen, auf dem Boden der individuellen Konkurrenz sich vollziehenden Reichtumsentfaltung, siegt schließlich über die ängstlichen Warner, die bald die Gelegenheit haben, sich von der zahmen Gesinnung des Proletariats zu überzeugen, besonders 1848 und danach.

Nachdem dem Proletariat Englands das Mißlingen der Chartistenbewegung, auf die es alle seine Hoffnungen gesetzt hatte, und die Erfolglosigkeit der Volkscharte voll zum Bewußtsein gekommen waren, wurde es von einem ähnlichen Gefühl der Ohnmacht befallen wie das französische Proletariat nach der von ihm erkämpften Revolution von 1848, um deren Früchte es betrogen wurde. Und es stimmt ebenso für England, wenn Engels hinzufügt: »Und es ist gar nicht zu leugnen, daß, wenn die revolutionäre Partei in einer revolutionären Entwicklung anfängt, entscheidende Wendepunkte passieren zu lassen, ohne ein Wort dreinzusprechen, oder wenn sie sich einmischt, ohne zu siegen, sie mit ziemlicher Sicherheit als für einige Zeit kaputt angesehen werden kann.« Webb berichtet, daß bereits 1833 große Niedergeschlagenheit unter der Arbeiterschaft geherrscht habe. Die Verzweiflung über die Erfolglosigkeit aller revolutionären Anstrengungen der jüngsten Vergangenheit – selbst die Wahlreform von 1832 brachte der Arbeiterschaft nichts – veranlaßte die Arbeiter zu Versuchen genossenschaftlicher Art, zur Gründung von gewerkschaftlichen Hilfsorganisationen, von Kassen und ähnlichem mehr. Aus dieser Stimmung erwuchs eine starke Abneigung gegen jeden Radikalismus, die noch genährt wurde durch die Hoffnung, daß die aufsehenerregenden friedlichen Experimente Owens gelingen würden und damit ein Weg zur gewaltlosen Errichtung einer neuen sozialen Ordnung gefunden sei. Dazu kommen noch viele Niederlagen in der Streikbewegung; die Arbeiter verlieren den Glauben an den Wert des Streiks. Wie das französische Proletariat nach 1848 hat auch das englische »darauf verzichtet, die alte Welt mit ihren eigenen großen Gesamtmitteln umzuwälzen«, und versucht, ein neues Leben gleichsam »hinter dem Rücken der Gesellschaft« zu beginnen. Nichts konnte die Lethargie beseitigen, auch nicht das furchtbare Elend, das die Krisenjahre 1839 und 1845 mit sich brachten. Nur noch kleinere Tagesfragen scheinen die Arbeiter neben den Versuchen Owens bewegt zu haben. Da die Verbilligung der Lebensmittel eine der Lebensfragen der Armen ist, steigt naturgemäß das Interesse der Arbeiter für den Kampf der Cobdenschen Liga gegen die Kornzölle. Als diese 1846 wirklich fallen, verstärkt sich die Zuwendung der Arbeiterschaft zur liberalen Partei. Mit ihrer grundsätzlich auch Wahlreformen nicht ablehnenden Haltung versteht sie den Anschein zu erwecken, sie vertrete die Interessen der Arbeiter. Und wiederum, ja besonders seit der Mitte des Jahrhunderts, ist es der alles bisherige in den Schatten stellende ökonomische Aufschwung, der nicht nur das Bürgertum, sondern auch das Proletariat tief beeindruckt und, wie wir bald sehen werden, ganz in das liberale Fahrwasser drängt.

Mit welcher erstaunlichen Schnelligkeit sich die Wirtschaft Englands entfaltet, wird allein schon aus der Tatsache deutlich, daß die Ausfuhr seit der Mitte des Jahrhunderts und im Laufe von nur ungefähr zwei Jahrzehnten mehr als verdoppelt werden konnte. Während die englische Baumwollproduktion 1770 etwa 5 Millionen £ beträgt, steigt sie bis 1850 auf 686 Millionen £ und macht sie 1870 mit zwei Dritteln der Weltproduktion an Baumwollartikeln schon 1.350 Millionen £ aus. Von 1865 bis 1902 ist das Nationalvermögen pro Kopf von 200 auf 357 £, davon allein von 1885 bis 1902 von 270 auf 357 £ gestiegen. Die gewaltige Reichtumsanhäufung erzeugt aber nicht nur eine selbstbewußte und optimistische Bourgeoisie, sondern gleichzeitig auch eine »Aristokratie« in den Reihen der Arbeiterschaft, womit ein neuer und für die gesamte Entwicklung der Arbeiterbewegung und des englischen Sozialismus entscheidender Faktor auf die Bühne der Geschichte tritt. War schon zur Zeit der Wahlreform von 1867 jegliche Gefahr für die Klassenordnung verschwunden, so ist jetzt, da die Arbeiteraristokratie alle Organisationen des Proletariats zu durchdringen und ihre Kommandostellen zu besetzen beginnt, diese Gefahr noch geringer. In den Reihen der Bourgeoisie kann die Ansicht entstehen, daß die Gewerkschaften ein hervorragendes Hindernis für die Radikalisierung der Arbeiterschaft darstellen. So wahr es ist, daß das von uns bereits geschilderte Phänomen der Verdinglichung der menschlichen Beziehungen noch immer ein beherrschendes Moment im Bewußtsein der modernen Gesellschaft darstellt, so richtig ist es, diesem Moment eine entscheidende Rolle in der Bewußtseinsbildung des vorigen Jahrhunderts zuzuschreiben. Daher tappte damals das Proletariat selbst in Augenblicken revolutionärer Stimmung im Dunkeln. Mit visionärem Tiefblick enthüllt Carlyle das Wesen des Verdinglichungsproblems, wenn er schreibt: »Eine Million hungernder Arbeiter erhob sich en masse, wie Bramarbasowski sagt, eilte auf die Straße und – stand still. Was sollten sie auch sonst machen? Ihr Leid und ihre Beschwernisse waren bitter und unerträglich, ihre Wut darüber war gerecht. Aber wer sind die, welche diese Leiden verursacht haben, und die, welche sich endlich bemühen wollen, Abhilfe zu schaffen? Unsere Feinde, sagen sie, sind, wir wissen nicht, wer noch was; unsere Feinde sind, wir wissen nicht, wo. Wie können wir irgend jemand angreifen, auf ihn schießen oder von ihm erschossen werden? Ja, wenn der verfluchte unsichtbare Alp, der uns und den unsrigen das Leben auspreßt, eine Gestalt annähme ...«. In drastischer und satirischer Art hat Shaw dasselbe Problem von einer anderen Seite her beleuchtet. Wir erzählen nach Fehr: Shaw vergleicht einmal den Tarnhelm aus den Nibelungen mit dem Hut des Bürgers: »Er macht jeden als Aktionär unsichtbar und verwandelt ihn in verschiedene Gestalten, in einen frommen Christen, einen Beitraggeber für Spitäler, einen warmen Wohltäter, vorbildlichen Gatten und Vater, einen schlauen praktischen Engländer – wo er doch nur ein Schmarotzer der Allgemeinheit ist.«

Als ein halbes Jahrhundert später das englische Proletariat vielfach veränderte und gereiftere Zustände vorfand, war es erst recht nicht in der Lage, sich zu der entsprechenden revolutionären Höhe zu erheben, denn die gewaltigen Extraprofite der Bourgeoisie in der Epoche des Liberalismus wie in der darauf folgenden des Imperialismus machten es möglich, auf dem Wege der Heranziehung einer Arbeiteraristokratie das proletarische Klassenbewußtsein restlos zu korrumpieren. Gleichzeitig unterstützte das allmähliche Fortschreiten der politischen Reformen die Verbreitung der Illusion von der automatischen und schließlich auch unaufhaltsam den Bereich des Sozialen erfassenden Entwicklung der Gesellschaft zu Demokratie und Sozialismus.

Die zweite Wahlreform von 1867 stellt ein tragikomisches Kapitel dar. Manche Historiker begnügen sich damit festzustellen, daß die erhebliche Vergrößerung der Wählerzahl von drei auf fünf Millionen vom Unterhaus mit starker Mehrheit angenommen wurde.

Das Bürgertum war in seinen Meinungen geteilt. Dem fortschrittlichen Liberalismus folgte die Minderheit der Besitzenden. Sein großer Führer John Bright sprach offen von der Wahlreform als vom Schrecken des »aristokratischen Mobs des Londoner Westends«. Die Meinung des reaktionären Liberalismus vertritt der einflußreiche Mitarbeiter der »Times« Robert Lowe. Mit haßerfüllten Worten wendet er sich gegen die Erweiterung des Mitbestimungsrechts der arbeitenden Klassen: »Wohin blickt man, wenn man Käuflichkeit und Ignoranz, Trunkenheit und Beeinflußbarkeit sucht? Wo findet man in den Wahlkreisen die Gewalttätigen, von dumpfer Leidenschaft Bewegten? Oben oder unten?« Eine tiefere Analyse der bourgeoisen Moral hätte Lowe rasch eines anderen belehrt. Eine ernsthafte Antwort wurde nicht erteilt. Die Arbeiterpresse war nach Umfang und Schlagkraft noch schwach. Die Antworten Brights und Gladstones reichten nicht aus. Wie sieht die Antwort Gladstones aus? Sie ähnelt jener Disraelis wie ein Ei dem anderen. Auf den ewigen Fortbestand der Resignation und der Unterordnung der Arbeiter bauend, spricht er von ihrer Selbstbeherrschung, ihrem Respekt vor der Ordnung, ihrer Ausdauer im Leiden und ihrem Vertrauen in das Gesetz. Als Bewies führt Gladstone die unendliche Geduld und Disziplin der Arbeiter von Lancashire während des Hungerjahres 1862 an. Dafür bekommt er den Vorwurf zu hören, er rede im Sinne der Französischen Revolution, was er auch durch sein Verhalten beweise, wenn er in Liverpool unerhörterweise in öffentlichen Versammlungen seine Meinng vertrete.

Dabei war Gladstones Wahlreformplan mehr als bescheiden. Sein Vorschlag stand in offensichtlichem Widerspruch zu seinen großen Worten. Es bestand alle Aussicht, daß er vom Parlament angenommen würde, denn er hatte nicht nur eine liberale Mehrheit im Unterhause, sondern auch die Tories, die seit dreißig Jahren infolge der Reform von 1832 nicht mehr an die Macht gekommen waren, zeigte keinen ernsten Widerstand. Und nun passiert das Erstaunliche: Gladstones Vorlage wird abgelehnt, trotz der liberalen Mehrheit. Die Furcht vor dem Volk ist doch noch zu groß. Das zeigt auch der Handel, der der Abstimmung vorausgegangen ist. Lassen wir André Mourois erzählen: »Bald beantragt eine Toryregierung, das Stimmrecht jedem Wähler zu geben, der mehr als zehn Pfund Miete zahlt, und die Whigopposition schreit, das sei eine Schande und acht Pfund stellt die gesunde Grenze der Menschenrechte dar. Bald beantragt ein Whigparlament sieben Pfund, und Derby behauptet durch den Mund seines Propheten Disraeli, das heißt England allen Gefahren der Demagogie preisgeben. In Wirklichkeit dreht sich die ganze Frage darum, welcher der beiden großen Parteien die neuen Wähler sich zuwenden würden. Gladstone aber spricht in Worten sittlicher Entrüstung von jenen, die an der Hand von Wahlstatistiken die Stärke der Volksmassen abzuschätzen suchen, als handle es sich um ein feindliches Heer, das ins Land gedrungen ist. ‚Die Leute, auf die sich jene Einwände beziehen, sind unsere Brüder, Christen wie wir, Fleisch von unserem Fleisch und Blut von unserem Blut.' Worauf ein Tory ihn fragt, wieso unser Fleisch und Blut bei sieben Pfund Miete seinen Wert verliere.« Dabei ging es um eine Stimmvermehrung von nicht mehr als 400 000.

Kurz nachdem Gladstones Wahlreformvorlage abgelehnt worden war, kam die Nachricht nach England, daß Bismarck in die Verfassung des von ihm begründeten Norddeutschen Bundes das allgemeine, gleiche, direkte und geheime Wahlrecht aufgenommen hat. In Wahrheit war selbst die spätere Bismarcksche Verfassung ein großer Bluff. Demokratisch wurde nur der Reichstag gewählt, der aber keine regierende Körperschaft war, einen sehr beschränkten Machtbereich und ein ebenso beschränktes Budgetrecht hatte. Die entscheidende Körperschaft blieb der Bundesrat, der sich aus Delegierten der Bundesstaaten zusammensetzte und sehr schwerfällig funktionierte. Die alte Vormachtstellung Preußens blieb innerhalb dieses »Gleichgewichts« gesichert. Gleich, ob man in England den Schwindel durchschaute oder nicht, man schämte sich ein wenig. Auch hatte die durch die Wahlrechtsdiskussion veranlaßte Aufregung des Volkes infolge der Niederlage Gladstones an Stärke zugenommen. Einige Wochen nach dem Kabinettswechsel kam es zu Unruhen. Demonstrierende Massen drangen in den Hydepark ein und erzwangen mit Gewalt das Recht, Wahlreformversammlungen abzuhalten. »Die von ihrem Ansturm zerbrochenen Gitter des Parks wurden das Symbol eines sinnlos gewordenen Widerstandes«, sagt Eyck. Alle großen Städte werden von der regen agitatorischen Tätigkeit in Unruhe versetzt. So ganz glatt geht es also auch diesmal nicht ab. In diesem Augenblick greift Disraeli ein. Er, der in seiner Jugend eine soziale und volksfreundliche

Richtung vertreten und das Volk gründlich studiert hatte, wovon seine Romane ein glänzendes Zeugnis ablegen, erkennt, daß auf die Dauer die Reform nicht verhindert werden kann. Er weiß, daß es nicht mehr darauf ankommt, ob sie durchzuführen sei oder nicht, sondern nur noch darauf, welche Partei sich den Ruhm, die Wahlreform durchgeführt zu haben, verdienen kann. Mit aller Geschicklichkeit bereitet er das Gelingen seines Planes vor. Vor allem hat er den Widerstand seiner eigenen Partei zu überwinden. Zuerst stützt er sich auf den Vorschlag Gladstones, denn das nach der Niederlage Gladstones zur Regierung gelangte konservative Ministerium sieht sich einer liberalen Unterhausmehrheit gegenüber. Carlyle schäumt vor Wut darüber, daß sich die Konservativen für so etwas hergeben. Aber Disraeli läßt sich nicht beirren. Und es gelingt ihm das Unglaubliche: mit Hilfe einer liberalen Mehrheit bringt er ein Wahlrecht durch, das nicht nur den ursprünglich abgelehnten 400 000, sondern 1 200 000 neuen Wählern das Stimmrecht gibt. Man feiert Disraeli als den großen Mann. Aber ohne die geschilderte Schwäche des Proletariats, das ohnehin bei dieser Reform noch immer zu kurz kommt, und ohne den raketenartigen Aufstieg der Bourgeoisie, der sich teils auf dem breiten Rücken der Kolonialvölker, teils auf Kosten benachbarter Nationen vollzieht, hätte auch die Überredungskunst Disraelis nichts genützt.

Die folgende Wahlrechtsreform von 1884 kommt, nachdem bereits die Wahl von 1868 mit einer völligen Niederlage der Arbeiterkandidaten geendet hat, ohne großen Widerstreit. Die Bourgeoisie erkennt allmählich, daß die demokratischen Rechte ungefährlich sind, solange ihre Kultur-, Bildungs-, Presse- und Verlagsmonopole weiterbestehen. Zwar bricht die Kette der sozialen Reformen zwischen dem Fabrikgesetz von 1833, durch das die Beschäftigung von Kindern unter neun Jahren verboten wird - die lächerlichen Gesetze von 1802 bis 1829 sind, so sehr sie für die Betroffenen Erleichterung bedeuteten, kaum der Erwähnung wert -, über das Verbot der Frauenarbeit in den Kohlengruben und das Zwangsversicherungsgesetz bis hinauf zur letzten Wahlreform von 1918 nicht mehr ab. Konnte Marx mit Bezug auf das gewaltige Elend, das er vor Augen hatte, die Zehnstundenbill von 1847 geradezu als einen Sieg des sozialistischen Prinzips feiern, so sind diese Milderungen der kapitalistischen Ausbeutung noch keineswegs ihre Aufhebung. »Die englischen Bourgeois«, sagt Engels, »haben es während der Chartistenzeit gelernt, wessen jener puer robustus sed militiosus, das Volk, fähig ist. Seitdem war ihnen der größere Teil der Volkscharte aufgenötigt und Landgesetz geworden. Mehr als je galt es, das Volk im Zaum zu halten durch moralische Mittel; das erste und wichtigste moralische Mittel aber, womit man auf die Masse wirkte, blieb die Religion. Daher stammen die Pfaffenmajoritäten in den Schulbehörden, daher die wachsende Selbstbesteuerung der Bourgeoisie für alle Sorten frommer Demagogie, von Ritualismus bis zur Heilsarmee«. Daher aber auch, kann man hinzufügen, die allmählichen Konzessionen in der Sozialgesetzgebung. Im Prinzip änderte sich an den Ausbeutungszuständen herzlich wenig. Charles Booth weist zum Beispiel für 1886 nach, daß in London nicht weniger als 1 200 000 Menschen im größten Elend dahinvegetieren. Und Mehring stellt fest, daß – er spricht von den Kinderschutzgesetzen der ersten Hälfte des Jahrhunderts - die Gesetze auf dem Papier stehen blieben, weil das Parlament keinen Pfennig bewilligte, um sie gegen den Widerstand der Fabrikanten durchzuführen.

4. Deutschland und Preußen

Die unzähligen Auslassungen und Diskussionen über den preußischen Militarismus fallen nicht nur durch die Verworrenheit der Gesichtspunkte auf, sondern auch durch eine Sucht zur Romantisierung, die einzig dasteht. Dazu hat die preußische Geschichtsschreibung das meiste beigetragen. Erstaunlich ist nur, in welchem Maße auch viele Gegner und Kritiker des Preußentums von dieser Methode angesteckt sind. Sie unterscheiden sich von den Prussophilen nur dadurch, daß sie in den Schlußfolgerungen die Vorzeichen umkehren. Sind für die einen die preußischen Junker Nachfahren der heroischen Ritterorden oder zumindest das Produkt der konservativen Staatspolitik genialer preußischer Könige, so für die anderen Nachkommen der räuberischen, im rein imperialistischen Interesse kolonisierenden deutschen Ordensbruderschaft oder das Produkt des reaktionären preußischen Militärstaates, der insbesonders von Friedrich II. zur höchsten Entfaltung gebracht wurde.

Aber jedes dieser Urteile ist verfehlt, weil nicht auf die letzten Gründe, die im Sozialen liegen, zurückgegriffen wird. Einen räuberischen, heroischen und hemmungslosen Adel hat es auch im übrigen Europa gegeben. Der brandenburgische und ostelbische Ritter konnte seine Bauern kaum ärger schinden als der Adel Deutschlands sonst oder Frankreichs. Auch im Standesstolz steht der Adel der anderen Länder dem preußischen nicht nach. Noch im Jahre 1614 wagen die Vertreter des französischen Adels auf der Ständeversammlung durch den Mund des Barons von Senecey zu sagen, der Adel beschimpfe seinen Ruf, wenn er bei dem unüberbrückbaren Abstand, der zwischen Adels- und Bauernstand bestehe, die Anmaßung des Bürgerstandes, ein Verhältnis der Stände wie das zwischen älteren und jüngeren Brüdern zu behaupten, hinnehme. Das war die Antwort auf die Bemerkung eines Bürgerlichen, daß in der Familie Frankreichs die Geistlichen das Recht der Erstgeburt, die Edelleute das der Nächstgeborenen und der Dritte Stand das der jüngsten Brüder besitzen. Und trotzdem ist aus Frankreich kein französisches Preußen geworden.

Gegen die Meinung, das moderne deutsche Junkertum sei eine direkte Fortentwicklung aus den alten, organisatorisch und militärisch hervorragenden Ritterorden, sei folgendes bemerkt. Daß sich die modernen Züge des Junkertums nicht aus den Orden herleiten lassen, beweist Polen. In Polen entwickelt sich, ohne daß der polnische Adel irgend etwas mit den Ritterorden zu tun hätte, eine der brandenburgischen auffallend ähnliche Adelsklasse, die Schlachta. Sie und der brandenburgische Adel bilden sogar eine Zeitlang geradezu eine soziologisch einsehbare Einheit, wie Mehring nachgewiesen hat. Und dies trotz der schärfsten äußeren Gegensätze, bei deren Austragung sich übrigens herausstellt, daß von der alten Kraft der Ritterorden nicht gar soviel übriggeblieben ist, denn das preußische Ordensrittertum wird schon im 15. Jahrhundert von den Polen zünftig aufs Haupt geschlagen (1410 und 1466) und im 16. Jahrhundert wird der Ordensstaat vollends zu einer gemeinsamen Beute Polens, Rußlands, Dänemarks und Schwedens (1561). Eher haben schon jene recht, die die Geschichte des modernen Junkertums mit den Preußenkönigen beginnen lassen, die selber allerdings auf nichts stolzer waren als auf ihre räuberischen Vorfahren und deren militärische Disziplin.

Wie England das ewig »vollendete«, so ist Deutschland das ewig in der Halbheit steckengebliebene Land Europas. Schon der deutsche Humanismus bildet nicht nur im Vergleich zum italienischen, sondern auch an sich eine Halbheit. Ebenso ist die deutsche Reformation im Vergleich zur calvinistischen und an sich eine Halbheit. Der deutsche Bauernaufstand kommt nicht nur im Vergleich mit anderen Ländern, sondern mit Rücksicht auf die ökonomische Entwicklung der deutschen Städte zu Ende des 15. Jahrhunderts, fast schon zu spät. Andererseits kommt er wegen des Rückfalls der deutschen Ökonomie seit Beginn des 16. Jahrhunderts und wegen des damit zusammenhängenden Ausbleibens eines fortschrittlichen Absolutismus auch zu früh. Während in anderen Ländern die verfrühten Bauernerhebungen und deren Niederlagen die Weiterentwicklung dieser Länder nicht hemmen, weil der nachfolgende bürgerliche Aufstieg und der durch sie geschaffene fortschrittlich-absolute Staat den Feudalismus eindämmen, bedeutet für Deutschland, das zur Zeit seiner Bauernrevolution sich auf einem ökonomisch abwärtsführenden Weg befindet, die Niederwerfung der Bauern soviel wie die endgültige Festigung der feudalen Herrschaft. Endgültig, weil durch die weitere unglückliche Verkettung historischer Umstände das Bürgertum für Jahrhunderte die Fähigkeit verliert, zu einer wahrhaft gestaltenden Kraft des nationalen Lebens zu werden. Den letzten schweren Streich erhält es durch den Dreißigjährigen Krieg, der Deutschland zu verheeren beginnt, als die bürgerliche Ökonomie gerade erste Schritte zu ihrer Wiederbelebung macht. Deshalb bleibt das Kernstück der bürgerlich-revolutionären Idee, die Volkssouveränität, nicht nur im Gegensatz zu anderen Ländern, sondern schon für sich beurteilt, im deutschen Geistesleben trotz aller dumpfen Unzufriedenheit mit den gesellschaftlichen und staatlichen Zuständen eine Randerscheinung. Sie findet nur bei einzelnen, isolierten, vom Auslande beeinflußten Geistern wirklichen Widerhall. Zwar erlebt Deutschland in der ersten Hälfte des 17. Jahrhunderts, als die revolutionären Hugenotten ihre letzten Anstrengungen einer Erhebung gegen Richelieu machen und in England infolge der verspäteten ökonomischen Entwicklung die bürgerliche Revolution ihr Haupt erhebt, eine Blüte der Volkssouveranitätslehre, aber es ist nur eine Scheinblüte. Verdeckt durch eine weltfremde Terminologie ohne jeglichen Widerhall im Volke, haben wir in dieser ideologischen Strömung wiederum eine jener Halbheiten vor uns, an denen die deutsche Geschichte ständig krankt. Bald wird von den »großen« deutschen Naturrechtlern, die an die reaktionären Elemente des Grotiusschen Denkens anknüpfen, aus der revolutionären Volks- jene konservative Staatssouveränitätsidee gezimmert, die allgemeine Bewunderung erregt, weil sie vollauf dem devoten Untertanenverstand des deutschen Spießers entspricht. Wie einst der Hobbes'sche Absolutismus sich in ein modernes, materialistisches Gewand kleidete, so wird die reaktionäre Staatstheorie der Deutschen durch ein methodisch rationalistisches, religiös-tolerantes Schlemmbad gezogen, nicht ohne indessen gerade deshalb eine gemäßigte kritische Wirkung auszuüben.

Dann flackert es wieder von Frankreich herüber. Rousseaus Genie entzündet die Köpfe, aber wiederum nur die einer kleinen Schar, die abseits von den beschränkten Interessen der bürgerlichen Klasse ihr geistiges Tageswerk verrichtet. Wie dann die deutsche Klassik mit wenigen Ausnahmen aus der gesellschaftlich-politischen Realität in den Himmel der reinen ästhetischen und theoretischen Abstraktion flüchtet, ist allgemein bekannt.

Und dann folgt die Zeit bis 1848 mit ihrem wechselnden Dreiklang von kleinbürgerlichem Radikalismus, der trotz der politischen Entrechtung aller Klassen hoffnungslos in der Minderheit bleibt, von zeitweilig aufflackerndem bürgerlichem Halbradikalismus mit tiefsitzenden Widersprüchen und Unklarheiten und von bürgerlichem Kniefall vor dem Junkertum, dem Vorspiel zum Verrat des Bürgertums an den eigenen Idealen und Ideen, zum vollendeten Umfall unter Bismarck. Für den Radikalismus sprechen Männer von klarem Verstande und geradem Charakter wie beispielsweise Büchner und Rotteck. Ihnen folgt auch das noch immer unselbständige Proletariat. Den Halbradikalismus charakterisiert Hans Mayer treffend: »Während es etwa bei Cromwell und Robespierre, umgekehrt bei Alba und Cavaignac leicht fällt, die eindeutige historische Rolle im Spiel der fortschrittlichen und reaktionären Kräfte zu bestimmen, sind die wichtigsten Etappen und Fakten der neueren deutschen Geschichte infolge dieser nicht ausgetragenen Entscheidungen fast alle aus vorwärts- und rückgewandten Elementen gleichzeitig gemischt. Sehen wir das Wartburgfest der deutschen Studenten und Turner vom 18. Oktober 1817 als die wirkliche deutsche Freiheitsbewegung, die sie gegenüber den reaktionären fürstlichen Regierungen durchaus war, so könnte sie eindeutig als fortschrittlich gelten. Sieht man sie – und so hat sie auch Heine bereits frühzeitig gesehen – in ihrem ganzen deutschtümelnden Gehaben, ihrem Antisemitismus, ihrer Franzosenfeindlichkeit, die zur feierlichen Verbrennung des fortschrittlichen bürgerlichen Gesetzbuches Napoleons führt, so überwiegen wieder die rückwärtsgewandten Elemente. Schaut man auf die Redner und Reden des Hambacher Festes (27. Mai 1832) der deutschen Liberalen und Republikaner, so verkörpern sie offensichtlich die fortschrittliche Bewegung der bürgerlichen Revolution. Betrachtet man die gleiche Bewegung jedoch nach der Reife der außerdeutschen Zustände, vergleicht man ihre politische Einsicht mit den gleichzeitigen gesellschaftlichen Erkenntnissen Georg Büchners, so wird abermals die Halbheit, die Ansiedlung hemmender, reaktionärer Bestandteile mitten in einer noch nicht abgeschlossenen fortschrittlichen Strömung offenbar«.

Die historische Kette des Versagens des Bürgertums in Deutschland ist die Ursache des »Preußentums« schlechthin. Der sichtbarste geistige Träger des Preußentums ist zwar die preußisch-junkerliche Klasse, aber in Wahrheit ordnet sich ihm die ganze deutsche Nation mehr oder weniger unter. Das bedeutet:

In Deutschland behalten die feudalen Kräfte gesellschaftlich ein weitaus stärkeres Übergewicht als anderswo, ihr Wille und ihr Geist dringen in alle Fugen des nationalen Lebens, bemächtigen sich monopolistisch des Staates und dulden die bürgerliche Ökonomie einzig, soweit sie als Werkzeug der feudalen Staatsordnung gebraucht werden kann. Der Adel betrachtet das schwache Bürgertum wie die Landbewohnerschaft als Objekt und Werkzeug seines totalen Herrschaftsanspruchs. Während im England des 18. Jahrhunderts das »Überborden der Adelsherrschaft« keineswegs ausreicht zur völligen Unterwerfung der bürgerlichen Ökonomie unter die Bedürfnisse des Adels, der nur auf Umwegen, ohne sie der Selbständigkeit berauben zu können, von ihr profitiert, und während die adelige Beherrschung des Staates (mit Ausnahme des flachen Landes) politisch bleibt und mit dem Finanzbürgertum geteilt werden muß, ist die Herrschaft des preußischen Adels total. Der königliche Absolutismus ist kein Hindernis; im Gegenteil, er wird zum vornehmsten Machtmittel im Dienste der Ausgestaltung des Staates zu einem junkerlich-feudalen Gebilde. Politisch siegt der Absolutismus über die Adelsanarchie, sozial aber der Adel über den Absolutismus. »Im Kampf der absoluten Monarchie gegen den Adel ist diese, schon weil das Bürgertum, ihr anfänglicher Verbündeter, viel weniger entwickelt ist als in den westlichen Ländern, schwächer und unentschiedener. Der Feudaladel ist darum viel weniger geschwächt und geschlagen, viel weniger zum Hofadel gedrückt und zugleich zivilisierter als in Frankreich; er behält viel mehr von seiner feudalen Waldursprünglichkeit bei«. Man darf sich aber deshalb den preußischen Adel nicht ausschließlich als Landadel und ohne Beziehung zum übrigen Leben der Gesellschaft vorstellen. Die Waldursprünglichkeit besteht vielmehr darin, daß es der noch ungebrochenen mittelalterlich-barbarischen Urwüchsigkeit des preußischen Adels gelingt, mit seinem unverderbt feudalen Klassenbewußtsein und seiner seit der Entwicklung Preußens vom äußerlich modernen Absolutismus disziplinierten militärischen Roheit die ganze Gesellschaft zu durchdringen, ohne von dieser Gesellschaft selbst ummodelliert zu werden. Dieser Einfluß ist so stark, daß sogar die Bürokratie, die sich im Westen gerade wegen ihrer Beziehung zu dem, vom modernen Einheitsstaat unabtrennbaren, einheitlichen Recht und der daraus entspringenden formalen Pflichthaltung eine gewisse Unabhängigkeit erringen und erhalten konnte, in Preußen der völlig andersgearteten junkerlichen Pflicht- und Disziplinidee unterliegt. Die Unterwerfung der ganzen Gesellschaft unter die Herrschaft und die Bedürfnisse des junkerlichen Staats bleibt nicht bei der Ökonomie, der Bürokratie und der Politik stehen, sie wird auch in kultureller und moralischer Beziehung höchst spürbar. Angesichts des hohen Grades der Verjunkerlichung der preußischen Gesellschaft im 18. Jahrhundert stellt sich schließlich die Frage, inwiefern überhaupt in Preußen von einem *Neu*feudalismus, wie wir ihn für andere Staaten feststellten, gesprochen werden kann. Zweifellos sind auch im preußisch-absolutistischen Staate gewisse neufeudale Elemente gegeben, zum überwiegenden Teil aber wirken ausgesprochen mittelalterliche Tendenzen in ihm noch stark nach.

Die Behauptung, daß der letzte geschichtliche Grund für das Entstehen der Eigenart des preußischen Adels die gewaltige Entwicklungshöhe ist, die die städtische Kultur des Westens, insbesondere in Frankreich und in den Niederlanden, im 14. Jahrhundert erreicht hat, mag zunächst überraschen.

Das starke Anwachsen und die Konzentration der westlichen Städte auf den Handel mit gewerblichen Produkten erzeugten das Bedürfnis, sich aus dem getreidereichen Osten mit Brotfrucht und anderen landwirtschaftlichen Erzeugnissen versorgen zu lassen. Zuerst waren es die Mißernten, deren Schäden man durch Ankäufe aus dem Osten auszugleichen suchte. Seit dem 14. Jahrhundert wurde aber die Einfuhr von Zuschüssen aus Brandenburg und Polen zur regelmäßigen Einrichtung.

Es begann damit, daß die adeligen Grundbesitzer Brandenburgs, Ostelbiens und Pommerns ihren Vorteil frühzeitig erkannten und den Handel mit Getreide vollständig monopolisierten. Aber dabei blieb es nicht. Die einmal erwachte Gier nach Handelsprofiten ließ sie nicht mehr ruhen. Unter verschiedenen Vorwänden wie »Abrundung« des Großgrundbesitzes usw. begannen sie zum Zwecke der Vermehrung der zum Verkauf geeigneten Güter ein Bauernlegen, das sich neben der berüchtigten Bauernlegerei Englands, den enclosures des 18. Jahrhunderts, sehen lassen kann. Dazu kam eine maßlose Auspressung der leibeigenen und frondienstpflichtigen Bevölkerungsteile. »So wurden in den 50 Jahren vor dem Dreißigjährigen Kriege allein in der Mittelmark 426 Bauern mit 1563 1/3 Hufen und 85 Kleinbesitzer (Kossäten) ›gelegt‹, wodurch die Güter um die Hälfte des Bestandes anwuchsen. In Pommern, dem gelobten Land des Bauernlegens, begann es zwischen 1536 und 1546«. Der Adel begnügte sich jedoch nicht mit der Vermehrung des Getreideanbaus. Neben diesem betrieb er, durch den Reiz des Gelderwerbs angefeuert, Brennereien, Molkereien, Pferdezucht, Gutsschäfereien und Waldwirtschaft. Aber nicht nur für die ländliche Bevölkerung, sondern auch für das junge Bürgertum sollte die adelige Gewinnsucht verhängnisvoll werden. In diesem zurückgebliebensten Teile Deutschlands mußte die bürgerliche der mit reicheren Mitteln ausgerüsteten und daher überlegenen Ökonomie des Adels unterliegen, sobald dieser daranging, mit allem zu handeln, was ihm nur erreichbar war, sich bei diesen Geschäften zahlreicher ausländischer Kaufleute zu bedienen und dem ohnehin schwachen Gewerbe der deutschen Ostländer mit seiner Konkurrenz den Boden abzugraben.

Es ist sehr aufschlußreich mit Bezug auf die Theorie von der Entwicklung des preußischen Adels aus der heldischen Ordensritterschaft zu erfahren, daß es in der polnischen Geschichte eine Zeit gab, in der der Adel Polens demjenigen der preußischen Länder glich wie ein Ei dem anderen. Tatsächlich bemerkt man für die Zeit zu Beginn des Dreißigjährigen Krieges keinen wesentlichen Unterschied zwischen den beiden Adelsklassen, nicht zuletzt auch keinen in der Vernachlässigung des ehemaligen soldatischen Stolzes, der in Preußen erst durch die absolutistische Staatsentwicklung von neuem geweckt wurde, zugunsten des Handelsgeistes. »Durch die Verschiebung des Welthandels an die Ufer des Atlantischen Ozeans wurde Polen schwerer als Deutschland und Italien, und zwar in dem Maße schwerer getroffen, in dem es ökonomisch rückständiger war als diese Länder. Jedoch die ökonomischen Umwälzungen des Reformationszeitalters schufen einen neuen Handel für Polen; je mehr sich die westeuropäische Geldwirtschaft entwickelte, um so mehr wurde Polen der ›europäische Speicher‹, die Kornkammer für Spanien, Frankreich, Flandern, England zu eben der Zeit, wo sich aus ähnlichen Ursachen in dem benachbarten Ostelbien der ritterliche Grundbesitzer in einen kapitalistischen Gutsbesitzer verwandelte. Für den polnischen Bauern ergaben sich daraus – in größerem Maßstab und deshalb mit noch grauenvolleren Folgen – dieselben verheerenden Folgen wie für den märkischen Bauern. Aber auch die polnische Stadt mußte daran glauben, da der polnische Adel nicht nur die Getreideproduktion, sondern auch den Getreidehandel zu monopolisieren verstand. Jeder grundbesitzende Edelmann wurde zugleich Kaufmann, der sein Getreide selbst aus- und für den Erlös fremde Ware einführte«. Die weitere Folge, sagt Mehring, war die Überwucherung des Junkertums, der Verfall der Städte, die Schwäche der monarchischen Gewalt und die geistige und körperliche Verkommenheit des ländlichen Proletariats, das $^{9}/_{10}$ der Gesamtbevölkerung umfaßte.

Eine solche verheerende Wirkung auf die Städte war aber umgekehrt nur möglich, weil deren innere Schwäche, ihre Unentwickeltheit sie daran hinderte, die Übergriffe des Adels in die

Sphäre der bürgerlichen Wirtschaft zurückzuweisen. Was das bedeutete, können wir uns durch einen Vergleich mit England deutlich machen. Auch in England hat der große Landbesitzer eine Wandlung vom Grundherrn zum »kapitalistischen« Gutsherrn durchgemacht, aber irgendein ökonomischer Schaden ist den Städten daraus nicht erwachsen. Auch in kultureller und geistiger Beziehung unterlag die Stadt nicht; eher wurde der Adel von bürgerlicher Kultur angeleckt. Die »kapitalistischen« Neigungen der gutsherrlichen Wirtschaftsweise, durch die eine stärkere Beziehung zur Stadt entstand, vermehrten sich mit der dem Hang zur kapitalistischen Akkumulation entgegengesetzten und dem Genuß zugewandten traditionalistischen Lebensauffassung zu einem neufeudalen Stil, d. h. zu einem Stil, der zwar nicht mehr rein mittelalterlich war, aber durchaus noch völlig unbürgerlich blieb. In Preußen dagegen fehlte die entwickelte Stadt, die den Adel in ähnlicher Weise wie den englischen zu »modernisieren« vermocht hätte. Der preußische Adel blieb in unverfälschter Weise trotz seiner Handelstätigkeit primitiver Feudaladel nach wesentlich mittelalterlichem Zuschnitt, und dies um so reiner, als in den preußischen Ländern Leibeigenschaft und Frondienst spät zur Blüte kamen und bis ins 19. Jahrhundert in verschiedenen Formen fortbestanden. Während in England der Kapitalismus den Feudalismus von innen auszuhöhlen begann und dieser sich nur durch eine ständige, wenn auch nur äußerliche Anpassung an die neuen Formen der bürgerlichen Ökonomie retten konnte, wurde in Preußen der kapitalistische Handel einem noch zutiefst feudalen Zustande aufgepfropft. Schon allein diese Form der Verbindung des rohen Feudalismus mit kapitalistischen Interessen mußte eine nach jeder Richtung hin ungehemmt rücksichtslose und beschränkte Adelsklasse hervorbringen.

Wie in Polen wirkte sich auch in Brandenburg die Monopolisierung der Handelsprofite in den Händen des Junkertums verheerend auf die städtische Entwicklung aus. Gleich dem polnischen verpraßte auch der brandenburgische und pommersche Adel den Profit und entzog ihn so dem städtischen Gewerbe. Die Ansätze zur gewerblichen Entwicklung, die wegen der geringen Kaufkraft der Bevölkerung und wegen der Abgeschnittenheit vom Weltmarkt nur keimhaft entwickelt waren, wurden durch die feudale Beanspruchung des Handels- und Wucherkapitals zu Genußzwecken vernichtet.

Trotz alledem erhielt sich ein gewisses Gewerbe, das nicht ganz ohne Beziehung zum kapitalistischen Verkehr der westlich gelegenen Gebiete blieb. Der Adel hatte es schwer geschädigt, zeigte jedoch kein Interesse an seiner völligen Vernichtung.

Überdies war auch die geographische Lage trotz ihrer Ungunst nicht so hoffnungslos wie die Polens. Während in Polen die bürgerlichen Klassen von vorneherein zu einem Schattendasein verurteilt waren, hätte sich auf längere Sicht die kraftvollere Lebensader der den kapitalistischen Ländern näherliegenden Städte Deutschlands gegen alle Fährnisse und Hindernisse durchgesetzt.

Da trat das große Ereignis des Dreißigjährigen Krieges dazwischen, durch das nicht nur die preußischen Länder, sondern auch das übrige Deutschland, das seinem Nordosten in der Überwindung der ökonomischen Misere als Vorspann hätte dienen können, schwer getroffen wurde. Die Verheerungen des Dreißigjährigen Krieges waren aber nirgends so arg wie in der Mark Brandenburg; in der Altmark schätzte man die Menschenverluste auf 50, in der Mittelmark sogar auf 75 %.

Die Verhältnisse nach dem Dreißigjährigen Kriege schilderte Mehring folgendermaßen: Als Gegendienst für die Bewilligung der Mittel zur Errichtung eines stehenden Heeres im Jahre 1653 erhielt der Adel eine Art Magna Charta, die er wie seinen Augapfel hütete. In ihr wurden dem Adel »alle seine Vorrechte feierlich bestätigt und verbrieft, sein Vorrecht auf den Besitz von Rittergütern, seine Herrenstellung im Gutsbezirk, seine obrigkeitlichen Rechte über die Bauern, seine Steuer- und Zollfreiheit, seine Verfügung über die Frondienste der Bauern«, kurz das ganze gutsherrlich-bäuerliche Verhältnis, wie es sich im Laufe der Jahrhunderte durch die fortgesetzten Übergriffe des Adels herausgebildet hatte. Eine Leibeigenschaft im juristischen Sinne des Wortes gab es wenigstens in der Mark Brandenburg nicht; für ihre Person waren die Bauern erwerbs- und prozeßfähig; sie konnten nicht verkauft oder vertauscht werden. »Aber ihre ‚Erbuntertänigkeit' unterschied sich freilich nicht so sehr von der Leibeigenschaft. Sie waren samt ihren Kindern an den ‚angeborenen' Grund und Boden gebunden und durften das Gut ohne Bewilligung der Herrschaft nicht verlassen.« »Die Kinder der Untertanen waren der Herrschaft zum Gesindedienst verpflichtet ... Die Herrschaft konnte faules, unordentliches und widerspenstiges Gesinde mit der ledernen Peitsche züchtigen, die Bauern und deren Frauen durch Gefängnis oder Strafarbeit zu ihrer Pflicht anhalten.« Ein drei- bis viertägiger Frondienst in der Woche galt als mäßig. Mit all dem verband sich eine ungeheure Verachtung der Städte. »Die neue Steuer, Kontribution genannt, wurde auf den Grundbesitz der Bauern und Bürger gelegt; sie wirkte hier wie dort zerstörend, jedoch in der Stadt zerstörender als auf dem Lande. Sie verhinderte den neuen Anbau der wüsten Stellen und das Wiederaufleben des städtischen Verkehrs.«

Man merkte bald, daß es nicht so weitergehen konnte, besonders da in den westlichen Nachbarstaaten ein Vergleichsmaßstab für die eigene Zurückgebliebenheit vor Augen stand. Während Polen bis in die neueste Zeit hinein das agrarische Ostland blieb, suchte Preußen, das nicht ganz so isoliert war wie Polen, den Westen nachzuahmen und den nach dem Kriege erreichten Tiefstand zu überwinden. Es begann die Idee aufzukeimen, daß der preußische Staat, ähnlich wie dies bereits seit langem in den benachbarten Ländern der Fall war, sich des städtischen Gewerbefleißes zu seinem Aufbau bedienen könnte. Das Werk, das nun entstand, war aber nicht nur wie in Frankreich schlechthin staatsegoistisch und neufeudal orientiert, sondern im besonderen und schlimmsten Sinne preußisch-junkerlich; auch diesem preußischen Merkantilismus prägte sich der mittelalterlich-barbarische Charakter der feudalen Lebens- und Geisteshaltung auf; es fehlte der moderne subtile Zug, der dem westlichen neufeudalen Absolutismus immerhin eigen war.

Je klarer es aber wurde, wie schwierig die ersehnte Stufe des modernen Großstaates zu erklimmen sei, desto starrköpfiger hielt man an dem einmal gesetzten Ziel der junkerlichen Großmannssucht fest und desto rücksichtloser wurden Zwang und Bevormundung angewendet. Die brutale und kopflose Einmischung in alle Gebiete des gesellschaftlichen und privaten Lebens sollte das verwirklichen helfen, wozu die Bedingungen praktisch fehlten. Der maßlose Drill, in dessen Anwendung der beschränkte preußische Geist das Geheimnis der westlichen Überlegenheit entdeckt zu haben glaubte – man erkannte nicht, daß die staatlichen Eingriffe die bürgerliche Ökonomie in ihrer Entwicklung hemmten und nicht förderten –, wurde letzten Endes zu einem »modernen« Mittel nicht etwa der Zurückdrängung des junkerlichen Einflusses, sondern der völligen Verjunkerlichung des Staates und der ganzen Nation. Allein schon der Stolz auf die strenge Disziplin der ordensritterlichen Ahnen, auf die man sich zur Rechtfertigung der zahlreichen Schikanen gerne berief, wirkte sich verheerend aus. In einem Punkte berührt sich die preußische Entwicklung mit der westlichen: in der Unterordnung des Adels unter den zentralisierenden Staat bei gleichzeitiger Wahrung der adeligen Vorrechte und Interessen. Nur waren die geschichtlich treibenden Momente in Preußen andere als in Frankreich. In Frankreich waren es die traditionelle Regsamkeit des aufstrebenden Bürgertums und die ständige Verschärfung der Klassengegensätze, die die klarste und weitsichtigste, politisch und nicht egoistisch interessierte Führerschicht der Reaktion die Notwendigkeit erkennen ließen, einen straffen Absolutismus im Intereses der Erhaltung der alten Gesellschaft zu errichten, wenn auch gegen die rückständige Einsicht des egoistischen und daher kurzblickenden Adels.

Von solcher Gefahr konnte in Preußen nicht die Rede sein. Eine wenigstens teilweise Erhebung auf das Niveau des modernen Absolutismus war jedoch nur möglich durch Bändigung der adeligen Anarchie, wobei mit diesem »wohltätigen Zwang« dem Adel der beste Dienst erwiesen wurde, wie ein Vergleich mit Polen beweist. Gerade die einheitliche Ordnung erlaubte es dem sozial alle anderen Klassen überschattenden preußischen Adel mehr als woanders, in alle Poren der Gesellschaft, diese organisierend und geistig wie moralisch in seinem Sinne erziehend, einzudringen. Von einer Aufgeklärtheit Friedrichs II., von diesem ewigen Märchen der deutschen Geschichtsschreibung, kann ernsthaft niemals die Rede sein. Bevor neuere Historiker dieses Märchen dorthin, wohin es gehört, nämlich in die Mythensammlung chauvinistischer deutscher Reaktionäre, verwiesen, hatte schon Tocqueville auf die mittelalterlich-feudale Staatsführung Friedrichs hingewiesen. Als Beweis führt er das berühmte friderizianische Gesetzbuch an, von dem er sagt, daß es von humanitären und fortschrittlichen Redewendungen trieft, daß aber »unter diesem modernen Haupt wir einen durchaus mittelalterlichen Rumpf erblicken«. Selbst das sicherste Zeichen mittelalterlicher Rückständigkeit, die herrschaftliche Gerichtsbarkeit, in den westlichen Ländern neben der einheitlichen staatlichen Rechtsprechung längst bedeutungslos, wurde beibehalten. Nur das Recht, sich nach Belieben zu versammeln, wurde dem Adel genommen.

Wie kommt es nun, daß dieses kränkliche, sehnsüchtig nach Frankreich blickende, Staatsgebilde einen solchen Einfluß auf das übrige Deutschland gewinnen konnte? Die Antwort ergibt sich zwanglos aus der Einsicht, daß die anderen deutschen Länder einerseits ökonomisch kaum weniger zurückgesunken waren als der deutsche Norden und kaum ein lebens- und widerstandsfähigeres Bürgertum besaßen, ihnen aber andererseits ein Adel fehlte, der wie der preußische zu einer ökonomisch und sozial in gleich mächtiger Weise die ganze Gesellschaft überlagernden Klasse geworden wäre. Unter der daraus resultierenden Voraussetzung, daß der reaktionäre Absolutismus der anderen deutschen Staaten weitaus schwächer auftrat, mußte auf die Dauer dieses ungleiche Verhältnis den preußischen Einfluß innerhalb der deutschen Gesellschaft überhandnehmen lassen, wenngleich die praktische Okkupation Deutschlands durch Preußen erst im 19. Jahrhundert mit der direkten Einmischung in die inneren Angelegenheiten der Mittel- und Südstaaten begann.

Die allgemeine Schwäche des deutschen Bürgertums datiert seit der Verlagerung der Handelswege im 16. Jahrhundert und seit dem Dreißigjährigen Kriege, der die deutsche Misere vervollständigte. Diese unglückliche Entwicklung hat zur Folge gehabt, daß der Weg des Kompromisses und der Halbheit, der mit dem Zeitalter des deutschen Humanismus und der deutschen Reformation begonnen worden war und infolge der Niederlage der einzigen echt demokratischen Bewegung der deutschen Geschichte, des Bauernaufstandes im 16. Jahrhundert, nach keiner Richtung hin verlassen werden konnte, nunmehr in gerader Linie fortgesetzt wurde.

Aus seinen engen Verhältnissen heraus allem Radikalismus abgeneigt, blieb die bürgerliche Klasse dem konservativen, aus dem Kompromiß mit dem Feudalismus geborenen und obrigkeitstreuen, überhaupt ideologisch zwielichtigen Luthertum völlig verhaftet. Trotz des Wirkens von Althusius, dem geistigen Ausländer und Schüler der revolutionären Monarchomachen, ist das revolutionäre Naturrecht im 17. Jahrhundert in Deutschland nicht heimisch geworden. Zwar gibt es, durch die sozialen und politischen Zustände angestachelt, in der ersten Hälfte dieses Jahrhunderts ein lebhaft sich betätigendes Naturrechtsgelehrtentum, aber auch hier wird der Kompromißcharakter offenbar in der Neigung, die klare Lehre von der Souveränität durch den Gebrauch von spitzfindigen und dunklen Ausdrücken zu deformieren und das gefährliche Wort »Volk« ängstlich zu umgehen. Noch schlimmer steht es damit in der zweiten Hälfte des 17. Jahrhunderts. Trotz mancherlei kritischer, vor allem formalrationalistischer Ansätze, die keinesfalls unterschätzt werden dürfen, vollziehen auch die Hauptvertreter dieses Naturrechts, Pufendorf und Thomasius, einen verhängnisvollen Schritt der Anpassung an die deutschen Zustände, indem sie die revolutionären Volks- durch die reaktionären Staatssouveränitäts- und Herrschaftsvertragslehren ersetzen.

Die wirklich große Zeit des deutschen Geistes ist die Klassik. In die zweite Hälfte des 18. Jahrhunderts fällt übrigens auch, wie Gierke zeigt, die wiedererwachte Neigung der Naturrechtstheoretiker, dem Prinzip der Volkssouveränität größere Bedeutung zuzugestehen. In dieser Zeit sehen wir eine nennenswerte Zahl bedeutender Denker mit dem Problem der Überwindung der deutschen Rückständigkeit im Sinne des fortschrittlichen Humanismus ringen. Zwei Momente mögen hierbei anfeuernd gewirkt haben. Erstens der ausländische Einfluß, von dem sich Deutschland niemals abschließen kann und mit dessen Hilfe Spinozas pantheistische und Rousseaus revolutionäre Gedanken nach Deutschland dringen, und zweitens der nicht sehr erhebliche, aber immerhin spürbare Aufschwung des deutschen Wirtschaftslebens, wodurch auch die Bedeutung des Bürgertums etwas stärker hervortritt. Es entsteht eine Art deutscher Aufklärung, die aber wiederum, besonders verglichen mit der französischen, bleich und kompromißlerisch anmutet. Das Bürgertum, das noch nicht kräftig und selbstbewußt genug ist und von den reaktionären Traditionen der Vergangenheit nur schwer loskommt, ist noch nicht fähig, Lessing zu seinem Heros zu machen oder Goethes Kritik am Adel im »Werther« und Schillers in »Kabale und Liebe« voll zu würdigen. Die Uraufführung von Schillers »Räuber« 1782 fand zwar ein mächtig erregtes, aber doch nur begrenztes Publikum. Da es also an einer »bürgerlichen Gesellschaft«, auch nach den Maßstäben der damaligen Zeit gemessen, in Deutschland noch immer fehlt, kann keine breite und an den praktischen Problemen der Gesellschaft interessierte Intellektuellenschicht entstehen. Die deutsche Aufklärung ist daher im allgemeinen abstrakt, von den Problemen der Ökonomie und der Politik abgekehrt, innengewandt und bildungsaristokratisch. Im Denken der deutschen Gebildeten, sagt Troeltsch, verkehrt sich die Naturwissenschaft in das Gegenteil dessen, was sie für die französischen und englischen Aufklärungsideologen ist, nämlich die Grundlage für die Veränderung der Wirklichkeit; sie wird zu einer rein philosophischen und ästhetischen Angelegenheit. Der deutsche Rationalismus des 18. Jahrhunderts hat nichts Urwüchsiges und Umwälzendes an sich; er ist romantisch vergoren. Die besten Geister zeigen die Neigung, entweder der Wirklichkeit direkt den Rücken zu kehren, oder sie durch abstrakte Spekulation idealisierend aufzulösen. Daß andererseits aber gerade diese Wirklichkeitsfremdheit der fortschrittlichen Vertreter des deutschen Geistes dazu angetan war, die schönsten Blüten humanistischen Denkens und auch, wie Hegel und Goethe beweisen, tiefere gesellschaftliche Erkenntnisse hervorzubringen, ist nicht zu bestreiten. Das Genie und die Phantasie der großen deutschen Denker drängten sie dazu, ein zwar abstraktes, aber gerade deshalb über alle Schranken der Realität und der Zeit sich erhebendes Menschenbild zu entwerfen, das mit seinem Optimismus und seiner Zukunftsfreudigkeit seinesgleichen nicht leicht findet. In diesem Sinne war der deutsche Humanismus immens revolutionär, denn er hat mit seiner abstrakten Leistung der kritischen Vermenschlichung des Menschen zwar nicht umwälzend auf seine eigene Zeit gewirkt, aber zahlreichen fortschrittlichen Geistern der Zukunft ein leuchtendes Ziel gesetzt. So hat Marx den klassischen bürgerlichen Humanismus mit den tiefschürfendsten Analysen der praktischen gesellschaftlichen Bedingungen zu verbinden verstanden (Frühschriften). Hat man das begriffen, dann versteht man auch die Begeisterung, mit der Klopstock, Schiller, Herder, Fichte, Kant, Hegel, Hölderlin, Schelling und andere die große Revolution Frankreichs begrüßten. Schlözer nennt sie unverhohlen eine »kräftige Lektion für die Menschenunterdrücker«. Andererseits hat die allgemeine Rückständigkeit Deutschlands das Freudenfeuer, das die Revolution in den Herzen der deutschen Fortschrittler angezündet hatte, einzudämmen vermocht. Der französischen Revolution verdanken deutsche Gelehrte und Dichter ein neues umfassendes Weltgefühl, aber sie hat in Deutschland im Grunde nur auf Einzelgänger gewirkt und kein tiefes Echo im Volke gehabt.

Man muß nur einen Blick auf die deutschen Städte werfen, um dies zu verstehen. Folgendermaßen schildert Stieve ihren Zustand: Nur einzelne Städte ragen etwas über die anderen empor, nur die Seehandelsstädte Hamburg und Bremen, die Messestadt Leipzig und Frankfurt am Main zeigen eine bemerkenswerte Entwicklungshöhe. Die einst führenden Städte Deutschlands wie Nürnberg, Augsburg und Köln sind »fast überall eng, ja dürftig, von kleinen Verhältnissen eingeschnürt... Noch bildete der Handwerker vielfach die Oberschicht. Noch verhütet er eifersüchtig durch den Zwang der Zünfte das Emporsteigen der Gesellen, noch war ein großer Teil besserer Häuser in den Händen von Landesleuten«.

Um so erstaunlicher ist der kritische Sinn der deutschen Dichter und Denker. Aber über den Fels der deutschen Rückständigkeit konnte niemand springen, auch der deutsche Humanismus nicht. Zur Zeit der Napoleonischen Kriege wurde der Fels der Junkerschaft so kräftig ins Wanken gebracht, daß es nur einer auf Weitsicht und Klarheit beruhenden heroischen Tat bedurfte, um die deutsche Gesellschaft vor dem Wiederversinken in halbmittelalterliche Zustände zu retten. Aber die Männer dieser Tat kamen nicht. Was die großen Deutschen in diesem Augenblick unternahmen, reichte bei weitem nicht aus, war gerade geeignet, Deutschland von der Fremdherrschaft zu befreien, und das bedeutete unter den damaligen miserablen Verhältnissen, das Junkertum von Napoleon. Eine anständige Gesinnung und grundsätzlich fortschrittliche Haltung können den Gneisenau, Boyen, Stein und Schön, den Morgenbesser, Friese, Schrötter, Frei und Vincke gewiß nicht abgesprochen werden; sicher haftet manchen dieser Gestalten, man denke an Scharnhorst oder gar Schön ein Hauch von Revolution an. Aber ebenso wahr ist es, daß die volkshaft anmutenden Reformbestrebungen, vielleicht mit Ausnahme Schöns, noch weit entfernt waren von den Zielen selbst einer gemäßigten bürgerlichen Demokratie. Steins Oktoberedikt von 1807 über die Aufhebung der Erbuntertänigkeit und Leibeigenschaft der Bauern bedeutete gleichfalls »noch nicht die volle Befreiung der Bauern von den gutsherrlichen Belastungen, aber es rief die Wut der Junker hervor.« Das heißt, daß die in ihrer Machtstellung ungenierten Junker bald Gelegenheit nahmen, die Reformen wieder rückgängig zu machen. Stand es doch auch mit der Steinschen Selbstverwaltung von 1808 nicht besser. »Obwohl das Stände- und Zünftewesen abgeschafft wurde, blieb die Gleichheit der Bürger noch eingeschränkt«; diese Reformen »sicherten nur eine Teilnahme an den öffentlichen Angelegenheiten ihres Ortes und ihrer Provinz«. Weitaus mehr als ungefähr gleichzeitig in England und Frankreich hätte es nicht bloß allgemein fortschrittlicher, sondern revolutionärer Männer, eines revolutionären Scharnhorst und eines revolutionären Stein bedurft. Nur eine kompromißlose bürgerliche Revolution hätte ein für allemal Deutschland auf die Bahn der sozialen und politischen Entwicklung drängen können und jenen Verrat an den ohnehin schwächlichen Versprechungen von 1813 verhindert, durch den die Wiederherstellung der reaktionären Zustände eingeleitet wurde. Man sage nicht, daß eine bürgerliche Revolution nicht möglich gewesen wäre. Die einseitige Adelsherrschaft stand bereits in offensichtlichem Widerspruch selbst zu den noch unentwickelten ökonomischen Verhältnissen. Eine energische Anknüpfung an die nationale Erhebung gegen Napoleon wäre keineswegs zu einem Mißerfolg verurteilt gewesen, wie vergleichsweise der kurze Zeit später erfolgte Aufstand der Dekabristen in Rußland, und sie wäre – man verzeihe den Sprung – von der gleichen Aussicht auf Erfolg begleitet gewesen, wie die große russische Revolution von 1917, deren Führer die bürgerliche in eine sozialistische Revolution überzuleiten verstanden haben. Freiherr von Stein haßte die große Revolution geradezu und ihretwegen die »scheußliche Nation der Franzosen«, und er blieb mit diesem wenig Verständnis für die geschichtlichen Notwendigkeiten verratenden Haß durchaus nicht allein. Viel bezeichnender als Schöns Sehnsucht nach Herstellung der vollen individuellen Freiheit war deshalb Hardenbergs Idee der Repräsentation aus dem Jahre 1811. Nach dem Vorbild der Präfekturverfassung Napoleons wollte Hardenberg die politische Mitbestimmung des Volkes verhindern; nicht ahnend, daß unter der Bedingung des Fortbestandes der Junkerherrschaft eine solche Verfassung auf die Dauer zum Werkzeug der Reaktion werden mußte, hielt er an der konservativen Vorstellung fest, daß die Repräsentation nicht etwa ein unabhängiges und die Kontrolle über die Regierung ausübendes Organ sein solle, »sondern eine die öffentliche Meinung günstig beeinflussende Stütze der Regierung«. Sein Liberalismus war daher ein Rumpf ohne Kopf. Selbst gegen diesen äußerst gemäßigten Plan lief der Adel sofort Sturm. An eine Anrufung des gesamten Volkes zur Selbstwehr dachte trozdem niemand.

Kein Wunder, daß die Stein-Hardenbergsche Reform nur eine Episode ohne wirklich umwälzende Resultate geblieben ist. Die einzige Leistung von einigem Wert war die Befreiung der Städte von den staatlichen Fesseln nach dem Vorbild der Französischen Revolution. Aber auch sie war nicht von Dauer, da sich die Klassenverhältnisse nicht geändert hatten, vor allem nicht die Klassenverhältnisse auf dem Lande, die Grundlage der junkerlichen Herrschaft über den ganzen Staat. Die in ihrer ursprünglichen Form noch annehmbare Städteordnung wurde allmählich verschlechtert und verwässert. Die Freiheiten, die den Städten 1808 gewährt worden waren, wurden immer mehr zu Einrichtungen, deren sich die Regierung nach Belieben bediente. Und überblickt man die agrarischen Reformen, »so liegt auf der Hand, daß die Junker den Sieg davongetragen hatten«. Es lohnt sich, bei Mehring nachzulesen, worin dieser Sieg im einzelnen bestand. Stillich äußert sich zusammenfassend folgendermaßen: »Nach den Freiheitskriegen trat dann freilich wieder ein gewaltiger Rückschlag ein. Durch die Deklaration von 1816 wurden alle nicht spannfähigen Bauern von der Regulierung ausgeschlossen, das heißt ihr Land wurde von den Gutsherren eingezogen. Sie wurden zwar frei, aber eigentumslos. Damit war die Quelle für ein ländliches Proletariat geschaffen. Auch die Ablösung der Lasten geriet infolge der unerhörten Opfer der Kriege ins Stocken. So kam es, daß das Revolutionsjahr noch eine große Zahl von Lasten und Abgaben sah, die den Bauern sachlich unfrei machten«.

Ihren ideologischen Ausdruck findet die deutsche Reaktion in der Romantik. Es ist bezeichnend, daß die romantische Staatswissenschaft in Deutschland die reaktionärste Europas ist. Selbst der »gemäßigte« Stahl lehrt die Unantastbarkeit dessen, was geschichtlich geworden ist, also der Junkerherrschaft, und verwirft die Konstitution; die Möglichkeit eines geschichtlichen Fortschritts der Gesellschaft erblickt er in ganz feudalem Sinne in der »Weiterentwicklung« des ständisch aufgebauten Staates. Der

Berner Patrizier Haller, der unter dem Eindruck der Herrschaft der österreichischen und deutschen Reaktion zwischen 1816 und 1834 steht - in dieser Zeit erscheint sein sechsbändiges Hauptwerk -, ist »radikaler« als Stahl und es ist nicht zu verwundern, daß er einen großen Einfluß auf die junkerliche Reaktion Preußens gewinnt. Haller spricht offen aus, was die Reaktion denkt: Der Staat beruhe nicht auf dem Recht, sondern auf Gewalt, der Stärkere habe sich Knechte untergeordnet, und entgegen allen Versuchen, dieses Gesetz der Geschichte umzustoßen, werde es immer so bleiben.

Wie eigentlich die Preußenfrage eine Frage der Herrschaft der gemeinhin reaktionärsten und selbstbewußtesten Adelsklasse über das sozial unentwickelte Deutschland gewesen ist, zeigt die unvermittelte Ersetzung der durch den Krieg geschwächten und daher vorübergehend nicht regierungsfähigen preußischen Gewaltherrschaft durch die nächstreaktionäre, nämlich die österreichische. Aber nur kurze Zeit beugt sich Preußen unter den Willen Metternichs, überläßt es die Wiederherstellung der alten staatlichen Ordnung einer anderen als der eigenen Adelsklasse. Während dieser Zeit erholt es sich rasch und bereitet sich auf die ungeteilte Machtübernahme vor. Der erste Schritt wird mit der Streichung der Konstitution vom Programm Hardenbergs getan. Die Beibehaltung der allgemeinen Wehrpflicht erklärt sich daraus, daß man in ihr wie später im Wahlrecht ein neues Mittel der Erhaltung des Staates erkennt; sie wird tatsächlich die Grundlage des späteren preußischen Imperalismus. Durch die Karlsbader Beschlüsse gegen alle freiheitlichen Regungen und durch die direkte Einmischung in die inneren Angelegenheiten jener kleineren deutschen Staaten, die mit der Konstitution liebäugeln, wird die ganze Nation gewaltsam in den reaktionären Kurs eingespannt.

In dieser Epoche der schärfsten Unterdrückung macht sich eine gewisse und vorübergehende Tendenz der Radikalisierung im deutschen Liberalismus bemerkbar, der, um die Versprechungen und Reformen betrogen, sich einigermaßen dem kleinbürgerlichen Radikalismus annähert. Wie unklar und widerspruchsvoll diese liberale Bewegung aber im Grunde gewesen ist, bewiesen das Wartburg- und das Hambacher-Fest, die beide siebzehn Jahre auseinanderliegen und so ungefähr den Anfang und das Ende der liberal-radikalen Strömung bezeichnen. Wir haben bereits in der Einleitung zu diesem Kapitel mit den Worten Mayers auf den zwiespältigen und halbreaktionären Charakter dieses Liberalismus hingewiesen. Immerhin treten vereinzelt auch klare und konsequente Köpfe auf, von denen vor allem

Rotteck zu erwähnen ist, nur daß es schwerfällt, zwischen ihm und seinesgleichen eine Grenzlinie zum kleinbürgerlichen Radikalismus zu ziehen, von dem sie erheblich weniger trennt als vom Liberalismus, dem sie sich zuzählen. Während der Großteil des Bürgertums in einen ideenlosen Praktizismus und Egoismus versinkt, von den echten Grundsätzen des Fortschritts nichts wissen will, sich deshalb mit dem unter Preußens Kontrolle gegründeten Zollverein begnügt und ihn begeistert begrüßt, achtet Rotteck auf die Reinheit der Volkssouveränitätsidee und bekämpft, nicht aus grundsätzlichen Gründen, sondern weil er die konstitutionsfeindlichen Einflüsse Preußens nicht gesteigert sehen will, diesen Zollverein. Nur ein Teil der Liberalen also ringt sich in dieser Zeit zu einer anständigen und halbwegs konsequent fortschrittlichen Haltung durch, wodurch er sich unweigerlich dem demokratischen Programm der unteren Volksklassen annähert. Gewiß, auch die kleinbürgerlichen Radikalen steckten in ihrer Mehrheit noch tief im Philistertum und waren dem »Fluche der Halbheit« nicht entronnen, aber immerhin sind sie sich in weitaus höherem Maße ihrer geschichtlichen Mission bewußt gewesen als das Bürgertum, und deshalb haben sie sich schließlich, wenn auch spät (1847), zu einer eigenen Partei zusammengeschlossen. Von den Radikalen zu den wenigen Sozialisten wie Büchner, Heine und Marx gibt es zahlreiche Übergänge. Im eigentlich liberalen Lager ist die wirklich demokratische Richtung isoliert. Als Jacoby im Jahre 1841 mit seinen aufsehenerregenden »Vier Fragen« an die Öffentlichkeit appelliert, findet er beim Kleinbürgertum und dem Proletariat das größte Verständnis und den meisten Anhang. In den folgenden Jahren steigert sich die radikale Stimmung derartig, daß die Regierung auf ernstere Mittel der Beruhigung sinnen muß; mit der Einberufung des Vereinigten Landtages im Jahre 1847 und mit anderen Scheinzugeständnissen hofft der König die radikale Flut eindämmen zu können. Noch knapp vor Ausbruch der Revolution begegnet der Großteil des Bürgertums den mit Nachdruck vertretenen Forderungen nach Presse-, Meinungs- und Versammlungsfreiheit mit der größten Gleichgültigkeit, zum Teil sogar mit dem größten Mißtrauen. Erst als auch Angehörige des »loyalen« Bürgertums, das, wie Mehring erzählt, den vor der wild dreinschießenden Soldateska flüchtenden Demonstranten die Tore vor der Nase zuschlägt, selbst über die Klinge springen müssen, wendet sich die Stimmung der bürgerlichen Klasse. Von den im Kampfe Gefallenen war aber der weitaus größte Teil Arbeiter und Gesellen, worüber das Bürgertum nicht wenig erschrak.

Die erste bürgerliche Revolution Deutschlands war in einen

Zeitpunkt gefallen, in dem der Bourgeoisie schon ein Proletariat entgegenstand, das neben der bürgerlichen bereits, wenn auch dumpf, seine eigene und damit die allgemeine soziale Emanzipation der Gesellschaft als Notwendigkeit empfand. Die bürgerliche Freiheit erschien den Arbeitern, die auf den Barrikaden standen, nicht als das letzte Ziel aller Geschichte, sondern als eine der wichtigsten Etappen auf dem Wege zu seiner vollendeten sozialen Emanzipation. Die Angst vor dem Proletariat hat dann vollends zum Verrat der Bourgeoisie an ihren eigenen geschichtlichen Zielen und Idealen geführt. Es konnte nicht ausbleiben, daß die Revolution, der Hauptsache nach vom Kleinbürgertum und Proletariat durchgekämpft, ihr bürgerliches Pathos in dem Augenblick verlor, in dem die Bourgeoisie, die fast gegen ihren Willen von den Ereignissen mitgerissen und emporgehoben worden war, ein entscheidendes Wort mitzureden begann. Mit der Berufung der »Märzminister« Hansemann und Camphausen, der Führer der eigentlichen liberalen Bourgeoisie und der erklärten Feinde jedes politischen Programms, das die Idee der Volkssouveränität zur Grundlage hatte, trat die Revolution in das Stadium ihrer Auflösung. Die eigentliche Tragik der deutschen Revolution von 1848 lag aber nicht allein darin, daß die zur endgültigen Besiegung der adeligen Reaktion unerläßliche Einheit der oppositionellen Klassen ideologisch und praktisch auseinanderbrach, sondern vor allem – im Vergleich mit dem gerade umgekehrten Verhältnis in anderen bürgerlichen Revolutionen – darin, daß noch vor Erreichung der gemeinsamen Ziele die revolutionäre Linke hoffnungslos in die Minderheit gedrängt wurde. Wie in der Preußischen Nationalversammlung Hansemann und Camphausen, so hatten in der nach dem allgemeinen, gleichen und direkten Wahlrecht gewählten Frankfurter Nationalversammlung Dahlmann und Welcker, die Gegner der Volkssouveränität, die Führung an sich gerissen. Man nannte diese beiden Männer wegen ihrer Bereitschaft, auf dem Wege des gegenseitigen Entgegenkommens die neue Verfassung mit der Staatsmacht zu »vereinbaren«, ironisch die Vereinbarungstheoretiker. Die Linke stand unter Führung von Jacoby und Waldeck. Das Zentrum war gespalten; zu seinem linken Flügel gehörten Bucher und Rodbertus, der bezeichnenderweise ebenfalls den Standpunkt der »Vereinbarung« teilte. Wie geschickt die preußische Reaktion die Schwäche der Bourgeoisie auszunützen verstand, beweist der gelungene Versuch, Verwirrung zu stiften, indem man eine Versammlung neben der Frankfurter nach Berlin einberief und ihr den gleichen Namen »Nationalversammlung« gab. Von hier bis zur Oktroyierung der Verfassung vom 5. Dezember 1848 in Preußen war bei dem durch Scheingefechte verdeckten verräterischen Gehaben der Bourgeoisie nur ein Schritt. Damit hatte die Revolution bereits ihr klägliches Ende gefunden, trotz nochmaligen Aufflackerns im Mai 1849. In diesem Monat erließ die Regierung ein neues Wahlgesetz, das auf dem Dreiklassenwahlrecht beruhte. Die friedlich »vereinbarte« Verfassung wurde immer mehr durchlöchert, und man ging sogar so weit, die gutsherrliche Polizeigewalt, die Fideikommisse, die das Rückgrat des ungestörten Fortbestandes der Adelsklasse darstellten, und andere standesherrliche Rechte wiederherzustellen. Mit der Reaktivierung der Landtage brachte die Reaktion die volle Verfügung über die staatliche Gewalt in ihre Hände. Wie nach allen von der bürgerlichen Klasse nicht ausgenützten Erschütterungen seiner Herrschaft ging das Junkertum auch diesmal gestärkt aus dem Kampfe hervor.

Nicht nur in Deutschland, sondern auch in anderen Ländern war der Schrecken, den das aufständische Proletariat einflößte, der Grund für die bourgeoisen Verrätereien gewesen. Aber nirgends war die Selbsterniedrigung der Bourgeoisie so weit gediehen wie in Deutschland. Die deutsche Bourgeoisie unterschied sich von den bürgerlichen Klassen anderer Länder nicht nur durch das Fehlen jeglicher revolutionären Erinnerung und demokratischen Tradition, nicht nur durch die daraus erfließenden ideologischen Halbheiten und Inkonsequenzen, sondern auffälligerweise auch dadurch, daß sie ideologisch und moralisch der feudal-romantische Ideen- und Gefühlswelt geradezu unterlag. Das erklärt sich aus der Tatsache des geschichtlichen Zusammentreffens der erwähnten ideologischen Unreife des Bürgertums mit der aus denselben historischen Bedingungen entstandenen sozialen Übermacht und den sich deshalb mehr oder weniger ungehemmt auswirkenden ideologischen Einflüssen der Adelsklasse auf die ganze Gesellschaft. Gewiß waren die ideologischen Stufungen innerhalb des Bürgertums zahlreich und nicht zur reinen Einheit zu bringen. Aber wie muß es durchschnittlich bestellt gewesen sein, wenn z. B. einer der besten Köpfe unter den liberalen Philosophen, David Strauß, sich in politischer Beziehung keineswegs mit irgendeinem gemäßigten Liberalen Englands vergleichen ließ.

Was man in weiterem Sinne als »Preußentum« zu bezeichnen pflegt, dieser von vielen Beobachtern mehr oder weniger bei allen Klassen der deutschen Gesellschaft festgestellte Zug ins Unechte (formalistische Pflichtbetonung, falscher, weil mit dem Leben in einen ständigen, oft tragischen Konflikt geratender Ehrbegriff, Duckmäuserei verbunden mit Neigung zur »heldischen«

Haltung, rationalisierte Sentimentalität und – preußischer Haarschnitt) erscheint manchen, die nicht genügend die deutsche Geschichte heranziehen, als ein Rätsel. Er erklärt sich aber zwanglos aus der geschichtlich bedingten Neigung des deutschen Volkes zur Assimilation klassenfremder, und zwar junkerlicher Denk- und Kulturelemente. Äußerlich vollzieht sich dieser Prozeß oft in einer widerspruchsvollen Weise, besonders dann, wenn durch die Veränderung der konkreten geschichtlichen Bedingungen das Denken in eine fortschrittliche und damit der bisherigen Linie der gesellschaftlichen Entwicklung Deutschlands widersprechende Bahn gedrängt wird. In solchen Fällen mag es scheinen, als ob die traditionelle Macht des preußischen Konservatismus gebrochen sei; doch ist dies nur Schein. Nicht nur wirkt die Verkümmerung des Klassenbewußtseins der unterdrückten Klassen fort, die das Resultat der unglücklichen Geschichte der deutschen Nation und der ungebrochenen reaktionären Herrschaftsverhältnisse ist, und verändert unwillkürlich die Richtung des Willens der handelnden Personen, sondern sie besitzt vor allem die Kraft, sich in dem Augenblick mit doppelter Gewalt vorzudrängen und zum beherrschenden Faktor im Denken zu werden, in dem außerordentliche Umstände schon von sich aus zu einer Abschwächung der ideologischen Konsequenz und Klarheit hindrängen.

An der politischen Haltung des Bürgertums änderte sich grundsätzlich nichts, auch als seit ungefähr der Mitte des vorigen Jahrhunderts die Industrialisierung Deutschlands kräftige Fortschritte zu machen begann. Die dreihundertjährige reaktionäre Tradition Deutschlands und die Nachwirkung des Verrates an der Revolution erwiesen sich als die stärkeren Faktoren. Besonders die Tatsache, daß das Proletariat trotz aller inneren und äußeren Behinderungen ebenso rasch an Selbstbewußtsein gewann, wie es an Zahl wuchs, bewirkte, daß es die Bourgeoisie mit Anläufen und Ansätzen ohne weittragende Bedeutung bewenden ließ, im übrigen aber nicht einmal an einen Kampf um die Demokratie in bürgerlich-beschränkter Gestalt dachte. Im Gegenteil, als sie merkte, daß der preußische Staat ihren Profitinteressen, die im Vordergrunde ihres Sinnens und Trachtens standen, sogar ein gewisses Verständnis abgewann, verlor sie den letzten Rest von politischem Schamgefühl und schlitterte, bei jedem Schritt über die ihr angetane Schmach seufzend, in die rettenden Arme des Junkertums. Gleichzeitig machte die reibungslos laufende Profitmaschinerie einen solchen Eindruck auf sie, daß sie diesen neuen deus ex machina an Stelle des alten christlichen Gottes zu verehren begann, was in der Weise geschah, daß man »naturwissenschaftlich« statt christlich dachte und dem gerade neu entstandenen Materialismus huldigte. Zweifellos entsprach dieser Materialismus ganz den Fortschritten der Naturwissenschaft und der Mechanik, wie auch der Materialisierung des bürgerlichen Lebens als Folge des mit unerhörter Geschwindigkeit sich vermehrenden Reichtums. Aber diese materialistische Philosophie erfüllte nicht die gleiche Funktion wie einst in der Zeit vor der französischen Revolution, denn das Bürgertum, das sich unter dem Schutze des preußischen Staates trotz aller kleinlichen Hadereien, die es mit ihm hatte, wohlfühlte, dachte nicht daran, aus dieser Philosophie eine Waffe zu schmieden, geschweige denn eine Waffe des Umsturzes. Höchstens zu einigen Stänkereien, verbunden mit regelmäßigem Kirchgang, reichte die neue »Weltanschauung« aus.

Von dieser politischen und ideologischen Entwicklung profitierte das Proletariat doppelt, aber es verlor gleichzeitig auch doppelt. Wie in England, übte auch in Deutschland die manchesterlich radikale Sprache der liberalen Ideologen, die man mit Vorliebe auf die Arbeiter losließ, eine starke Wirkung auf diese aus. Dies war nur natürlich, denn in Deutschland bestanden für eine sozialistische Propaganda bis tief in die siebziger Jahre hinein noch geringere Voraussetzungen als in England. Mit der liberal-optimistischen Vorstellung vom »naturgesetzlich« sich vollziehenden Fortschritt der Gesellschaft verband sich, unterstützt durch die Propaganda der liberalen Arbeiterbildungsvereine, die andere Vorstellung von der automatischen Lösung der Arbeiterfrage infolge der Weiterentwicklung der Industrie und der Vergrößerung des gesellschaftlichen Reichtums, wobei die Berufung auf Bastiat und Schulze-Delitzsch das meiste dazu beitrug. Aber in einer Hinsicht unterschied sich das Denken der deutschen Arbeiterschaft grundsätzlich von jenem der englischen. Während in England die Bourgeoisie, trotz aller Hemmungen und Widersprüche, es mit den Parolen der Verwirklichung der liberalen Freiheit wenigstens bis zu einem gewissen Grade durchaus ernst meinte, jedenfalls eine totale Unterwerfung unter die konservative Staatsform in klarer Erkenntnis des eigenen Interesses ablehnte, blieb in Deutschland der konsequente Liberalismus eine Angelegenheit einer verhältnismäßig kleinen Schicht von Ideologen. Die eigentliche Bourgeoisie war damit zufrieden, wenn ihre Führer sich von Zeit zu Zeit im Dienste der Geldsäckelinteressen zu harmlosen Rebellionen entschlossen und die allgemeine Schwäche und Halbheit ihrer Haltung mit liberalen Phrasen verdeckten. Unter den Bedingungen Deutschlands bedeutete aber eine solche Haltung Verrat am bürgerlichen Fortschritt und Abfindung mit der preußischen Herrschaft. Deshalb gerade konnte die deutsche Arbeiterschaft zum Unterschied von der englischen, die mit Sack und Pack ins liberale Lager übergelaufen war, sich einen stärkeren Schuß von gedanklicher Selbständigkeit und proletarischem Selbstbewußtsein erhalten, ja sogar die Überzeugung gewinnen, daß sie allein von der Geschichte dazu berufen sei, die von der Bourgeoisie verratenen demokratischen Ideale zu verwirklichen. So merkwürdig es klingt, diese im Grunde bürgerlich-demokratische Einstellung der Arbeiterschaft war die ideologische Wurzel, aus der die später entstehende sozialistische Bewegung ihre ersten Säfte sog. Vorerst aber war das liberal-demokratische Vorurteil des Proletariats für eine wirkliche Verselbständigung noch das denkbar größte Hindernis, denn damit wurde der Blick für die Probleme der sozialen Emanzipation abgestumpft, weshalb auch die Anstrengungen Lassalles zur Gründung einer sozialistischen Arbeiterbewegung von geringem Erfolg begleitet waren. Vom demokratischen Vorurteil kam allerdings die deutsche Arbeiterschaft niemals mehr los, auch nicht zur Zeit der Verfolgungen unter dem Sozialistengesetz und erst recht nicht, als die ökonomische Entwicklung in den neunziger Jahren die Ausbreitung und Vertiefung der demokratischen Illusionen noch weiter förderte. Der allgemeine politische Hintergrund, der durch alle geschichtlichen Wandlungen hindurch unverändert blieb und eine Überwindung der liberalistischen Befangenheiten des Proletariats erschwerte, waren die ewig unreifen Zustände Deutschlands und die Tatsache, daß es allein der proletarischen Klasse überlassen war, die politische und das heißt die bürgerlich-demokratische Emanzipation der deutschen Gesellschaft zu vollziehen.

Auch nach einer anderen Seite hin trat das Proletariat in eine merkwürdige Beziehung zum bürgerlichen Denken. Wir haben gesagt, daß der diesseitsgerichtete, wirklichkeitsnahe und der naturwissenschaftlichen wie betriebstechnischen Entwicklung durchaus kongruente bürgerliche Materialismus auf die Arbeiter seine Wirkung nicht verfehlte. Wenigstens die aufgeweckteren und gebildeteren neigten sehr dazu, dem materialistischen Weltbild, das von den bürgerlichen Philosophen mit allen Finessen der wissenschaftlichen Logik unterbaut wurde, vorbehaltlos zuzustimmen. In Wahrheit stand diese Logik auf recht schwachen Füßen und litt unter einer erkenntnistheoretischen Konfusion, vor der sich Kant, Hegel und Fichte im Grabe aus Scham das Haupt hätten verhüllen müssen, und die manchen mechanistischen Materialisten, die heute noch zahlreicher sind als man gemeinhin ahnt, als Warnung dienen könnte. Andererseits war die

Zuneigung der Arbeiterschaft zu diesem Materialismus sehr verständlich. Denn wenigstens im rein philosophischen Bereiche war seine Konfusion weniger verlogen als die gleichzeitige idealistische und romantische, und er war auch als die Philosophie der bürgerlichen Revolution unter den noch halbfeudalen Verhältnissen Deutschlands dem gegen diese Verhältnisse gerichteten proletarischen Denken ebenso angepaßt wie die konsequent bürgerlich-demokratische Vorstellungsweise der Zeit. Hatte die Bourgeoisie diesen Materialismus im vollsten Gegensatz zu ihrer politischen Haltung akzeptiert, weil er zu ihrer neuen Lebensform paßte, sie sogar zu rechtfertigen schien und mit seinen Argumenten immer dann, wenn die Bourgeoisie Grund hatte, mit dem Junkerstaate nicht zufrieden zu sein, leicht zu renommieren war, so erkannte das Proletariat in ihm bald eine Waffe der gesellschaftlichen Umwälzung überhaupt. Damit war für das Proletariat für den Augenblick zwar vieles gewonnen, aber auf die Dauer noch mehr verloren. Denn indem die große Verbreitung der naturwissenschaftlichen Bildung auf Kosten der gesellschaftswissenschaftlichen ging und die Verwurzelung des materialistischen Weltbildes mechanischer Färbung im Massenbewußtsein förderte, blieben die dem mechanischen Materialismus völlig entgegengesetzten dialektisch-materialistischen Ideen von Marx und Engels zunächst völlig unverstanden, um dann, als sie sich allmählich durchsetzten, in einer entstellten, und zwar wiederum nach dem Vorbilde der Naturwissenschaft mechanistischen Form akzeptiert zu werden.

Während das Proletariat sich immerhin redlich bemühte, seine demokratischen und materialistischen Auffassungen in eine gewisse Übereinstimmung mit seiner politischen Haltung zu bringen, blieb der deutsche Durchschnittsbourgeois des 19. Jahrhunderts ungeachtet seiner materialistischen Renommierereien und der liberalisierenden Phrasen seinen unterwürfigen preußisch-konservativen Neigungen treu. Aber auch das Proletariat war von den allgemeinen Tendenzen zur »Verpreußung« nicht ganz unberührt. Nicht, als ob es auch nur die geringste Neigung gezeigt hätte, sich dem preußischen Geist anzubiedern. Aber es unterlag auf Umwegen, es wurde gleichsam überrumpelt, und das Mittel dazu war der moderne kapitalistische Betrieb. Das Einfallstor in die Seele des Arbeiters - und um seine Seele ging es vorerst, d. h. um die Anpassung seiner Individualität an den Habitus des deutschen Durchschnittsspießers und nicht um die noch aussichtslose direkte Korrumpierung des politischen und sozialen Bewußtseins - war die Betriebsdisziplin, die in Deutschland ein wesentlich höheres Maß von Strenge zeigte als anderswo. Und dies nicht zufällig. Die Bourgeoisie, deren Geist und Moral seit Friedrich II. in preußischer Manier gedrillt waren und die in ihrer traditionellen Rückgratlosigkeit sich daran gewöhnt hatte, den preußischen Stil für das Vorbild aller Menschenbildung zu nehmen, war nun zur Herrin über zahllose Arbeiter geworden, und es lag nahe, diese nach der gleichen Facon zu drillen. In der allgemeinen Atmosphäre der Dekadenz und der »Verpreußung« stand das Proletariat zu isoliert da, um der schleichenden Krankheit der deutschen Gesellschaft, dem aus der undemokratischen Geschichte Deutschlands geborenen disziplinären Devotismus, völlig zu entgehen. Das Spezifische an den neuartigen Bedingungen, in die sich das Proletariat durch die allzu stürmische Entwicklung hineingestellt sah, lag in der innigen Verschmelzung des noch ungebrochenen und die ganze deutsche Gesellschaft durchdringenden preußischen Ordnungsprinzips mit dem formal ähnlichen, die Menschen ebenso entindividualisierenden Prinzip der kapitalistischen Betriebsdisziplin. Wir stoßen hier auf ein soziales Phänomen, zu dem es nur in Japan Vergleichbares gab, wo noch sichtbarer als in Deutschland eine Aufpfropfung kapitalistischer Zustände auf eine feudale Gesellschaftsform stattfand, und wo ähnliche Ergebnisse hinsichtlich der Ausbildung eines besonderen proletarischen Typus erzielt wurden. Eine interessante Stelle bei Anna Siemsen bestätigt unsere Ansicht: »Die Organisation der Großbetriebe war autoritär-militärisch, Vorarbeiter und Meister fungierten als Unteroffizier und Feldwebel, Ingenieur und Betriebsführer waren die Offiziere, die Direktoren bildeten den Generalstab und der Generaldirektor beherrschte das Ganze ähnlich wie der oberste Kriegsherr die Armee«.

Konnte auch die neue Form, in die ein großer, und zwar der wichtigste Teil der Lebenszeit des Proletariers gepreßt wurde, seine Gesinnung zunächst nicht zerstören, so konnte doch andererseits die Vermählung der rationalen Disziplin der Profitmaschinerie mit der irrationalen des Militärstiefels nicht ohne Wirkung auf den allgemein-menschlichen Habitus des Arbeiters bleiben. Das heißt, war die »Verpreußung« des Deutschen schon durch die Jahrhunderte vorbereitet worden und wirkte allein schon die allgemeine geistige und moralische Atmosphäre dahin, den Widerstandswillen selbst der kritischen Geister zu brechen, so fanden alle diese negativen Tendenzen ein frisches Wirkungsfeld in jener Klasse, die bisher von ihnen am meisten verschont geblieben ist, im Proletariat. Es wäre aber verfehlt, den Verpreußungsprozeß des Proletariats mit jenem der anderen Klassen einfach gleichzusetzen. Unter der Wirkung der konkreten

Bedingungen, die naturgemäß für jede Klasse etwas grundsätzlich anderes bedeuten, nahm auch die Tendenz zur Verpreußung bei jeder Klasse jeweils eine andere Form an. Während das Bürgertum sich im Zustande der Verpreußung geradezu wohlfühlte und mit gehobenen Gefühlen zu »Staat und Vaterland« emporblickte, das Kleinbürgertum sich nicht minder mit vaterländischen Phrasen vollpfropfte und nur in seinem radikalsten Teil eine gewisse Widerstandskraft zeigte, bewahrte sich das Proletariat, dessen kritischer Sinn durch seine Lage am meisten wachgehalten wurde, erhebliche Kräfte der Abwehr. Wogegen es sich aber nur unzulänglich schützen konnte, das war die persönlichkeitsertötende, entseelende und zermürbende Atmosphäre des Betriebes und seiner verpreußten Disziplinmaschinerie. Gewiß, in einer anderen gesellschaftlichen Umgebung als der deutschen hätte das vielleicht nicht viel bedeutet, aber in Deutschland stand es anders. Wenngleich unter dem Druck des sozialen und politischen Elends, unter dem das Proletariat am meisten litt, dieser Zustand noch nicht zu einem direkten intellektuellen Umfall führte wie bei der Bourgeoisie, so waren doch auch die Momente der Entnervung und Entartung spürbar am Werk. Die einander entgegengesetzten Tendenzen: einerseits die Tendenz der »Verpreußung«, die aus den allgemeinen Bedingungen der deutschen Gesellschaft erfloß, und andererseits jene der sozialen Opposition, die von den speziellen Bedingungen, unter denen das Proletariat leben mußte, genährt wurde, gewannen abwechselnd die Oberhand, je nach der wechselnden Gestaltung der geschichtlichen und ökonomischen Entwicklung. Mancher »rätselhafte Widerspruch« im Verhalten des deutschen Proletariats löst sich in seiner Rätselhaftigkeit auf als notwendiges Resultat der widerspruchsvollen Seinslage.

Bevor wir die für die Entwicklung des deutschen Proletariats einschneidenden Ereignisse der neunziger Jahre betrachten, müssen wir noch kurz die wichtigsten Geschehnisse seit der Wiederherstellung der Junkerherrschaft nach der Revolution von 1848 darstellen.

Als durch die ökonomische Entwicklung die gesellschaftliche Bedeutung des Bürgertums anwächst, beginnt man sich auch in Regierungskreisen klarzumachen, daß auf die Dauer die rein absolutistische Form der Herrschaft nicht aufrechtzuerhalten sei, und daß eine geschickt durchgeführte Verschleierung des Absolutismus durch gewisse konstitutionelle Zugeständnisse der Festigung der bestehenden Ordnung nur nützlich sein könnte. Die Gelegenheit für einen solchen Schritt ergibt sich, als Prinz Wilhelm für den geistesgestörten König die Regentschaft übernimmt.

Tatsächlich gelingt es dem Regenten, mit seinen liberal gestimmten Versprechungen fast die gesamte Nation hinter sich zu bringen. Es scheint eine neue »Ära« anzubrechen. In Preußen wird ein liberales Ministerium berufen, dessen leitenden Persönlichkeiten sich hinsichtlich der Reformen durch außerordentliche Bescheidenheit auszeichnen, aber immerhin das für die preußischen Zustände unerhörte Wagnis auf sich nehmen, die Aufhebung der Grundsteuerbefreiung des Adels zu versuchen. In die gleiche Zeit fällt die Gründung des Deutschen Nationalvereins mit dem Ziel der Einigung Deutschlands auf konstitutioneller Grundlage. Aber die ausdrückliche Erwartung, Preußen werde das Vollzugsorgan der Einigung und der Reformen werden, macht von Anfang an deutlich, wie wenig diese Gründung von der Sorge um die wahrhaft fortschrittliche Ausgestaltung des politischen Lebens der deutschen Nation getragen war. Auch sonst zeichnet sich das Verfassungs- und Reformprogramm des Nationalvereins trotz all seiner Berufung auf die Frankfurter Verfassung von 1849 durch einen überaus gemäßigten, jeder wirklich demokratischen Idee entfremdeten Inhalt aus und durch weitgehendste Bereitschaft zum Kompromiß mit dem Junkerstaate. Bezeichnend ist schon, daß Rudolf von Benningsen, der spätere Führer der Nationalliberalen Partei, die schmählich zur Reaktion überlaufen wird, die Leitung des Nationalvereins innehat. Stillich bemerkt richtig, daß eine zeitweilige radikale Sprache, wie Ausfälle gegen den deutschen Philister- und den Polizeistaat, nur dazu angetan waren, die innere Schwäche zu verdecken, und daß die Furcht vor der Revolution des Volkes bei den im Nationalverein zusammengeschlossenen Liberalen größer war als der Drang nach Parlament und Freiheit.

Der Verfassungskonflikt war dadurch entstanden, daß der Plan des Prinzregenten, seine schwächlichen konstitutionellen Zugeständnisse gegen eine Heeresreform auszutauschen, mißlang. Diese Reform war an sich nicht unberechtigt, doch witterte die Bourgeoisie, durch die Erfahrungen der Vergangenheit immerhin gewitzigt, eine Gefahr für die Zukunft und lehnte sie, da der Plan auch ihren Geldsäckel nicht unerheblich belastete, ganz ab. Die Möglichkeit dazu ergab sich, weil die Regierung, um den konstitutionellen Schein zu wahren, den Landtag befragt und um seine Zustimmung ersucht hatte. Die ganze Geschichte wuchs sich schließlich zum Verfassungskonflikt aus, der auf der linken Seite von der 1861 gegründeten Fortschrittspartei ausgekämpft wurde und mit dem Siege des Junkertums unter der Führung Bismarcks endete. Während des ganzen Konflikts hatte die eigentliche Bourgeoisie, die formell der Fortschrittspartei angehörte, mit Mißbehagen abseits gestanden und unentschlossen abgewartet. Ihr mißfiel am meisten, daß sich der Fortschrittspartei der ganze radikale Haufen, von Lassalle und Jacoby angefangen über Forckenbeck zu Schulze-Delitzsch usw., angeschlossen hatte. Wenn sie sich nicht sofort offen abwandte, so nur deshalb, weil die Fortschrittspartei eine sehr unklare und inkonsequente Linie einhielt und jedem die Möglichkeit ließ, auf eine ihm genehme Entwicklung zu hoffen. Schon das Programm der neugegründeten Partei hatte Virchow als »Koalitionsprogramm« bezeichnet, und wie kompromißlerisch sie orientiert war, zeigt die Tatsache, daß sie vom ersten Augenblick an auf die Forderung des allgemeinen und gleichen Wahlrechts verzichtet hatte.

Erst als die Niederlage der antipreußischen Elemente offensichtlich wurde, zog sich die Bourgeoisie auf ihre eigene Position zurück und gründete 1866 die Nationalliberale Partei. Um die Welt über den wahren Charakter dieser Neugründung zu täuschen, begann sie mit einem Manöver, indem sie das demokratische Wahlrecht proklamierte, aber nicht ohne es gleichzeitig zu diskreditieren durch den Hinweis auf die Gefahren, die es enthalte. In Wahrheit ging es ihr um etwas ganz anderes, nämlich um die Befriedigung ihrer ökonomischen Forderungen, für die sie jeden politischen Preis zu bezahlen bereit war. Jeder echt demokratischen Bestrebung mit Widerwillen begegnend und mit der Hoffnung im Herzen, der junkerliche Staat werde sich schließlich doch dazu herablassen, mit ihr auf Halbpart zu regieren, bereitete die Bourgeoisie ihren Verzicht auf die politische Selbständigkeit nun auch ideologisch vor. Das alte Naturrecht, von dem sich noch gewisse Spuren selbst im gemäßigten Liberalismus erhalten hatten, wird nunmehr radikal überwunden mit Hilfe einer den neuen Umständen angepaßten Theorie, die sich »Realismus« nennt, und die eine Annahme der Existenz natürlicher Rechte verwirft. Die Hauptvertreter dieser Richtung sind Dahlmann und Treitschke. So sind die Fronten wenigstens klar geschieden. Von der Fortschrittspartei, die zu einem Sammelbekken der wenigen übriggebliebenen Manchesterliberalen wird, bleibt nur noch ein unscheinbarer Rest zurück, nachdem die radikale Linke und die große Masse der Bourgeoisie abgefallen sind. Praktisch ist Deutschland trotz der Bismarckschen Scheinreformen ein mit Hilfe der Bourgeoisie diktatorisch regierter Staat. Engels spricht von einer »bonapartistischen Monarchie«, der er, offenbar im Hinblick auf das Wahlrecht, sogar eine gewisse Fortschrittlichkeit zuspricht. Bismarck hält den Hebel seiner ausgeklügelten Verfassungsmaschinerie fest in Händen und setzt der nach demokratischem Wahlrecht gewählten Volksvertretung sehr enge Grenzen; in Wahrheit regiert er mit seinem Werkzeug, dem Bundesrat selbstherrlich, denn er ist zugleich Reichskanzler und preußischer Ministerpräsident und versteht es, alle zu betrügen. Er betrügt selbst das Junkertum, das in seiner Beschränktheit Bismarcks großangelegten Plan zur Verewigung der Junkerherrschaft ebensowenig versteht, wie einst der französische Adel die absolutistischen Rettungsaktionen Richelieus verstanden hat. Besser versteht ihn die Bourgeoisie, die kein eigenes Programm mehr besitzt, jede wirtschaftliche Konzession als Erfolg bucht und zufrieden ist mit der Festigung der staatlichen Autorität gegen die aufstrebende Arbeiterschaft.

Man sollte meinen, daß die reaktionäre Haltung der Bourgeoisie den Widerstand des Proletariats verstärken mußte. Zum Teil war dies tatsächlich der Fall, wie das starke Anwachsen der sozialistischen Stimmenzahl bei den Reichstagswahlen beweist. Die Sozialistenverfolgungen trugen allerdings das ihre dazu bei. Aber bereits zu Beginn der neunziger Jahre flaut der sozialistische Radikalismus merklich ab, vorerst noch nicht vor den Augen der Welt, doch im stillen, nach außen verdeckt durch die radikale Sprache der Führer. Im Zwiespalt zwischen der wahren Stimmung der arbeitenden Masse und der vorzüglich an der Theorie orientierten und daher vielfach noch revolutionär gesinnten obersten Führung liegt das Geheimnis des Widerspruchs zwischen der äußeren Herrschaft des reinen sozialistischen Gedankens und dem Sieg des Reformismus in der deutschen Arbeiterbewegung. Übrigens verhält es sich hier gerade umgekehrt wie in der Zeit nach dem ersten Weltkrieg, als den radikalen Massen der pseudosozialistische Reformismus in die Arme fällt. Nur in Süddeutschland schwenkte auch die Führung ins reformistische Lager ab. Gewiß, das Abflauen des sozialistischen Radikalismus fällt zeitlich genau zusammen mit dem Auftreten neuer Faktoren.

Und diese Momente tauchten mit den neunziger Jahren in voller Stärke auf. Eben war Deutschland in sein imperialistisches Stadium getreten. Bismarck selbst hatte kolonialen Besitz noch gering geschätzt. Seine Nachfolger waren bereits anderen Sinnes, denn als Folge des rapiden Industrialisierungsprozesses war das Bedürfnis nach reichlichen Absatzmärkten entstanden, die man wenigstens zum Teil in den nichteuropäischen Ländern, die auch für die Rohstoffgewinnung Bedeutung hatten, zu finden hoffte. Zuerst wurde eine Überseehandelsflotte gebaut, der bald eine Kriegsflotte nachfolgte. Hand in Hand damit wurden Handelssiedlungen in Afrika gegründet und Bündnisse geschlossen, die eine Folge der gesteigerten Rivalität mit dem Handel Englands und der daraus resultierenden Spannungen waren. Diese Bündnispolitik trug ihrerseits Deutschland die Gegnerschaft Rußlands ein.

Innenpolitisch wirkte sich der neue Kurs nach zwei Richtungen aus. Erstens zeigte man eine vorübergehende Nachgiebigkeit gegen die Arbeiterschaft, die man für den Kriegsfall in eine einheitliche nationale Front einzuspannen gedachte. Zweitens führte die künstlich von der Reaktion geschürte Angst vor dem Zarismus zu einer maßlosen Steigerung der nationalistischen und chauvinistischen Gefühle des Volkes bis tief in die Reihen des Proletariats hinein. Die Bourgeoisie vor allem erhoffte sich vom Junkerstaat eine gewaltsame Lösung ihrer ökonomischen Probleme. Daß die ideologische Verseuchung der öffentlichen Meinung auch auf das Proletariat nicht ohne Wirkung geblieben war, bewiesen die Kongreßdebatten zur Genüge. Dazu kam, daß unter dem Schutz und mit Förderung des Staates die händlerische, koloniale und industrielle Aktivität der Bourgeoisie zusehends die Profite vermehrte und eine Konjunktur schuf, die irrtümlicherweise von der Arbeiterschaft als unerschütterliche Dauererscheinung der neuen ökonomischen Entwicklung betrachtet wurde. Diese Täuschung rührte nicht zuletzt daher, daß die Konjunktur von gewissen wirtschaftlichen Konzessionen an die Arbeitenden begleitet war und mäßige Verbesserungen der Arbeitsbedingungen mit sich brachte. So entstand die Vorstellung, daß infolge der unbegrenzten Reichtumsentfaltung, deren sich der Hochkapitalismus fähig erwies, auch die Sicherheit einer sich unendlich fortsetzenden Aufwärtsentwicklung der Gesellschaft im allgemeinen und des Lebensstandards der arbeitenden Bevölkerung im besonderen gegeben sei. Ebenso entstand der Schein eines allmählichen Ausgleichs der Klassengegensätze und des gradlinigen Fortschreitens der Gesellschaft bis zur vollendeten Demokratie, die man mancherorts sogar als nicht mehr prinzipiell mit dem Junkerstaate unvereinbar anzusehen begann.

Die Epoche des politischen Entgegenkommens der Arbeiterschaft gegenüber leitete der, nach einer Bezeichnung von Engels »soziale« Kurs Wilhelms II. ein. Ungeachtet seiner anfänglich scharfmacherischen Reden gegen die Sozialdemokratie macht Wilhelm bald Versprechungen aller Art, wie zum Beispiel die Einführung einer ausgedehnten Sozialgesetzgebung. Trotz anfänglichen Mißtrauens verfehlt die wilhelminische Propaganda ihre Wirkung nicht, besonders als Bismarck, der Urheber der Idee einer Wahlrechtsverschlechterung und der rücksichtslosesten Verfolgung der sozialistischen Bewegung, zum Rücktritt gezwungen und durch Graf Caprivi abgelöst wird, einen zwar konservativen, aber nach außen hin sich bürgerlichen Reformen zugeneigt zeigenden Mann. Caprivi behält seine Stellung von 1890 bis 1893. Die Reformbestrebungen Caprivis werden von der Arbeiterschaft mit Wohlwollen verfolgt. Zum Beispiel erwartet man von der Senkung der Zölle ein Sinken der Lebensmittelpreise. Der nationalliberale Finanzminister Miquel, von dem bekannt wird, daß er in seiner Jugend Mitglied des Kommunistenbundes gewesen ist, erwirbt sich mit seinen Steuerreformen das direkte Vertrauen der Linken. In Wahrheit ist seine Gesinnung sehr zweifelhaft, wie seine Zustimmung zum Plan der Aufhebung des Reichstagswahlrechts zeigt. Nicht minder trug die Herabsetzung der Militärdienstzeit dazu bei, das Vertrauen der Arbeiterschaft zur Regierung zu heben. Der Optimismus ging so weit, daß selbst ein so hochinteressantes, aber an sich geschichtlich unscheinbares Ereignis wie die viertägige Debatte Bebels im Parlament über den sozialistischen Zukunftsstaat, die sich durch ein allseitiges Interesse und ein verhältnismäßig hohes Niveau auszeichnete, von der Arbeiterschaft als Omen der zwangsläufigen Vorwärtsbewegung der Gesellschaft gedeutet wurde. Ganz in diese Richtung wirkten die rege Tätigkeit der reformatorisch ausgerichteten bürgerlichen Gelehrtengruppe der »Kathedersozialisten« und die spätere durch die energische Propaganda der Intellektuellen erzwungene Freigabe von Hauptmanns »Weber«.

Die ideologische und moralische Entartung der Bourgeoisie führte nicht nur zu einer »Verpreußung« in der oben gemeinten Bedeutung, sondern geradezu zu einer Verjunkerlichung. Je mehr der Bourgeoisie das demokratische Gesellschaftsideal in der Ferne entschwand, desto näher rückte ihm das aristokratische. »Die Stellung, die der Liberalismus zum Adel einnimmt, hat ihren früheren Radikalismus völlig eingebüßt . . . Die alten Vorrechte des Adels sind auf Umwegen wiederhergestellt. In Armee und Verwaltung wird er in einer Weise bevorzugt, die Erstaunen erregt«. Noch 1911 waren von 12 preußischen Oberpräsidenten 11, von 36 Regierungspräsidenten 22 und von 244 Regierungsreferendaren 114 adlig.

Das Jahr 1918 brachte dem deutschen Volke die bürgerliche Demokratie. Aber weder war die verjunkerlichte Bourgeoisie aus Angst vor dem Proletariat in der Lage, die wirkliche Demokratisierung des Landes durchzuführen, noch verstand es das radikalisierte Proletariat, die günstige Situation auszunützen. Statt dessen fraßen die bürgerlichen Illusionen weiter am Mark der Arbeiterbewegung. Die Theorie von der »Volksgemeinschaft« und vom »Volksstaat« fanden weite Verbreitung. Da aber unter den völlig veränderten Verhältnissen der Nachkriegszeit ein allmähliches Vordringen des revolutionären Denkens unvermeidlich war, konnte die Spaltung der Arbeiterschaft nicht verhindert werden. Jedoch hatte sich auch der radikale Flügel nicht zu einer klaren sozialistischen Auffassung durchzuringen vermocht; die typisch deutschen Hemmnisse saßen ihm noch zu tief in den Knochen. Zwischen dem aus der mechanistisch-bürokratischen Mißdeutung der Geschichte geborenen und daher die Zwischen- und Gegenkräfte falsch einschätzenden Hyperradikalismus und einer ebenso wirkungslosen, weil nicht mit der notwendigen Verbesserung des Propaganda-, Presse-, Bildungs- und Organisationsapparates einhergehenden Mäßigung hin- und herschwankend, kam er niemals vom Bürokratismus los. Er blieb auch in der Zeit mit Millionenanhang eine im Grunde sektenhafte Bewegung.

Aber auch der Liberalismus blieb ein krankes Gebilde, das in steigendem Maße von einem sich geschickt christlich und sozial tarnenden Konservatismus großbürgerlich-dekadenter Prägung zunächst überdeckt und schließlich verschlungen wurde. Dieser bürgerlich-reaktionäre »Sozialkonservatismus« verstand es, sich durch ein Gemisch von sozialer und liberaler Phraseologie zu tarnen. Noch nach dem zweiten Weltkrieg wählte er für die Zeit des Übergangs eine soziale Maske und bis zum heutigen Tage liebt er es, sich in einer freiheitlich-liberalen Gestik zu ergehen. In Wahrheit ist der deutsche Liberalismus längst tot und vegetiert abstrakt nur noch in der Theorie fort (vornehmlich in der theoretischen Nationalökonomie, und dies in krassem Gegensatz zur Philosophie), von einer kleinen Gruppe aufrechter liberaler Illusionäre dem Scheine nach am Leben erhalten. Er hat dem deutschen Sozialkonservatismus, mit dem ihn die selbst im bürgerlichen Sinne antirevolutionäre Tradition verbindet, Platz gemacht. Ein Vergleich zwischen dem englischen und dem deutschen Sozialkonservatismus wirft ein helles Licht auf die Besonderheit der deutschen Lage.

Die Tragik des internationalen Liberalismus, in Deutschland extrem zugespitzt, ist der unüberwundene Widerspruch zwischen dem »Citoyen« und dem »Bourgeois«. Diesen Widerspruch ausnützend, konnte die konservative Partei Englands zu einer Zeit, da die das Parlament beherrschenden Liberalen zögernd schwächliche Wahlreformen durchzuführen begannen, unter der Führung Disraelis große Erfolge erzielen. Zieht man einen Vergleich zu den modernen Konservativen, insbesondere Deutschlands, so ist der Gegensatz offensichtlich. Der Sozialkonservatismus existiert hier nicht mehr in seiner (englischen) Reinheit, sondern vermischt mit dem inzwischen reaktionär gewordenen Liberalismus. Den einstigen feudal-ständischen und romantischen Boden hat er längst verloren. Im England des 19. Jahrhunderts hat er sich angesichts des Zerfalls der feudalen Welt und der Bedrohung durch den Liberalismus die Klage über das vom Bürgertum verschuldete industrielle Massenelend zu eigen gemacht, ist er sozial geworden. Sein antibürgerlich-sozialkritischer Zug tritt am deutlichsten bei seinen Hauptvertretern Carlyle und Disraeli zutage. Mit einem Auge nach dem Mittelalter schielend, dem er einen unverdienten Glorienschein umhing, blickte er mit dem anderen einer Ordnung entgegen, in welcher unter der Führung der Monarchie das Volk gegen den Zugriff des kapitalistischen Unternehmertums geschützt sein sollte.

Bekanntlich hat sich Lassalle diesen Umstand zunutze gemacht, um Bismarck in persönlichen Gesprächen auf die Möglichkeit aufmerksam zu machen, durch Gewährung des Wahlrechts das Königstum zu stärken und die Liberalen zu schwächen. Daran hat sich Bismarck erinnert, als es für ihn längst zu spät war und er gezwungen war, gleichzeitig mit dem Wahlrecht Verbotsgesetze gegen die »radikale Rotte« zu erlassen. Wie weit dieser Schritt Lassalles bloße Taktik war oder aus seiner hegelianischen Überschätzung des Staates gegenüber der Ökonomie (wie Lukács meint), d. h. aus seinem Staatsidealismus erfloß, ist heute nicht leicht zu entscheiden. Jedenfalls steht fest, daß Lassalle angesichts der Schwierigkeiten, auf die er bei seinem Versuch der Entfaltung einer breiten Bewegung der Arbeitenden stieß, sich zu dem Plan verleiten ließ, einen ähnlichen Weg zu gehen wie Disraeli. Aber für Deutschland lief ein solcher Plan darauf hinaus, das in England erstrebte Bündnis zwischen »Volk und Monarchie« zu ersetzen durch ein Bündnis mit der preußischen Feudalbürokratie und einer Monarchie, die noch tief in feudalen Traditionen wurzelte. So verschob sich unter den deutschen Bedingungen das Unterfangen Disraelis ins Reaktionäre. Daß Lassalle dies nicht bemerkt haben sollte, ist nicht wahrscheinlich; ihm wurde das, was Disraeli tiefster Ernst war, zur bloßen Taktik, die allerdings darauf hinauslief, die Weltgeschichte hinters Licht zu führen. Dieser Illusion wegen hat Marx in privaten Äußerungen bittere Kritik an Lassalle geübt.

Im englischen Sinne hat es in Deutschland niemals einen einflußreichen Sozialkonservatismus gegeben. Als echter Junker haßte zwar auch Bismarck den Krämergeist der aufkommenden Bourgeoisie; ihre unvermeidliche historische Funktion erkannte er ebensowenig wie Disraeli. Aber die neue Macht der sich bereits unter seinen Augen erfolgreich organisierenden Arbeiterschaft wohl erkennend, konnte und wollte er sich weder mit der Bourgeoisie verbünden (was er nach der Anbiederung der großbürgerlichen Nationalliberalen Partei später doch tat) noch mit der sozialistischen Arbeiterschaft. So betrachtete er das Wahlrecht und kleinliche sozialgesetzgeberische Konzessionen als notwendige taktische Mittel der Selbstbehauptung. Wie wenig er diese Mittel ernst nahm, im Gegensatz zu Disraeli, der auf Grund der andersgearteten Entwicklung Englands weiter sah, beweist seine Manipulation mit dem Reichstag und dem Bundesrat, worüber wir bereits sprachen. Machte sich Disraeli gleichsam den bürgerlichen Fortschritt zu eigen, um zu retten, was noch zu retten war, so ergab sich Bismarck der Illusion, ihn auf taktischem Wege aufhalten zu können. In der Hoffnung, das vom ausbeuterischen Unternehmertum gequälte Volk werde sich eng an die preußische Monarchie anschließen, glaubte er, ohne großes Risiko die Sozialdemokratie verbieten zu dürfen. Aber diese Partei übernahm mit um so größerer Energie die Aufgabe, das bürgerlich-demokratische Verfassungsprogramm zu verwirklichen, als dieses von allen Seiten verraten worden war, auch vom Bürgertum selbst. Daß ihr das zum Verhängnis wurde und daß sie bis heute diesem Dilemma nicht entrinnen konnte, woran übrigens die Enttäuschungen, die der östliche Stalinismus dem sozialistischen Bewußtsein durch seine grausamen Methoden bereitete, ihren entscheidenden Anteil haben, ist inzwischen offensichtlich geworden. Sie hat sich zu einer bürgerlich-kleinbürgerlichen Partei gewandelt.

So stellt sich der deutsche Sozialkonservatismus von Anfang an als reaktionär heraus. Hat sich im 20. Jahrhundert der Sozialkonservatismus der gesamten hochbürgerlichen Welt mit dem Kapitalismus total ausgesöhnt, – das fiel ihm leicht, denn selbst der noch in Überresten im 19. Jahrhundert vorhandene Gegensatz zwischen den christlich-ständischen und den liberalen Tendenzen ist gegenstandslos geworden –, so behält er in Deutschland (ohne Preußen dem preußischen Geist folgend) seinen traditionellen taktisch-illusionären, die Einrichtungen der bürgerlichen Demokratie bedrohlich manipulierenden Charakter bei. Ist der europäische Sozialkonservatismus insgesamt auf die kapitalistische Linie eingeschwenkt, so kennzeichnet sich der deutsche durch verschärft reaktionäre Neigungen, die, aus der Nachwirkung der unglücklichen deutschen Geschichte und der vielfach unbewußten, preußisch-bürokratischen Tradition zu verstehen sind.

Die Misere der deutschen Entwicklung haben wir in dem Abschnitt über das Luthertum und in diesem Abschnitt aufzuzeigen versucht. Vergleicht man diese Entwicklung mit der französischen und englischen wird der überwiegend reaktionäre Charakter der deutschen Geschichte noch deutlicher: In Deutschland hat es einen fortschrittlichen Absolutismus kaum in Ansätzen gegeben; während in Frankreich und England bereits im 15. und 16. Jahrhundert eine energische (in Frankreich am römischen Recht bestens geschulte) fortschrittlich-bürgerliche Bürokratie entsteht, entwickelt sie sich in Deutschland erst im 19. Jahrhundert, aber im Schatten der allmächtigen preußisch-adeligen Bürokratie und daher ohne wesentliche Bedeutung; während in den übrigen westlichen Ländern die Bauernbewegungen sich zwischen dem 14. und 15. Jahrhundert abspielen und vielfach wichtige Erfolge erzielen (in England kommen sie für die damalige ökonomische Entwicklung zu früh und erleiden eine Niederlage), ist der deutsche Bauernkrieg der letzte Europas und endet mit einem fürchterlichen Massaker; auch die Aufhebung der Leibeigenschaft kommt in Deutschland zuletzt (von Rußland abgesehen, das zu jenem Zeitpunkt eigentlich noch außerhalb der europäischen Entwicklung stand); den Anschluß an die bürgerlich-revolutionäre Entwicklung fand Deutschland erst 1848, d. h. als die Arbeiterbewegung bereits an die Tür pochte, weshalb, wie Lukács bemerkt, in England und Frankreich die Revolutionen »mit dem Kampf gegen den plebejisch-proletarischen Flügel« enden, dagegen in Deutschland die demokratischen Umwälzungen damit beginnen; die vom halbfeudalen Preußen dem Bürgertum geschenkte nationale Einigung kommt erst 1871; der Anschluß an die bürgerlich-demokratische Entwicklung gelingt eigentlich erst 1918, ohne tiefgreifende Wirkung.

Zum Schluß sei auf eine wichtige geistesgeschichtliche Erscheinung Deutschlands hingewiesen, die wir Georg Lukács zu verdanken haben. Lukács beschäftigt sich mit der Entstehungsgeschichte des extremen deutschen Irrationalismus und kommt zu dem Resultat, daß ihm der aus den Widersprüchen der deutschen Geschichte entspringende Hang zugrunde liegt, die deutsche Zurückgebliebenheit als einen besonderen und zwar »höheren« Weg, dessen die »Krämernation« Englands nicht fähig sei, zu idealisieren. »Das bloße Problem«, schreibt Lukács, wird »zur Antwort stilisiert, wobei ... die vorgeblich prinzipielle Unlösbarkeit des Problems als höhere Form des Weltbegreifens deklariert« wird. Der »besondere Weg« Deutschlands, den es nur in der Gestalt seiner Zurückgebliebenheit und Widersprüchlichkeit wirklich gibt, wird idealistisch als ein den übrigen Nationen überlegener Weg umgedeutet. Von hier führt ebenso eine gerade Linie zum Faschismus wie vom bürgerlich-reaktionär gewordenen deutschen Sozialkonservatismus. Die weltweite Niederlage des Faschismus nach dem zweiten Weltkrieg ändert daran nur so viel, daß die Methoden gründlicher überlegt und vorsichtiger gehandhabt werden. Während aber in Frankreich nur ein Drittel des Volkes (und nur ein Fünftel aller Wahlberechtigten) einem der markantesten Vertreter des modernen Sozialkonservatismus, de Gaulle, folgt, ist in Deuschland die Bereitschaft zu einer solchen Gefolgschaft mit dem Ergebnis der Untergrabung der ohnehin auf schwachen Füßen stehenden Demokratie weitaus größer, weil die Opposition weitaus schwächer ist. Der »preußische« Weg, in dessen Gefolge Preußen sich selbst vernichtete und ein gewaltiges nationales Unglück über Deutschland brachte, wird zu Ende gegangen.

5. Der bürgerliche Humanismus und seine historischen Schranken

Man hat bisher die Geschichte des bürgerlichen, politischen und sozialen Denkens in zwei Epochen eingeteilt: die Zeit des Aufstiegs der bürgerlichen Klasse, ausgezeichnet durch einen grenzenlosen Optimismus und ein vollendet humanistisches Menschenbild, und die Zeit der Machtergreifung und Sättigung, mit allen Folgen der Dekadenz, des sich ausbreitenden Pessimismus und der Verleugnung des ursprünglichen Humanismus, der skeptischen Beurteilung der Wesenheit des Menschen.

Im allgemeinen ist diese Einteilung richtig. Aber sie ist falsch, sofern man übersehen hat, daß bereits in der ersten Epoche, der bürgerlich-revolutionären, tiefgehende Widersprüche das Denken durchziehen, Widersprüche, die dem bürgerlichen Humanismus das Gepräge von Inkonsequenz, wenn auch nicht gerade, wenigstens was die besten Geister betrifft, von Unehrlichkeit verleihen. Einerseits sind zwar der zukunftsfreudige Optimismus und das aus ihm resultierende Gleichheitsideal nicht zu bestreiten; aber andererseits läßt sich, wo auf das Problem der praktischen Durchführung der Volkssouveränitätsidee, der letzten Konsequenz aus dem bürgerlichen Humanismus, konkret eingegangen wird, überall jene merkwürdige und noch wenig beachtete Einschränkung antreffen, die nichts weniger ausdrückt als das einseitige und alleinige Zugeständnis der Freiheitsrechte an die Besitzenden. Wo die erwähnte Einschränkung nicht aufscheint, liegt dies entweder an der Allgemeinheit und Abstraktheit der Äußerungen oder aber daran, daß offensichtlich ideologische Einflüsse der Unterklassen am Werk sind, Einflüsse, die in das Bewußtsein der in Frage kommenden Denker hineinragen.

Zu dieser letzten Art von Ideologen sind etwa zu zählen Cola di Rienzo, Marsilius von Padua, Morus, Mariana, Althusius und schließlich Rousseau. Bezieht man sich aber auf die Äußerungen aller jener Vertreter echt bürgerlichen Denkens, die noch in der Aufstiegszeit konkret zur Durchführung der Idee der Volkssouveränität als der notwendigen politischen Konsequenz aus dem bürgerlichen Humanismus Stellung nehmen, dann gelangt man zu der unausweichlichen Erkenntnis, daß bei ihnen allen eine Scheidung zwischen den Besitzlosen und den Besitzenden in der Weise vorgenommen wird, daß nur diesen die vollen Freiheitsrechte zugestanden werden. Selbst Exponenten des Kleinbürgertums bilden vielfach hierin keine Ausnahme, sogar die Leveller in der großen englischen Revolution hindert ihr Name »Gleichmacher« nicht, den Lohnempfängern das Wahlrecht zu verweigern. Wie der Führer der Leveller Lilburne verhalten sich auch Milton, Grotius und Locke, später Turgot, Kant und Schön, wobei das Auffällige gerade darin liegt, daß es sich bei der Mehrzahl dieser Männer um ganz klar humanistisch und bürgerlich-revolutionär gesinnte Denker handelt. Besonders an Kant und Schön ist das zu zeigen.

Es ist das ewige Wechselspiel zwischen dem ehrlichen Dienste an der Freiheit, den das Bürgertum leistet, und der Ausschaltung des Volkes vom Genuß dieser Freiheit nach vollbrachter Tat, das dem Historiker zu schaffen gibt. Die Folgen sind ebenso schwankende Reaktionen des Kleinbürgertums und des Proletariats. Beide Klassen folgen dem Bürgertum vorbehaltlos, solange es gegen den Feudalismus geht, um sich auf ihre eigene Position zu besinnen, sobald der Kampf beendet ist. Ein dumpfes Echo aus den arbeitenden Klassen, sagt Mehring einmal, antwortet dem jeden Teilsieg begleitenden Triumphgeschrei der Bourgeoisie. Das Volk pocht auf seine Freiheitsrechte.

An der Idee der Volkssouveränität rankte sich einst der bürgerliche Humanismus empor. Gewiß waren die verschiedenen Volkssouveränitätstheorien seit Marsilius von Padua, »Defensor pacis« (1324), und Nikolaus von Cues gemäßigterer »Concordantia catholica« über die aufrührerischen Monarchomachen, dann Althusius, Locke, Rousseau, Wolff, Justi bis zu Schlözer, Kant und Fichte hinauf und alles, was zwischen diesen Meilensteinen lag, sehr unterschiedlich aufgefaßt worden. Ebenso steht fest, daß gerade die konsequentesten und konsequenteren unter den bürgerlichen Vertretern der Volkssouveränität wie etwa Marsilius, Morus, Althusius, Milton, Sidney, Lilburne und andere bis Robespierre nicht bürgerliches Denken in vollkommener Reinheit vertraten, sondern mehr oder weniger stark von den gedanklichen Strömungen der Unterklassen beeinflußt waren. In allen Jahrhunderten mischte sich gerade bei den intelligentesten und aufrichtigsten Köpfen des Bürgertums gesellschaftskritische und revolutionäre Elemente in ihr Denken, die nirgends anders als im Lager der kleinbürgerlichen und besitzlosen Klassen entstanden sein konnten. Macht man sich gegenwärtig, wie gewaltig das revolutionäre Sektenwesen bereits angewachsen war, als Marsilius als angesehener Gelehrter und Staatsmann wirkte, und welches Kopfzerbrechen diese neue gesellschaftliche Macht der zu wahnwitzigen Mitteln der Verfolgung greifenden Kirche bereitete, dann versteht man auch, welcher Stimmung Marsilius seine Lehre vom Rechte des Volkes, den Herrscher zu maßregeln und abzusetzen, entnahm. Wenn Troeltsch darauf aufmerksam macht, daß Franz von Assisi »vermutlich« nicht frei gewesen sei von waldensischen Einflüssen, so gilt die Vermutung sektenhafter Abhängigkeit noch mehr für die Sozialanschauung des Marsilius.

Gehört Marsilius mit seinem »Defensor pacis« zu jenen Denkern der Renaissance, die an deren Anfang stehen, so ist als einer ihrer letzten Ausläufer ein merkwürdiger Mann anzusehen, der mit Marsilius und Morus die tiefe Beeinflussung seitens der revolutionären Strömungen der Zeit gemeinsam hat: Juan Mariana. Mariana, der im Jahre 1624, also genau 300 Jahre nach der Niederschrift des »Defensor« starb, wurde wegen seiner Zugehörigkeit zum Jesuitenorden vielfach mißverstanden und verleumdet. Aber es steht außer Zweifel, daß Marianas hervorstechendste Eigenschaften Ehrlichkeit, Offenheit und fortschrittliche Gesinnung waren. Deshalb konnte er auch niemals trotz seiner hohen Begabung eine höhere Würde im Orden erlangen. Es lohnt sich, auf die Gedanken Marianas kurz einzugehen. In den Anfängen der Menschheit herrscht ein Zustand des Urkommunismus und des allgemeinen Glücks. Es folgt eine Zeit, in der sich die Menschen bekämpfen und daher zur Sicherung ihrer Existenz sich zum Staate zusammenschließen. Die vornehmste Aufgabe des Staates, der in der Form der Monarchie am zuträglichsten, in jener der Tyrannei am unerträglichsten ist, ist die öffentliche Wohlfahrt. Der gute Staat wahrt das Prinzip der Volkssouveränität. Denn niemals kann die Gewalt des Fürsten größer sein als die ursprüngliche Gewalt des Volkes, von der sich jene ableitet. Man hat den Verdacht ausgesprochen, daß Mariana nur deshalb sich zur Volkssouveränität bekannt hat, um gegen den Absolutismus die Rechte der Kirche und des Papstes ausspielen zu können. Aber das ist ganz und gar nicht der Fall. Vom Papst spricht Mariana sehr wenig, fast widerwillig, und was die Kirche betrifft, hat er sich nicht gescheut vorzuschlagen, den im Überflusse sich wälzenden Klerus das Kirchenvermögen wegzunehmen und es seinem ursprünglichen Zwecke, der Armenpflege, zurückzugeben. Man begreift nun, daß Mariana starke Sympathien für die Kirchenväter zeigt. Auch eine starke Besteuerung der Luxusgegenstände zugunsten der Armen scheint Mariana unerläßlich. Im Falle der gröblichen Verletzung der Volkssouveränität ist die gewaltsame Beseitigung des Tyrannen erlaubt.

Aber es darf andererseits nicht übersehen werden, daß die klarblickendsten unter den bürgerlichen Geistern, so etwa Montesquieu, Voltaire, Turgot und selbst Kant, sich niemals über den Abgrund, der die besitzenden von den besitzlosen Klassen trennte, hinwegtäuschten und letzteren das Recht der Delegation von Vertretern in die Ständeversammlungen und Parlamente absprachen. So hat gerade auch Turgot, der unerbittliche Vorkämpfer der bürgerlichen Gesellschaft, bis an sein Lebensende an der Vorstellung von der Notwendigkeit der Erhaltung des politischen Übergewichtes der Grund- und Häuserbesitzer festgehalten. Trotzdem war ihm wie noch zahlreichen ähnlich gestimmten Geistern bis über die große Revolution hinaus die Haltung des späteren Liberalismus fremd, der im freiwaltenden Ausleben des schrankenlosen Egoismus der wirtschaftlich bevorzugten Individuen den Inbegriff der Freiheit erblickte. Turgot war noch ganz im Gegensatz zu diesem Liberalismus, der vom Begriff der unveräußerlichen Rechte des Volkes nichts mehr wissen wollte, ein prinzipieller Anhänger der darauf bezüglichen Lehre Rousseaus. Er hat im Jahre 1774 in einem Briefe an Ludwig XVI. sich in unmißverständlicher Weise für die Bekämpfung des Elends und die allgemeine Hebung des Volkswohlstandes auf dem Wege energischer staatlicher Eingriffe ausgesprochen. Bei ihm war nichts von jenem abgrundtiefen Haß gegen die unteren Volksklassen zu spüren, wie etwa bereits bei dem »liberalen« Reformfreiherrn vom Stein, dessen Verachtung der Massen in seinem seither oft wiederholten Worte von der »Habsucht des Pöbels, dem nach dem Vermögen gelüstet«, mit Vehemenz hervorbricht. Dieser Satz war in der 1816 abgefaßten Schrift »Über die Notwendigkeit zweier Kammern« gefallen.

Es sei uns nicht verübelt, wenn wir in diesem Zusammenhange ein wenig Steins eigene Habsucht beleuchten. Die wenig Konsequenz und Selbstlosigkeit verratende Haltung Steins ist nämlich durchaus bezeichnend für fast die gesamte Geisteshaltung des späteren Liberalismus. Es war wiederum kein anderer als Schön, der den Reformern vorwarf, sie hätten sich von Hardenberg beschenken lassen. Der große Streit um die Wahrheit dieser Beschuldigung ist heute entschieden. Zusammenfassend äußert sich Thimme: »War es etwa nicht an dem, daß die Stein und Scharnhorst, die Gneisenau und Boyen wiederholt die Gefälligkeiten des Staatskanzlers in Sachen ihres Privatvorteils in Anspruch genommen haben? ... Stellt sich das alles nicht im Grunde als ein Geschenk, als eine Liebesgabe dar, die zu einer Zeit, wo der Staat seiner Kapitalien mehr als je bedurfte ... von Schön als ungehörig empfunden werden mußte?« Und 1814; »als damals Staatsmänner dotiert wurden, haben sich Stein und Gneisenau wetteifernd an die erprobte Gefälligkeit des Staatskanzlers gewandt, damit er ihnen den kostbaren Johannisberg, das Juwel des deutschen Weinbaus, verschaffte«. Weil dies nicht gelang, hat Stein noch den toten Hardenberg »großer Falschheit« geziehen.

Wie ganz anders Schön selbst, einer der letzten großen Humanisten des Bürgertums, dessen tadellose Ehrlichkeit und Selbstlosigkeit uns hier nicht weiter zu beschäftigen hat. In politischer Beziehung teilt er, wie auch sein Lehrer Kant, die Meinung Turgots, daß zur Vertretung durch Angehörige höherer Stände »nur Knechte und grundbesitzlose Arbeiter« übrigbleiben. Schön tritt für unbedingte Freiheit und unbeschränkte Tätigkeit des Individuums ein aus dem Glauben heraus, daß auf diesem Wege das Gesetz der natürlichen Harmonie sich mit aller Bestimmtheit zum Wohle aller Klassen durchsetzen werde. Deshalb lehnt er jede Vereinsbildung und jede Schutzgesetzgebung, die die freie Konkurrenz beschränken könnte, radikal ab. Man könnte nun meinen, daß die Konsequenz aus dem Mißtrauen gegen die Besitzlosen und dem unbedingten Festhalten an dem Laissez-faire-Standpunkt eine Abwendung von der den alten Humanismus noch leitenden Menschen- und Volksfreundlichkeit sein müßte, eine Veränderung, die wir allenthalben beim Liberalismus der zweiten Hälfte des Jahrhunderts beobachten können. Aber gerade das Gegenteil trifft zu. Die Grundnote im Schönschen Denken bleibt unabänderlich die humanistische Sorge um das Wohl und die Vollendung des Menschen und damit die grundsätzliche Treue zur Idee der Volkssouveränität. Noch 1849, als Sechsundsiebzigjähriger, nimmt er energisch Stellung für die Hebung des Wohls der arbeitenden Klassen, und was seine Seele eigentlich bewegt, offenbart er blitzartig in einem Briefe vom 17. Mai des gleichen Jahres, den man sein ahnungsvolles Testament nennen könnte. Hier spricht er von den ewigen Idealen der Menschheit, die zwar niemals erreicht werden können, denen die Gesellschaft jedoch unaufhörlich nachstreben soll. In der Aufzählung dieser Ideale nennt er unter anderem auch die

Republik, den »Geschlossenen Handelsstaat« (offenbar nach der sozialistischen Utopie Fichtes) und den »Kommunismus«. Bereits am 24. Oktober 1846, und zwar ebenfalls in einem Briefe, verurteilt Schön den Mißbrauch, den man mit dem Ausdruck »Kommunismus« zur Bezeichnung unliebsamer Eigenschaften treibe, wobei er hinzufügt, man vergesse, »daß im lauteren und edelstem Sinne des Wortes, unser Herr Christus der größte Communiste war ... wie auch Saint Simon und Zinzendorf«. Man erkennt, es liegt der Überzeugung Schöns eine völlig andere Gesinnung zugrunde als jenem »realistischen« Liberalismus, der sich mit seiner »Pöbel«-Terminologie nicht genug tun konnte.

Will man noch an einem anderen gewichtigen Exempel die Bedeutung des Unterschiedes zwischen dem alten bürgerlichen Humanismus und dem volksfeindlichen Liberalismus des 19. Jahrhunderts ermessen, dann wende man sich Kant zu. Auch Kant möchte die »Unselbständigen«, die Bediensteten, Knechte, Lohnarbeiter und selbst Friseure vom Wahlrecht ausgeschlossen wissen. Es gehört unbestreitbar zu den spannungsreichsten Aufgaben der historischen Betrachtung, dem Grunde des Ausschlusses der Besitzlosen von der Gleichheit der politischen Rechte bei einem so revolutionären Ideologen der bürgerlichen Aufstiegszeit wie Kant nachzugehen. An den fast unübersteiglichen Schwierigkeiten, die sich hierbei dem modernen, an die politische Gleichberechtigung gewöhnten Bewußtsein entgegenstellen, ermißt sich überhaupt die ungeheure Schranke, die das Begreifen von längst Vergangenem behindert. Wie soll es sich widerspruchslos unserem modernen Verstande einfügen, daß selbst die Radikalen der großen englischen Revolution wie Milton und sogar die Leveller eine Beschränkung des Wahlrechts forderten. Die zweite radikalere Fassung des levellerschen »Volksvertrages« vom Mai 1649 schließt ausdrücklich alle Lohn- und Almosenempfänger von der Teilnahme an den allgemeinen Wahlen aus. Wohl begreift man, daß in der dem berühmten Aufstande vom 10. August 1792 folgenden Verfassung die von ihren Herren geistig und moralisch abhängigen »Dienstboten« nicht zur Ausübung des aktiven Bürgerrechts zugelassen werden. Wie diese Einschränkung wirklich gemeint war, zeigt das Dekret vom 27. August, in dem befohlen wird, »niemandem den Zutritt zu den Versammlungen und das Stimmrecht abzustreiten, der gewöhnlich in der Industrie, im Handel und in der Landwirtschaft tätig ist«. Die beiden 1793 folgenden Verfassungsentwürfe von Condorcet und Hérault de Séchelles, von denen der letztere angenommen wird, haben sogar die Dienstboten wieder zugelassen. Aber dabei ist zu bedenken, daß in diesen Fällen ein gewaltiger Druck des Pariser Proletariats der Revolution bereits eine über die bürgerlichen Schranken hinausweisende Richtung gegeben hat und daß deshalb allen Bedenken, die in den Köpfen der Unternehmer und Kleinbürger noch vorhanden waren, für eine kurze Zeitspanne jede Aussicht genommen war, sich durchzusetzen. Daß diese Bedenken tatsächlich bestanden, hat dann die thermidorianische Verfassung der wieder zur Macht gekommenen Bourgeoisie von 1794 bewiesen.

Die Wahlrechtsbeschränkungen während der Französischen Revolution können nicht als eine gewöhnliche Inkonsequenz hingestellt werden, wie dies Vorländer tut. Man hat auch versucht, den letzten Grund für den immerhin auffälligen Widerspruch, der sich durch Jahrhunderte zieht, in der vollkommenen Unreife der »unselbständigen« Elemente der Bevölkerung, die man unter den Schutz und die Führung der Gebildeten zu stellen gedachte, zu erkennen. So erklärt Max Adler, daß zur Zeit Kants noch nicht einmal die Anfänge einer selbständigen Freiheitsbewegung in den Lohnschichten zu bemerken waren und die sehr begründete Furcht vorherrschte, daß Unbildung und Unselbständigkeit der Massen gegen das Interesse der Freiheit mißbraucht werden können, »wo selbst heute noch die Abhängigkeit ein viel benutztes und leider erfolgreiches Mittel ist, das politische Recht dieser Schichten zum Schaden wirklicher Volksrechte zu beeinflussen«. Ähnlich äußert sich Bernstein über die Leveller: »Ein industrielles Proletariat gab es nicht, für die Handwerksgehilfen war ihr Zustand nur ein Übergang zum Meisterstand und die Ackerknechte waren abhängig, besonders bei der damaligen Form der Wahl, die keine geheime Stimmabgabe kannte«. Ganz ähnlich auch Meusel.

Vielleicht haben bei Kant solche Erwägungen wie die zuletzt genannte eine Rolle gespielt. Unserer Meinung nach muß aber die Klassenbefangenheit der Ideologie des Kleinbürgertums und besonders des Bürgertums gegen die völlig Besitzlosen und daher nach dem Begriff der früheren Jahrhunderte gesellschaftlich völlig entwurzelten Schichten mitentscheidend gewesen sein. Es fällt immerhin auf, daß man niemals daran dachte, dem Adel selbst das Wahlrecht zu entziehen, sondern stets nur den von ihm »Abhängigen«. Kants humanistische und revolutionäre Gesinnung steht außer Zweifel und manifestiert die Höhe, zu der sich das Bürgertum des 18. Jahrhunderts geistig und moralisch entwickelt hatte, wie der Gegensatz zu Kant den Abgrund zeigt, in den es in dieser doppelten Beziehung im folgenden Jahrhundert gesunken war. Die Einschränkungen, die Kant hinsichtlich des allgemeinen Wahlrechts vornimmt, hindern ihn nicht, noch im Jahre 1793 ein Bekenntnis abzulegen, das bei den späteren Liberalen neuerer Richtung einfach nicht denkbar ist. In den von Hartenstein herausgegebenen Fragmenten aus dem Nachlaß liest man folgende Stellen: »Der Mensch mag künsteln so viel er will, so kann er die Natur nicht nötigen, andere Gesetze einzuschlagen. Er muß entweder selbst arbeiten oder andere für ihn; und diese Arbeit wird anderen so viel von ihrer Glückseligkeit rauben, als er seine eigene über das Mittelmaß steigern will.« Und dann das große Bekenntnis: »Ich fühle den ganzen Durst nach Erkenntnis und die begierige Unruhe, darin weiter zu kommen, oder auch die Zufriedenheit bei jedem Fortschritte. Es war eine Zeit, da ich glaubte, dieses alles könnte (allein) die Ehre der Menschheit machen, und ich verachtete den Pöbel, der von nichts weiß. Rousseau hat mich zurecht gebracht. Dieser verblendete Vorzug verschwindet; ich lernte die Menschen ehren und würde mich viel unnützer finden als die gemeinen Arbeiter, wenn ich nicht glaubte, daß diese Betrachtung allen übrigen Wert geben könne, die Rechte der Menschheit herzustellen«. Kant zog auch die Konsequenz aus dieser Belehrung durch Rousseau. Nach vorangegangenen ähnlichen Unternehmungen tritt er noch 1798 in seiner Schrift »Streit der Fakultäten« als begeisterter Verteidiger der Französischen Revolution auf, jener Schrift, die die berühmte Stelle von der »Revolution eines geistreichen Volkes« enthält. Von einer Verachtung des »Pöbels« kann also bei Kant nicht die Rede sein, geschweige denn von einer Abwendung vom Ideal der Volkssouveränität, das dem bürgerlichen Humanismus als unwandelbares Ziel aller geschichtlichen Entwicklung erschien.

Noch Schön hatte mutig gerufen: »Wo ein Fürst . . . Böses statt Gutes . . . übt, da wird ein solcher Fürst von historischen Mächten entthront, und zwar mit Recht und nach dem Recht der Weltgeschichte«. Und man stelle dagegen die Ansicht des »Realisten« Treitschke: »Von einem positiven Widerstandsrecht kann also nicht die Rede sein . . . Es ist ganz deutlich, Savigny und Niebuhr waren hier die liberalen Politiker, Welcker (mit Rotteck der Herausgeber des liberalen »Staatslexikons« und ein Liberaler reinsten Wassers, L. K.) und seine Genossen die reaktionären«. Und in seiner Art alles auf den Kopf stellender und irreführender Abteilungen fügt er hinzu: »Der Obersatz ist allerdings richtig, daß es eine Willkürhandlung ist, wenn die Obrigkeit einen gesetzwidrigen Befehl erläßt, aber der Schluß, daß einem solchen Befehl jeder widerstehen dürfe, ist offenbar falsch. Denn . . . wer soll entscheiden, ob ein Beschluß verfassungswidrig ist oder nicht?« Womit zwar der »Obrigkeit« das

Recht eingeräumt ist, ganz genau zu wissen, ob sie »verfassungsmäßig« und das heißt doch schließlich im wahren Interesse der Gesamtheit handelt oder nicht, hingegen nicht »Jedem« ein solches Urteil zusteht und das Recht auf Widerstand unter den Tisch disputiert ist.

Ein Geistesaristokrat wie Treitschke ist Dahlmann, dessen Tätigkeit als Gelehrter wie als Politiker gleicherweise ein Abrücken von der humanistischen und eine Zuwendung zur »realistischen« Auffassung der Bourgeoisie bezeichnet. Seine Meinung, daß weder dem Adel noch dem »Pöbel«, dessen ungeheuerlichen Leiden unter der kapitalistischen Ausbeutung er im Gegensatz zu Kant bereits selbst mitansehen konnte, der entscheidende Einfluß auf den Staat gebühre, sondern der Bourgeoisie - Dahlmann nennt sie »Mittelstand« -, begründet er folgendermaßen: »Allein dem Volke ... die Souveränität beizulegen, wie Rousseau tut, ist ein verderblicher Irrtum, der die Krankheit zur Gesundheit und jede Rotte verfassungsmäßig zu Herren der Regierung macht«. Statt einfach ihre Unabhängigkeit zu erklären, begannen die Amerikaner »irrtümlich mit der ursprünglichen Gleichheit der Menschen und den unveräußerlichen Rechten derselben ihre Unabhängigkeitserklärung vom 4. Juli 1776 an ...«. Begreiflich, daß Dahlmann demnach als besonders gefährlich der »bildungs- und vermögenslose Pöbel« erscheint.

Mit treffenden Worten kennzeichnet ein hervorragender bürgerlicher Gelehrter den Unterschied zwischen dem alten und dem neuen Liberalismus: »Man wird gestehen, daß hier – gemeint ist ein anonymer Brief aus dem Jahre 1751 – im engen Rahmen schon fast der ganze Gedankengang enthalten ist, der in unseren Tagen im Namen Manchestertum begriffen wird, mit der Abwechslung allerdings, daß, während zwar die modernen Anhänger der absoluten Freihandelslehre auch stets das Interesse des kleinen Mannes im Munde führen, dabei aber das Interesse der Großkapitalisten meinen, es dem Altmeister derselben mit dem Schutze der Kleinen gegenüber den Großen Ernst gewesen zu sein scheint«. So Hermann Oncken zu Ende des vorigen Jahrhunderts.

Während in der reaktionären liberalen Ideologie des 19. Jahrhunderts letzten Endes immer das »historisch Gewordene« über das gesellschaftliche Ideal des Bürgertums siegt, erscheinen den alten Humanisten die Schwierigkeiten in der humanistischen Umformung der Gesellschaft noch als bloße Schwierigkeiten der Praxis, das heißt der politischen Technik, die mit der Rückständigkeit der Psychologie der Menschen und dem bösen Willen der an den überkommenen Zuständen Interessierten rechnen muß;

immer behält hier das Ideal gegen die Wirklichkeit recht, wie zum Beispiel an Schillers »ästhetischem Menschenbild«, an Turgots tragischem, weil nicht mit revolutionären Mitteln geführtem Kampf um die Reformen, oder an Schöns abgrundtiefer Verachtung der Anpasser beobachtet werden kann. Aus dieser Einstellung zur Wirklichkeit resultiert der bewundernswerte, fortschrittsfreudige Elan der revolutionären Humanisten. In scharfen Formulierungen hat Kant mit dem reaktionären Argument einer angeblichen Notwendigkeit, das Ziel der gegebenen Wirklichkeit unterzuordnen, abgerechnet. Er polemisiert in einer besonderen Schrift gegen den »Gemeinspruch: Das mag in der Theorie richtig sein, paßt aber nicht für die Praxis«. Ebenso hat mit aller nur wünschenswerten Deutlichkeit Fichte das Recht verteidigt, weitgesetzte Ziele zur Richtschnur für das Handeln zu machen. »So mag«, erklärt er 1813 in seinen Vorlesungen, »der Spruch, dies mag in der Theorie wahr sein, gilt aber nicht für die Praxis, nur heißen: Für jetzt nicht; aber es soll gelten mit der Zeit. Wer es anders meint, hat gar keine Aussicht auf den Fortgang, hält das Zufällige, durch die Zeit Bedingte für ewig und notwendig: er ist ... *Pöbel.* Volk nämlich gründet sich auf die reine Unwissenheit des eigenen Standpunktes, weil es einen anderen nicht kennt, den Gegensatz nicht hat, welcher alle Unterschiede möglich macht. Wer aber den Gegensatz kennt, ihn (trotzdem) bestreitet ... ist *Pöbel.*« Es ist dabei beachtenswert, daß diese Bemerkung nicht zufällig in der Vorlesung über das Verhältnis des »Urstaates zum Vernunftreiche«, oder wie Fichte auch sonst zu sagen pflegte, des »Notstaates« zum »Vernunftstaate« gefallen ist.

So hinterläßt das Bild, das man beim Studium des revolutionären Humanismus gewinnt, den Eindruck einer nicht leicht zu übertreffenden Wucht und Großartigkeit, wenn auch dieser Humanismus einer gewissen tragischen Note nicht entbehrt. Seine Tragik liegt darin, daß er den Gegensatz zwischen seiner humanistischen Idee vom Menschen als einem von Natur mit der Fähigkeit zur Freiheit und Vervollkommung ausgestatteten abstrakten Wesen und dem wirklichen Menschen der bürgerlichen Gesellschaft, der nur sehr unzulänglich und sehr ungleich mit den Mitteln zur Erringung der äußeren und inneren Freiheit ausgestattet erscheint, nicht zu überwinden vermag. Zwar verdeckt der Humanismus den Widerspruch scheinhaft durch die abstrakte Vorstellung einer künftigen und allen Gesellschaftsmitgliedern gleicherweise zugute kommenden Harmonie der sozialen Beziehungen; aber sobald er unmittelbar vor die praktische Aufgabe gestellt wird, die ersten Schritte zur Verwirklichung der »Volkssouveränität« zu tun, stößt er unvermeidlich auf die Schranken, die für die Bewegung des Menschen in jeder bürgerlichen Ordnung unüberwindlich aufgerichtet sind und die sich im Kopfe des humanistischen Theoretikers als ebenso unübersteigbare Schranken des Bewußtseins widerspiegeln. Und diese Schranken sind nichts als die Schranken des Privateigentums. Daher spielt das Problem der freien Verfügung über das Eigentum in den politischen und staatstheoretischen Abhandlungen der bürgerlichen Ideologen eine geradezu zentrale Rolle. Der heikle Umstand, daß in der bürgerlichen Gesellschaft zahlreiche Individuen zur Eigentumslosigkeit verurteilt sind, wird meistens mit Stillschweigen übergangen. In dem Widerspruch zwischen der Anerkennung der Wichtigkeit des Eigentums für die freie Entwicklung des Menschen in der bürgerlichen Gesellschaft einerseits und dem Wissen von der zwangsläufigen Notwendigkeit für diese Gesellschaft, sich eine besitzlose Lohnarbeiterklasse zu erhalten, andererseits, finden wir aber die letzte Wurzel des widerspruchsvollen Verhaltens der humanistischen Ideologen. Gewiß wird dieser Widerspruch, sofern überhaupt, nur in der Form ideologischer Verkleidungen zugegeben. Die grob mechanistische Ausdeutung, die bürgerliche Klasse habe jahrhundertelang nur ihren schnödesten Egoismus im Auge gehabt, ist nur soweit auf die ideologischen Gestaltungen des bürgerlichen Bewußtseins anwendbar, wie Monsieur Wolltuchfabrikant und Gevatter Handschuhmacher (Marx) wirklich nicht anders als in den Kategorien ihrer Tasche und ihres Magens denken konnten. Sie ist bereits falsch für jene denkenden und um die Lösung der ihnen von ihrer Gesellschaft gestellten Probleme ringenden bürgerlichen Ideologen, die nur insofern eine enge Beziehung zu ihrer Klasse haben, als sie in ihrem Kopfe schließlich auch nicht über die Schranken hinauskommen, die jener in ihrer täglichen Praxis gesetzt sind. Aber das heißt keinesfalls, daß sich die Welt in den Köpfen der Milton, Montesquieu und Kant gerade so spiegelt wie in den Köpfen der Fugger, Maier und Schulze. Auf diesen Unterschied haben bereits Marx und Mehring aufmerksam gemacht.

Wir haben bereits darauf hingewiesen, daß der letzte Grund für diese Beschränktheit des bürgerlichen Denkens im völligen Fehlen der theoretischen Sicht auf die Totalität des Geschehens liegt. Die praktische Individualisierung, die Zerrissenheit des gesellschaftlichen Prozesses in zahllose voneinander unabhängige Aktionen, bleibt jeweils das in allem bürgerlichen Denken beherrschende Moment. Andererseits ist selbstverständlich diese Zerrissenheit des Prozesses nur Schein; denn in Wirklichkeit ist die Stellung der Individuen im Gesamtprozeß mehr oder weniger fixiert und die Art ihrer Aktionen von objektiven Faktoren und zum geringsten von ihren subjektiven Willensentschlüssen abhängig. Mit dem allmählichen Offenbarwerden des Widerspruchs zwischen dem individuellen Handeln und den objektiven Schranken – d. h. eigentlich erst seit dem 18. Jahrhundert – setzt sich erlebnismäßig und damit ideologisch die Idee von der Wirksamkeit objektiver Gesetze durch. Doch in widerspruchsvoller Weise wird die Vorstellung von der Zusammengesetztheit des Geschehens aus isolierten Aktionen der Individuen damit nicht aufgehoben. Der individualistischen Auffassungsweise der Gesellschaft liegt immerhin insofern ein Moment der Wahrheit zugrunde, als die Warenstruktur des Kapitalismus eine bewußtseinsmäßige Atomisierung der Beziehungen der Menschen zueinander nicht nur ständig erzeugt, sondern geradezu voraussetzt.

So notwendig aber das bürgerliche Bewußtsein von der Vorstellung der alleinigen Realität des auf sich gestellten Individuums beherrscht wird, so unabweislich drängt sich ihm die Frage auf nach der Ursache der Zusammenschließung dieser Individuen zur geregelten und Gesetzen unterworfenen »Gesellschaft«. Die Antwort gibt es, ganz nach seiner wiederum sozial bedingten rationalistischen Veranlagung, zunächst mit der Konstruktion eines freiwilligen Zusammenschlusses der Individuen am Anfang der Gesellschaftsbildung zum Zwecke der gegenseitigen Versicherung des freien Gebrauchs des Eigentums. So zwingend erscheinen dem bürgerlichen Bewußtsein die Autonomie und die Bedeutung der subjektiven Aktivität in der Beziehung begründet, die Individuum und Eigentum zueinander eingehen, daß sich der bürgerliche Ideologe das wahre und vollkommene Individuum nur als bürgerliches und das heißt nur als besitzendes Individuum vorstellen kann und daß er dessen Existenz als den sichersten methodischen Ausgangspunkt aller seiner sozialphilosophischen Überlegungen anerkennt. »Der Staat«, sagt Fichte kurz und bündig in seiner Staatslehre, »ist eine Anstalt der Eigentümer«. Ähnlich äußern sich mehrfach Locke und andere. Es ist aber offenbar, daß für die Ideologen des aufsteigenden Bürgertums die Sicherung des freien Gebrauchs des Eigentums deshalb Endzweck des Staates ist, weil ihnen allein auf diesem Wege auch die Freiheit des Menschen gesichert erscheint. Das heißt, es kann zwar ihrem Begriff nach Eigentum ohne Freiheit, aber nicht Freiheit ohne Eigentum geben. Soll die »bürgerliche Gesellschaft« ein freies Gemeinwesen bilden können, muß sie sich aus solchen Individuen zusammensetzen, die über Eigentum verfügen; der Eigentumslose ist daher auch in irgendeinem Sinne unfrei und nicht eigentlich als Mitglied der »bürgerlichen Gesellschaft« anzuerkennen. Auf diese tiefsitzende, wenn auch aus verständlichen Gründen meist nur mit aller Reserve vorgetragene Auffassung ist die bisherige Geschichtsdeutung noch gar nicht genügend aufmerksam geworden. Ausdrücklich sagt Locke: »Da die Menschen im Zustande der Sklaverei jedes Eigentums unfähig sind, so können sie in diesem Zustande nicht als ein Teil der bürgerlichen Gesellschaft betrachtet werden, deren Endzweck die Erhaltung des Eigentums ist«. Besitzlos und unfrei sein sind also für das bürgerliche Bewußtsein identische Begriffe. Nach Holbach wurde die Gesellschaft geschaffen, um das Eigentum zu sichern. Am prägnantesten hat wiederum Fichte in seinem »Geschlossenen Handelsstaat« diesen Zusammenhang aufgezeigt: »Jeder Taler, den er (gemeint ist das Individuum der ‚freien', nicht planmäßig geregelten bürgerlichen Gesellschaft, L. K.) erlangt, ist ihm nun zwei wert: den ersten dadurch, daß er ihn hat und mit demselben Anspruch auf den Dienst des anderen; den zweiten dadurch, daß er keinen hat und keinen Anspruch auf seinen Dienst«. Und weiter: »Die Menschen wollen frei sein, sich gegenseitig zugrunde zu richten«.

Bereits im Zeitalter der englischen Revolution wurde Lohnarbeit als die Beschäftigung nicht nur Besitzloser, sondern im Grunde Unfreier empfunden. Man erkennt das deutlich aus der Utopie des Theoretikers des Agrarkommunismus Gerrard Winstanley[5]. Winstanleys Plan der Errichtung eines völlig freien Gemeinwesens geht Hand in Hand mit der Forderung der Abschaffung jeglicher Arbeitsleistung gegen Entgelt; die Lohnarbeit wird als so freiheitsraubend angesehen, daß sie nur als Strafe für begangene Verbrechen zugelassen werden soll. Daß solche Gedanken mit allem Ernst vorgetragen werden konnten – und Winstanley war einer der gescheitesten Männer seiner Zeit – zeigt, wie tief im Bewußtsein der damaligen Gesellschaft die Vorstellung der Unvereinbarkeit von wirklicher Freiheit des Individuums und Lohnarbeit verwurzelt gewesen sein muß. Harrington, ein Mann, der sich gegen die Diktatur Cromwells wendet und in seiner Utopie »Oceana« einen sonst konsequent radikal-bürgerlichen Standpunkt vertritt, gibt in ihr das Wahlrecht nicht allen, sondern nur den »freien«, das heißt nicht »dienenden« Bürgern. Das bedeutet, da die Dienenden gleichzeitig die Eigentumslosen sind, daß nur die Besitzenden das Wahlrecht erhalten. In letzter Konsequenz sind hier besitzlos und unfrei völlig synonyme Begriffe. Auch nach Locke, dem bürgerlichsten aller Ideologen des 17. Jahrhunderts, ist als unfrei derjenige zu betrachten, »der sich zum Knecht eines anderen dadurch macht, daß er ihm gegen Lohn, den er zu empfangen hat, für eine gewisse Zeit den Dienst verkauft«. Sucht man den Zusammenhang auf, in dem diese Äußerung gemacht ist, dann wird noch klarer, wie sehr Locke bürgerliche Freiheit nur in Beziehung zum Eigentum denken kann. In seinen sonst gedrängten Untersuchungen über das Verhältnis des freien Bürgers zum Staate hebt Locke in fast endlosen Variationen die Bedeutung des Eigentums für das Entstehen und den Bestand der bürgerlichen Gesellschaft hervor.

Aber es liegen noch andere sehr deutliche Äußerungen vor, durch die sich die von uns gemeinte Eigenart des bürgerlichen Denkens selbst trefflich charakterisiert. So schreibt Lorenz von Stein in seiner berühmt gewordenen Einleitung zur »Geschichte der sozialen Bewegung in Frankreich« noch in der Mitte des vorigen Jahrhunderts: »Der Gedanke des Privateigentums ist daher unzertrennlich verbunden mit der Überzeugung einer verschiedenartigen Leistungsfähigkeit der Menschen und damit wieder mit der Verschiedenartigkeit und -wertigkeit des Menschen selbst«. Kaum irgendein sichtbarer Gegensatz dieses Standpunktes zur calvinistischen Bewährungstheorie, von der Stein durch drei Jahrhunderte getrennt ist! Menschlicher Wert und Eigentumserwerb sind noch immer identisch. Erst der Sozialismus konnte diesen »tierischen« Wertbegriff überwinden. Und über die Beziehung von Eigentum und Freiheit äußert sich Stein folgendermaßen: »Wenn es demnach wahr ist, daß ... die Herrschaft in der Gesellschaft ... unabänderlich auf der Natur des Gutes und seiner Verteilung beruht, so ergibt sich zuerst, daß ... jede Aufhebung der politischen Abhängigkeit der beherrschten Klasse eine nichtige ist, wenn sie nicht auf dem Besitze von Gütern beruht, *welche ihrer Natur nach die Freiheit von der gesellschaftlichen Abhängigkeit bedingen«* . Stein kann sich eine »Erhebung der bisher abhängigen Klasse zur staatlichen Freiheit« nur vorstellen, wenn diese Klasse vorher zu Eigentum kommt. Durch welche Reformen des Staates dies ohne eine sozialistische Umgestaltung der Eigentumsordnung nach Steins Meinung möglich werden soll, hat uns hier nicht zu beschäftigen.

Von dieser Auffassungsweise, in der Freiheit und Eigentum in eine enge Beziehung zueinander gebracht sind, ist es nur ein kleiner Schritt zur Erklärung, die »Unselbständigen«, welche Bezeichnung übrigens schon tief blicken läßt, seien zum Gebrauche der Freiheitsrechte nicht befähigt. Er wird um so lieber getan, als die Kritik der Besitzlosen an den bestehenden Eigentumsverhältnissen im Falle ihrer Heranziehung zur politischen Mitbestimmung in eine akute Gefahr für die bürgerliche Gesellschaft umschlagen kann. Gewiß war diese Gefahr in den vergangenen Jahrhunderten in Wahrheit nicht so groß. Beweist doch gerade die französische Revolution, daß die revolutionäre Aktivität des Proletariats in jener Zeit kaum mehr als eine plebejische Form der Durchsetzung der bürgerlich-demokratischen Ordnung darstellte und im allgemeinen noch recht wenig von sozialistischen Zielen wußte. Die Gesellschaft setzt sich nur solche Aufgaben, sagt Marx, die in einer bestimmten Epoche von geschichtlicher Notwendigkeit sind. Aber im Bewußtsein der Bourgeoisie, die von solchen Zusammenhängen nichts ahnte, mischte sich die Geringschätzung der Eigentumslosen mit dem Mißtrauen, das man gegen sie hegte. Dies Mißtrauen wird in der Zeit des bürgerlichen Bündnisses mit den Unterklassen gegen den Feudalismus relativ selten offen geäußert. So spricht zum Beispiel Cromwell in der Diskussion mit den Soldatenräten ohne Rückhalt von der Bevorzugung der Besitzenden in der politischen Mitbestimmung der Nation, weil diese allein »ein Interesse am Staate« hätten. Vorsichtiger, aber im Grunde der gleichen Meinung ist zum Beispiel der Physiokrat Le-Mercier: Die Annahme einer natürlichen Gleichheit der Menschen sei deshalb falsch, weil sie dem in der menschlichen Natur verankerten Prinzip des Eigentums widerstreite, das die Ungleichheit voraussetze; und da deshalb auch die Gesetze keine Gleichheit des Eigentums herstellen können, sind nicht alle Mitglieder der Gesellschaft dazu berufen, an der Gesetzgebung teilzunehmen.

In den folgenden Jahrhunderten konnte es sich das Bürgertum nicht leisten, mit der gleichen Offenheit seine Meinung zu sagen. Mußte doch der Freiheitsbegriff so allgemein und so formell gehalten werden, daß alle Klassen ihn akzeptieren konnten. Daher finden wir in den Schriften von Milton bis Humboldt und J. St. Mill vornehmlich den abstrakten, an der allgemeinen Idee des Menschengeschlechts orientierten Freiheitsbegriff in breiter Formulierung abgehandelt, wie überhaupt die starre Gegenüberstellung des utopischen Zukunftsbildes einer bürgerlichen Gesellschaft und der bürgerlichen Gegenwart ein ideologisches Mittel war, die aufgezeigten Widersprüche zu verschleiern. Einzig jene Freiheiten, die das Bürgertum unmittelbar gegen die feudale Herrschaft in Gebrauch setzen mußte, wie die Meinungs-, Gewissens- und Lehrfreiheit, wurden vorbehaltlos gefordert. Aber oft genug hat das Bürgertum diese Freiheiten auch zu beschränken gewußt, sobald die armen Volksklassen es wagten, sie zu gebrauchen.

Selbst Milton, den man oft als den Heros der Freiheit hingestellt hat, hat sich nicht gescheut, von der »rohen Menge« zu sprechen, der man das Wahlrecht entziehen müsse. Das Humanistische in Miltons Weltanschauung lag in seinem unbedingten Glauben an die Erziehbarkeit des Menschengeschlechts zu höherer Vollkommenheit. Aber zur Überwindung der Schranken, die dem bürgerlichen und kleinbürgerlichen Denken gesetzt waren, ist auch sein umfassender Geist nicht befähigt gewesen. Bei kaum einem anderen Denker sind die Widersprüche so greifbar wie bei Milton. Einerseits ringt er sich mit der gewaltigen Begabung seines Geistes bis zur Verwerfung der Prädestinationslehre und das heißt bis zur Auffassung der revolutionären Sekten durch; er eignet sich in weitgehendem Maße die äußerst demokratische Vorstellung an, daß ausnahmslos alle Menschen zu einem sündenlosen Leben fähig sind und der Begnadung teilhaftig werden können. Aber andererseits ist auch ihm noch Besitzlosigkeit gleichbedeutend mit menschlicher Unqualifiziertheit. Einerseits warnt er das Volk davor, »daß es Reichtum und Rang bewundere«; aber andererseits warnt er ebenso vor der »frechen und ungezügelten Demokratie«, womit doch gewiß nur die Demokratie der Besitzlosen gemeint sein kann. Einerseits propagiert er unablässig die Gewährung der bürgerlichen Freiheiten als Voraussetzung der Entfaltung des Menschen zu höchster Sittlichkeit und »Vernunft«; andererseits verlegt er die praktische Ausführung des vollendet freien Staates in seiner Schrift mit dem bezeichnenden Titel »Der gerade und der leichte Weg zur Errichtung der freien Republik« in die ferne Zukunft: »Ein anderer Weg (als jener der ‚ungezügelten Demokratie', L. K.) würde sein, die Wahlen richtig zu beschränken und zu läutern, indem man sie nicht einzig dem Lärm und dem Geschrei der rohen Menge übergibt, sondern nur denen gestattet, die mit Recht befähigt sind«, eine vernünftige Wahl zu treffen, d. h. den Besitzenden.

Wenn nun Milton, hierin Locke und Voltaire vorwegnehmend, ungeachtet seines radikalen Toleranzstandpunktes die Atheisten von der staatlichen Duldung ausnehmen will, so ist auch diese Haltung letzten Endes wiederum der Ausdruck einer durch allerlei ideologische Vermittlungen hindurchwirkenden Befangenheit in jener Vorstellung, die sich der bürgerliche Ideologe vom Wesen des Menschen und seiner gesellschaftlichen Stellung zu machen vermag. Lehrte doch nicht nur die geschichtliche Erfahrung, sondern auch die einfachste Schlußfolgerung jeden, der nur wollte, daß Leugnung des Fortlebens der Seele nach dem Tode und ähnlicher Dinge für gewöhnlich Hand in

Hand ging mit einer radikalen Auffassung der Demokratie und einer revolutionären Kritik an der gesellschaftlichen Ungleichheit.

Der Ablehnung des Prinzips menschlicher Gleichheit in Eigentum, Freiheit und Toleranz, deren notwendige Folge die Scheidung in »Aktiv- und Passivbürger« gewesen ist, liegt also die ideologische Verklärung des bürgerlichen, mit Eigentum und *deshalb* auch mit größeren Freiheitsrechten ausgestatteten Individuums zugrunde, von dem sich der »unselbständige« und des wahrhaften Gebrauchs der Freiheit nicht fähige Besitzlose radikal unterscheidet. Selbst ein so gewaltiger Geist und glühender Verehrer Rousseaus wie Kant vermochte, obwohl ihm nichts gleichgültiger war als der stumpfe Egoismus des bürgerlichen Besitzes, über die Grenzen dieser zeitbedingten Vorstellung nicht hinwegzukommen.

Keine Beschimpfung gebrauchen die bourgeoisen und adligen Reaktionäre während der Französischen Revolution gegen die ihnen mißliebigen Deputierten mit größerem Behagen als die, daß sie »mittel- und titellos« seien. Taine benützt nur allzugerne diesen Vorwurf zur Stützung seiner eigenen abfälligen Meinung über die Revolution, denn auch er kann sich wahrhafte Freiheit und Menschlichkeit nicht ohne Beziehung auf das Eigentum vorstellen. Taine geht darin sogar so weit, daß er die kostspieligste und nutzloseste Ausbeuterklasse der französischen Geschichte, die Hofaristokratie, durch ihr angebliches menschliches Bessersein zu rechtfertigen sucht. Aus seinen mit breitem Behagen ausgeführten Schilderungen entnehmen wir nur einige wenige Stellen: »Ebenso läßt sich von einer Gesellschaft, die lange in mehr oder minder geordneten Verhältnissen gelebt hat, sagen, daß fast das ganze Ergebnis ihrer alten Zivilisation in ihren ‚besseren Kreisen' zum Ausdruck kommt . . . Hand in Hand mit der Vervollkommnung der Höflichkeit, des guten Tones und der Lebensart ging in der feinen Welt diejenige der Sitten und Manieren«. Und nachdem Taine dem Leser auf diese Weise klargemacht hat, worin der Wert der Verfügung über Eigentum besteht, geniert er sich nicht, mit bezug auf den unbestritten räuberischen Adel Frankreichs zu bemerken, daß ihn im hohen Maße die Kunst der Rücksichtnahme auf den Mitmenschen ausgezeichnet habe: »Von allen Künsten . . . ist die der Rücksichtnahme aufeinander vielleicht die köstlichste. Wer diese Kunst . . . allen Menschen gegenüber übt, macht sich und seiner Umgebung das Leben angenehmer und viel menschenwürdiger (!) als es sonst der Fall wäre. Die Beobachtung zarter Rücksichten . . .« usw. Dieser Verherrlichung der menschlichen

Eigenschaften der Besitzenden steht eine tiefe Verachtung jener der Besitzlosen gegenüber, worüber sich Taine mehrfach deutlich genug ausspricht. Jedenfalls ist ihm schon die Besitzlosigkeit an sich anrüchig: »In der Tat, 400 von den 745 Abgeordneten (der gesetzgebenden Versammlung von 1791) entstammen zumeist den untersten Stufen der Sachwalterschaft ... Alle diese Leute besitzen kein Vermögen«.

Das moralisch Diffamierende an dem Vorwurf der »Mittellosigkeit« kann für das Bewußtsein der besitzenden Klassen offenbar nur darin liegen, daß der von ihr betroffene als ein im wahrsten Sinne des Wortes »untergeordnetes«, und das heißt wohl, dem Willen anderer unterwerfbares und zum Dienen bestimmtes Subjekt erlebt wird. Am Eigentum scheiden sich die Menschen auch in ihrem menschlichen Wert. Als daher die Vertreter der thermidorianischen Bourgeoisie im Jahre 1794 daran gehen, das allgemeine und gleiche Wahlrecht der vorjährigen Verfassung abzubauen, finden sie keine bessere Begründung als die Verschiedenheit des Eigentums. Wohl seien die Menschen, sagen sie nach Mathiez, in ihren Rechten gleich, aber nicht in ihren Fähigkeiten und ebensowenig in ihrem Eigentum. Hätte nicht, muß man sich fragen, der Hinweis auf die Verschiedenheit der Fähigkeiten allein überzeugender gewirkt und genügt? Eben nicht! Jedenfalls dem bürgerlichen Bewußtsein, das keine Einschätzung des Menschen ohne Beziehung auf das Eigentum denken kann, gewiß nicht. Um möglichen Mißverständnissen vorzubeugen, beeilten sich die Thermidormänner, die von ihnen beibehaltenen »gleichen Rechte« wie folgt zu erläutern: »Die Gleichheit besteht darin, daß das Gesetz für alle dasselbe ist.« Damit hatten sie den eklatanten Widerspruch zwischen den gleichen Rechten und der Verschiedenheit des Eigentums in ihrer Weise überwunden. Das für alle gleichgeltende Gesetz konnte das verschiedene, durch die Verschiedenheit des Eigentums erzeugte Maß von positiver Freiheit, als deren sichtbarer Ausdruck das politische Recht der Mitbestimmung galt, nicht beseitigen.

Es ist nur ein Beweis mehr für die ganze Kompliziertheit der bürgerlichen Ideologie, daß sie, gedrängt durch die Notwendigkeit, die feudal-ständische Rechtsungleichheit zu bekämpfen, in unzähligen Wiederholungen den Anspruch der Individuen auf völlig gleiche Freiheitsrechte proklamiert und gleichzeitig bei jeder sich nur bietenden Gelegenheit diesen Anspruch als für die »Unselbständigen« ungültig ausgibt. Mit erstaunlichem Scharfsinn hat bereits Lorenz von Stein diesen Widerspruch durchschaut, wenn er auch andererseits noch der Täuschung unterliegt, den von ihm aufgedeckten Charakter der bürgerlichen Revolution allen Revolutionen zuzuschreiben. Ausgehend von dem auch ihn beherrschenden Dogma der bürgerlichen Anschauung, daß es Freiheit der Persönlichkeit »ohne die innige Durchdringung« »der Herrschaft über die Sphäre des geistigen, wie des materiellen Gutes« nicht geben könne, charakterisiert er die Revolution wie folgt: »Jede revolutionäre Bewegung (enthält) einen tiefen Widerspruch in sich. Sie nimmt prinzipiell ein gleiches Recht für die ganze abhängige Klasse, tatsächlich aber den Erfolg der Revolution nur für den Teil derselben in Anspruch, der wirklich im Besitze jener gesellschaftlichen Güter ist ... Jede Revolution findet aus demselben Grunde, sowie sie fertig ist, einen Gegner in derselben Masse, welche eben die Bewegung vollzogen hat«.

Dieser innere Widerspruch muß dazu führen, daß die bürgerliche Klasse nach ihrer Revolution alle großartigen Illusionen mehr oder weniger rasch verliert und an die Stelle des humanistischen ein pessimistisches Welt- und Gesellschaftsbild setzt. Der wirkliche Gegensatz zwischen der humanistischen und der reaktionären Ideologie des Bürgertums besteht darin, daß diese sich mit den dunklen Seiten der bürgerlichen Eigentumsordnung schlechthin abfindet und sie verteidigt, während jene sich noch der vor allem durch die Unüberwundenheit der feudalen Reste genährten Illusion hingibt, einen Ausweg aus den gesellschaftlichen Widersprüchen finden zu können oder im theoretischen System schon gefunden zu haben. Tatsächlich war theoretisch ein solcher Ausweg auch entdeckt in der allerdings sehr unklar und sehr allgemein gefaßten Idee von der harmonischen Entwicklung in einer künftigen, auf der Freiheit von staatlichem Zwange beruhenden Gesellschaft. Wie sich in ihr die Lage der Arbeitenden gestalten soll, wird nicht ausdrücklich gesagt. Da aber infolge des harmonischen Ausgleichs der Interessen kein Mitglied der Gesellschaft ohne Vorteil aus der allgemeinen Jagd nach dem Glück hervorgehen wird, geht die Armut unter und kommt auch der Besitzlose zu einem gewissen Vermögen. Die Vervollkommnung der Persönlichkeit und die Reifung des Menschen, nunmehr jedes Menschen, zum Gebrauch der allen gewährten Freiheitsrechte werden als die natürliche Folge angesehen. Allerdings war die Vorstellung des Eigentums auch verbunden mit der Vorstellung, daß der Eigentümer, wie Kant sagt: »sein eigener Herr« ist, d. h. – modern ausgedrückt – nicht mehr gezwungen ist, seine Arbeitskraft anderen zu verkaufen. Dieser deshalb wahrhaft humanistische Eigentums- und Freiheitsbegriff unterscheidet sich also grundlegend von jenem des heutigen bürgerlichen Ideologen, der das kleine Arbeitereigentum für sich nimmt und daran die Behauptung knüpft, daß es kein

Proletariat mehr gebe, somit alle gleichermaßen frei seien.

Sehr unbestimmt sagt bereits beispielsweise Humboldt: »Der Staat enthalte sich aller Sorgfalt für den positiven Wohlstand der Bürger ...«. Denn unter der Voraussetzung völliger Freiheit kämpft »die immer tätige, nie ruhende, den Dingen innewohnende Kraft gegen jede schädliche Einrichtung und befördert jede ihr heilsame, so daß es im höchsten Verstande wahr ist, daß auch der angestrengteste Eifer nie so viel Böses zu wirken vermag, als immer und überall von selbst Gutes hervorgeht ... Ich könnte zeigen, wie hier in noch ebendemselben Grade schönere, höhere und wunderbarere Gestalten der Mannigfaltigkeit und der Originalität erscheinen müßten ... zeigen, welche Stärke hervorblühen müßte, wenn jedes Wesen sich aus sich selbst organisierte, wenn es ewig von den schönsten Gestalten umgeben, mit uneingeschränkter und ewig durch die Freiheit ermunterter Selbsttätigkeit diese Gestalten in sich verwandelte; wie zart und fein das innere Dasein des Menschen sich ausbilden ... wie alles Physische und Äußere in das innere Moralische und Intellektuelle übergehen ... wie keiner dem anderen gleichsam aufgeopfert würde ... wie Einseitigkeit um so seltener sein würde, als sie überhaupt immer nur eine Folge der Schwäche und Dürftigkeit ist ... Ich könnte damit schließen, aufmerksam zu machen ... wie selbst dem freilich nie ganz tilgbaren Elende der Menschen ... und den Ausschweifungen einer üppigen Genußfülle ein unendlich großer Teil seiner Schrecklichkeit genommen würde«. Konsequent wie etwa Kant ist Humboldt allerdings niemals gewesen. Schon frühzeitig lehnt er die Französische Revolution als »unorganisch« ab, und später verschreibt er sich gänzlich dem preußischen Staate. Aber vorübergehend zwingt seine grundsätzlich humanistische Orientierung ihm das Geständnis ab, daß diese Revolution »die Idee aufs neue aufklären, aufs neue jede tätige Tugend anfachen und so ihren Segen weit über Frankreichs Grenzen verbreiten« werde. Uns interessiert hier vor allem das optimistische Bild, das Humboldt von der künftigen Entwicklung der bürgerlichen Gesellschaft und des Individuums entwirft. Auch Cobden, den man fälschlicherweise den ersten Manchesterliberalen genannt hat, der aber wegen seines ungebrochenen humanistischen Optimismus – er vergleicht einmal die im freien Zustande wirkenden Gesetze mit der Harmonie der Bewegung des Sternenhimmels – und seiner ungetrübten Menschenliebe eher als der letzte Humanist angesehen werden kann, lehnt jede sozialpolitische Hilfeleistung des Staates ab. Aber Cobden unterscheidet sich von den späteren Manchesterliberalen dadurch, daß ihn noch der alte humanistische Glaube an die Möglichkeit einer wahrhaft harmonischen Entwicklung der bürgerlichen Gesellschaft zu Nutz *aller* Individuen auf »natürlichem« Wege beherrscht. Aufrichtigkeit der Gesinnung kann Cobden nicht abgesprochen werden, obgleich ihm jene feinere Veranlagung fehlte, die ihn wie andere in die Lage versetzt hätte, tiefer in das Gefüge des in der ersten Hälfte des vorigen Jahrhunderts bereits immer schärfer hervortretenden Mechanismus der bürgerlichen Gesellschaft zu blicken. Immerhin konnte Cobden, so lange noch der Anschein bestand, daß der Staat durch seine Ein- und Übergriffe diese harmonische Entwicklung behindere, ohne den Glauben an die bürgerliche Gesellschaft zu verlieren, jene vielbeachtete und energische Kritik an den Elendsverhältnissen der Arbeiterschaft üben, die man gerade von einem konsequenten Vertreter der freien Konkurrenz am wenigsten erwartet hätte. So sagt er zum Beispiel in der 1844 im Unterhaus gehaltenen Rede über die Kornzölle: »Hätte ich je die traurige Lage der Industriearbeiter zu verheimlichen versucht und mich gescheut, ihre Leiden zu enthüllen, so dürfte man Gründen, aus denen ich jetzt ihre Aufmerksamkeit auf die trostlose Lage der Landarbeiter lenke, mit Mißtrauen begegnen ... Aber ich habe im Gegenteil zu jenen zahlreichen Abordnungen aus dem Norden gehört, die im Frühjahr 1839 vergeblich dieses Haus um eine Untersuchung der Lage der Industriearbeiter angingen. Ich war einer der Vertreter, die bei einem Ministerpräsidenten nach dem anderen eindrangen, bis unsere Zudringlichkeit in diesem Hause bemerkt und gerügt wurde. In der Zwischenzeit habe ich weiter ohne Unterlaß mit allen erdenklichen Mitteln die Not der Industriearbeiter vor die Öffentlichkeit gebracht. Wir haben noch mehr getan. Wir haben ein Heilmittel für diese Not vorgeschlagen ...«.

Wenn Cobden so spät noch unbedingt an die künftige Durchsetzung der natürlichen und sozialen Harmonie nach Herstellung einer völligen Ungebundenheit für die individuelle Tätigkeit glauben konnte, wieviel mächtiger mußte dieser Glaube früher gewesen sein. Nur bei einzelnen, besonders begabten, besonders feinfühlenden und durch ihr Schicksal dazu disponierten Denkern entsteht schon frühzeitig eine tiefe Ahnung von dem unaufhebbaren Widerspruchscharakter des sich entwickelnden Kapitalismus. Wir denken an Linguet und vor allem an Rousseau, der vielleicht als einziger unter den bedeutenden Ideologen seiner Zeit das verdinglichende und menschlich entfremdende Wesen der bürgerlichen Gesellschaft erkannt hat. Fichte steht schon an der Wende zum 19. Jahrhundert, das heißt er hat die Revolution schon hinter sich und damit die Möglichkeit, klarer zu blicken. Es mögen vielleicht in diesem Ausnahmefalle, den Rousseau darstellt, gerade die geringere Bildung und der verworrene Entwicklungsgang ihn davor bewahrt haben, vom allgemeinen sensualistischen und »naturwissenschaftlich«-physiokratischen Strom, in dem fast alle fortschrittlichen Gebildeten mitschwammen, fortgerissen zu werden. Er erhielt sich dadurch einen offenen Blick für alle jene Seiten des sozialen Lebens, die den nach bestimmten Schemen denkenden revolutionären Ideologen des 18. Jahrhunderts entgehen mußten.

Man hat Rousseaus Lehre von der Überlegenheit der »Natur« über Zivilisation und Kultur vielfach gründlich mißverstanden. In der Vorrede zu seiner Abhandlung über den Ursprung der Ungleichheit erklärt sich Rousseau in ungefähr folgender Weise: Wer vom Naturzustand spricht, der spricht von einem Zustand, der längst überwunden ist und wahrscheinlich niemals existiert hat. Aber wir müssen uns nichtsdestoweniger von ihm einen deutlichen Begriff machen, damit wir in die Lage kommen, über die gegenwärtigen Zustände ohne Fehl zu urteilen. Richtig bemerkt hierzu Cassirer: »Rousseau benützt also den ‚Naturzustand' nur als bloßes Faktum und als Norm; als Prüfstein, an dem sich erweisen soll, was an der gegenwärtigen Form der Gesellschaft Wahrheit und Trug, was innerlich verpflichtendes Gesetz und was bloß Konvention und Willkür ist«. Und trotzdem hat Cassirer den tiefsten Sinn der Gegenüberstellung Rousseaus von Natur und Kultur nicht verstanden. Kritik an Konvention und Willkür haben auch andere gleichzeitig mit Rousseau, ja, teilweise schon vor ihm geübt. Rousseau geht es um wesentlich mehr. Er begreift bereits, daß die sich vor seinen Augen ausbreitende Kultur der bürgerlichen Gesellschaft die Entwicklung des Menschen beengt, indem sie ihn entseelt und mechanisiert, daß sie das wahrhaft Menschliche in ihm ertötet, indem sie im Interesse einer rationalisierten Reichtumsproduktion seine natürlichen und ursprünglichen Anlagen verkümmern läßt, und daß diese Entfremdung des Menschen nur durch eine Wiederherstellung der menschlichen »Natur« aufgehoben werden kann. Weil also die »Natur« bei ihm sowohl die Bedeutung des gefühlsmäßig erlebbaren Ursprünglichen und Vorkapitalistischen wie des zu Erreichenden und Seinsollenden annimmt, er sich andererseits aber keine ernste Mühe macht, die Art und Weise der Überwindung der gegenwärtigen Zustände zu untersuchen, erhält seine Gesellschaftsauffassung den Charakter der rein sentimentalen Verherrlichung der »Natur«. Gerade durch diese Unbestimmtheit erklärt sich die ungeheure Wirkung seiner Schriften bis tief in die Kreise des

Adels. Andererseits war diese Wirkung nur deshalb möglich, weil die Aufklärung trotz aller optimistischen Ausblicke, die sie auszeichneten, dem Prozeß der steigenden Verdinglichung des Menschen bereits, wenn auch wegen der Gefahr der Verletzung des egoistischen Interesses wenig bewußt, mit einem Gefühl des Unbehagens begegnete. Aber wie einerseits die bloß sentimentale Form der Kritik am Kapitalismus dem Bedürfnis der aufsteigenden bürgerlichen Gesellschaft entgegenkam, zwischen dem dumpfen Unbehagen und dem gleichzeitig wachsenden bewußten Optimismus eine Brücke zu schlagen, so mußte sie doch andererseits dem strengen Rationalismus der Enzyklopädisten zuwiderlaufen, deren ganzes Sinnen auf den Ausbau und nicht auf die Kritik der bürgerlichen Gesellschaft gerichtet war. Wohl empfand man den Grund des Gegensatzes nicht deutlich genug, aber es war bestimmt kein bloßes »Mißverständnis«, wie Cassirer meint, durch das sich trotz aller gegenseitigen Verehrung Rousseau mit den Enzyklopädisten entzweite. Es lagen die erwähnten sachlichen und tieferen Gründe vor. Man hat auch noch wenig erkannt, daß es keinem Zufall zuzuschreiben ist, wenn es gerade Rousseau und Pestalozzi, die beiden gegen die Verdinglichungstendenzen der bürgerlichen Gesellschaft empfindlichsten Denker der kapitalistischen Aufstiegsepoche, gewesen sind, die der Erziehung des Kindes ihre besondere Aufmerksamkeit geschenkt haben. Indem sie im Kinde jene ursprüngliche Menschlichkeit, die der Mechanismus der kapitalistischen Produktion dem Erwachsenen täglich und in steigendem Maße nimmt, zu festigen gedachten, hofften sie ein Geschlecht heranzuziehen, das die Kraft zur Selbstbefreiung aufbringen werde. Erziehung und Revolution waren für sie untrennbare Begriffe, wie übrigens für Schiller auch, der die Entstellung des Menschen durch die rationalisierende und mechanisierende Arbeitsteilung anprangert. In der Ablöse des Notstaates durch den Staat der Freiheit, die nur auf dem Wege der Erziehung durchführbar sei, sucht Schiller die Lösung: »Sollte diese Wirkung (nämlich die verlorengegangene Totalität des Menschen wiederherzustellen, L. K.) vielleicht von dem Staate zu erwarten sein? Das ist nicht möglich, denn der Staat, wie er beschaffen ist, hat das Übel veranlaßt, und der Staat, wie ihn die Vernunft in der Idee sich aufgibt, anstatt diese bessere Menschheit begründen zu können, müßte selbst erst darauf begründet werden.« Schiller hat nicht wie Rousseau und Fichte aus seiner Abneigung gegen die bürgerliche Kultur (die ihm allerdings nicht als wirklich bürgerlich erschien) Konsequenzen gezogen, die zur prinzipiellen Kritik des Privateigentums hinleiten. Ihm galt die Erziehung als der allein gangbare Weg.

Auch Fichte lag mehr als anderen die Erziehung sehr am Herzen. Den letzten Grund dieses Interesses kann man in seiner kritischen Stellung zur bürgerlichen Entmenschlichung erkennen. Einige Stellen aus Fichtes Schriften mögen genügen: »Aber es fehlt noch viel, daß es (das Recht) durchgehends hergestellt sei; teils, weil äußerst wenige den Rechtsbegriff durchaus kennen; teils, weil es bei der damaligen Bildung des Menschengeschlechts unmöglich sein würde, ihn auszuführen; teils endlich auch – wir wollen dies uns nicht verbergen –, weil es der Vorteil Vieler ist, daß dasselbe nicht ausgeführt werde, daß selbst die Erkenntnis desselben verdunkelt bliebe.« »So«, fügt Fichte hinzu, »sind die vorhandenen Verfassungen Notverfassungen«. Aber er erklärt auch, was unter einer Notverfassung zu verstehen ist: »Jeder will den anderen so viel als möglich für sich arbeiten lassen und dagegen so wenig als möglich für ihn arbeiten. Wird er durch kein Gesetz und keine Obrigkeit daran gehindert, so wird er auch alle möglichen Mittel anwenden, um dies durchzusetzen«. »Der Staat ist eine Anstalt von Eigentümern ... Die Menschheit zerfällt in zwei Grundstämme: Die Eigentümer und Nichteigentümer. Die ersteren sind nicht der Staat, sondern sie halten den Staat, wie ein Herr sich einen Bediensteten hält, und der letztere ist in der Tat ihr Diener. Wer nun einen Diener bezahlen kann, der dient nicht.« Nachdem Fichte gegen die Abfindung mit dem Eigentum in einer bestimmten Form und gegen die Meinung, der Staat habe es nur zu schützen, Stellung nimmt, setzt er fort: »Im Gegensatz gegen diese Meinung würde ich sagen: es sei die Bestimmung des Staates, jedem erst das Seinige zu geben, ihn in sein Eigentum erst einzusetzen, und dann erst ihn dabei zu schützen.« Und im schärfsten Gegensatz zu der Ansicht, daß die Freiheit gewährleistet sei, wenn der Besitzende im Gebrauch seines Eigentums nicht behindert wird, sagt Fichte: »In diesem Zustand ist keiner frei, weil alle es unbeschränkt sind«.

Ob nun wie bei Rousseau, Schiller, Pestalozzi und Fichte der Humanismus bereits über die bürgerliche Gesellschaft hinausweist, oder ob er sich noch in den rein bürgerlich-optimistischen Bahnen bewegt, - die große Sehnsucht bleibt hier wie dort das menschlich nicht in Funktionen des Dienstes an ihm fremden Zwecken zerteilte und der humanistischen Vervollkommnung entgegenschreitende Individuum. Und es gehört zur Wesenheit des fortschrittlichen Humanismus, daß er dieses Individuum nicht als Ausnahme fordert, sondern als individuell vereinzelte Erscheinungsweise einer humanistisch vollendeten gesellschaftlichen Gesamtheit, – mag auch Schiller aus der Not eine Tugend machen und die ästhetische Vervollkommnung schließlich resignierend nur in einem verhältnismäßig kleinen Teil der Gesellschaft für durchführbar halten.

Noch in J. St. Mill ist diese Sehnsucht nach einer humanistischen Vollendung der Menschheit lebendig. Als einer der letzten aufrichtigen Vertreter echt humanistischer Gesinnung ringt er um die geeigneten Mittel zur praktischen Verwirklichung dieser Gesinnung. Aber es ist ein schweres und von Widersprüchen durchzogenes Ringen. Denn wenn Mill einerseits noch an die Möglichkeit der Humanisierung der bürgerlichen Ordnung glaubt, so sind doch andererseits zu seiner Zeit die Schatten, die der Kapitalismus wirft, bereits zu dunkel, um nicht von jedem aufrichtigen Geist bemerkt zu werden. Und Mill bemerkt sie wohl. In der dritten Auflage seines ökonomischen Hauptwerkes ist er bereits so weit, die Alternative zu stellen: »Im Vergleich mit der gegenwärtigen Lage der Mehrzahl der Menschen würden die Beschränkungen des Kommunismus als Freiheit erscheinen ... Mill ist der Sozialismus immer nur als das kleinere Übel erschienen, als die letzte Ausflucht aus der Misere, die zu verleugnen, er viel zu ehrlich war. Sehen wir nämlich näher zu, so merken wir bald, wie wenig Mill den wirklichen Sinn des Sozialismus verstanden hat, wie sehr er sein Leben lang in jener eigentümlichen Vorstellung befangen blieb, als deren Kern wir den bürgerlichen Menschen- und Freiheitsbegriff aufgezeigt haben. Es ist nicht von ungefähr, daß Grabowsky dem »Sozialisten« Mill den folgenden Satz entgegenhalten darf, ohne sich zu widersprechen: »Was Mill also sah (d. h. einzurichten und zu erhalten wünschte, L. K.), waren mehr Reste als Neues. Wir dagegen haben die geistigen Folgen einer hochkapitalistischen Entwicklung zu tragen, in der die Menschen zu Marionetten des Produktionsprozesses geworden sind«. Das klingt wie ein Vorwurf. Und es ist ein berechtigter Vorwurf. Denn Mill hat sich ungeachtet seiner Zugeständnisse hinsichtlich der kapitalistischen Misere niemals wirklich vom formalen Freiheitsbegriff losgemacht, hat immer noch, wenn auch in seinen letzten Lebensjahren weniger, an die Durchführbarkeit des humanistischen Programms auf der Grundlage des bürgerlichen Eigentums geglaubt und, was für ihn das Verhängnisvollste war, die tiefe Befangenheit in der bürgerlichen Menschenvorstellung nicht zu durchbrechen, geschweige denn zu überwinden vermocht. Die Folge war, daß er sich um die Alternative: Vermenschlichung des Kapitalismus oder Sozialismus, herumzudrücken versuchte und dem bürgerlichen Freiheits- und Menschenbegriff, dessen Unmenschlichkeit, wie wir zeigten, darin besteht, daß er das Maß für alle menschlichen Werte letzten Endes im Eigentum findet, Konzessionen machte, die im krassesten Widerspruch zu seinen sonstigen kritischen Äußerungen standen. Er war nicht einmal so konsequent wie Lorenz von Stein, der zur Überwindung des Widerspruchs zwischen dem abstrakt humanistischen und dem konkret bürgerlichen Menschenbild wenigstens radikal die Zueignung von Eigentum an ausnahmslos alle Mitglieder der Gesellschaft zur unerläßlichen Voraussetzung der Freiheit erklärte; und er war auch nicht so konsequent wie etwa der große Liberale Schmoller, der umgekehrt mit weniger Optimismus wirklich gleiche politische und Freiheitsrechte für alle forderte, damit jeder zu Eigentum komme. Der »Sozialist« Mill hat sich vielmehr das fast Unverständliche geleistet, im Jahre 1859 eine Schrift über die Freiheit abzufassen, ohne auch nur mit einem Worte den – gewiß schon zu seiner Zeit – wichtigsten Punkt in aller Freiheitstheorie, nämlich die Form der Verwirklichung der Volkssouveränität, zu berühren, um dann zwei Jahre später in den »Betrachtungen über die Repräsentativverfassung« dieselbe Freiheit ungeniert für den schäbigen Preis der leeren Erwartung eines richtigen Gebrauchs der »Intelligenz« den Unternehmern zu verkaufen. Man höre selbst: »Ein Unternehmer ist doch durchschnittlich intelligenter als ein Arbeiter ... ein Oberarbeiter ist gewöhnlich intelligenter als ein Unterarbeiter ... ein Bankier, Kaufmann, Fabrikant ist wahrscheinlich intelligenter als ein Krämer ...«. Zum Teil unbestreitbare Tatsachen, aber Tatsachen der kapitalistischen Entmenschlichung, ja mehr als das, nämlich schlagende Beweise für die Entmenschlichung des Kapitalismus. Aber für Mill waren diese Feststellungen nicht bloß ästhetischer Natur, sondern sogar die Grundlagen, auf denen er sein Pluralwahlrecht, das heißt die politische Zurückstellung und Entrechtung des Arbeiters aufbauen wollte. Es ist unverständlich, wie Grabowsky zu dem Schluß kommen konnte, Mill habe sein Wahlrechtssystem nicht auf dem Eigentum, sondern auf der »Intelligenz« begründen wollen. Im Gegenteil beweist gerade Mills »Intelligenz«-Theorie, daß er trotz aller seiner Mühen schließlich dort angelangt war, wo schon lange vor ihm die bürgerlichen Denker gestanden hatten: beim bürgerlichen Menschenbegriff! Mill kam ebensowenig wie diese aus dem fatalen Zirkel heraus. Einerseits soll der Eigentumslose zum vernünftigen Gebrauch der Freiheit allmählich erzogen werden; aber andererseits besitzt er diese Fähigkeit – Mills »Intelligenz« ist nur ein anderer Ausdruck dafür – gerade deshalb nicht oder weniger, weil er eigentumslos ist. Kein Wunder, wenn Mill in seiner Verzweiflung, in die ihn die Widersprüche seines eigenen Denkens trieben, schließlich auch das sozialistische Experiment im Kleinen probeweise zulassen wollte und empfahl. Aber gerade dieser Vorschlag beweist wiederum nur, wie wenig Mill imstande war, auf theoretischem Wege zu einem vollen Verständnis des Sozialismus zu kommen, wie völlig ihn die bürgerliche Vorstellungswelt beherrschte.

Mit den Manchesterliberalen hat der bürgerliche Humanismus überhaupt sein Ende gefunden. Alle Wiederbelebungsversuche, die seither gemacht wurden, blieben Theorien ohne Seele. Die Gründe für die Abschwächung und das schließliche Fallenlassen der humanistischen Menschheitsidee liegen im scharfen Heraustreten der widerspruchsvollen Bedingungen in der Existenz der bürgerlichen Gesellschaft. Wie diese selbst dem bürgerlichen Bewußtsein als die höchste Form des menschlichen Zusammenlebens erscheint, so erscheint auch die von ihr untrennbare Unterordnung der Individualität unter die Erfordernisse der kapitalistischen Produktion als ein ewiges Naturgesetz. Daher wird im reaktionären Liberalismus die konkrete Idee der harmonischen Vollendung des Menschen immer mehr verdrängt durch die formale Vorstellung von der äußeren Harmonie der über den menschlichen Kopf sich hinwegsetzenden sozialen »Naturgesetze«. »Naturgesetze« mit mehr oder weniger offener Betonung der Notwendigkeit der Auslese, d. h. des Untergangs der ökonomisch Hilflosen. Ist Malthus hierin Vorläufer, so Spencer schon ideologischer Führer. Je tiefer wir in das 19. Jahrhundert dringen, desto formaler, starrer, leerer und ideenloser wird deshalb das bürgerliche Sozialdenken. Schon bei Spencer tritt an die Stelle der optimistischen Fortschrittsidee die im Grunde pessimistisch aufgefaßte »Entwicklung«. Dieser folgenreiche Wandel in der Beurteilung der Geschichte durch die bürgerliche Ideologie bleibt maßgebend bis in unsere Zeit hinein. Noch bei dem bedeutendsten Kopfe der bürgerlichen Sozialwissenschaft unseres Jahrhunderts, bei Max Weber, kommt er in dem Versuch zur Geltung, den Begriff des Fortschritts als »erkenntnistheoretisch« nicht bestimmbar nachzuweisen. Weber folgen zahlreiche andere Ideologen des Bürgertums, und nicht weniger ist die Wirkung dieser Auffassung bis in die alltäglichsten Gespräche mit Intellektuellen und Berufsmenschen hinein spürbar, wie auch als letzte Konsequenz eine zum Faschismus überleitende engstirnige Menschenfeindlichkeit und liberalisierende Egozentrizität unvermeidlich werden.

Kein Wunder, wenn schon im vorigen Jahrhundert, in dem sich mit wachsender Deutlichkeit die Klassengegensätze zwischen Bourgeoisie und Proletariat abzuzeichnen begannen, einige in ihrer Art scharfsinnige, sich über den wahren Charakter der kapitalistischen Gesellschaft nicht hinwegtäuschende Ideologen auftraten, die mit brutaler Offenheit die unmenschliche Wirklichkeit gegen die liberale Phrase verteidigten und ungeniert das »natürliche« Recht des Stärkeren verkündeten. Malthus »entdeckt« mit der ihm eigenen Unerbittlichkeit die gesetzlich bedingte Ewigkeit des Hungers, Tagesschriftsteller (darunter auch zwei gemütvolle Vertreterinnen des weiblichen Geschlechts) erdreisten sich, das Proletariat dahin zu beraten, es möge durch eine freiwillige »Anpassung« an die Elendsverhältnisse sich den sie ernährenden Unternehmern dankbar erweisen, und die Krone setzen der reaktionär-bourgeoisen Theorie die sogenannten Sozialdarwinisten auf mit ihrer Raubtierlehre vom unvermeidlichen Sieg des Stärkeren im Kampf ums Dasein. Auf der anderen Seite wenden sich aber ebenso viele der besten Köpfe des Bürgertums gegen die kapitalistische Praxis und ziehen die klare Konsequenz, indem sie sich auf die Seite des Proletariats stellen. Andere, insgesamt eine kleine Minderheit, gehen in der Kritik der bürgerlichen Ordnung ihren eigenen, oft sehr verworrenen Weg. Zu den Genialsten zählen zweifellos Carlyle und Disraeli, die sich in ihren späteren Lebensjahren beide völlig der Reaktion ergeben – eine Folge des Umstandes, daß sie den Kapitalismus nicht anders als durch die Brille eines unklaren Romantizismus zu betrachten vermochten. Ein Lord Ashley macht sich dadurch berühmt, daß er sein Leben lang für die Erleichterung der Lage der Arbeiter, für die Fabrikgesetzgebung, für die Verbesserung der Verhältnisse in den Kohlengruben, für die Errichtung von Schulen für verwahrloste Kinder, ja sogar für die Errichtung von Arbeiterstädten mit Modellhäusern, Bibliotheken und Genossenschaften kämpft; zu einer legt er 1872 den Grundstein. Aber trotz aller aufrichtigen Arbeiterfreundlichkeit ist er zufrieden, wenn einige »Reformen« durchgeführt werden, in dieser Hinsicht Lorenz von Stein, dem bedeutenden Erforscher der sozialen Bewegung in Frankreich, und den deutschen Kathedersozialisten ähnlich. Stein träumt von einem über den gesellschaftlichen Gegensätzen stehenden, sozialen Königtum und der Kathedersozialist Schmoller freut sich ein halbes Jahrhundert später darüber, daß »die harten Entrüstungsworte über die Partei des Umsturzes, die Rotte der Elenden und ähnliches« immer seltener werden – übrigens zu Unrecht, denn die Herrschenden haben es inzwischen nur besser gelernt, solche Gedanken entweder nur unter sich oder überhaupt nicht auszusprechen, weshalb künftige »Quellenforscher« ihre reinste Freude daran haben werden, aus dem heutigen Schrifttum gerade das Gegenteil der maßlosen Verachtung der Arbeiterschaft seitens der Bourgeoisie herauszulesen. Schmoller fordert sogar, daß man die Arbeiter »als gleichberechtigte Staatsbürger« anerkenne. Aber er findet sich andererseits gegen die »sozialistische optimistische Hoffnung« mit der »pessimistischen Tatsache« ab, »daß in den letzten 150 Jahren eine starke Zunahme der Klassengegensätze« stattfand. Das ist auch daraus zu ersehen, daß Schmoller die ihm seither tausendfach nachgeredete Dummheit von sich gibt, »der sozialistische Gedanke strebe das Verschwinden aller Arbeits- und Berufsteilung, aller Unterschiede der Rassen, der Talente und Begabungen an«, daß er anschließend aber jede Möglichkeit bezweifelt, »jemals zu einem solchen Zustande« zu kommen. Immerhin ist Schmoller einer der wenigen bürgerlichen Ideologen gewesen, die sich von jeglichem Haß gegen die Emanzipationsbestrebungen der Arbeiterschaft freigehalten haben.

Man hat versucht, dem Problem der schwankenden Haltung der Bourgeoisie mit der begrifflichen Unterscheidung zwischen Liberalismus und Demokratie beizukommen, wobei jenem die Idee der passiven Freiheit besonders in wirtschaftlichen Belangen unterstellt wurde und dieser die Idee der positiven Freiheit und Gleichheit besonders in der Einflußnahme auf die Staatsgeschäfte. Damit ist aber nur die Wirklichkeit nach dem Begriff und nicht der Begriff nach der Wirklichkeit zugeschnitten worden. Denn bis mindestens zum Ende des 18. Jahrhunderts kennt die bürgerliche Bewegung keinen solchen bloß auf das Wirtschaftliche und nicht auch auf das Politische gerichteten Freiheitsbegriff. Im Gegenteil, nach der Überwindung der politischen Lethargie, die in der Zeit der Stabilisierung der Gegenreformation und des neufeudalen Absolutismus das Bürgertum befallen hatte, überwog sogar der politische Freiheitsbegriff bei weitem. Allerdings war er von der Vorstellung der notwendigen Einrichtung auch ökonomisch völlig freier Zustände nicht zu trennen. Aber er war so stark in den Köpfen verwurzelt, daß die »umstürzlerischen« physiokratischen Reformer vor allem deshalb auf den großen Widerstand in der Bevölkerung stießen, weil es ihnen, den »Ökonomisten«, hauptsächlich um die liberalen wirtschaftlichen Reformen ging und sie diese mit Hilfe des absoluten Königtums durchzusetzen dachten. Nicht als ob die Physiokraten nicht auch, vor allem in der späteren Zeit ihrer Wirksamkeit, die Herstellung politisch freier Zustände auf ihre Fahne geschrieben hätten. In einer ausgezeichneten Weise hat Güntzberg über das Wesen und die Wandlungen der physiokratischen Auffassung berichtet: Da sie den sozialen Standort und die historische Funktion des »aufgeklärten« Absolutismus falsch einschätzten und die Illusion hegten, ökonomische Reformen seien im Gegensatz zu den politischen in erheblichem Maße sofort, und zwar mit Hilfe des Königs durchführbar, schoben sie die politischen auf die lange Bank. Daß es ihnen aber dann auch mit diesen ernst war, beweist zur Genüge Turgots Plan einer Munizipal- und Ständeordnung, und mit Recht hebt Güntzberg hervor, daß es Turgot »nicht bloß auf eine Reform der Verwaltung, sondern auf eine wenn auch nur allmählich durchgeführte Umwälzung der Staatsverfassung im demokratischen Sinne ankam«. Fragt man aber nach den Gründen der Opposition des »Dritten Standes« gegen Turgot, die unverständlich bleiben muß, wenn man die Dringlichkeit der von Turgot in die Wege geleiteten Aufhebung des Zunftzwanges, der inneren Handelsbeschränkungen, der Beschneidung der adligen Steuerprivilegien bedenkt, so ergibt sich, daß ein tiefes Mißtrauen gegen jede Reformtätigkeit mitspricht, die nicht unter der politischen Mitentscheidung und Aufsicht des Volkes unternommen wird. Es mögen auch die von manchen Historikern angeführten anderen Gründe, wie vor allem die noch wenig verbreitete Kenntnis der bahnbrechenden Ansichten der Physiokraten und das beschränkte Interesse gewisser Beamten- und Kleinbürgerschichten, die mehr aus den bestehenden Zuständen als aus ihrer Verbesserung profitierten, mitgespielt haben; entscheidend blieb jedoch das sehr berechtigte Gefühl der großen Mehrheit der Bevölkerung, daß ohne eine grundlegende Veränderung der politischen Machtverteilung auch die bestgemeinten Reformen nicht von Dauer sein können. Die Geschichte selbst hat den Beweis für seine Richtigkeit geliefert. Mit Turgots baldigem Sturz wurden auch seine Reformen fast alle rückgängig gemacht. Turgots Schicksal erinnert auffallend an das noch weitaus tragischere Josefs II. von Österreich. Sollte es so etwas wie eine »Ironie« der Geschichte geben, dann hat sie sich niemals besser als an diesem Beispiel den Spaß geleistet, dem devoten Gerede vom »aufgeklärten« Absolutismus seine Hohlheit vorzuhalten. In Josef haben sich in seltener Einmaligkeit der aufgeklärteste aller absoluten Monarchen und der fortschrittlichste aller bürgerlichen Reformer – gewiß in den Grenzen, die ihm seine Zeit naturgemäß gesetzt hat – vereinigt; aber nichtsdestoweniger sind seine großartigen Reformmaßnahmen allesamt daran gescheitert, daß sie nicht auf dem Wege der revolutionären Entmachtung der feudalen Kräfte, sondern eben nur ungeachtet ihres Weiterbestandes dekretiert worden waren.

Aber selbst wenn man den Unterschied zwischen Demokratie und Liberalismus aus einer anderen Definition des Gegensatzes ableiten möchte, so etwa, daß man der Demokratie das politische Mitspracherecht des *ganzen* Volkes, dem Liberalismus aber die Gleichgültigkeit oder gar Feindlichkeit gegenüber dieser Forderung zugrunde legt, kommt man für die ältere Vergangenheit damit nicht weiter. Haben wir doch dargelegt, wie selbst die Leveller und erst recht die anderen revolutionären Vertreter der bürgerlichen und kleinbürgerlichen Klassen an eine Beschränkung des Wahlrechts für die Besitzlosen dachten. Nur wo ideologische Einflüsse aus den untersten Schichten der Gesellschaft, aus dem noch unentwickelten Proletariat oder dem angrenzenden radikalen Flügel des Kleinbürgertums sich geltend machen konnten (wie etwa in der revolutionären Sektenbewegung, und über diese bei Männern wie Marsilius, Althusius und Morus, oder in den radikalen Verfassungen der Französischen Revolution und der Achtundvierziger-Bewegungen), kann man von einer konsequenten demokratischen Vertretung der Volkssouveränität sprechen. Aber trotzdem wäre es verfehlt, für alle anderen Richtungen allein die Bezeichnung des Liberalismus annehmen zu wollen, denn der auf die Demokratisierung der Gesellschaft gerichtete revolutionäre Elan hat im Dienste dieser Demokratisierung zweifellos Entscheidendes geleistet. Erst der reaktionäre Liberalismus des vorigen Jahrhunderts trennt sich von der Demokratie und überläßt die Aufgabe der Demokratisierung der Gesellschaft den im bürgerlichen Sinne nichtbürgerlichen Klassen. Sobald dieser Prozeß vollendet ist, identifizieren sich Liberalismus und Demokratie von neuem, um in dieser Form gegen die soziale Demokratie des Sozialismus besser bestehen zu können.

Und so bleibt es wahr – trotz einzelner konsequenter Vertreter der Idee der Volkssouveränität in früheren Jahrhunderten –, daß die Idee der Demokratie – wir sprechen hier nur von der formalen, bürgerlichen Demokratie – in wirklich klarer und restlos konsequenter Form erst vom Proletariat vertreten wurde, als es zum vollen Bewußtsein seiner geschichtlichen Mission zu erwachen begann. Das war im 19. Jahrhundert der Fall, so zu dessen Beginn schon in der Chartistenbewegung. Auch erhebliche Teile des Kleinbürgertums, durch die proletarische Propaganda in diese Richtung gedrängt, schließen sich der Front der reinen und konsequenten Demokratie an. Seither erst beginnen sich die Demokraten schärfer von den Liberalen abzutrennen. Dieser Prozeß wird stark unterstützt durch die Enthumanisierung und steigende Entdemokratisierung der Bourgeoisie, die sich einen rein ökonomisch aufgefaßten Freiheitsgedanken zu eigen macht. Manche kleinbürgerlichen Radikaldemokraten kommen bis an die Grenze des Sozialismus, ohne aber wirklich den Weg zu ihm zu finden. Die hervorstechendste Persönlichkeit in dieser Gruppe ist Jacoby, von dem Mehring eine glänzende Charakteristik gegeben hat. Hierher gehört auch der Badener Demokrat Siebenpfeiffer, dessen Rede vor Gericht wir als Illustration auszugsweise wiedergeben wollen: »Ungleichheit des Besitzes liegt in der Natur, welche die Menschen mit ungleichen Kräften und Neigungen ausstattete. Eine Gütergemeinschaft wäre der höchste Triumph der Gesetzgebung, denn sie würde dem Staate eine unveränderliche Grundlage geben, die Quelle von tausend Unsittlichkeiten und Verbrechen verstopfen, alle vereinzelten Bestrebungen guter und schlimmer Leidenschaften in einem Brennpunkt sammeln und sie auf ein Ziel, das heißt der Gesamtheit hinleiten. Allein, die Gütergemeinschaft ist eine Chimäre. Soll man aber darum einer anderen Staatsordnung das Wort reden, wo die Gesamtheit für etliche Familien keucht und schwitzt; wo die unermeßliche Mehrzahl kaum die Mittel zur Befriedigung der untersten Bedürfnisse des Lebens erübrigt, indem die Minderzahl in Müßiggang, im Übermut des Überflusses schwelgt . . .? Darum will ich eine andere Staatsordnung, die jedem das Seinige sichert . . .«

Nichts ist bis zum heutigen Tage für das Kleinbürgertum, selbst seinen anständigsten Teil, charakteristischer geblieben als die an Siebenpfeiffer ersichtliche Schwankung zwischen Verteidigung und Kritik der bürgerlichen Eigentumsordnung.

Seite

7 *Troeltsch, E.*, Die Soziallehren der christlichen Kirchen und Gruppen

12 *v. Schubert, H.*, Geschichte der christlichen Kirche im frühen Mittelalter, 1921

16 *Hatschek, J.*, Englische Verfassungsgeschichte, 1913
Vgl. *Farner, K.*, Christentum und Eigentum, 1974

18 *Prantl, C.*, Geschichte der Logik, Bd. II 1856, S. 96

22 *v. Bethmann-Hollweg, M. A.*, Der Ursprung der lombardischen Städtefreiheit, 1846

23 *Bücher, K.*, Die Stufen der wirtschaftlichen Entwicklung, 1912
Dopsch, Die Wirtschaftsentwicklung der Karolingerzeit, 1921
Pirenne, H., Sozial- und Wirtschaftsgeschichte Europas im Mittelalter, 1947

24 *Wittvogel, K. A.*, Geschichte der bürgerlichen Gesellschaft, 1924
Kovalewski, M., Die ökonomische Entwicklung Europas, 1901 ff.

25 *Pirenne, H.*, aaO.

27 *Hampe K.*, Das Hochmittelalter, 1949

32 *Preuss, H.*, Die Entwicklung des deutschen Städtewesens, Bd. I, 1906

34 *Wittvogel, K. A.*, aaO.

37 *v. Below, G.*, Vom Mittelalter zur Neuzeit, 1924
Sander, P., Geschichte des deutschen Städtewesens, 1922

41 *Pirenne, H.*, Geschichte Belgiens, 1899

43 Vgl. *Lukács, G.*, Geschichte und Klassenbewußtsein, 1923

45 *Dahn, G.*, Untersuchung zur Verfassungs- und Rechtsgeschichte der italienischen Stadt im Mittelalter, 1941
Pirenne, H., aaO.

48 Vgl. *Tawney*, Religion und Frühkapitalismus, 1946

49 *Kovalewsky, M.*, Die ökonomische Entwicklung Europas, Bd. 4 bis 6, 1909—1913
Marcks, E., Gaspard de Coligny, 1892

59 Vgl. *Sée, H.*, Französische Wirtschaftsgeschichte, 1930

61 *Kautsky, K.*, Thomas More und seine Utopie, 1888

62 Vgl. *Brentano, L.*, Eine Geschichte der wirtschaftlichen Entwicklung Englands, 1927

66 *Sombart, W.*, Der Bourgeois, 1913

67 Über die Mediceische Akademie und Savonarola vgl. die unsere Auffassung bestätigenden Bemerkungen bei *Maurenbrecher, W.*, Geschichte der katholischen Reformation, 1880
Schirmer, W. E., Antike, Renaissance und Puritanismus, 1924
Die platonische Renaissance in England und die Schule von Cambridge, 1932

68 *v. Reumont, A.*, Geschichte Toskanas seit dem Ende des florentinischen Freistaats, 1876/1877, 2 Bde.

70 *Borkenau, F.*, Der Übergang vom feudalen zum bürgerlichen Weltbild, 1934
Vgl. *Cassirer*, Individuum und Kosmos in der Philosophie der Renaissance, 1927

Seite

Baron, H., Willensfreiheit und Astrologie (Kultur- und Universalgeschichte, 1927)

74 *Marx, K.*, Das Kapital, 3. Bd., 1949, S. 362
Ebd., S. 360: »Verselbständigung des Zirkulationsprozesses«
Ebd., S. 359: dieser »Handelsstand« ist »politisch reaktionär«

76 *Fueter, E.*, Geschichte des europäischen Staatssystems von 1492 bis 1559

80 *Enzyklopädie der Staatswissenschaften*, 1859

82 Die »Parlamente« sind in Frankreich bis zur Französischen Revolution 1789 die obersten Gerichte.

83 *Hancke, E.*, Bodin, 1894

84 *Schmitt, C.*, Die Diktatur, 1928

87 *v. Muralt, J.*, Machiavellis Staatsgedanke, 1945

88 *v. Ranke, L.*, aaO.
Vgl. *Keller, L.*, Die Reformation und die älteren Reformparteien, 1885

91 *Oncken, A.*, Die Utopie des Thomas Morus, Sitzungsberichte der Heidelberger Akademie der Wissenschaften, Jg. 1922
v. Bezold, F., Zur Geschichte des Hussitismus, Kulturhistorische Studien, 1874

93 *Kautsky, K.*, Vorläufer des neueren Sozialismus, 1947

95 1905 u. 1913

100 *Knoll, M. A.*, Katholische Kirche und scholastisches Naturrecht, 1962

104 Die Soziallehren der christlichen Kirchen und Gruppen, 1912

107 *Hampe, K.*, Das Hochmittelalter, 1949

109 Vgl. *Lea, H.*, Geschichte der Inquisition im Mittelalter, 1905 bis 1913

110 Mittelalterliches Geistesleben, 1926

111 Vgl. *Loserth, J.*, Hus und Wycli, 1925

115 Der deutsche Bauernkrieg, 1908

117 *Huch, R.*, Das Zeitalter der Glaubensspaltung, 1927

118 *v. Martin, A.*, Die Soziologie der Renaissance, 1932; *ders.*, Die Renaissance, in: Handwörterbuch der Soziologie, hrsg. v. *Vierkandt, A.*, 1931; vgl. dazu die eingehende Kritik in meiner »Geschichte und Dialektik«, S. 87 ff.

122 Vgl. *Troeltsch*, Die Soziallehren der christlichen Kirchen und Gruppen, 1912

128 Vgl. *Bernhart, J.*, Einleitung zu Thomas von Aquino, Summe der Theologie, 1926
Farner, K., Christentum und Eigentum, 1947

129 aaO.
Vgl. *Knoll, M. A.*, Katholische Kirche und scholastisches Naturrecht, 1962

130 *Grabmann, M.*, Mittelalterliches Geistesleben, 1926

131 1877

133 *Schneider, B.*, Das späte Mittelalter, 1912

135 *Sombart, W.*, Der moderne Kapitalismus, 3 Bde., 1924

136 *v. Below, G.*, Ursachen der Reformation, 1917
Mehring, F., Deutsche Geschichte vom Ausgang des Mittelalters, 1947; Zur deutschen Geschichte, 1931
v. Bezold, F., Geschichte der deutschen Reformation, 1890

138 Vgl. *Janssen, J.*, Geschichte des deutschen Volkes, 1897

Seite

Das Zeitalter der Glaubensspaltung, 1927
Janssen J., aaO.
142 *Troeltsch, E.*, aaO.
146 Mit einer Einleitung von *E. Thier*, 1950, S. 171
148 *Schirmer, W. F.*, Antike, Renaissance und Puritanismus, 1924
150 *Doren, A.*, Italienische Wirtschaftsgeschichte, 1934
151 *Pirenne, H.*, Geschichte Belgiens, 1899
152 *Levy, H.*, Die Grundlagen des ökonomischen Liberalismus, 1912
155 *Marx, K.*, Das Kapital, 1. Bd., 1947, S. 578
157 Die Entwicklung des Sozialismus von der Utopie zur Wissenschaft (Einleitung zur englischen Ausgabe 1892), 1945, S. 15
159 Das Kapital, 1. Bd., 1903, S. 233
160 *Schäfer, D.*, Weltgeschichte der Neuzeit, 1907
163 *Troeltsch, E.*, aaO.
164 Die Geschichte des Sozialismus in England, 1913
165 Vgl. *Gierke*, O., Johannes Althusius, 1880
167 *Baron, H.*, Calvins Staatsanschauung, 1924
170 Vgl. den Abschnitt »Der Klassencharakter des englischen Adels«
172 Vgl. hierzu *Bernstein E.*, Sozialismus und Demokratie in der großen englischen Revolution, 1919
175 Zur deutschen Geschichte, 1931
180 Vgl. hierzu *Bernstein, E.*, aaO.
184 Vgl. hierzu *Grabmann, M.*, Mittelalterliches Geistesleben, 1926, I/65 ff.
185 Das Kapital, 3. Bd., 1949, S. 836
Vgl. *Locke, J.*, Of Civil Government, 1960, II/5
v. Stein, L., Geschichte des französischen Strafrechts, 1862, S. 259 ff.
186 Vgl. hierzu *Meusel, A.*, Die große englische Revolution vom Ende des ersten bis zum Ausbruch des zweiten Bürgerkrieges, in: Gegenwartsprobleme der Soziologie, Alfred Vierkandt zum 80. Geburtstag, 1949
188 Vgl. *Aulard, A.*, Politische Geschichte der Französischen Revolution, 1924
189 *Hugo, C.*, Die Geschichte des Sozialismus in Einzeldarstellungen, 1921
Beer, M., Allgemeine Geschichte des Sozialismus, 1931
193 Vgl. *Marx, K.*, Das Kapital, 3. Bd., 1949, S. 359 Note und S. 644 — ähnlich *Kuczyinski, J.*, Allgemeine Wirtschaftsgeschichte, 1949, S. 117 und S. 163 ff.
195 *Marx, K.*, Das Kapital, 1 Bd., 1947, S. 621 u. 624
196 *ders.*, Das Kapital, 3. Bd., 1949, S. 644
Held, A., Zwei Bücher zur Sozialgeschichte Englands, 1881
198 Vgl. *Marx, K.*, Das Kapital, 3. Bd., 1949, S. 359, Note
200 Erbrechtspolitik, alte und neue Feudalität, 1899
202 *Meißner, P.*, Englische Literaturgeschichte, 1937
Weingartner, Der Geist des Barock, 1925
204 Vgl. *Mehring, F.*, Zur preußischen Geschichte, 1930
205 *Tocqueville, A.*, Das alte Staatswesen und die Revolution, 1857
206 *Wahl, A.*, Vorgeschichte der französischen Revolution, 1905
208 *Guglia, E.*, Die konservativen Elemente Frankreichs, 1890
Becker, O., Die Verfassungspolitik der französischen Regierung zu Beginn der großen Revolution, 1910—1911

Seite

209 *Glogau, H.*, Reformversuche und Sturz des Absolutismus in Frankreich (1774—1788), 1908

210 *Wahl, A.*, aaO.

214 *Gasser, A.*, Geschichte der Freiheit und der Demokratie, 1939

217 *Pirenne, H.*, Geschichte Belgiens, 1899

219 *Gneist, R.*, Das englische Parlament in seinen tausendjährigen Wandlungen, 1886

220 *Kampen, N. G.*, Geschichte der Niederlande, 1831

221 *Blok, P. I.*, Geschichte der Niederlande, 1905

223 Vgl. dazu *Sombart, W.*, Der Bourgeois, 1913

224 Vgl. zu Zweitens die folgenden Abschnitte

226 *Gasser, A.*, Gemeindefreiheit als Rettung Europas, 1943
Bucher, L., Der Parlamentarismus wie er ist, 1855

227 Auf der Reichsversammlung von 1176 wird die Einführung reisender Richter beschlossen und 1178 das Kings Bench, das oberste königliche Gericht eingerichtet.

229 *Rogers, Th.*, Geschichte der englischen Arbeit, 1906—1911. *Mitteis, H.*, Der Staat des hohen Mittelalters, 1928. Es entsteht ein Heer langdienender Berufssoldaten: »Nur ein Zehntel der englischen Ritterschaft rückte ins Feld«. (S. 367)
v. Ranke, L., Englische Geschichte (1/63)
Mitteis, H., aaO.

231 *Huch, R.*, Das Zeitalter der Glaubensspaltung, 1927

234 *Hatschek, J.*, Englische Verfassungsgeschichte, 1931

235 Vgl. *Schlosser, F.*, Weltgeschichte, 10. Bd., 1894, S. 14 u. 24

237 Vgl. *Marx, K.*, Kapital III, S. 844
Stratford, Geist und Werden Englands, 1944
Pirenne, H., Sozial- und Wirtschaftsgeschichte Europas im Mittelalter, 1947

240 *Hatschek, J.*, Englische Verfassungsgeschichte, 1913

241 Vgl. *Brodnitz, C.*, Englische Verfassungsgeschichte, 1919, S. 112

242 *Holtzmann, R.*, Französische Verfassungsgeschichte, 1936

243 *Redlich, J.*, Englische Lokalverwaltung, 1901; auch *Gneist, R.*, Englische Kommunalverfassung, 1892

244 *Hatschek, J.*, aaO.
Vgl. den Abschnitt über die neufeudale Epoche des Absolutismus

248 Vgl. *Redlich, J.*, aaO.
Vgl. *Gneist, R.*, aaO.

249 *Cobden, R.*, Reden, 1862

251 *Marcks, E.*, Männer und Zeiten, 1916

255 Vgl. *Michael, W.*, Die englische Geschichte des 18. Jahrhunderts, 1896
Hasbach, W., Die englischen Lohnarbeiter in den letzten hundert Jahren und die Einhegungen, 1894

256 *Hasbach, W.*, aaO.

257 *Tawney, R. H.*, Religion und Frühkapitalismus, 1946
Tocqueville, A., Das alte Staatswesen und die Revolution, 1857
Marx K., Das Kapital, 1. Bd., 1947, S. 763
Vgl. *Hasbach, W.*, aaO.
Gneist, R., Geschichte und heutige Gestalt des Selfgovernment, 1863

258 Vgl. *Wahl, A.*, Vorgeschichte der französischen Revolution, 1905
Brentano, L., Erbrechtspolitik, 1899

Über den Bürgerkrieg in Frankreich, in: *Marx, K./Engels, F.*, Werke Bd. 17, S. 341

259 *Rogers, Th.*, aaO.
Vgl. auch *Levy, H.*, Die Grundfragen des ökonomischen Liberalismus, 1912
Hatschek, J., aaO.

263 *Carlyle, Th.*, Vergangenheit und Gegenwart, 1903, Einleitung
Gasser, aaO.

266 *Marx, K.*, Der Bürgerkrieg in Frankreich, aaO.

267 Vgl. *Webb, S. u. B.*, Geschichte des englischen Trade Unionismus, 1894

269 Vgl. *Marcks, E.*, Männer und Zeiten, 1916
Eyck, J. G., Gladstone, 1938

272 Zur preußischen Geschichte, 1930

273 Vgl. *Gierke*, O., Johannes Althusius, 1880

274 *Mayer, H.*, Einleitung zu *Mehring, F.*, Die Lessinglegende, 1944

275 *Lukács, G.*, Goethe und seine Zeit, 1947

276 *Häpke, R.*, Wirtschaftsgeschichte, 1928

277 *Mehring, F.*, Zur preußischen Geschichte, 1930

282 Vgl. dazu *Lenz, G.*, Theokratie und Naturrecht im 17. und 18. Jahrhundert, in: Jahrbuch für Internationales Recht, II. Bd., 1965

282 *Gierke*, O., aaO.

283 *Troeltsch, E.*, Aufsätze zur Geistesgeschichte und Religionssoziologie, 1924

284 *Stieve, F.*, Geschichte des deutschen Volkes, 1941

286 *Hartung, F.*, Verfassungsgeschichte Deutschlands, 1933
Mehring, F., aaO.
Stillich, O., Die politischen Parteien in Deutschland, 1908

290 Vgl. für Frankreich die ausgezeichneten Ausführungen von *Rosenberg, A.*, Demokratie und Sozialismus, 1962

295 *Siemsen, A.*, Preußen, die Gefahr Europas, 1937

297 *Stillich*, O., Die politischen Parteien in Deutschland, 1908

300 Vgl. *Ziekursch, J.*, Politische Geschichte des neuen deutschen Kaiserreichs, 1930

301 *Stillich*, O., aaO.
Vgl. auch *Sombarts* Schilderung der Verpreußung der deutschen Bourgeoisie, in: Die deutsche Wirtschaft im 19. Jahrhundert, 1903

302 Vgl. zu diesem oft beschriebenen Widerspruch auch *Kofler, L.*, Staat, Gesellschaft und Elite, 1960

305 *Lukács, G.*, Die Zerstörung der Vernunft, Werke Bd. 9, S. 52
ders., S. 93

309 Hervorgehoben von *Brentano, L.*, in: Arbeiterversicherung, 1879

310 *Thimme F.*, Die Rehabilitierung Theodor von Schöns, in: Forschungen zur Brandenburgischen und Preußischen Geschichte, Bd. 23, 1910
Besonders eindeutig in einem Brief aus dem Jahre 1845, abgedruckt in: *Rothfels, H.*, Theodor von Schön etc., Schriften der Königsberger Gelehrtengesellschaft, Heft 2, 1937

311 Beide Stellen zitierten wir nach *Rothfels*, der das noch unveröffentlichte »Depositum Brunneck« des Königsberger Staatsarchivs benützt hat, aber leider trotz der sonst breiten Dar-

stellung anderer Dinge aus dem Leben Schöns es nicht der Mühe wert hielt, die hier in Frage stehenden Briefe vollinhaltlich abzudrucken.

Vgl. *Aulard, A.*, Politische Geschichte der Französischen Revolution, 1924

312 *Vorländer, K.*, Kants Stellung zur französischen Revolution, in: Philosophische Abhandlungen für H. Cohen, 1912

Adler, M., Kant und der Marxismus, 1925

Bernstein, E., Sozialismus und Demokratie in der großen englischen Revolution, 1919

Meusel, A., Die große englische Revolution, in: Gegenwartsprobleme der Soziologie, 1949

313 *Kant, I.*, Fragmente aus dem Nachlaß, hrsg. von *Hartenstein*, 1868

Rothfels, A. H., Theodor von Schön, Schriften der Königsberger Gelehrtengesellschaft, Heft 2, 1937

v. Treitschke, H., Freiheit, 1861

314 *Dahlmann, F. C.*, Die Politik, 1886

Ebd.

Oncken, A., Die Maxime Laissez-faire, 1884

316 *Marx, K.*, Der achtzehnte Brumaire des Louis Bonaparte, 1852

Mehring, F., Die Lessinglegende, 1924

317 Vgl. *Marx, K.*, Zur Kritik der politischen Ökonomie, 1859

Vgl. *Kofler L.*, Geschichte und Dialektik, 1955

Fichte, J. G., Der geschlossene Handelsstaat, 1800

318 *Locke, J.*, Zwei Abhandlungen über die Regierung, 1906

Vgl. *Plechanow, G. W.*, Beiträge zur Geschichte des Materialismus, 1896

Fichte, aaO.

The Law of Freedom in a Plattform, 1652

319 *Locke, J.*, aaO.

v. Stein, L., Geschichte der sozialen Bewegung in Frankreich, 1921

322 *Taine, H.*, Die Entstehung des modernen Frankreich, 1936

323 Ebd.

324 *v. Stein, L.*, Geschichte der sozialen Bewegung in Frankreich, 1921

325 *v. Humboldt, W.*, Ideen zu einem Versuch, die Grenzen der Wirksamkeit des Staates zu bestimmen, 1917

326 *Cobden, R.*, Reden, 1862

327 *Cassirer, E.*, Die Philosophie des 17. und 18. Jahrhunderts, 1939

328 Ebd.

Schiller, F., Briefe über die ästhetische Erziehung des Menschen, 1795, bes. 3. und 6. Brief

329 *Fichte, J. G.*, Die Staatslehre oder über das Verhältnis des Urstaates zum Vernunftreiche, hrsg. v. *F. Medikus*, 1912

330 *Schiller, F.*, aaO., Schluß des 7. Briefes

Mill, J. St., Über Freiheit, 1945

Darauf hat *A. Grabowsky* aufmerksam gemacht, der sich mit seiner gut orientierenden, wenn auch im einzelnen diskutierbaren Einleitung zu Mills neu herausgegebener Schrift ein großes Verdienst erworben hat. Grabowsky zeigt, wie Mill bereits im Jahre 1852 bereit ist, mit den »gegenwärtigen Zuständen und allen seinen Leiden« zu brechen, wenn es keinen anderen Ausweg gibt. Aber so sehr Grabowsky gewiß recht hat, daß Mill zu Ende seines erfahrungsreichen Lebens sich für einen Sozialisten hält, so wenig war er tatsächlich ein Sozialist.

331 *Mill, J. St.*, Betrachtungen über die Repräsentativverfassung, 1861

332 Vgl. zu diesem Problembereich verschiedene meiner Schriften

333 Über die erkenntnistheoretische Seite dieses Problems vgl. *Warynski, St.*, Die Wissenschaft von der Gesellschaft, Fußnote 59

334 *Güntzberg, B.*, Der Physiokratismus

337 *Mehring, F.*, Geschichte der deutschen Sozialdemokratie, 3. u. 4. Bd., 1922